Sur l'auteur

M. J. Carter vit à Londres. *Maharajah*, unanimement salué par la critique et sélectionné pour plusieurs prix littéraires, est son premier roman.

M. J. CARTER

MAHARAJAH

Traduit de l'anglais
par Karine Lalechère

10
18

Grands détectives

créé par Jean-Claude Zylberstein

LE CHERCHE MIDI

Titre original :
The Strangler Vine

Éditeur original : Fig Tree

ISBN 978-2-264-07274-0
Dépôt légal : juin 2019

À mes fils

AVANT-PROPOS

En 1600, la reine Élisabeth octroie à un groupe de négociants anglais une charte leur donnant le monopole sur le commerce dans l'océan Indien. L'East India Company (Compagnie britannique des Indes orientales) est née. Au cours des deux siècles suivants, la Compagnie crée sa propre armée et délaisse peu à peu ses intérêts marchands pour s'emparer de vastes territoires, s'enrichissant grâce aux taxes et au monopole sur la vente d'opium à la Chine. Mi-société privée mi-instrument de l'État, elle peut sans doute se prévaloir du titre de première multinationale de l'histoire.

En 1837, la Compagnie domine le sous-continent. De Calcutta, elle contrôle une vaste partie de l'Inde, du Bangladesh et du Népal actuels. À l'intérieur de ces frontières, néanmoins, il existe encore des États princiers indépendants qui luttent pour survivre à côté de ce voisin puissant et insatiable.

Voyage de William Avery, 1837

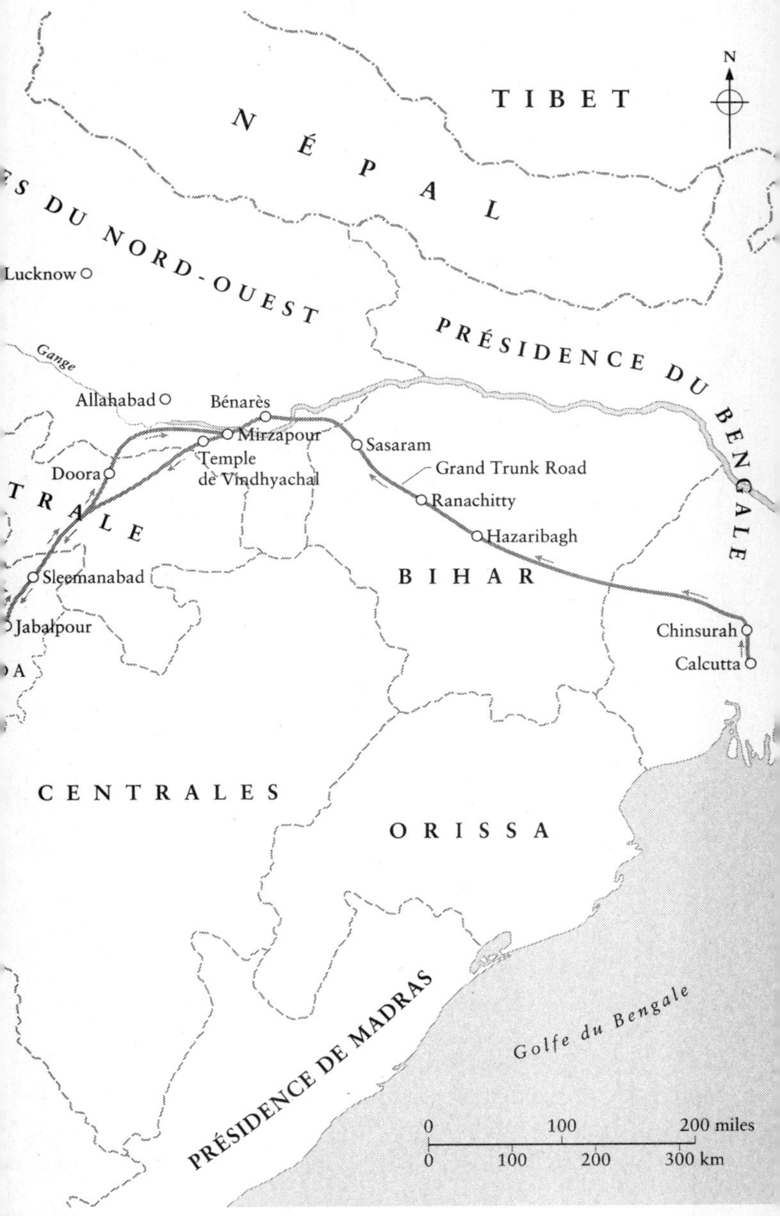
TIBET
NÉPAL
…S DU NORD-OUEST
Lucknow
Gange
Allahabad
Bénarès
Mirzapour
Temple de Vindhyachal
Sasaram
Grand Trunk Road
Doora
…TRALE
Ranachitty
Hazaribagh
PRÉSIDENCE DU BENGALE
Sleemanabad
BIHAR
Jabalpour
Chinsurah
Calcutta
CENTRALES
ORISSA
PRÉSIDENCE DE MADRAS
Golfe du Bengale
0
100
200 miles
0
100
200
300 km
N

PROLOGUE

Inde centrale, juin 1837

À l'instant où il émerge en titubant du verger de manguiers, les lourds nuages de mousson qui revêtent la nuit d'anthracite mat s'écartent. Les lames courbes brillent sous la lune. Si le ciel ne s'était pas dégagé, il se serait précipité dans la gueule du loup, trébuchant et riant.

Il a l'esprit confus, passablement embrumé. Un instant plus tôt, il hésitait, tantôt se moquant de lui-même avec dégoût, tantôt bouillonnant dès qu'il songeait aux crimes de ces hommes, à leur médiocrité et à leur suffisance. Il ourdissait des plans pour leur rendre la monnaie de leur pièce.

Sans prendre le temps d'analyser la situation, il se jette sur le sol trempé et rampe jusqu'aux murs maculés de boue de l'enceinte. Il halète sous l'effort, la poitrine douloureuse, les genoux tremblants, le souffle rauque. Dans un sursaut de lucidité, il tente de calmer sa respiration. Il remarque à présent le doux crépitement de l'eau et réalise que la pluie a couvert son approche. J'ai dépassé la mesure, *songe-t-il,* et mes os sont trop vieux pour ce genre de sport.

Il sait que c'est lui qu'ils attendent. Deux hommes immobiles et silencieux montent la garde de l'autre côté de ce portail qui lui a toujours paru trop imposant pour un bâtiment si modeste. Ils sont pieds nus, leur dhoti*[1] *et leur turban teints ou enduits de boue pour mieux se fondre dans l'obscurité. Mais leur poignard et leur jeune corps poli luisent au clair de lune. Un pas de plus et ils l'embrochaient comme un morceau de viande. La crudité de l'image le fait frémir, puis il retient un gloussement.*

Péniblement, il tourne la tête vers le mur. Les pluies diluviennes ont pénétré le mortier, élargissant les fissures et les brèches. D'une main tremblante, il gratte autour d'un trou et regarde à l'intérieur de l'enceinte.

Une paire de lanternes posées dans l'herbe diffusent une faible lueur. Deux inconnus armés de poignards discutent à voix basse, mais ils sont trop loin pour qu'il puisse distinguer leurs paroles. Un troisième sort sur la véranda, ce qui signifie qu'ils ont fouillé la maison. La lame de l'un des individus est déjà noire de sang. Son acolyte soulève une petite silhouette à forme humaine qu'il balance par ses longs bras poilus. L'observateur tressaille. Un frisson parcourt le corps mou de la créature. Il croit l'entendre gémir. Le bourreau jette sa victime en l'air et la rattrape. Puis, d'un geste sûr et efficace, il lui tord le cou, tandis que son compagnon plonge un poignard dans la poitrine du petit singe. L'homme

1. Les mots signalés par un astérisque à leur première occurrence sont expliqués dans le glossaire en fin d'ouvrage. (*N.d.T.*)

éprouve un désarroi inhabituel. Il ne se rappelle pas quand l'animal l'a quitté. Il y a plusieurs heures, peut-être. L'assassin jette la créature par terre et, en compagnie de son camarade, se dirige vers le portail.

Le sbire au couteau sanglant s'adresse aux jeunes gardes dans un dialecte marathi que l'homme connaît, leur ordonnant de faire le tour de l'enceinte une dernière fois : « Il se tapit peut-être dans l'ombre. » Il sait qu'il n'aura pas le temps de gagner le refuge des arbres. Il se sent moins effrayé que tenaillé par un sentiment d'échec. Ils vont me tuer et, même s'ils ne trouvent pas les papiers, la vérité sera perdue. Mon corps finira au fond d'une fosse anonyme et mon secret disparaîtra avec moi. Cette pensée est peut-être la pire.

Comme dans un rêve, il voit l'un des gardes se diriger vers lui, un poignard dans une main, un long foulard dans l'autre. Le foulard, bien sûr, *songe-t-il. À une vingtaine de pas, le jeune garde s'accroupit et tâte le sol boueux à l'endroit où il a rampé, puis fait signe à son compagnon. Leur proie se recroqueville contre le mur, la bouche sèche.*

Pas à pas, ils se rapprochent. On dirait un jeu de cache-cache idiot. Dans un instant, ils seront sur lui. Il se rend compte qu'il a levé les bras, adoptant inconsciemment la pose du suppliant. L'intense désir de vivre qu'il éprouve soudain lui inspire un léger dégoût.

1

1

Calcutta, septembre 1837

Le palanquin plongea encore vers la gauche et la nausée me reprit. J'écartai les rideaux, dans l'espoir vain de trouver un peu de fraîcheur, attendant que le malaise passe. Ma nuque et mon dos se couvrirent de sueur, aussitôt absorbée par le drap de mon uniforme de cérémonie qui m'irritait la peau. C'était l'un de mes meilleurs uniformes et les relents aigres qui s'en exhalaient me consternaient. Nos tenues n'étaient pas lavées aussi souvent que je l'aurais souhaité, afin d'éviter que l'étoffe ne se désintègre trop vite.

« *Khabadur soor !* Attention, espèces de porcs ! criai-je aux porteurs, pour me défouler plus qu'autre chose.

— William, intervint Frank Macpherson. Cela n'y changera rien. »

Cela n'y changea effectivement rien. Les porteurs ne réagirent pas, ce qui ne me surprit pas outre mesure.

Il faisait chaud à Calcutta. Pas la chaleur infernale et brûlante de mai, mais la touffeur poisseuse et abrutissante de septembre. Nous étions seuls dans les rues du quartier européen : il faisait encore trop lourd pour les visites de l'après-midi. En juin, la mousson avait été accueillie avec soulagement, mais depuis il avait plu sans discontinuer et, trois mois plus tard, les dégâts causés par l'humidité et l'eau stagnante étaient devenus presque aussi pénibles que la fournaise. Une moiteur visqueuse plombait la ville en permanence. Les livres et toutes nos possessions moisissaient. La maladie rôdait, véhiculée par les miasmes. La plupart de mes connaissances souffraient de fièvres ou étaient affligées de furoncles. À la caserne de la Compagnie britannique des Indes orientales, où les murs dégorgeaient un liquide brunâtre lorsqu'il pleuvait, on craignait une épidémie de choléra.

Même à Tank Square, le cœur majestueux de la ville, une odeur de pourriture imprégnait l'air. Notre palanquin quitta la place en direction des *ghats** qui descendaient à la rivière Hooghly. Au passage, je remarquai les marabouts perchés sur une patte le long des parapets du palais du gouvernement. Eux aussi semblaient terrassés par la chaleur.

« Il doit bien faire trente-cinq degrés », affirma Frank, qui savait ce genre de chose.

Nous nous rendions à Blacktown, la « ville noire », ainsi qu'on appelait le quartier indigène. J'étais chargé – par le bureau du gouverneur général, rien de moins – de remettre une lettre à un certain Jeremiah Blake, un employé civil de la Compagnie. Frank, qui était de nature curieuse, avait décidé de m'accompagner, car, pas plus que moi, il n'avait eu l'occasion de s'aventurer dans cette partie de la ville jugée indigne d'un gentleman. Déjà, aux abords de Blacktown, le changement était saisissant.

Des immondices s'entassaient sur les bas-côtés et les fossés transportaient toutes les excrétions imaginables. Sans parler des cadavres d'animaux en décomposition au milieu de la rue et des rats qui vous passaient sur les pieds.

Ma mission m'inspirait des sentiments partagés. Si j'accueillais avec gratitude le moindre signe de reconnaissance de la part de mes supérieurs et tout ce qui pouvait rompre la routine de la vie de garnison, porter un message à un employé de la Compagnie qui se commettait avec les indigènes m'apparaissait comme une tâche dégradante, agaçante et inutile. Une de plus. Sans compter que j'avais bu plus que de raison la veille et que je le payais chèrement aujourd'hui.

« Miséricorde, c'en est trop », soupirai-je pour la millième fois.

Je tirai sur mon col, sans que cela me procure le moindre soulagement. Nous nous tortillâmes, mais ce palanquin était trop exigu pour deux.

« Mon Dieu, mon Dieu, on est bien maussade et bougon ce matin, ironisa Frank. Ce doit être le poisson d'hier qui n'est pas passé. Ce n'est certainement pas le gallon de bordeaux que vous avez bu ni les dix livres sterling que vous avez perdues au jeu. »

Je rongeais mon frein à Calcutta depuis bientôt neuf mois. J'attendais d'être affecté à un régiment de cavalerie dans le nord du Bengale qui semblait fort bien se passer de mes services et je n'étais pas loin d'avoir pris la ville en grippe. La position d'officier dans l'armée de l'Honorable Compagnie était pourtant supposée offrir des compensations. Néanmoins, au bout de quelques mois, elles semblaient bien maigres en regard des désagréments : le climat abominable, la barbarie désinvolte de la population indigène et la froideur guindée de la société européenne. Calcutta était l'esclave des apparences, du statut social et de l'argent. C'était frustrant lorsque l'on se trouvait tout en bas de l'échelle, comme Frank et moi. Faire illusion à n'importe quel coût semblait être le devoir le plus pressant de chacun. En outre, notre quotidien était d'une désespérante monotonie. Les manœuvres militaires avaient lieu tôt le matin, avant qu'il ne fasse trop chaud, puis nous étions censés étudier l'hindoustani en vue d'obtenir notre diplôme. Mais personne ne prenait cette obligation très au sérieux. La plupart des officiers se contentaient de quelques mots d'hindoustani et de l'argot militaire pour communiquer avec leurs troupes. De toute manière, il n'était pas bien vu de parler couramment la langue du pays. Le seul homme de ma connaissance qui l'apprenait réellement se trouvait assis à côté de moi, et Frank Macpherson n'avait nul désir de se battre ni de commander des troupes. Il venait d'être transféré à la division politique et se voyait bien administrateur civil, peut-être à la tête d'une petite ville à l'intérieur du pays. Il avait déjà passé son examen d'hindoustani et s'était mis au persan. Dès son arrivée, il avait pris en main les comptes de son régiment et veillait lui-même à la rétribution de ses cipayes*. À présent, je lui enviais son activité. L'oisiveté me ramollissait. Elle me rendait léthargique et irritable.

« Je hais ces maudits palanquins, ils me donnent le mal de mer, grommelai-je.

— Alors que je les adore. Au risque de me répéter, à présent que je suis à la division politique, je ne me déplacerai qu'en litière et ne monterai plus jamais sur un cheval. William, ajouta-t-il en me jetant un coup d'œil. Pour l'amour du ciel ! Vous allez à Blacktown en mission officielle pour le palais du gouvernement, chargé d'une course qui vous occupera tout l'après-midi. Il vaut quand même mieux cela que d'être mort, non ?

— Eh bien, je dois avouer qu'il y a des jours où je préférerais être mort, répondis-je en me frottant vigoureusement les tempes dans l'espoir d'atténuer ma migraine.

— Vous devriez avoir honte de dire de pareilles bêtises. Il ne faut pas tenter le diable.

— Veuillez m'excuser, Frank, dis-je aussitôt, contrit. Je ne suis bon à rien dans cet état. »

Je serrai les dents et m'efforçai de sourire. Il est vrai que l'on mourait avec une facilité déconcertante à Calcutta. Nous avions vu des camarades emportés en une nuit par le choléra, une fièvre soudaine ou quelque accident atroce et imprévisible. Ainsi, l'un d'eux avait été tué par une charrette à bœufs transportant des pieux aiguisés. Septembre était un mois particulièrement propice aux maladies. L'aumônier du régiment de Frank affirmait qu'il avait déjà assisté à trente enterrements en moins de quinze jours.

« Je me demande bien pourquoi c'est moi qui ai été chargé de porter cette lettre. »

Frank haussa les sourcils.

« Vous disiez que vous vous ennuyiez.

— C'est donc vous ?

— J'ai simplement mentionné que mon talentueux et fringant jeune ami était désœuvré. »

Il me fourra une bouteille d'eau entre les mains. J'ouvris de grands yeux, mais je bus. Je croyais avoir été choisi parce que j'étais le moins occupé et le plus vaillant parmi les officiers subalternes disponibles. Je n'avais pas pensé un seul instant à Frank.

« De plus, j'avais envie de découvrir Blacktown, poursuivit-il. Mais je ne pouvais décemment me porter volontaire. Et n'êtes-vous pas curieux de savoir qui est ce Jeremiah Blake ?

— Un vieillard lépreux, sénile et ensauvagé, à l'esprit trop embrouillé par l'opium pour aller chercher sa pension lui-même.

— Peut-être. Oh ! les *ghats* sont particulièrement fétides, aujourd'hui. »

Le palanquin s'approcha des larges marches qui faisaient office de quai. L'Hooghly était à l'image de Calcutta. De loin, avec les barges dorées des riches indigènes, les petites embarcations qui vendaient des fruits et du poisson, et les élégantes demeures de Garden Reach qui bordaient la rive opposée, le cours d'eau semblait pittoresque. De près, c'était une autre histoire. La puanteur du poisson pourri planait comme un brouillard sur les *ghats* chaotiques, sales et bondés. Des mendiants dans de minuscules barques agitaient leur moignon pour réclamer des pièces. Les marchands étaient maussades et impénétrables, ou alors ils harcelaient les passants avec une insistance agressive. Mais tout cela n'était rien à côté des cadavres partiellement calcinés qui flottaient sur la rivière trouble. Les hindous portaient leurs morts aux *ghats* pour les incinérer. Cependant, ils dépensaient rarement assez en combustible pour les consumer, et, quand ils les mettaient à l'eau, le feu les avait à peine entamés. Une fois le rituel funéraire accompli, plus personne ne leur prêtait attention. Les gens se comportaient comme s'ils n'étaient pas là. Les hommes et les femmes se lavaient et remplissaient des outres en peau de porc, qui retrouvaient leur forme animale lorsqu'elles étaient gonflées d'eau.

« Je pense souvent que, si l'on voulait commettre un meurtre à Calcutta, le meilleur moyen de se débarrasser du corps serait de le brûler en partie et de le jeter dans l'Hooghly. Il passerait totalement inaperçu.

— En voilà une idée macabre ! s'écria mon compagnon. Mais qui ferait une excellente histoire. »

Seule l'amitié de Frank parvenait à me faire oublier mon aversion pour Calcutta. Chaque jour, je rendais grâce à Dieu de l'avoir placé sur mon chemin. Arrivés en même temps, nous avions quitté aussi vite que possible les sordides baraquements des officiers subalternes à fort William pour prendre un logement ensemble. Au mess, les plus turbulents de nos camarades le prenaient pour un jobard : il buvait peu, ne tirait pas, ne jouait ni ne montait à cheval, toutes choses que je faisais avec excès. Il ne rendait pas visite aux danseuses, n'entretenait pas de *bibi**. Il se moquait de l'opinion des autres et faisait preuve d'une invariable bonne humeur, qualité que je croyais posséder jusqu'à mon arrivée en Inde. Si Calcutta exacerbait mes faiblesses, elle révélait le meilleur de Frank. Sa conduite irréprochable me rappelait constamment mon impatience, mon mal aux cheveux chronique, mes visites occasionnelles aux lieux de débauche de Calcutta et mes pertes régulières au jeu. (J'étais, comme la plupart des officiers subalternes, endetté jusqu'au cou.) Malgré tout, j'éprouvais une immense amitié pour lui.

Nous bifurquâmes dans une rue inconnue bordée d'échoppes semblables à de petits placards, où l'on vendait des statuettes de terre criardes à l'effigie des dieux hindous : Shiva, Durga et la hideuse Kali, sainte patronne de Calcutta, avec sa langue rouge et son visage noir grotesque, un collier de crânes humains autour du cou.

« Le quartier des potiers », annonça joyeusement Frank.

À mon arrivée, pourtant, les traditions et l'exotisme de Calcutta m'avaient moi aussi ravi. La végétation luxuriante, la vue d'un chameau ou d'un éléphant : tout était source d'enchantement. Au fil du temps, cependant, l'émerveillement et l'espoir de me distinguer avaient cédé la place à un mal du pays lancinant, accentué par la conscience que je ne reverrais sans doute jamais l'Angleterre. Il était entendu, même si personne ne l'évoquait, que la plupart d'entre nous mourraient avant de rentrer.

Désormais, le seul charme que je trouvais à l'Inde résidait dans la prose sublime de Xavier Mountstuart. J'avais découvert ses écrits tout jeune, alors que j'étudiais avec les fils de la petite noblesse provinciale, dans une école du Devon tenue par un pasteur. L'un de ses assistants m'avait prêté *Le Chevalier Rupert*. J'avais été enthousiasmé. Je ne venais pas d'une famille de grands lecteurs, mais les récits de Xavier Mountstuart me transportaient. J'avais dévoré *Le Courage de Robert Bruce* et *Le Prince noir*, avant de passer aux écrits indiens : *Le Lion du Pendjab*, bien sûr, et *Les Contreforts du Népal*, avec ses récits de bandits et de rebelles. Je rêvais de forteresses blanches, de palais de marbre et d'émeraudes ; les zénanas* et les danseuses du Deccan* enfiévraient mon imagination, tout comme les guerres de siège et la jungle. J'avais même lu un pamphlet sur l'hindouisme, le végétarisme et le républicanisme qui m'avait quelque peu dérouté. Mountstuart était à mes yeux l'homme byronien par excellence. Non seulement c'était un poète et un auteur de génie, mais il avait vécu selon ses écrits. C'était à cause de lui que j'étais venu en Inde, ce que je m'étais bien gardé de dire à mon père. Il avait approuvé mon départ, car, après avoir acheté à mon frère aîné un brevet d'officier dans l'armée de Sa Majesté et aidé mon autre frère – mort depuis – à s'établir dans la profession juridique, il ne lui restait plus d'argent pour moi. Il se trouvait que les brevets ne s'achetaient pas dans l'armée de la Compagnie des Indes orientales. En revanche, notre famille y possédait quelques relations. J'étais donc parti avec la bénédiction paternelle et mes précieux ouvrages de Mountstuart.

Récemment, j'avais réuni à grand-peine la somme nécessaire afin d'acquérir un exemplaire neuf du premier tome de *Leda et Rama*. Le Tout-Calcutta en faisait des gorges chaudes car, sous couvert d'amours interdites poignantes (pour ne pas dire impudiques) et de luttes entre potentats indiens rivaux, il révélait l'adultère et la corruption parmi l'élite blanche de la ville en termes à peine voilés. On ne parlait que de cela. Mountstuart était devenu *persona non grata* dans les salons, mais toute la société – des dames les plus respectables aux clercs les plus novices – s'arrachait son livre. Calcutta n'avait rien connu d'aussi excitant depuis des lustres.

Les porteurs bifurquèrent plusieurs fois, empruntant des venelles boueuses où le palanquin passait à peine, jusqu'à une rue plus large, à côté d'un bazar bruyant et anarchique. Une vache imposante se tenait dans le passage, tel un rocher au milieu d'un courant rapide forçant les eaux à se diviser. Nous nous retrouvâmes entourés d'indigènes transportant des animaux morts sur de longues perches de bambou. Même à l'intérieur de la chaise, je sentais la pression et l'odeur de la foule.

« William, regardez le fakir ! » s'écria Frank, enchanté.

L'homme était assis au bord de la route, couvert de cendres, son corps seulement dissimulé par une longue barbe clairsemée qui lui tombait plus bas que le ventre. Mais c'étaient ses mains qui attiraient le regard. Elles étaient hideuses : les ongles avaient poussé à travers ses poings fermés et ressortaient de l'autre côté, horriblement tordus. Là où je ne ressentais que de la répulsion, Frank éprouvait une curiosité pleine d'entrain et un plaisant frisson de surprise. J'avais beau être meilleur compagnon de ripaille, meilleur tireur et jouir d'une insolente bonne santé, j'en étais venu à croire que Frank, tout malingre, pâle et frileux qu'il fût, était mieux adapté à l'Inde que moi.

Le palanquin s'arrêta net et oscilla dangereusement, comme si les porteurs s'efforçaient de nous renverser. Nous nous trouvions à l'angle, encore qu'angle fût un bien grand mot, d'une ruelle plus étroite que les précédentes.

« *Bas, budzats !* Assez, fripouilles ! » m'écriai-je.

Nous descendîmes maladroitement l'un après l'autre. Une vague d'effluves tièdes m'assaillit : sueur et fruits blets, ainsi que des relents fétides dont je préférais ne pas connaître l'origine. Mes bottes s'enfonçaient dans le sol spongieux et mes culottes blanches étaient déjà mouchetées de boue. Des corps indigènes nous frôlaient et disparaissaient, bien trop proches à mon goût. Nous étions les seuls à avoir le teint clair. L'*harkara** qui courait à côté du palanquin s'inclina et indiqua l'étroit passage terreux.

« Là-bas ? demandai-je d'une voix sonore. Anglais-wallah habiter là ? » ajoutai-je, encore plus fort.

Le courrier hocha la tête sans conviction. Frank me regarda d'un air narquois.

« S'ils veulent travailler pour la Compagnie, ils feraient mieux de commencer par apprendre notre langue, décrétai-je. Là ? » répétai-je, devançant Frank, de crainte qu'il ne se mette à baragouiner en hindoustani.

L'homme opina et s'engouffra dans la ruelle d'un pas souple et vif.

« Vous venez ? demandai-je à mon compagnon.

— Non. »

Il se dirigeait déjà vers les échoppes. Indifférent à ses culottes crottées et à la cohue, il regardait autour de lui d'un air ravi.

« Je vais jeter un coup d'œil aux animaux en cage et à l'étal de l'herboriste. Je crois avoir aperçu un pangolin. »

Je suivis l'*harkara*. Bientôt, les huttes de terre et de chaume cédèrent la place à des habitations plus solides, dotées de façades, de toits plats et de volets verts craquelés. Il s'arrêta devant l'une d'entre elles et la pointa du doigt. J'essuyai les gouttes sur mon front, époussetai mon col, je lissai mes cheveux, vérifiai ma montre de gousset – je n'étais pas censé la porter avec mon uniforme, mais il fallait reconnaître qu'elle avait belle allure sur mon baudrier croisé –, puis je me dirigeai vers la porte vert sale.

Au bout d'une éternité, j'entendis remuer à l'intérieur. Il y eut une série de pas d'une lenteur exaspérante, une toux et des raclements de gorge étudiés. Enfin, on tira plusieurs verrous, en laissant s'écouler ce qui me parut cinq minutes d'intervalle entre chacun. Un vieux *darwan** à l'air endormi passa le nez par l'entrebâillement. Je me mis au garde-à-vous.

« J'ai un message pour Blake sahib. »

Comme il ne répondait pas, j'ajoutai un peu plus fort :

« Il habite bien ici ? »

L'homme me dévisagea d'un air interrogateur. Il ne semblait pas plus disposé à bouger qu'à m'ouvrir.

« Je dois entrer, repris-je, lentement et distinctement. J'ai une lettre du bureau du gouverneur général. »

Je ne pouvais m'empêcher de penser qu'il aurait été plus efficace de confier la tâche à un employé indigène. Le *darwan* laissa passer un long moment. N'y tenant plus, je m'apprêtais à le bousculer lorsqu'il se décida à ouvrir la porte, mais à contrecœur et graduellement. Je me retrouvai dans l'obscurité et il me fallut quelques minutes pour que mes yeux accommodent.

C'était une antichambre fraîche, au sol couvert de nattes déchirées et dont l'un des murs était orné d'arcs et de flèches poussiéreux. Au-dessous se trouvait une longue console en marqueterie indienne, sur laquelle étaient disposées quelques curiosités également poussiéreuses que j'avais du mal à identifier. Une porte donnait sur une cour dans le style du pays. Le *darwan* fixait mes pieds avec insistance. Je finis par comprendre qu'il souhaitait que j'ôte mes bottes. Je trouvai cette requête si dégradante, si insultante, que j'eus soudain l'impression qu'elle exprimait toutes les ignominies et les déceptions de l'Inde. Une bouffée d'irritation m'envahit.

« Non. Non », protestai-je en secouant la tête énergiquement.

L'homme m'examina, se demandant s'il devait insister. Je le fusillai du regard.

« Je dois voir ton maître ! » dis-je d'une voix forte.

Sans hâte, il traversa la cour. Je lui emboîtai le pas. Il me fit signe d'attendre et disparut par une autre porte, me laissant seul. Ce n'était pas l'accueil que j'espérais. Je tapai du pied et tripotai mon sabre. Les lieux avaient manifestement connu des jours meilleurs. La cour était ombragée et bien proportionnée, les mosaïques au sol avaient dû être très belles autrefois, lorsqu'elles étaient neuves et intactes. Mais l'ensemble respirait la déliquescence. Des meubles cassés prenaient la poussière dans les coins. Deux traversins qui avaient vraisemblablement passé la mousson dehors commençaient à moisir. La petite fontaine silencieuse était bouchée par des mauvaises herbes.

« *Qui hy ?* Il y a quelqu'un ? » criai-je.

J'avais épuisé mes maigres ressources d'hindoustani. J'entendis un bourdonnement de voix provenant des pièces au fond de la cour. Puis plus rien.

« Je dois voir Blake sahib. Maintenant ! *Jaldi jao !* Vite ! »

J'attendis encore un moment, oscillant entre la colère et l'embarras. Enfin, un indigène apparut. Au moins, le *darwan* était propre. Celui-là, en revanche, avait l'air crasseux. Enveloppé d'une grande cotonnade, il marchait d'un pas traînant, sans paraître remarquer ma présence. C'était un pauvre hère grisonnant, aux yeux gonflés et à la barbe inculte. Il était pieds nus. Sous sa couverture, je devinai une chemise musulmane débraillée et un ample pantalon de toile blanche. Alors qu'il se trouvait à quelques pas de moi, il se détourna et de sa bouche jaillit un monstrueux crachat de *paan** écarlate, qui manqua mes pieds de peu. Je reculai vivement et faillit trébucher, mais les gouttelettes rouges dessinaient déjà un fin motif sur mes bottes et mes culottes. Je le dévisageai, atterré. Alors que je m'attendais à des excuses immédiates, avec la volubilité habituelle des Bengalis, il se contentait de me regarder d'un air buté.

« Tu ne peux pas faire attention, imbécile ! criai-je, perdant mon calme.

— Fiche le camp, espèce de homard ! » rétorqua l'homme.

Si je rapporte ces grossièretés et l'insulte faite à mon uniforme – le terme « homard » tournant en dérision la couleur de la tunique britannique –, c'est seulement pour donner la mesure de la colère et du dégoût que j'éprouvai. En même temps, j'étais sidéré de découvrir que je m'adressais à un Anglais. Il n'y avait pourtant aucun doute. En l'examinant avec plus d'attention, je me rendis compte qu'il n'avait pas le teint aussi sombre que je l'avais cru au premier abord. Sa barbe et sa moustache étaient le résultat de la négligence et non d'une coutume indigène.

Il faisait une tête de moins que moi et il avait les épaules voûtées. Ses cheveux lui pendouillaient dans le cou. Je reconnus ce teint jaunâtre malsain, caractéristique des Européens sujets à des poussées de fièvre intermittentes. Sa peau était marbrée, ses lèvres craquelées, et de sinistres cernes gris soulignaient ses yeux creusés. Et il avait un âge avancé : plus de quarante ans.

« Je vous ai dit de ficher le camp. Ce n'est pas clair ? » ajouta-t-il avec un accent qui sentait la Tamise.

Il me dévisageait avec une hostilité déstabilisante.

« Je me présente : sous-lieutenant William Avery, déclarai-je aussi froidement que possible, m'efforçant de le regarder sans ciller. Je dois remettre une lettre à Jeremiah Blake en personne. Elle émane du bureau du gouverneur général. J'ai l'ordre de rapporter une réponse. »

Il renifla et grimaça.

« Eh bien, qu'attendez-vous ? » dit-il en tendant la main.

Le tissu glissa de ses épaules et tomba sur le sol humide. Il portait un ample vêtement indigène qui semblait taillé dans de la toile à sac usée.

Je le contemplai avec stupeur.

« C'est moi, Blake. Maintenant, donnez-moi cette lettre. »

Je la sortis avec une lenteur exagérée et la lui tendis, le regard fixé sur un point derrière lui.

« J'ai ordre de rapporter une réponse », répétai-je.

Il examina longuement l'enveloppe.

« Vous désirez peut-être que je l'ouvre pour vous ? » demandai-je avec une politesse exagérée.

M'ignorant, il la déchira et en tira une feuille de papier qu'il parcourut.

« La réponse est non. »

Je n'en croyais pas mes oreilles. On ne refusait pas une requête du gouverneur général.

« Pardon ?

— Vous m'avez bien entendu. »

Il fit demi-tour et repartit de son pas traînant, jetant la lettre derrière lui. Je me baissai pour la ramasser. En temps normal, je ne me serais jamais permis telle indiscrétion, mais, étant donné les circonstances, je la lus. C'était une convocation au palais du gouvernement le lendemain soir, afin de discuter d'une « affaire confidentielle » le « concernant de près ». C'était signé d'un nom qui m'était inconnu, « pour le gouverneur général et la division renseignement et politique ». Un début de panique chassa l'irritation et la colère. Je ne pouvais pas rapporter une telle réponse. Maudissant la malchance qui avait voulu que je sois chargé de cette commission, je me demandais comment un individu aussi pitoyable pouvait intéresser le palais du gouvernement.

« Monsieur, je pense que vous devriez accepter. »

Jeremiah Blake s'éloignait.

« Monsieur, insistai-je d'un ton pressant. Je ne puis rapporter un refus au bureau du gouverneur, vous devez le savoir. Cela ne se fait pas. Il faut vous y rendre. Vous ne pouvez être insensible à l'honneur qui vous est fait. »

Il se retourna, le visage impassible.

« Les affaires de la Compagnie ne me concernent en aucune manière. »

Je pris une grande inspiration.

« Je vous en supplie, monsieur.

— Non. »

Son refus ralluma la colère dans ma poitrine et je donnai libre cours à ma rancœur.

« Monsieur Blake, j'ai traversé tout Calcutta pour venir à Blacktown, un lieu qui à mes yeux n'atteste que trop clairement la déchéance et l'abjection dans lesquelles ce pays est tombé. Je dois ajouter que j'ai été reçu chez vous avec un regrettable manque de courtoisie. »

J'étais conscient de mon émoi, mais je ne pouvais m'arrêter.

« J'ai été traité par votre serviteur et par vous-même avec une grossièreté inimaginable. Vous marinez depuis trop longtemps dans les coutumes indigènes les plus infâmes. Quelle que soit votre opinion à mon égard, je suis le représentant de la Compagnie et j'étais en droit d'attendre un minimum de respect. Votre langage était ordurier et votre *darwan* insultant, poursuivis-je, les yeux fixés sur la large tache de *paan* à mes pieds. Il a peu ou prou refusé de me faire entrer, puis a essayé de m'obliger à retirer mes bottes avec une outrecuidance inqualifiable. »

Jeremiah Blake s'arrêta et se retourna.

« Écoutez, jeune homme. Je ne suis plus dans l'armée de la Compagnie. J'ai élu domicile à Blacktown pour y vivre comme bon me semble et ne pas être ennuyé par des blancs-becs ignorants et tatillons qui s'offusquent de mes mœurs trop orientales. Quant au respect qui lui est dû, eh bien, la Compagnie devra se passer du mien. »

Il repartit en boitillant. Une vieille femme apparut. Elle ramassa la couverture sans m'adresser un regard. Elle la posa avec soin sur les épaules de

Blake, parlant doucement en hindoustani, tandis qu'ils rentraient tous les deux.

La maison redevint silencieuse.

« Au revoir, monsieur Blake ! lançai-je. Et bon débarras ! »

Je regagnai l'antichambre et poussai la porte. Il s'était mis à pleuvoir à grosses gouttes et je me retrouvai trempé jusqu'aux os en un instant. J'empruntai la ruelle pour rejoindre Frank et le palanquin. Il devait être dans la boue jusqu'aux genoux, à présent.

Au moins, me dis-je, *je ne reverrai plus jamais ce Jeremiah Blake.*

2

La musique du banquet s'échappait par la fenêtre ouverte de la suite de la maharani et flottait au-dessus des lacs qui entouraient le palais. Avait-elle rêvé les événements de la soirée ? Avait-elle imaginé la flamme dans les yeux du cheikh, la brève impression de brûlure quand sa main avait touché la sienne ? Imaginait-elle à présent ces sensations inconnues, qui la remplissaient de honte et de délice ?

Elle se tourna vers la fenêtre et retint un cri. Là, aussi éclatant que le jour, aussi mystérieux que la nuit, immobile et impénétrable, se tenait le cheikh. Les rideaux de soie légers battaient autour de lui comme des ailes. Ses yeux de jais lançaient des éclairs. Il avait changé sa longue robe traditionnelle contre un habit à l'européenne. Est-il ange ou démon ? se demanda la maharani. Comment pourrais-je le savoir ? Je ne suis qu'une femme. Une femme livrée à elle-même, en compagnie d'un homme avec lequel elle ne devrait pas être seule. Elle sentit son cœur palpiter comme un oiseau. Il fit un pas vers elle.

« Vous ne savez que penser », dit-il d'une voix basse et hypnotique.

Ses yeux étincelèrent et, pour la première fois, la peur étreignit la poitrine de la maharani. Elle devait faire quelque chose. Il se rapprocha.

« Est-ce parce que je suis un homme et que vous êtes une femme ? »

Il fit encore un pas.

« Est-ce parce que vous avez le teint clair et que le mien est sombre ? »

À présent, deux pas à peine les séparaient. La maharani entendait les tambours déchaînés au loin. Puis elle se rendit compte avec horreur que c'étaient les battements de son cœur déloyal.

« Ou est-ce parce que vous savez que vous devriez dire non... »

Il franchit l'espace entre eux. Telle la proue d'un navire poussée sur les rochers par les brisants, telle une ville qui tremble et s'effondre sous les secousses d'un séisme, elle éprouvait le désir irrépressible de céder. Pourtant, elle savait qu'elle devait résister, tandis qu'il murmurait à son oreille :

« ... quand chaque fibre de votre être aspire à dire oui.

— Non... oui... je ne puis ! » s'écria la malheureuse, se pâmant.

« Vous inventez, protestai-je, indigné.

— Jamais de la vie ! répondit Frank en refermant vivement mon exemplaire de *Lena et Rama*. Bon, la dernière partie, peut-être un peu, il n'empêche, admettez que c'est exagéré...

— Pas du tout ! C'est un roman à clé dont l'action se déroule dans un cadre exotique.

— William, ce n'est qu'une suite d'inepties affligeantes. Mais vous vouez un tel culte à

Mountstuart que vous êtes incapable de faire la différence !

— Vous dites n'importe quoi ! »

Frank et moi partagions une petite bibliothèque, en dépit de nos divergences de goût. J'étais porté sur le genre épique, il préférait la satire et la comédie, bien qu'il m'eût converti à sa dernière passion en date, *Les Aventures de M. Pickwick*, d'un certain M. Boz[1], un feuilleton que ses sœurs lui envoyaient d'Édimbourg par bateau. C'était l'une de mes rares occasions de rire à Calcutta.

Notre dispute fut interrompue par notre *khansaman**, qui nous portait deux invitations à une réception au palais du gouverneur le soir même. Nous le traitions, comme nous traitions tous nos serviteurs, avec circonspection. C'était l'une des particularités de la vie en Inde : il fallait employer un bataillon de domestiques. Un simple souslieutenant ne pouvait en avoir moins de sept. C'était à la fois une coutume et une nécessité. J'avais un *bhisti** pour transporter l'eau, un *dhoti-wallah** pour laver mon linge, un *punkah-wallah** pour faire tourner les ventilateurs au plafond, un *syce** pour panser mes chevaux, un coupeur d'herbe pour les nourrir, un valet, un *khitmatgur** pour préparer le café le matin et servir à table. Macpherson et moi partagions notre *khansaman*, notre cuisinier, le *napi** qui nous rasait, le *mehtar** de basse caste qui balayait et faisait le ménage et, à l'occasion, un *dirzi** qui nous confectionnait des habits. Leur salaire faisait une brèche

1. Pseudonyme sous lequel Charles Dickens a d'abord publié *The Posthumous Papers of the Pickwick Club* sous forme de feuilleton. (*N.d.T.*)

dans notre traitement et nous n'exercions aucune autorité sur eux. La plupart d'entre eux parlaient à peine un mot d'anglais. Le *syce* était ivre plus souvent qu'à son tour. Une fois, j'avais trouvé le *khitmatgur* en train de filtrer mon punch avec l'un de mes bas. Pour couronner le tout, je voyais le nombre de mes possessions se réduire de semaine en semaine, sans être sûr de l'identité du coupable. Le *khansaman* avait beau répéter qu'il allait « tout arranger », il ne levait pas le petit doigt.

Nous examinâmes nos cartons. Nous avions manifestement été conviés à la dernière minute, pour grossir le nombre des invités.

« Ils raclent les fonds de tiroir, commenta Frank. Il doit y avoir beaucoup d'officiers malades.

— Après mes exploits d'hier, j'imaginais que personne ne m'inviterait, même s'il ne restait plus un seul officier vivant », ajoutai-je avec une grimace.

C'était le milieu de l'après-midi, le lendemain de mon affreuse expédition à Blacktown. Rétrospectivement, toute cette histoire était très déconcertante. J'avais avoué à Frank que mon humeur et mon impatience avaient empiré l'affaire, et, à mon retour au palais du gouvernement, je m'attendais à une admonestation en bonne et due forme. Pourtant, lorsque j'avais présenté mon rapport au capitaine Turpington, l'aide de camp qui m'avait envoyé à Blacktown, il n'avait pas paru autrement surpris.

« Je ne sais pas quoi vous dire, mon capitaine. J'ai fait tout ce qui était en mon pouvoir, mais M. Blake a refusé. »

Turpington leva les yeux.

« Pouvez-vous répéter, Avery ?

— M. Blake. Il a refusé de venir au palais. Demain.

— A-t-il expliqué pourquoi ? »

J'avalai ma salive.

« J'ai bien peur que... eh bien, mon capitaine, il a dit... il a dit que les affaires de la Compagnie ne l'intéressaient pas. J'ai fait mon possible pour le raisonner, sans succès », ajoutai-je, mal à l'aise en songeant à la rage qui s'était emparée de moi.

Je crus voir frémir un sourire au coin des lèvres de mon supérieur, mais le reste de son visage demeura imperturbable.

« Je vois. Et comment a-t-il réagi lorsque vous avez insisté ?

— Assez vertement, mon capitaine. En fait, il a été très injurieux.

— Allons bon. »

Turpington posa les coudes sur son bureau et croisa les mains sous son menton. Je me tortillais, attendant l'inévitable réprimande.

« Très bien. Vous pouvez disposer, Avery. »

Devais-je en conclure que je n'étais pas en disgrâce, après tout ?

« Je pense que nous devrions au moins faire acte de présence, décréta Frank, qui ne ratait jamais une occasion de côtoyer nos supérieurs. La perspective de me plonger dans les trois derniers épisodes des *Aventures de M. Pickwick* qui viennent d'arriver par bateau est certes fort tentante, mais j'ai envie d'y aller. Ne serait-ce que pour savoir s'il y a du neuf au sujet de mon affectation. Et vous devriez y voler comme le vent, car l'Inégalée sera très certainement là. »

J'étais partagé, dans ce genre de circonstances. Certes, c'était un honneur d'être invité, mais à Calcutta encore plus qu'ailleurs la société n'était que rang et préséance, et, quand on se rendait dans le monde, on pouvait aussi bien être injurié et traité avec condescendance qu'être cajolé. Cependant, Frank avait raison : Elle – Helen Larkbridge, la jeune personne la plus charmante, la plus adorable de Calcutta – serait sans doute présente. Pour la voir, j'étais prêt à tout endurer.

Pour une fois, le *dhoti-wallah* avait correctement nettoyé mon uniforme de cérémonie. J'enfilai ma veste rouge, ma chemise de mousseline blanche, des culottes assorties et nous partîmes à la réception.

« Si j'étais le gouverneur général, j'aurais fait déporter Mountstuart depuis longtemps.

— Le problème, c'est que nul ne sait où il est.

— J'ai lu qu'il effectuait un voyage d'études dans l'arrière-pays. Il veut écrire un poème sur les thugs.

— Avec un peu de chance, ils le captureront.

— Mais l'avez-vous lu ? Qui sont le cheikh Habibi et la maharani d'Olipore ? J'ai entendu diverses théories sur la question.

— Peu importe. Ce livre porte atteinte à la réputation et à la respectabilité de Calcutta. Sous sa plume, la ville semble un cloaque où le vice le dispute à la cupidité. Les journaux indigènes sont déjà suffisamment critiques à notre endroit et cela pourrait nuire à l'image de la Compagnie en Angleterre.

— Vous exagérez. Après tout, ce n'est qu'un roman d'aventures plutôt sophistiqué et fort divertissant. »

Nous étions arrivés au palais du gouvernement quelques minutes plus tôt. À son habitude, Frank s'était aussitôt jeté dans la mêlée, tandis que je m'attardais à la frange, sans me joindre à l'auditoire respectueux qui entourait quatre hauts administrateurs de la Compagnie, occupés à se scandaliser du roman de Mountstuart.

Sirotant mon champagne, je laissai mon esprit vagabonder. La réception se déroulait dans la galerie de Marbre. Jamais je n'avais vu si grande pièce. Deux rangées de colonnes blanches écrasantes soutenaient le haut plafond et trois magnifiques lustres éclairaient la salle. Le mobilier était rare : une série de piédestaux sur lesquels étaient posés les bustes des douze César (qui pour la plupart, si mes souvenirs étaient bons, avaient mal fini) et un trône doré en piteux état, qui, disait-on, avait appartenu à l'infâme Tigre de Mysore, un sultan qui s'était farouchement opposé aux Britanniques au siècle précédent. En dépit de la présence du Tout-Calcutta, les voix résonnaient dans l'immense salle, et il y régnait une fraîcheur délicieuse.

Il y avait des visages familiers, mais on courait toujours le risque d'être traité de haut par une personne de rang supérieur. Les hommes, comme de coutume, étaient beaucoup plus nombreux que les femmes. Les civils transpiraient sous leurs habits de drap noir, bien qu'on aperçût ici et là une cravate de soie bleue ou un gilet rayé. Les militaires étaient bien représentés, des brigadiers-généraux rubiconds aux commandants cireux enfin assez riches pour prendre femme, en passant par les jeunes officiers, presque tous plus gradés que moi. Une armée d'indigènes en gants blancs servait du champagne et du bordeaux frais sur des plateaux. Du côté de ces dames, c'était un tel scintillement qu'elles rivalisaient avec les lustres. Des émeraudes et des perles brillaient à toutes les oreilles et ornaient toutes les poitrines satinées. À Calcutta, si on avait un peu d'argent, on possédait des pierres précieuses et on les exhibait à ce genre de réception. Un observateur peu galant aurait fait remarquer que le climat indien, cruel avec les hommes, n'était pas toujours plus favorable au beau sexe. Il tuait promptement et impitoyablement la fraîcheur rosée des peaux habituées aux nuages et au temps anglais.

Je me tournai vers le centre d'attention de la soirée, autour duquel se pressaient tous les hommes célibataires de Calcutta : les jeunes filles à peine débarquées d'Angleterre, accompagnées comme il se devait de leurs chaperons. Les railleurs les surnommaient la « flottille de pêche », car elles étaient venues ici afin de trouver un époux. Je les examinai, cherchant des yeux l'Aimée.

Je me jetai à mon tour dans la foule, souriant et inclinant la tête, surprenant au passage des bribes de conversation : le livre de Mountstuart, le lieu où se trouvait Mountstuart, la tournée du gouverneur général à travers les provinces du Nord, la récolte d'opium, ces bons à rien d'indigènes.

« Monsieur Avery ! » s'écria une imposante matrone, me donnant un coup d'éventail sur le poignet.

Mme Merchantly était une femme d'un certain âge qui se targuait de prendre sous son aile les nouveaux arrivants. Je n'avais d'autre choix que de m'arrêter.

« Cela fait une éternité qu'on ne vous a pas vu ! Mais vous êtes toujours aussi séduisant. »

À cet instant, la foule se fendit et j'aperçus Mlle Helen Larkbridge, fraîche et ravissante, inconsciente de ma présence. Mon cœur se serra lorsque je remarquai qu'elle était entourée d'un grand lieutenant, d'un commandant rougeaud et d'un civil dont les mains volubiles s'agitaient avec assurance.

Je me tournai vers Mme Merchantly.

« Vous êtes trop aimable. C'est toujours un plaisir de vous voir, dis-je, me demandant comment me tirer de ce mauvais pas.

— Mon Dieu, quelle soirée délicieuse. »

Son sourire fit trembler ses fossettes.

« Dites-moi tout. Avez-vous lu le livre de M. Mountstuart, lieutenant ? Il semble que l'on ne parle que de cela.

— Pour tout vous avouer, je suis en train de lire le premier tome.

— Cet homme devrait avoir honte, intervint Mme Kincaid, une amie de Mme Merchantly, qui, avec son débit saccadé, sa voix haut perchée et son accent écossais, m'évoquait un petit oiseau féroce. C'est un livre à ne pas mettre entre les mains d'une jeune fille. À vrai dire, je crains qu'il ne soit trop hardi pour n'importe quelle femme.

— Est-ce vrai que le cheikh est un portrait de… ma foi, vous devez le savoir, madame Kincaid, vous qui connaissez tout le monde à Calcutta ? »

Cette dernière hocha la tête avec empressement. Elle ne pouvait résister à un auditoire.

« Deux candidats se disputent cet honneur douteux, commença-t-elle en baissant la voix, nous obligeant à nous pencher vers elle. Je ne devrais sans doute pas le répéter, mais le bruit court qu'il s'agirait de Willoughby Greening. »

Elle nous adressa un regard triomphant, ravie d'avoir prononcé le nom de l'un des deux hommes les plus riches de Calcutta, quelqu'un que j'aurais cru au-dessus de tout reproche.

« Avez-vous toujours ce bon à rien de *khansaman* dont je vous ai dit de vous débarrasser, monsieur Avery ? lança Mme Merchantly. Continue-t-il de vous voler ? Il aurait besoin d'un bon stimulant. »

Je la regardai, déconcerté, puis me souvins que c'était le terme qu'elle employait pour parler de correction.

« Vous êtes trop généreux, cela vous perdra.

— Les indigènes sont de braves gens pour la plupart, mais ils sont foncièrement malhonnêtes, renchérit Mme Kincaid. Ils sont les esclaves de cette religion païenne avilissante. Ils ne comprennent pas la différence entre le bien et le mal. Ils mentent comme ils respirent.

— Tout à fait, reprit Mme Merchantly avec enthousiasme. Vous connaissez le proverbe : "Les cornes sont au buffle ce que la perfidie est au Bengali."

— Les rajahs et leur cour sont les pires. Ils sont corrompus et n'ont aucun sens de leurs responsabilités envers leur peuple. Ils passent leur temps à s'entre-tuer. Tout le monde y gagnerait si la Compagnie prenait le pouvoir dans les États indigènes. »

Mon sauveur surgit à cet instant, se faufilant adroitement à travers la foule compacte.

« Madame Kincaid, madame Merchantly ! s'écria Frank avec un large sourire. Quel plaisir inattendu, imprévu et fortuit !

— Monsieur Macpherson, répondit Mme Kincaid. On ne vous avait pas vu depuis une éternité !

— Je sais, madame Kincaid, j'ai été négligent et je compte bien réparer cela, mais je crains de devoir vous arracher William. Il y a quelqu'un qui veut lui parler toutes affaires cessantes. Une commission de la plus haute importance, ajouta-t-il en désignant la foule d'un geste vague.

— Je me demande s'il s'agit de l'une de ces demoiselles. La charmante Mlle Larkbridge, peut-être ? dit vivement Mme Kincaid, tandis que les fossettes de Mme Merchantly s'effaçaient. Il semble que tous les jeunes messieurs s'en soient entichés. »

Je m'inclinai et Frank m'imita, se courbant si bas que les deux dames n'auraient pu se douter qu'il se moquait d'elles. Alors que nous nous éloignions, je lui donnai une bourrade. Il m'adressa un grand sourire et murmura :

« Sauvé des harpies. *In extremis.*

— C'est fort peu généreux de votre part, néanmoins, je vous en suis infiniment reconnaissant », répondis-je.

Il indiqua la foule, où je vis Mlle Larkbridge et ses prétendants, puis me poussa devant lui. Il y avait un commandant rougeaud, en poste à l'intérieur du pays et dont j'oubliais toujours le nom, en quête d'une épouse. Il y avait le ventripotent Moore, un comptable de la Compagnie qui jouissait de relations haut placées et avait un faible pour les cravates et les gilets aux couleurs absurdes. Ce soir, il était en soie turquoise rayée. Enfin, il y avait Keay, lieutenant dans l'armée de Sa Majesté, un homme doté d'une assurance infernale et d'un avenir prometteur, séduisant dans le genre lisse et soigné, comme un cheval de race. Il avait même eu l'occasion de voir le feu.

« Comment deux sous-lieutenants ont-ils réussi à s'introduire ici ? demanda Moore, peu amène.

— Nous avons reçu une invitation parfaitement en règle, monsieur », répondis-je avec calme.

Mlle Larkbridge se tourna vers nous. Elle me sourit. Je m'efforçai de soutenir son regard – ses yeux étaient de deux tons de bleu, plus clairs au centre –, mais elle détourna le sien.

« Monsieur Avery, monsieur Macpherson. »

Elle avait retiré ses gants et, l'ayant apparemment oublié, me tendit sa main nue, me laissant brièvement toucher le bout de ses doigts roses. Je jure que mon cœur fit un saut périlleux dans ma poitrine.

« Le supérieur de M. Keay lui a ordonné de mettre plus de soin à l'apprentissage des langues indigènes, dit-elle d'un air de léger ennui. Mais dans la mesure où il est officier britannique, dans un régiment britannique, avec des soldats britanniques, je n'en vois pas l'intérêt. »

Frank fit un geste vague et compliqué avec ses doigts.

« Bonne chance, me murmura-t-il avant de disparaître dans la foule, peu désireux de faire le joli cœur parmi les prétendants de Mlle Larkbridge.

— L'hindoustani n'est d'aucune utilité, continua Keay. Je me débrouille très bien avec le jargon militaire, mes serviteurs me comprennent plus ou moins. Et si les moricauds veulent de l'avancement, ils feraient mieux de se dépêcher d'apprendre l'anglais. »

Le terme fit froncer les sourcils au commandant, qui jeta un regard inquiet à Helen.

« À mon avis, mademoiselle Larkbridge, le capitaine de M. Keay a raison. On ne peut s'aventurer à l'intérieur du pays sans maîtriser un tant soit peu les langues, même s'il est vrai que, de nos jours, il y a moins de contacts avec l'habitant qu'à mon arrivée en Inde.

— Au Moyen Âge, murmura Keay à mon adresse en levant les yeux au ciel.

— À l'intérieur du pays ! » s'écria Mlle Larkbridge. Des petites roses de soie étaient piquées dans ses cheveux d'un somptueux or bruni.

« L'idée me fait frémir : plus d'insectes, plus d'indigènes, plus de currys ! »

Le commandant et le lieutenant Keay, qui savaient qu'ils ne trouveraient jamais une affectation permanente à Calcutta, rirent poliment, l'air quelque peu abattus. En revanche, Moore jubilait.

« Je dois dire que je suis d'accord avec M. Keay, poursuivit la jeune femme. Je n'ai aucune envie de mieux connaître l'hindoustani ou les hindous.

— Ah ! vous êtes toujours la plus obligeante des déesses, mademoiselle Larkbridge », déclara Keay en riant.

Il en avait profité pour lui prendre la main. Elle le laissa la tenir un instant, plus la retira avec un gloussement. Je grimaçai. En vérité, j'étais jaloux, même du vieux commandant, car tous avaient de meilleures perspectives d'avenir que moi. Keay, qui plus est, était un homme parfaitement sympathique. Moore se racla la gorge, s'efforçant de reprendre l'avantage.

« Revenons à Calcutta, mademoiselle. Il paraît que l'ouvrage de M. Mountstuart est si scandaleux qu'il ne serait pas convenable pour une dame.

— J'en possède un exemplaire, intervins-je. Le cheikh Habibi serait en fait Willoughby Greening.

— Vraiment, monsieur Avery ? demanda-t-elle avec de grands yeux. Comme vous êtes habile. »

Moore me lança un regard noir. Je lui avais volé sa réplique.

« Eh bien, s'empressa-t-il de dire, c'est une théorie parmi d'autres, mais, une chose est sûre, le livre a prodigieusement irrité mes supérieurs : il y fait toute sorte d'accusations indélicates. Et les inconvenances dont il parle ne sont pas seulement d'ordre financier.

— Seigneur ! fit Helen en tournant la tête vers lui. Quel genre d'inconvenances ?

— Je suis confus, ce sont des choses que je n'aurais pas dû mentionner devant une dame, s'excusa-t-il, l'air penaud.

— Je pense que c'est une vulgaire fripouille, décréta Keay, ce qui eut pour résultat d'attirer le regard d'Helen. Il paraît qu'il est allé se cacher et que personne ne sait où il est.

— J'ai entendu qu'il s'était enfoncé dans l'arrière-pays pour écrire un poème sur les thugs, ajoutai-je, remarquant non sans un léger frisson que la jeune femme s'était de nouveau tournée vers moi.

— Avez-vous lu l'article de l'*Edinburgh Review* à ce sujet, monsieur Avery ? demanda Moore. "Les thugs, ou les assassins secrets de l'Inde". Il a fait grand bruit en Angleterre. »

Les thugs étaient une espèce particulièrement monstrueuse de bandits qui étranglaient au nom de la déesse Kali les voyageurs imprudents, à l'aide d'un foulard appelé *roumal**. Leur existence était connue depuis peu. C'était une confrérie ancienne et secrète qui opérait dans toute l'Inde et qui était responsable de milliers de morts : l'un d'eux avait avoué plus de neuf cents meurtres à lui seul. C'était indéniablement une engeance fascinante et macabre, mais un sujet de conversation peu approprié à ce genre de soirée, d'autant plus que j'étais sûr d'avoir entendu tout ce qu'il y avait à savoir sur la question.

« Si j'ai bien compris, l'article concerne les effets pernicieux de l'hindouisme, intervint le commandant, désireux de ne pas paraître provincial. Et du culte de Kali en particulier : une religion qui incarne le mal absolu, dédiée à la destruction de l'espèce humaine. L'hindouisme assujettit et avilit ses adeptes ; il les encourage même à tuer leur prochain. Le plus vite nous convertirons les indigènes aux coutumes chrétiennes et aux valeurs morales anglaises, le plus vite ce pays s'élèvera. »

Keay bâilla.

« Comptez-vous parmi les admirateurs de Mountstuart, monsieur Avery ? s'enquit la demoiselle.

— Je le vénère.

— Moi aussi. Je donnerais n'importe quoi pour le rencontrer ! Il a une telle prestance ! “On est gagné par un étrange ravissement parmi les pics désolés…”

— “… où le crépuscule incertain parle à mon âme fatiguée et esseulée” », terminai-je.

Nous échangeâmes un sourire. J'étais heureux. Helen partageait ma ferveur. J'aurais pu citer chaque vers. Mais, avant que je puisse tirer parti de mon avantage, on me tapa sur l'épaule. C'était Macpherson, et derrière lui le capitaine Turpington affichait un air d'impatience que je ne lui connaissais pas.

« Avery, je vous ai cherché partout. Je suis reconnaissant à Macpherson d'avoir réussi à mettre la main sur vous.

— Vous me cherchiez ?

— Oui. Votre présence est requise à une réunion en bas. Immédiatement. Il n'y a pas une minute à perdre. Suivez-moi. »

Je le dévisageai, ahuri.

« Moi ?

— Oui, vous. Maintenant. »

Macpherson sourit. Hésitant, je murmurai :

« Mon capitaine, vous êtes sûr que ce n'est pas une erreur ? C'est réellement moi que vous voulez ? »

Turpington lança un coup d'œil irrité à Frank.

« J'en suis sûr, oui. J'espère que vous ne mettez pas en doute mon aptitude à remplir ma charge ?

— Bien sûr que non, mon capitaine, certainement pas, mon capitaine. Permettez seulement que je prenne congé de… »

Il regarda derrière moi et nota la présence de Mlle Larkbridge.

« Faites vite. »

Je me retournai. Keay et Moore en avaient profité pour se lancer dans une conversation avec Mlle Larkbridge.

« Messieurs, mademoiselle. »

Ils tournèrent les yeux vers moi et Helen m'adressa un sourire éblouissant qui ne dura qu'un instant.

Je descendis une volée de marches, les bruits de la réception diminuant derrière moi. Je traversai une série de réserves sinistres à la suite du capitaine, enjambant avec précaution ce que je pris pour des balles de linge, avant de découvrir qu'il s'agissait d'hommes enveloppés dans des pans de mousseline : des serviteurs qui dormaient pendant que leurs maîtres échangeaient des mondanités à l'étage supérieur. Enfin, nous arrivâmes devant une porte de bois sombre. Turpington frappa et s'écarta pour me laisser passer. J'hésitai.

« Avery ? » gronda-t-il d'une voix d'instituteur réprimandant un élève.

J'entrai et la porte se referma derrière moi.

Je me trouvais dans une pièce fraîche éclairée par quelques chandelles, dont les murs étaient tapissés de vieux ouvrages en cuir, parfois très abîmés. Un homme trônait derrière un long bureau de bois. Un autre était assis en face de lui. Il se retourna et je reconnus Jeremiah Blake. Il avait une mine encore plus épouvantable que la veille. Son visage avait l'aspect d'une pâte à modeler suintante et marbrée de rouge. Il pelait. Ses yeux brillaient d'un éclat maladif et son accoutrement ridicule empruntait à l'uniforme et à la tenue civile : une veste bleue mangée aux mites, une cravate humide et des culottes militaires blanches avec une rayure sur le côté qui avaient très mal vieilli.

Il se leva.

« Non, déclara-t-il.

— Je vous prie de vous rasseoir, dit l'homme derrière le bureau avant de se tourner vers moi. Bonsoir, euh… Avery, ajouta-t-il en consultant ses notes. Je crois que vous connaissez déjà M. Blake ? »

J'acquiesçai, plus sidéré que jamais et un peu inquiet, mais il regarda de nouveau Blake. Celui-ci secoua la tête et se rassit. Constatant qu'il n'y avait pas de siège pour moi, je me plaquai contre une bibliothèque, m'efforçant en vain de me faire oublier.

J'avais reconnu l'officier derrière le bureau. Il s'agissait du chef de cabinet, le colonel Patrick Buchanan, qui était chargé de distribuer promotions et postes au nom du chef d'état-major. C'était un homme séduisant dans la force de l'âge, avec une abondante chevelure châtaine sans le moindre fil gris et une moustache soignée. Il sourit aimablement et haussa les épaules tandis que Blake tirait un mouchoir froissé d'une ample poche pour s'essuyer le cou.

« Comme je le disais un peu plus tôt, cela fait une paie, Blake », dit joyeusement le colonel.

Depuis que j'étais dans l'armée en Inde, j'avais souvent eu l'occasion d'entendre cet accent irlandais qui paraissait presque écossais.

Blake haussa les épaules. Buchanan semblait trouver la situation amusante.

« Nous avons une tâche un peu particulière à vous confier. »

Parfaitement immobile, Blake répondit d'une voix calme et distincte :

« Je n'ai rien demandé. Je ne veux pas de votre mission.

— Comme c'est intéressant. Vous avez retrouvé les intonations de votre enfance. Mais je vous connais, Blake. Vous êtes notre homme. Un séjour loin de Calcutta vous fera le plus grand bien. Il est temps que vous repreniez du service. Vous avez des obligations envers la Compagnie. Et c'est le genre de travail que vous préférez : indépendant, sur le terrain, personne sur votre dos. Nous savons tous les deux que d'ici quelques jours vous serez remis de cette fièvre et que vous serez capable de prendre la route », conclut-il d'un ton railleur.

Blake semblait à peine l'écouter. Il y eut un long silence.

« Je suis surpris de vous trouver encore ici, Patrick, dit-il enfin. Qu'avez-vous à faire de la politique, alors que vous vous enrichissez grâce à toutes ces promotions que vous vendez ?

— Vous ne vous en tirerez pas avec des insultes, Blake. Et vous devriez m'appeler mon colonel.

— Collinson n'est pas là ? Où est-il ? Caché dans un coin ?

— Sir Theophilus suit son propre chemin. Je suis à la tête de la division renseignement et politique, à présent. »

Il fit une courte pause avant d'abattre ses cartes.

« Votre mission est de retrouver Xavier Mountstuart. »

Involontairement, je redressai la tête. Blake ne réagit pas.

« Mountstuart est revenu à Calcutta à la fin de l'année passée et a porté au bureau du gouverneur général le manuscrit de son roman. Naturellement, la Compagnie n'a guère apprécié, mais la chose paraissait assez inoffensive. Il nous a rendu de grands services toutes ces dernières années et sa réputation littéraire est – ou était – immense. Il a été décidé de ne pas empêcher sa publication. Une décision idiote. »

Buchanan se laissa aller contre le dossier de son siège. Il avait l'air très content de lui.

« La Compagnie s'en mord les doigts à présent. Mountstuart a introduit des détails scabreux après coup, et Willoughby Greening, qui, vous n'êtes pas sans le savoir, dispose d'une fortune colossale, menace de porter l'affaire devant les tribunaux et de le poursuivre en diffamation. Il a adressé une plainte officielle au gouverneur général contre le bureau de la censure. À l'époque, la Compagnie s'était engagée à ne pas empêcher la publication, en échange de quoi Mountstuart avait juré de rentrer en Angleterre avant la sortie du roman et de ne jamais remettre les pieds en Inde, une promesse qu'il a faite de son plein gré. »

Blake releva la tête.

« Il a accepté de quitter définitivement le pays ?

— Le climat ne lui réussit pas. Sa santé n'est plus ce qu'elle était. Ce qui n'est guère étonnant. Mais là n'est pas le propos. Mountstuart n'a pas quitté l'Inde. Et nul ne sait où il se cache. En mars, il est parti en expédition à l'intérieur du pays afin d'effectuer des recherches. Il avait le projet d'écrire un long poème sur les thugs. La Compagnie lui a donné l'autorisation de faire ce voyage, s'il promettait d'être de retour à Calcutta avant la mousson. »

J'étais surpris : je n'avais jamais réellement prêté foi aux rumeurs qui agitaient les salons de Calcutta.

« Il a disparu, poursuivit Buchanan. On l'a vu pour la dernière fois à Jabalpour, dans les territoires de Saugor et Nerbudda, alors qu'il rendait visite au commandant Sleeman, qui dirige le département du thuggisme. On n'a aucune nouvelle depuis. C'est une fâcheuse complication. Il nous faut savoir où il se trouve et ce qui lui est arrivé pour régler cette affaire promptement. D'ici quelques semaines, Lord Auckland, le gouverneur général, entamera sa tournée dans les États du Nord. La Compagnie tient à faire appliquer un certain nombre de décisions de la plus haute importance et on a déjà assez de problèmes sans cela. Il faut que cette affaire soit résolue discrètement et surtout au moindre coût. C'est tout naturellement que j'ai pensé à vous, ajouta Buchanan avec un large sourire.

— Cela fait des années que je n'ai pas eu de nouvelles de Mountstuart. Et Jabalpour se trouve à près de trois cents lieues. »

À le voir, il paraissait peu probable qu'il fût capable de parcourir ne serait-ce que trois lieues.

« Ne discutez pas, Jeremiah. Vous n'avez pas le choix et ne prétendez pas que vous n'êtes pas curieux de savoir ce qui lui est arrivé. Nous pensons qu'il a quitté Jabalpour en juin ou en juillet. Il a pu se rendre à Doora, un petit royaume gouverné par un rajah difficile que l'on soupçonne de protéger les thugs. Cependant, le résident de la Compagnie ne l'a pas vu. Qui sait ? ajouta-t-il, non sans malice. Il a peut-être été capturé par les thugs. À moins qu'il n'ait choisi de disparaître ou de vivre avec les indigènes pendant quelque temps. Il peut être imprévisible, mais je ne vous apprends rien.

« Vous avez une semaine pour vous préparer. Vous emprunterez la Grand Trunk Road. Si vous changez de chevaux tous les trois ou quatre jours, vous devriez gagner Jabalpour en trois semaines. »

Je manquai de m'étrangler de surprise. Personne ne voyageait à cette vitesse par la route, sauf les messagers à dos de chameau. Ils pouvaient couvrir une trentaine de lieues en une journée, mais pas plusieurs jours d'affilée. Il fallait deux mois à un régiment pour faire trois cents lieues.

« Je vous adjoindrai deux indigènes, comme au bon vieux temps. J'ai en tête un homme que nous avons employé à plusieurs reprises.

— Je ne prends pas le gamin. Vous avez manifestement prévu de me le fourrer entre les pattes.

— Vous ferez ce qu'on vous dira de faire », répliqua Buchanan.

Il me fallut quelques minutes pour comprendre que l'on parlait de moi.

« Je vous demande pardon, mon colonel, intervins-je.

— Il ne fera que m'encombrer, poursuivit Blake. Il n'a jamais quitté Calcutta et il ne parle aucune langue du pays. »

Bien sûr, je m'étais demandé ce que je faisais dans cette pièce et j'étais fort perplexe. Néanmoins, il ne m'était pas venu à l'idée qu'on ait pu envisager d'enrôler quelqu'un d'aussi peu expérimenté que moi. J'étais atterré. Malgré mon admiration pour Mountstuart, c'était la dernière chose que je souhaitais faire.

« Mon colonel, je suis sensible à l'honneur que vous me faites, mais je ne peux pas accompagner M. Blake ! m'écriai-je. Je dois bientôt rejoindre mon régiment. Je pourrais vous nommer au moins six hommes bien plus qualifiés que moi. »

J'aurais continué si Buchanan ne m'avait pas fait taire.

« Silence, Avery ! Assez de chicaneries. C'est une chance unique et je ne veux plus vous entendre. »

Il se tourna vers Blake et se mit à parler de moi comme si je n'étais pas là.

« Il n'était pas notre premier choix, je vous l'accorde. Mais nous souhaitons que vous soyez escorté par un officier de la Compagnie. Quelqu'un de présentable, qui pourra vous suivre et dont l'absence ne se fera pas trop sentir ici. À vrai dire, en ce moment, il n'y a personne d'autre. Les officiers subalternes les plus aguerris sont déjà partis vers le nord afin de préparer la venue du gouverneur général. Et nous avons beaucoup de malades alités avec la fièvre. Ce jeune homme est solide. Son supérieur affirme qu'il est apprécié, même s'il n'a pas eu l'heur de vous plaire. Il faut avoir l'esprit pratique. Vous avez besoin d'un Anglais capable de tenir un fusil. Il monte bien à cheval et a la réputation d'être bon tireur. »

Ce n'était donc pas une figure de style. J'étais réellement le dernier choix de la Compagnie.

« Au fait, Blake. Vous pouvez reprendre votre grade de capitaine, si vous le désirez. »

Celui-ci secoua la tête.

« J'en ai fini avec tout ça, Buchanan.

— Alors il va falloir vous trouver un titre qui vous confère un minimum d'autorité sans trop compromettre votre précieuse indépendance. Légat de la Compagnie, peut-être ? »

Il réfléchit. Blake eut un grognement de dédain.

« Un rien papiste, peut-être. Inquisiteur spécial ? Non, trop de mauvais souvenirs. Il y a un nom pour les gens comme vous en Angleterre, à présent. Voyons… Ah, oui : enquêteur. Enquêteur spécial, cela vous convient-il ? »

Blake haussa les épaules.

« Vous pouvez disposer. L'intendance vous fournira tout ce dont vous aurez besoin. Et Collinson vous adresse ses salutations. »

Sans prêter attention à ces derniers mots, Blake s'était levé lourdement et se dirigeait en boitillant vers la porte. Il se retourna.

« Sachez quand même que, à mon avis, soit Xavier Mountstuart est mort, soit il ne souhaite pas qu'on le trouve. Et dans un cas comme dans l'autre, j'aurais plus de chances de découvrir la pierre philosophale que de lui mettre la main dessus. »

Puis il sortit. Je m'attardai pour éviter de devoir parcourir les couloirs en sa compagnie, mais il marchait si lentement que je ne voyais pas comment y échapper. Le colonel Buchanan résolut le problème.

« Un mot, Avery. »

Il se leva et fit le tour du bureau.

« Mon colonel ?

— Fermez la porte et approchez. Bien. Une journée exceptionnelle pour vous.

— Oui, mon colonel. »

Les mots m'échappèrent dans une grande expiration. Je me sentais tout étourdi.

« Asseyez-vous. Prenez le temps de vous ressaisir. Vous devez encore être sous le coup de la surprise.

— Oui, mon colonel. »

J'étais heureux de pouvoir profiter de la chaise. Je m'y affalai, m'efforçant de mettre de l'ordre dans mes pensées. *C'est une chance*, me répétais-je. Mais une autre voix dans ma tête protestait : *Je n'en veux pas. Laissez-moi retourner à la soirée, je demande seulement une affectation.*

L'homme posa sa main sur mon épaule et me regarda. Je vis une goutte de transpiration perler entre son nez et sa moustache.

« Vous savez qui je suis ?

— Oui, mon colonel.

— Dans ce cas, Avery, vous savez que j'ai le pouvoir de faire et de défaire les carrières en Inde. Je me rends bien compte que cet arrangement ne vous satisfait pas entièrement. Ai-je tort ?

— C'est une occasion unique, mon colonel. J'en suis conscient.

— Laissez-moi vous demander quelque chose. Où souhaiteriez-vous être dans un an ? Réfléchissez bien. Donnez-moi une réponse sincère. »

Il y avait quelque chose de direct dans son regard qui invitait à la franchise.

« Chez moi. En Angleterre. »

Il était vrai que le Devon me manquait avec une intensité douloureuse : une chaleur estivale jamais excessive, la douceur de la pluie, la neige sur la lande, l'herbe tendre des prairies à foin, la terre rouge. Ma sœur me manquait aussi. Je voulais m'asseoir près d'elle au coin du feu avec un bol de bouillon, nos jambes entremêlées pour nous tenir chaud. Mais je savais que c'était impossible. Ces souvenirs appartenaient à une enfance révolue et, de toute manière, il faudrait des années avant que j'aie les moyens de payer mon retour.

« Je vois. L'Inde n'est donc pas exactement à votre goût. »

Je regrettai aussitôt ma candeur.

« Je n'irais pas jusque-là, mon colonel.

— Lieutenant, je vais être franc. Ce n'est pas une affaire très glorieuse, néanmoins, elle doit être réglée. Je dirais même plus, elle doit être réglée par vous, et, excusez ma brutalité, mais votre avenir en dépend. Si vous réussissez, je vous promets que, d'ici un an, vous serez chez vous, régalant de vos aventures un auditoire féminin admiratif, avec une coquette pension dans votre poche. En revanche, si on ne retrouve pas Mountstuart, je peux vous assurer qu'on vous enverra dans un trou à malaria au fin fond du Bengale, où, si vous n'êtes pas mort du choléra d'ici deux ans, la solitude et l'ennui vous auront rendu à moitié fou. Et vous serez toujours endetté jusqu'au cou. Vous avez compris ? »

La sensation de vertige me reprit.

« Oui, mon colonel. Bien sûr, mon colonel », répondis-je, alors que je pensais : *Pourquoi dites-vous cela ? Que fais-je ici ? Je préférerais être n'importe où ailleurs.*

« Si l'entreprise vous semble vouée à l'échec, détrompez-vous. M. Blake est un drôle d'oiseau, mais il obtient des résultats. Il a beau dire, il est parfaitement capable de retrouver M. Mountstuart. Et vous devrez faire tout ce qui sera en votre pouvoir pour l'assister.

— Oui, mon colonel, dis-je, conscient que j'aurais préféré mourir plutôt que d'aider Blake.

— Ce n'est pas tout. Nous avons une autre mission à vous confier, et je compte que vous vous en acquittiez avec discrétion. Ainsi que vous l'aurez remarqué, M. Blake est, comment dirais-je… un homme singulier. Ce n'est pas un *pukka sahib*, comme on dit ici : ce n'est pas un vrai gentleman. En revanche, il est excellent lorsqu'il est sur une piste, c'est un fin limier et il connaît les habitudes de M. Mountstuart. Il a longtemps servi dans l'armée de la Compagnie, mais il n'est plus qu'un simple employé civil. Il a adopté les mœurs du pays et pris une maîtresse indigène. Elle est morte. Il a un peu perdu la tête. Insubordination. Opinions radicales, et j'en passe. Le bruit court qu'il serait athée et qu'il se serait converti à l'hindouisme.

— Je vois, mon colonel. »

De mieux en mieux.

Buchanan repassa de l'autre côté du bureau.

« Pour tout vous dire, nous redoutons que M. Blake ne s'écarte de sa mission et que, s'il retrouve M. Mountstuart, il ne le ramène pas. Non pas que nous n'ayons pas confiance en lui, mais nous avons nos petites inquiétudes.

— Vraiment, mon colonel ? »

Cette fois, j'étais véritablement alarmé.

« Avery, votre tâche sera de tenir M. Blake à l'œil. De vous assurer qu'il accomplit son devoir. D'être attentif à tout comportement préoccupant.

— Oui, mon colonel. Mais, si je puis me permettre, il semble que M. Blake m'ait pris en grippe. Je ne suis peut-être pas la meilleure personne pour…

— Oh ! ne vous faites pas de souci pour cela, répliqua Buchanan avec condescendance. Tout finira par s'arranger. Je vous le promets.

— Oui, mon colonel. Et comment devrai-je réagir en cas de… de comportement préoccupant ?

— Si vous pensez que M. Blake n'accomplit pas son devoir, ne faites rien de précipité. Observez et notez tout, afin de nous faire un rapport complet à votre retour. En cas de problème, vous pourrez également vous adresser à un officier supérieur sur place. Au commandant Sleeman, par exemple. Mais que les choses soient claires : c'est M. Blake qui dirige l'expédition et vous devrez lui obéir. Je voulais seulement vous mettre au courant des quelques petites réserves que nous pouvions avoir. Et vous faire savoir que nous serons toujours là en cas de besoin. Vous êtes un homme de la Compagnie. N'oubliez pas à qui va votre loyauté.

« À présent, voici un avant-goût de ce qui vous attend si vous réussissez : permettez-moi de vous féliciter pour votre promotion. »

J'écarquillai les yeux.

« Je vous demande pardon, mon colonel ?

— Vous êtes nommé lieutenant, Avery. L'expédition a besoin de l'autorité de la Compagnie. C'est bien sûr une charge temporaire sans compensation financière, mais, si nous sommes contents de vous, il sera aisé de la pérenniser. Une fois que le choléra en aura fini avec la caserne, il y aura certainement plus d'un poste à pourvoir.

— Merci, mon colonel, dis-je, abasourdi par sa désinvolture.

— Une dernière chose, vous n'êtes pas autorisé à révéler la raison de cette expédition, même à votre ami écossais. Nous prétexterons que vous rejoignez un régiment dans le Nord. »

D'un élégant mouvement de poignet, il me signifia que je pouvais disposer.

Le temps de regagner la galerie de Marbre, je m'étais ressaisi et j'espérai trouver Frank ou Mlle Larkbridge. Malheureusement, la réception était terminée : les derniers invités partaient pour se rendre à des soupers en ville, et une foule de serviteurs s'affairaient, emportant plateaux et tables, déplaçant les plantes et soufflant les chandelles. Je ne vis que M. Blake à l'autre bout de la galerie, qui s'éloignait dans la nuit en boitillant.

3

Le lendemain de mon entretien avec Buchanan, un message m'informa que je ne pourrais emporter que très peu de bagages. Sur les conseils de Frank, je me résolus à contrecœur à vendre une partie de mes possessions pour régler mes dettes les plus pressantes. J'avais l'impression qu'il savait plus ou moins pourquoi je quittais Calcutta. C'était lui qui avait attiré sur moi l'attention de la division renseignement et politique, après tout, et je voulais faire bonne figure. Mais cette affaire m'inspirait une répulsion instinctive. En outre, je ne pouvais me défaire d'une certaine appréhension à l'idée qu'il y avait erreur sur la personne.

M'acquitter d'une partie de mes dettes m'apporta néanmoins une forme de soulagement, car elles étaient une source d'angoisse constante. Ma nouvelle fortune m'était montée à la tête lorsque j'avais reçu mes premiers traitements et j'avais dépensé plus que de raison en bagatelles qui, sur le moment, m'avaient paru indispensables : deux bons chevaux, une part dans un buggy, un équipement de camp pour le terrain, de beaux meubles, des cuillères à punch et une saupoudreuse en argent. Puis il y avait mes dettes de jeu – dont la simple mention m'était insupportable – et le salaire des serviteurs. Je me séparai de mes deux chevaux, de ma paire de pistolets de duel incrustés d'argent, des meubles et de l'argenterie, à un prix largement inférieur à ce qu'ils m'avaient coûté. Quant aux domestiques, le seul avantage de ce voyage, c'était que je n'aurais plus à les payer.

Le surlendemain de l'entretien, j'avouai à Frank – à ma grande honte – les détails de l'expédition et mes inquiétudes la concernant. Je me plaignis du colonel Buchanan, dont le plan me mettait à la merci de l'odieux M. Blake, qui se souciait comme d'une guigne du résultat de notre mission, alors que, en cas d'échec, je serais dégradé au rang de sous-lieutenant et me retrouverais très certainement sans affectation. Je vitupérai également contre le chaperon de Mlle Larkbridge qui m'avait refusé la permission de la voir, soupçonnant que j'avais prévu de lui faire une déclaration intempestive, ce qui était bien sûr mon intention. Enfin, je confiai à Frank mon malaise concernant le secret qui entourait l'expédition. Mes supérieurs avaient été informés que je devais rejoindre un régiment de cavalerie irrégulier dans le Nord. Et la perspective de devoir espionner M. Blake, si déplaisant fût-il, ne me réjouissait guère. Paradoxalement, toutefois, c'était l'idée de quitter Calcutta, cette ville exécrée, qui me déprimait le plus, car cela m'éloignait un peu plus de l'espoir de rentrer chez moi un jour.

« Vous êtes un sot, Avery ! décréta Frank. Ne voyez-vous pas que c'est l'occasion de vivre toutes ces aventures dont vous rêviez ? Au moins, vous quitterez enfin Calcutta, même si vous devrez voyager avec ce Blake que vous redoutez tant. Et vous allez peut-être rencontrer l'homme que vous admirez entre tous. »

Il me parlait comme un vieil oncle patient.

Je passai les deux jours suivants à mettre en ordre mes affaires. Quant à Frank, il était fort occupé par ses nouvelles charges. Mais il semblait abattu et je craignais qu'il n'ait pris mes plaintes trop à cœur. Le cinquième jour, je le trouvai assis dans un fauteuil, avec un verre de bordeaux, une assiette de tartines beurrées et un livre : mon exemplaire d'*Ivanhoé*, de Walter Scott. Il paraissait fatigué et distrait, mélancolique, même. Il déclara ne pas être d'humeur à passer la soirée au mess. J'étais sûr que mon ingratitude était la cause de cette tristesse inhabituelle. Je m'excusai de ma grossièreté et lui assurai que je tirerais le meilleur parti de la chance qui m'était offerte.

Il poussa un lourd soupir.

« Oh ! William, de quel droit vous inciterais-je à faire quelque chose que vous n'avez jamais souhaité ? »

Cela ne lui ressemblait pas. Je lui donnai une tape dans le dos.

« Du nerf, Macpherson ! Mettez-vous au lit avec un grog. Vous devez être sur pied pour fêter mon départ. »

Il sourit et j'eus l'impression de le retrouver un peu, puis je le laissai afin de me rendre au mess.

Trois heures plus tard, on m'envoya chercher. Je devais rentrer chez moi de toute urgence. Un officier m'attendait, un capitaine que je ne connaissais pas. On avait trouvé Frank gisant dans une ruelle près du bazar, blessé à la poitrine par un couteau, une corde serrée autour du cou. Sa bourse, son manteau et ses chaussures avaient disparu.

Ils avaient rapporté son corps et l'avaient déposé sur son lit. Je regardais mon ami, hébété, incapable de donner un sens au tableau devant moi. Ses habits étaient sales et froissés. Sa chemise blanche était trempée de sang. Une ligne rouge entamait son cou. Le *khansaman* affirmait qu'il n'avait pas vu Frank sortir. Nul ne savait ce qu'il était allé faire. Le capitaine déclara qu'il avait très probablement été tué par un indigène, peut-être deux. Cela arrivait très rarement : « En général, c'est qu'un Européen s'est trouvé mêlé à de sordides affaires d'argent, de femmes ou de jeunes garçons natifs. » Il me regardait d'un air interrogateur.

Ce n'était pas le genre de Frank. Il n'avait aucun vice. L'officier m'assura que la police militaire passait le bazar au peigne fin pour connaître la cause du meurtre, mais je voyais bien qu'il pensait qu'on ne découvrirait jamais la vérité. C'était la parfaite illustration de tout ce que je haïssais à Calcutta.

Je demandai aux serviteurs de me laisser. Pendant des heures, je restai assis à côté du corps de Frank, environné des bruits de la ville : de grosses gouttes d'eau qui s'écrasaient de temps en temps sur le toit, le gargouillement d'un tuyau, le hurlement d'un chien sauvage. Puis je m'étendis sur mon lit de camp. Je restai allongé sans dormir jusqu'à ce qu'un muezzin solitaire appelle les mahométans à la prière, avant de sombrer brièvement dans un sommeil agité. À mon réveil, j'étais emmailloté dans mon drap comme dans un linceul.

On enterra Frank le lendemain au cimetière de Park Street Yard. C'était le lieu le plus propre et le plus organisé de Calcutta : une petite cité idéale, avec des allées bien nettoyées, bordées de palais et de temples miniatures dédiés aux défunts. Le temps était couvert et humide. L'herbe était d'un vert éclatant et on entendait les cris des paons et des corbeaux qui nichaient entre les tombes et les monuments ouvragés. Le régiment de Frank avait accepté de payer la plaque de marbre et je m'étais chargé de faire graver l'inscription :

En souvenir de Francis Stewart Macpherson,
Sous-lieutenant, 1816-1837
Frère et ami chéri et honoré,
Trop brièvement sa flamme a brillé.

Nous n'étions pas nombreux, quelques officiers de son régiment, des membres de notre mess et le lieutenant Keay, mon rival. Il vint également à la veillée. Il me prit à part pour me présenter ses condoléances et me féliciter – il espérait que ce n'était pas déplacé – pour ma promotion.

« Écoutez, Avery, c'est une chose abominable de perdre un ami ainsi. Peut-être que quitter Calcutta ne vous fera pas de mal. J'ai appris que vous vous dirigiez vers le nord : si vous vous arrêtez à Bénarès, mon ancienne affectation, allez voir mon régiment. Ce sont de joyeux compagnons, le mess est bon et on vous servira le meilleur des repas. J'ai un ami en particulier, Jiggins. Mentionnez simplement mon nom. Bien sûr, vous désertez le champ de bataille en laissant Mlle Larkbridge assiégée. Nous vous garderons une part du gâteau de mariage, même si je ne pourrais pas jurer pour l'instant que ce n'est pas cette lavette de Moore qui va l'emporter. »

Ce soir-là, je me soûlai.

Les deux jours suivants s'écoulèrent dans une espèce de brouillard. Je marchais à travers la ville, mes sensations émoussées, et je m'acquittai de mes obligations dans un état second. J'avais prévu d'écrire à ma famille, mais je ne pouvais me résoudre à rédiger le genre de lettre que mon père attendait ni celle que ma sœur méritait. J'envoyai quelques lignes aux sœurs de Frank. Je donnai leur congé aux serviteurs. C'est alors que j'eus vent de la rumeur. D'après un officier de notre mess, on racontait que Frank s'était rendu à Blacktown parce qu'il devait de l'argent à un prêteur indigène, une crapule impliquée dans les affaires les plus sordides de la ville. Je refusai d'ajouter foi à ces ragots, furieux qu'on puisse ébruiter de tels mensonges. Frank était un parangon de modération et de vertu. Jamais je ne l'avais vu jouer.

Helen Larkbridge m'adressa un billet de condoléances : naturellement, quelqu'un dans sa position ne pouvait assister à l'enterrement. Je tentai de lui répondre, mais tout ce que je rêvai de lui dire me paraissait trivial et inexprimable. C'était comme si le feu qui alimentait les sentiments et les passions dans ma poitrine s'était éteint. Pour finir, je me contentai de lui écrire que je quittai Calcutta et que je ne pouvais lui dire où j'allais. J'espérais la retrouver aussi belle et fraîche que dans mon souvenir à mon retour, d'ici quelques mois. Je signai « Lieutenant Avery », un peu honteux, pourtant je ne le rayai pas, conscient que ma médiocre promotion était mon seul atout en tant que prétendant. Elle ne me répondit pas.

La veille de mon départ, le capitaine qui était passé le soir de la mort de Frank revint me voir. Il déclara qu'on n'avait rien trouvé de probant concernant le meurtre, mais que Frank avait contracté des dettes astronomiques auprès d'un prêteur indien qui avait un billet à ordre sur tous les biens de Frank. La division renseignement et politique craignait qu'il n'eût en sa possession des papiers volés. L'autoriserais-je à jeter un œil à ses affaires avant qu'on les emporte ? Je protestai. Cette histoire n'avait aucun sens, je connaissais parfaitement Frank. Où aurait-il perdu tout cet argent ? Pas en ma compagnie, c'était certain. J'exigeai des explications. Il s'excusa d'un air gêné et avoua qu'il ne pouvait m'en donner. Je dis que j'espérais que les accusations infondées sur la moralité de Frank ne seraient pas rendues publiques. Plus embarrassé que jamais, il répondit qu'il n'en savait rien. Peu après, deux indigènes robustes arrivèrent avec une charrette pour emporter toutes les affaires de Frank.

En fin d'après-midi, je me retrouvai seul, assis sur notre dernière chaise, avec mon second verre de brandy à l'eau. La pièce était vide. J'avais pour unique compagnon un rat qui faisait sa toilette au milieu du salon. Depuis le début des pluies, toutes sortes de bestioles – serpents, grenouilles, rongeurs divers et variés – avaient élu domicile dans notre bungalow. Je n'avais pas la force de les chasser. Je ne cessais de penser à Frank. J'ignorais si je devais être triste ou furieux. Une part de moi ne pouvait y croire. Je ne reconnaissais pas l'homme que j'avais côtoyé pendant des mois – le plus doux des amis, le meilleur des cœurs – dans la description du capitaine. Je savais que l'étendue de ses dettes et les insinuations sur son honnêteté détruiraient sa réputation. Je me rappelai que je parlais toujours de moi à tort et à travers, alors qu'il ne se confiait presque jamais. Je me demandai s'il avait organisé mon départ afin que je sois absent quand éclaterait l'inévitable scandale. Je songeai à tous ses projets qu'il ne pourrait jamais réaliser. C'était un homme talentueux et plein de promesses. Je revoyais le trou dans sa poitrine, la marque autour de son cou, et je pensai aux thugs qui étranglaient leurs victimes.

Je décidai de me rendre au mess une dernière fois pour quelques parties de cartes. Frank m'avait souvent reproché mon goût pour le jeu. Rétrospectivement, ces échanges se revêtaient d'une ironie douloureuse. J'avais perdu beaucoup d'argent, principalement contre le lieutenant O'Keefe, mais pas autant que Frank, semblait-il. Chaque matin, je me réveillais décidé à ne plus toucher aux cartes, tout comme je me jurais de ne plus m'enivrer, mais lorsque la fin de la journée arrivait, j'avais la sensation qu'elles seules pourraient renflouer ma fortune, et que seuls le brandy et le bordeaux me fourniraient un peu de réconfort.

J'allai dîner au mess. Nous étions vingt, chacun servi par son propre domestique. Outre l'incontournable longue table d'acajou ciré, la salle à manger abritait trois drapeaux militaires élimés et plusieurs tableaux de batailles victorieuses, avec tirs de canon et collines conquises. Nous eûmes droit au menu habituel : soupe au curry, terrine de bœuf, côtelettes de mouton, dinde rôtie, poisson frit, puis pâtisseries et confiseries. L'humeur était morose et personne ne mentionna le nom de Frank. Cependant, après quelques verres de bordeaux, je me détendis. Je bus encore. On trinqua à la Compagnie, puis au roi. Il y eut un toast pour mon départ.

Peu à peu, les plaisanteries, les railleries et les provocations reprirent leurs droits. Quelques côtelettes et pâtisseries volèrent. O'Keefe, le lieutenant qui me plumait régulièrement aux cartes, était assis à l'autre bout de la table avec ses amis. Il n'était pas particulièrement apprécié – en dehors du mess, c'était un militaire assez commun –, mais ici il jouissait d'une certaine réputation, en raison de son habileté au jeu et de l'entrain qu'il mettait à brocarder les officiers subalternes, ce que nous prenions tous relativement bien.

Je m'installai sur la véranda pour boire un brandy et fumer un cigare. Quelques camarades sortirent leurs chevaux afin de rendre visite à une danseuse ou à une maîtresse. Ils m'encouragèrent à les accompagner. D'autres rentrèrent faire un billard. O'Keefe réclama une table de jeu.

« Alors, qui se joindra à moi ce soir ? »

Il se tourna vers moi d'un air moqueur.

« Vous reste-t-il quoi que ce soit à perdre, mon cher Avery ? Vous n'avez pas pris les dettes de votre ami à votre compte, j'espère ?

— J'ai assez pour deux ou trois parties. »

Les serviteurs apportèrent la table et les chaises. Nous étions cinq. Nous jouâmes au lanturlu. L'affaire s'engageait bien. Je remportai la première main. J'étais le donneur et tout le monde passa. Je gagnai aussi la suivante, écartant quelques cartes pour en piocher d'autres dans le talon, tandis que les autres se couchaient encore. Après cela, mes résultats devinrent plus inégaux. Je jouai avec prudence, perdis un peu d'argent, j'empochai un tiers de la mise quelques fois, puis je commençai à saigner, juste un peu, mais régulièrement. En un rien de temps, je me retrouvai en plus mauvaise posture qu'au début. Enfin, à son habitude, O'Keefe lança :

« Vous perdez encore, Avery. Je vous donne une chance de regagner tout ce que je vous ai pris, mais il faut que l'enjeu soit sérieux. »

J'étais ivre.

« Je n'ai plus un sou.

— Cette belle montre en argent fera l'affaire. »

Je n'hésitai pas un instant. Je décrochai la chaîne de ma veste et la plaçai sur la table.

« J'accepte les reconnaissances de dette, normalement, mais sachant qu'Avery nous quitte pour l'arrière-pays, je suis bien obligé de me demander si je verrai un jour la couleur de mon argent. »

Je m'abstins de répondre.

« Cela me convient. »

Je poussai la montre au milieu de la table.

Je ne pourrais décrire la partie. J'oubliai tout à l'instant où je la perdis. Tout comme je perdis la suivante, où je jouai la chevalière de mon père, mon dernier objet de valeur. Je signai alors une reconnaissance de dette qui acheva de me mettre sur la paille. Je me levai péniblement et frappai dans mes mains pour appeler le *khitmatgur*. O'Keefe s'inclina avec exagération sur mon passage.

« Adieu, Avery. J'espère du fond du cœur que vous réglerez rapidement ce que vous devez. À la différence de votre ami. »

J'étais bileux et nauséeux ; j'avais les tempes qui carillonnaient, la bouche sèche et la sensation désagréable d'avoir commis une terrible erreur. On me secouait vigoureusement.

« Monsieur Avery, monsieur Avery ! Vous devez vous lever. Blake sahib vous attend. Vous avez une heure de retard. »

On m'avait dit de retrouver Jeremiah Blake à quatre heures du matin, à côté du Jardin botanique royal de Howrah, de l'autre côté de l'Hooghly, à la sortie de Calcutta. J'étais pourtant sûr d'avoir demandé au *khitmatgur* de me réveiller.

Un robuste indigène enveloppé de plusieurs couches d'étoffe se tenait au-dessus de moi. Il avait une belle barbe noire bien fournie, une peau d'acajou poli.

« Je vous souhaite le bonjour. Je suis Mir Aziz, sahib. Je travaille depuis des années au service de la Compagnie Bahadur*, ou l'Honorable Compagnie des Indes orientales, si vous préférez. Je dois vous conduire à M. Blake. »

Je m'assis lentement. Le sang rugit dans mes oreilles. Je me levai, m'efforçant de refouler la nausée et les étourdissements. Je trébuchai. L'indigène me rattrapa par le coude et me tint juste assez longtemps pour m'empêcher de m'affaler par terre. Il me lâcha dès que j'eus retrouvé ma stabilité. J'appelai mon *khitmatgur*, sans succès. Il apparut qu'il s'était volatilisé pendant la nuit avec quelques pièces et de l'argenterie. Mon guide fit mine de ne pas voir mon embarras et se retira tandis que je tentais de faire ma toilette et m'habillais. Je rassemblai mes possessions, autrement dit mes armes – un fusil, un sabre et un pistolet léger –, plusieurs ballots de vêtements, un baril hermétique contenant deux uniformes de cérémonie et une petite malle. Dehors, sur une charrette à bœufs, se trouvaient ma tente, mon *charpai**, une chaise pliante et une magnifique cuvette de rasage en cuivre dotée d'un pied en cèdre, qui m'avait coûté une petite fortune. Je constatai avec soulagement que le *syce* était toujours à son poste, bien qu'il ne fût guère plus vaillant que moi.

« Sahib, dit l'indigène qui se faisait appeler Mir Aziz. Je vous demande humblement pardon, mais ce n'est pas possible d'apporter tout ça. Il n'y a qu'un cheval de bât par personne. La tente, le *charpai* et ça, dit-il désignant la cuvette et la malle, trop lourd, trop gros. »

Je restai hébété, m'efforçant de reprendre mes esprits.

« Sahib, ajouta-t-il plus doucement. Il faudrait trois hommes pour porter la tente et la monter chaque soir. Nous sommes cinq en tout. Pas assez. Blake sahib a des petites tentes. On ne vous a peut-être pas dit. »

Je me sentais en trop piteux état pour discuter. J'acquiesçai d'un signe. La cuvette, la tente et le lit furent déposés en bas des marches du bungalow. La malle et la chaise, en revanche, il n'était pas question de les laisser.

Il faisait encore nuit. Nous traversâmes la ville sous une pluie fine. Le temps d'atteindre le grand banian à côté du Jardin botanique, les premiers rayons du soleil teintaient le ciel. Six lanternes, chacune entourée d'un dense cercle d'insectes, éclairaient trois silhouettes emmitouflées dans des couvertures de coton. Mir Aziz les rejoignit à cheval et murmura quelque chose. J'attendais en arrière, gêné. J'avais deux heures de retard. L'homme du milieu révéla son visage. Je reconnus Blake. Je pouvais à peine le distinguer des deux indigènes. Nous étions cinq, en effet, un petit groupe. Derrière eux, j'aperçus cinq animaux de somme.

Je descendis maladroitement de mon cheval, me détournai et vomis. Je confiai les rênes à mon *syce*, qui était chargé de livrer mon cheval à son nouveau propriétaire. M. Blake jeta un regard dans ma direction, marmonna quelques mots en hindoustani à Mir Aziz et rejoignit à grands pas sa monture. J'avais prévu de m'excuser, mais je changeai d'avis.

« Votre cheval », dit Mir Aziz, m'indiquant un poney bai courtaud.

Il était évident que, étant donné ma taille, j'aurais l'air ridicule dessus. Je me demandais s'il parviendrait seulement à me porter. Je posai un regard plein de regrets sur mon superbe hongre ombrageux, qui ne serait jamais capable de faire quinze lieues par jour.

« Pardon, sahib. Mais pas de place pour la malle et la chaise. »

L'un des indigènes grimpa sur la charrette et jeta ma malle à terre, où elle s'écrasa avec un craquement alarmant. Je poussai un cri de bête blessée. Plusieurs boîtes de savon Windsor, mon eau de Cologne – brisée –, mes dernières pièces d'argenterie, des vêtements et tous les livres que j'avais gardés, empruntés, amassés au fil des ans.

« Je ne les abandonnerai pas.

— Il vaut mieux laisser les objets de valeur à Calcutta, sahib. »

Je ne le savais que trop bien. Malheureusement, je n'avais plus personne à qui les confier à Calcutta.

Mir Aziz me prit en pitié.

« La chaise, impossible, mais on peut emballer les objets précieux. »

Il dit quelque chose à l'un des indigènes. Ils prirent sur les chevaux de somme deux pans de toile de voile que Mir Aziz étala sur la charrette. Il me fit signe d'ouvrir la malle. Il était évident que je ne pourrais pas tout emporter. En désespoir de cause, je m'emparai des œuvres de Mountstuart, de quelques livres de Walter Scott, des *Derniers Jours de Pompéi* de Bulwer-Lytton, de *Pericles and Aspasia* de Walter Savage Landor et des *Pickwick* de Macpherson.

« On peut acheter plus de toile à Barampour ou à Chinsurah », dit paisiblement Mir Aziz, tandis qu'il empaquetait mes livres et attachait solidement le tout. Je donnai mes dernières pièces au *syce*, puis le regardai partir avec mon cheval. Alors que j'étais planté là, l'un des indigènes de Blake cria quelque chose à l'autre et ils éclatèrent de rire. J'étais sûr d'avoir reconnu certains mots.

« Qu'a-t-il dit, Mir Aziz ? »

Il hocha la tête et détourna les yeux.

« Il dit que nous allons bien avancer aujourd'hui, sahib. »

Blake nous dépassa sans m'adresser un regard.

« Je ne crois pas qu'il ait dit cela. S'il te plaît. »

Il m'examina un moment, hésitant.

« Il dit que vous êtes un *pai-makh balaak*, un garçon au visage de lait, et que vous ne pourrez pas suivre. »

Je jetai un coup d'œil à ce qu'il restait de mes possessions éparpillées dans la boue autour de la malle cassée : ma chaise, un couteau à découper, deux fourchettes, une assiette brisée, une paire de bottes, des cravates de couleurs vives et plusieurs livres gisant là où ils étaient tombés. Une fin somme toute appropriée pour mon séjour à Calcutta.

2

4

Rester à cheval et ne pas vomir mobilisait toute mon énergie, même si je dus malgré tout m'arrêter quelques fois au bord de la route pour vider mon estomac. J'étais distrait par la pluie. Elle tombait avec une telle insistance, une telle intensité, que je commençais à croire que nous étions condamnés à retourner à la boue dont nous étions issus. Puis je songeai à Frank – car tu es poussière et tu retourneras à la poussière – et j'éprouvai une sensation de vide. Mes yeux s'embuèrent et ma gorge se noua.

La Grand Trunk Road se déroulait devant nous, fière de ses paysages. À travers les épaisses gouttes grises, je distinguai à peine un delta marécageux sans oiseau, couvert de palétuviers, de buissons enchevêtrés et d'occasionnels bambous. La route était inondée par endroits et ailleurs les pluies avaient rempli les nids-de-poule de boue, si bien que les chevaux – qui étaient en fait de vigoureux poneys de Birmanie – ne cessaient de trébucher. Toujours à l'avant, le dos raide, drapé dans une couverture de coton à la mode indigène, Blake était un reproche vivant. Il n'admettait aucune excuse pour ralentir et nous fîmes tant bien que mal les quinze lieues prévues. Quand notre petit convoi s'arrêta enfin, j'étais exténué et je tremblais d'épuisement, mais je ne pouvais m'en prendre qu'à moi-même. Je découvris alors que nous n'allions pas passer la nuit dans un *dak-bungalow**, puisque je n'en voyais aucun autour de nous, mais dans de petites tentes indiennes. Et M. Blake comptait manifestement sur ma participation. Bien sûr, avec seulement quelques indigènes, je ne m'attendais pas à un service comparable à celui dont je jouissais à Calcutta. Et de toute manière, si je ne les aidais pas, nous ne tarderions pas à être tous plus trempés et affamés que nous ne l'étions déjà. Je me mis donc au travail, fatigué, malade, amer et ruisselant. Pourtant, cela me rappelait aussi mon enfance, lorsque mes frères et moi construisions des cabanes dans les bois et attrapions des lapins sans l'aide de personne. C'était la vie à Calcutta qui m'avait habitué au luxe. Mais j'en voulais tellement à Blake que j'avais des bouffées de rage à l'idée de devoir m'échiner ainsi, moi, un homme blanc, dans ce pays, au point où j'en étais étourdi de frustration. Une fois les tentes debout, elles nous fournirent une manière d'abri, quoique peu étanche, dans la mesure où la toile était déjà mouillée. Je me retrouvai seul sous la mienne, n'osant pas ouvrir mes paquets de livres de crainte de découvrir que leur contenu était déjà trempé. Je dînai de *rotis** froids, car il n'était pas possible d'allumer de feu. Ensuite, je m'allongeai, transi, la pluie battante en musique de fond, m'apitoyant sur mon sort et celui du malheureux Frank.

Les deux jours suivants furent semblables au premier, à la différence près que la mangrove avait cédé la place à des rizières denses et que nous remontions à notre gauche les lugubres méandres du Gange, gris et majestueux. Mon uniforme se salit rapidement. Il me grattait et mon casque me sciait la peau du cou. J'étais recru de fatigue. J'ignorais où nous allions. Je savais seulement que nous devions voyager en direction du nord-ouest sur la Grand Trunk Road jusqu'à Bénarès, puis vers l'ouest sur la route de Punvadi et de Nagpour jusqu'à Jabalpour, le siège du département du thuggisme et le dernier endroit où l'on avait vu Xavier Mountstuart. Près de deux cent cinquante lieues. Je n'eus droit qu'à deux distractions pour rompre la monotonie du voyage. Un arrêt au marché de Chinsurah, où Samir, le plus jeune des deux indigènes, échangea un poney qui boitait, et où, avec l'aide de Mir Aziz, je fis un emprunt pour acheter de la toile huilée dont j'enveloppai mes deux petits paquets de livres dans une échoppe pas plus grande qu'un placard.

La seconde source de distraction, même si je répugne à l'admettre, était M. Jeremiah Blake. Il n'avait plus rien à voir avec la créature tremblante, pelée, éclopée et souffreteuse de la semaine précédente. La transformation était miraculeuse. D'abord, il n'était pas aussi âgé que je l'avais cru : pas jeune non plus, bien sûr, mais certainement pas un pauvre vieillard gâteux. Sa peau n'était presque plus irritée ni bouffie. Il était rasé de près, le visage tanné par le soleil. Je suppose qu'on pouvait le qualifier de séduisant, à sa manière rude et commune. Il n'avait pas la figure d'un gentleman, c'était certain. Ses traits étaient tirés, marqués par la vie : un nez cassé, une vieille cicatrice blanche ratatinée en travers du sourcil. Ses cheveux gras avaient été coupés court, au mépris de la mode, révélant une oreille gauche dentelée, qui évoquait moins un pugiliste qu'un chat de gouttière, avec des petits bouts arrachés. De temps en temps, il passait le doigt sur ces crénelures. Sa claudication était à peine perceptible. Ses yeux tombants étaient enfoncés dans leurs orbites. Je trouvai son regard particulièrement dérangeant et je n'étais pas le seul. Je n'arrivai pas à déterminer la couleur de ses iris, une nuance terreuse, je suppose. Il avait un air que, faute de mieux, je qualifiai d'abord d'insolent, mais qui, au fil des jours, me parut plutôt exprimer une forme d'irritation sceptique. Il était très réservé. À ma plus grande consternation, je découvris qu'il vivait quasiment comme un natif. Il se vêtait à l'indigène, *kurta**, *dhoti* de coton blanc et babouches. À la ceinture, il portait un *tulwar**, un sabre encore prisé chez certains officiers plus âgés. Une part de moi lui enviait ses vêtements amples, mieux adaptés au climat. Malgré tout, je ne pouvais envisager de renoncer à mon uniforme. Il mangeait avec les doigts, déchirant les *rotis* d'une main, puis s'en servant pour prendre la viande et le riz préparés par Nungoo, le lent et massif cuisinier de notre petit groupe. Il s'asseyait en tailleur, comme notre escorte. Ayant dû laisser ma chaise pliante, je devais les imiter et je ne pouvais m'empêcher d'y voir une humiliation mesquine supplémentaire imposée par M. Blake. La seule chose qui n'avait pas changé, c'était son mutisme et sa grossièreté à mon égard. Pas une fois durant ces journées il ne m'adressa la parole. À vrai dire, il parlait très peu et uniquement en hindoustani.

« M. Blake était-il fâché de mon retard et de mon état ? demandai-je à Mir Aziz le troisième jour.

— Chote* sahib, M. Blake ne semblait pas fâché et il n'a rien dit. »

Le quatrième jour, la pluie s'arrêta. L'air était toujours lourd et moite, mais quel soulagement de se réveiller dans un silence presque total ! À la lumière d'une lanterne, je défis mes livres et constatai que, hormis un peu d'humidité et quelques taches de moisi sur les pages, ils avaient survécu. Lorsque le soleil se leva, le ciel était partiellement dégagé et le paysage semblait comme neuf. Mon humeur s'allégea aussitôt. Je regardai autour de moi. Il fallait admettre que c'était agréable d'être hors de Calcutta. Nous étions à présent entourés de broussailles touffues, régénérées par la mousson, avec d'occasionnelles zones de jungle. Des singes au pelage clair chahutaient dans les branches. Des troupeaux de chèvres, de moutons et de chiens sauvages pelés surgissaient parfois devant nous. Au loin, on distinguait une série de collines basses teintées de brun. La route était bordée d'arbres et, régulièrement, on tombait sur un petit temple hindou délabré au toit de chaume ou une vieille tombe avec un réservoir d'eau à côté, gardée par un *sadhou**. Il y avait aussi d'anciens monuments de pierre de trente pieds de haut, pareils à de gros doigts pointés vers les cieux. Mir Aziz m'expliqua qu'il s'agissait de *kos minars*, des bornes géantes placées là par les empereurs moghols qui avaient aussi planté des arbres pour offrir de la fraîcheur et un abri aux voyageurs. De temps à autre, nous dépassions une rangée d'étals où l'on vendait de la nourriture et du tabac pour ceux qui avaient établi leur camp à proximité, et un *dak-bungalow*, où des courriers se tenaient prêts à relayer les messages. Un peu à l'écart de la route, on apercevait des villages de bambou et de terre, des cases couvertes de mousse verte et de moisissures après les pluies. Je songeai fugacement que tout n'était peut-être pas perdu, que l'arrière-pays n'était peut-être pas aussi abominable que je le craignais, et que nous finirions par retrouver Mountstuart.

Si les bizarreries de M. Blake contribuaient à me divertir, il était également l'ombre qui obscurcissait ma belle humeur renaissante. J'avais prévu de m'excuser de ma conduite du premier jour, mais son entêtement à m'ignorer et à employer l'hindoustani pour m'isoler avait eu tôt fait d'étouffer chez moi toute velléité pacificatrice. Son attitude semblait destinée à repousser ses interlocuteurs. Il ne se hâtait jamais, pourtant, il était toujours occupé à une activité ou une autre, et, même quand il mangeait ou était assis près du feu la nuit, il paraissait absorbé dans ses pensées. Le quatrième jour, je me forçai à l'approcher, mais je dus m'interposer entre lui et son cheval pour attirer son attention.

« Monsieur Blake, je sais que vous ne souhaitiez pas que je vous accompagne. Malgré tout, vous pourriez avoir la courtoisie de me faire connaître vos plans. »

Il avait sa selle sur l'épaule et s'apprêtait à la passer d'un poney à l'autre. Il s'arrêta, se gratta l'oreille et déclara :

« Lieutenant, on vous demande seulement de nous suivre sans nous retarder et de vous taire. Si vous vous acquittez de cette tâche, je serai pleinement satisfait. Et, qui sait, vous apprendrez peut-être une ou deux choses par la même occasion. »

Je marmonnai dans ma barbe des mots que la décence m'interdit de répéter.

« Vous vous sentez floué ? Vous avez de la chance d'avoir quitté Calcutta à temps.

— Je vous demande pardon ?

— Vous n'êtes pas fait pour la ville et vous n'aviez guère d'avenir là-bas. L'épidémie de choléra va s'aggraver. Vous étiez endetté et vos serviteurs vous volaient.

— Vous ne savez pas de quoi vous parlez, monsieur. Mes serviteurs étaient les plus honnêtes du monde et mes finances se portaient à merveille, je vous remercie ! »

Je ne m'attendais pas à ce que notre échange prenne ce tour-là.

« Tous les nouveaux arrivants sont endettés, répliqua-t-il, non sans justesse. Mais les cinq derniers boutons de votre veste sont en *patkong*, un alliage bon marché, et non en argent. Votre blanchisseur ou votre tailleur les a remplacés. Les boutons d'argent se vendent bien, à Calcutta. »

Je les regardai et constatai que les cinq derniers n'étaient pas tout à fait identiques aux autres. Je ne parvenais pas à croire que cela m'avait échappé. Je me dirigeai vers mon nouveau poney, humilié, le cœur débordant d'une haine redoublée pour cet odieux personnage. *C'est un rustre, un être vulgaire, et je le déteste*, pensai-je. Lorsque je levai la tête, je croisai le regard attentif de Mir Aziz.

« Si vous permettez, chote sahib. Je peux vous dire que nous sommes sur la bonne route et je serais très heureux de vous montrer le trajet sur la carte. »

Quelque chose dans ses manières m'empêcha de le rabrouer. Ce n'était pas de la pitié ni de la flagornerie, mais plutôt une courtoisie solennelle. Je me ressaisis.

« Ce serait très aimable, merci. »

Ainsi, par dessein ou par accident, Mir Aziz devint mon guide. Il me fournissait des explications et m'aidait à m'accoutumer à la route. C'était une situation que l'on aurait réprouvée à Calcutta, néanmoins, je lui en étais reconnaissant. En quelques heures, il m'avait donné une dizaine de petits conseils pour rendre le voyage moins déconcertant. Il m'apprit à planter ma tente de manière à me protéger des insectes et à placer ma moustiquaire. Lorsque, par rébellion, je refusai les currys et les plats traditionnels de Nungoo – à Calcutta, ils étaient souvent répugnants et rares sur les tables européennes –, il m'incita à manger pour reprendre des forces, et j'obéis, tout en rêvant de pain beurré. Lorsqu'il remarqua les irritations causées par mon uniforme, il me recommanda de le troquer contre une tenue civile.

« Merci. Cependant, dans la mesure où nous représentons la Compagnie, j'estime que c'est mon devoir de porter l'uniforme », répondis-je, assez fort pour que Blake entende.

Mir Aziz n'était pas grand, mais il était large d'épaules et bien charpenté. Sa peau était lisse et sombre, et ses épais sourcils broussailleux en permanence froncés par la concentration lui donnaient un air sage et réfléchi. Ses yeux noirs avaient cette qualité liquide que l'on observait souvent chez les indigènes. Il avait un nez fort à l'arête tranchante et une magnifique barbe noire parsemée de rares fils d'argent. Lorsque le vent se levait, il la partageait en deux avec soin, en remontant une moitié d'un côté de sa tête, et la seconde de l'autre, avant de les attacher à son *pugri** jaune à l'aide d'une écharpe. Il avait un parler parfois alambiqué, mais dénué de la flatterie et de l'hypocrisie si courantes à Calcutta. En revanche, je n'avais pas la moindre idée de son rôle précis et il demeurait très énigmatique lorsque je l'interrogeais.

« Je suis, comme disaient les Romains, un factotum, se contentait-il de répondre. Je fais tout. »

Un jour, il me proposa de me raser, tâche dont il s'acquitta avec aisance et habileté. Après avoir enduit mon visage de divers onguents pris dans un coffret de bois, il me donna une poudre et une fiole : « *Multanni mitti** et eau de rose, chote sahib. Très bon pour apaiser la peau. » Je remarquai par ailleurs que Blake le consultait fréquemment, même s'il ne profitait pas de ses talents de barbier.

Ce qui me surprenait le plus, chez Mir Aziz, c'était que lui, un mahométan, fût sensible aux superstitions hindoues. Il parlait souvent de bons et de mauvais présages, de rugissements de tigres ou de croassements de corbeaux, de démons et d'esprits malins. Les deux autres indigènes, Samir et Nungoo, n'étaient pas moins impressionnables. Lorsque nous vîmes un éléphant, ils se réjouirent bruyamment. Je dis à Mir Aziz que je croyais que seuls les hindous tenaient ces animaux pour sacrés, en raison de leur petit dieu éléphant replet.

« Mais cela nous porte chance aussi, chote sahib, aux musulmans, aux sikhs, aux jaïns. Et même aux chrétiens ! »

Un autre soir, après dîner, Samir émit un bruit incongru, manifestement inacceptable pour Mir Aziz. Il ordonna au jeune homme de s'éloigner du camp avec de la braise. Il devait l'arroser, puis se frapper cinq fois avec une pantoufle. L'air penaud, celui-ci s'exécuta sans discuter. En fait, Nungoo et Samir lui obéissaient au doigt et à l'œil.

Ces deux-là ne parlaient pratiquement pas l'anglais et se montraient juste assez polis avec moi pour qu'on ne puisse pas les accuser d'indiscipline. Jamais je n'avais vécu dans une telle promiscuité avec des indigènes et je ne doutais pas qu'ils prissent plaisir à m'accabler d'insultes incompréhensibles. Cependant, je ne voulais pas passer mon temps à demander à Mir Aziz de me traduire leurs propos et je me résolus à les ignorer. Samir était presque un enfant : léger, rapide, une bouche pleine de dents blanches, toujours à la limite de l'insolence et adroit avec les chevaux. C'était lui qui m'avait traité de garçon au visage de lait le premier jour, une pique que j'oubliai vite quand je vis le mal qu'il se donnait pour se faire pousser une pauvre moustache clairsemée. Lorsque le temps s'éclaircit, il prit l'habitude de galoper devant nous, criant quelque chose comme « *Chullo bai ! Chullo bai !* » et semant la panique parmi les voyageurs à pied.

Nungoo était un homme plus âgé et paisible, au large visage plat, aux longues moustaches et à la peau aussi noire que de la mélasse. Ses bras semblaient émerger de l'avant de ses épaules, si bien qu'il paraissait voûté, alors qu'il était d'une force peu commune, et très méthodique. Il réprimandait Samir de temps en temps, remarquai-je, mais veillait également sur lui. Les deux hommes, à l'instar de Mir Aziz, étaient mahométans. Ils n'étaient donc pas assignés à certaines tâches du fait de leur caste comme les hindous, et leur rôle n'était pas plus défini que celui de Mir Aziz : ni tout à fait domestiques ni tout à fait cipayes, bien qu'ils eussent tous les deux servi dans l'armée de la Compagnie. C'étaient d'excellents cavaliers, qui savaient se servir d'une épée et d'un fusil. Nungoo cuisinait. Samir s'occupait des chevaux et lavait nos vêtements contre quelques pièces.

Nous passâmes cette quatrième nuit sous un toit. Pas dans un *dak-bungalow* – Sa Seigneurie ne voulait pas en entendre parler –, mais dans un caravansérail, un genre de vaste cloître fermé par un large portail. Le mur de l'enceinte était percé de portes de bois qui donnaient sur de petites cellules. M. Blake salua deux ou trois indigènes, puis alla trouver la femme de l'échoppe qui servait à manger à l'entrée. Il saisit sa main et elle poussa un cri, laissant échapper un rire guttural à sa vue. J'étais surpris, car très peu d'Européens choisissaient de dormir dans ce genre d'endroit. En quelques minutes, nos habits mouillés furent mis à sécher autour du foyer et on nous apporta des bols de curry, du riz et des petits gâteaux frits tout ronds. Les transactions avaient lieu au milieu de la cour du caravansérail. C'était également là que les indigènes prenaient soin des chameaux, chargeaient des balles de marchandises et engageaient de nouveaux palefreniers. Sur les côtés, des hindous de hautes castes préparaient leur dîner sur des feux de camp, tandis que marchands et maquignons entraient et sortaient des cellules où l'on négociait à voix basse. Je m'assis à l'entrée de notre chambre remplie de paille, lisant *Le Courage de Robert Bruce* de Mountstuart, pendant que Blake jouait aux osselets avec les marchands, dont il connaissait un certain nombre, rotant bruyamment. Je savais que mon uniforme attirait l'attention sur moi et j'avais l'impression que les indigènes vaquaient à leurs affaires plus lentement et plus prudemment en ma présence. J'étais sûr que mon apparence irritait M. Blake et je m'en réjouissais. Je remarquai avec soulagement que la cellule contenait un *charpai* bosselé et, en dépit des jacassements constants et des insectes voraces, je dormis d'un sommeil de plomb pendant plusieurs heures.

Au cours de la semaine suivante, nous nous levâmes à quatre heures tous les matins, chevauchant cinq ou six heures pour couvrir nos quinze lieues quotidiennes. Nous changions toujours de poneys au bout de quelques jours et nous reposions l'après-midi quand c'était possible. Nous voyions souvent des *dak-bungalows* inoccupés, mais Blake ne nous autorisa pas une fois à y séjourner. Nous passions donc toutes nos nuits sous nos tentes dont l'odeur était de plus en plus infecte. La chaleur était poisseuse et accablante, mais les pluies s'étaient espacées. La boue devenait moins lourde et notre progression s'en trouvait facilitée. En outre, en dépit de mon exaspération, je trouvais le changement d'air et l'activité bénéfiques après tous ces mois de léthargie. Si je pleurais toujours mon ami Macpherson, l'Angleterre me manquait moins et d'autres pensées se substituaient à la nostalgie. Je décidai que je ferais tout ce que l'on me demanderait et tout ce qui était en mon pouvoir pour que notre expédition se passe au mieux. Je ne montrerais pas ma fatigue, je ne me plaindrais pas, même si, parfois, je me lamentais en silence parce que j'étais contraint de faire des corvées et de voyager dans des conditions inacceptables pour un Européen, parce que mes plaies commençaient à s'infecter, parce que je ne supportais pas la nourriture et parce que les insectes m'empêchaient de dormir. Je surveillerais Jeremiah Blake, je noterais mes observations et, quoi qu'il arrive, j'accomplirais mon devoir. Je puisai un certain réconfort dans ces résolutions.

Il n'y avait pas autant de monde sur la route qu'il y en aurait dès que les pluies cesseraient pour de bon, néanmoins, c'était déjà un spectacle. Nous croisions des fakirs couverts de cendres, qui gambadaient grotesquement et tendaient la main pour mendier de l'argent, des femmes enveloppées d'étoffes safran, roses ou bleues, avec des bébés sur les hanches et des bracelets de cuivre mats tintant à leurs poignets, des petits garçons effrontés qui mâchaient de la canne à sucre, des jongleurs avec des familles de singes, et de riches sikhs en gilet de soie jaune, le visage mangé par une énorme barbe, un impressionnant *dastar** sur la tête, conduisant des caravanes de chameaux et de chariots. Il y avait aussi des mariés vêtus de rouge et d'or, escortés d'éléphants peints et enveloppés d'un parfum de jasmin. Des charrettes transportant des serviteurs sous contrat aux yeux mornes, vêtus d'habits loqueteux.

Quant à nous, nous formions assurément un drôle d'équipage pour des Européens : un petit groupe débraillé, progressant plus vite que tous les autres voyageurs, hormis les *sowars** à dos de chameau à qui l'on avait confié des messages. De temps en temps, nous dépassions un civil ou un militaire anglais, immanquablement suivi de huit chariots de bagages et de vingt ou trente serviteurs, qui ne faisait pas plus de trois lieues par jour, avec peut-être une femme et des enfants en palanquin qui geignaient constamment. Je rêvais d'une tente si vaste et luxueuse qu'il faudrait une charrette à bœufs rien que pour la transporter, de ma cuvette sur pied, de mon eau de Cologne, de mon savon Windsor et d'une cohorte de domestiques qui comprendrait un cuisinier, un blanchisseur et un barbier.

La nuit, nous montions la garde à tour de rôle en raison des voleurs et des *dacoïts**. Mir Aziz affirmait qu'on ne rencontrait plus guère de thugs. De toute manière, ils évitaient les routes trop fréquentées, leur préférant des lieux isolés où ils pouvaient s'évanouir dans la jungle. D'autant plus que, toujours selon lui, ils ne s'attaquaient pas aux Européens. Et au cas où les choses tourneraient mal, nous étions tous armés. Mir Aziz portait en permanence une ceinture de munitions en bandoulière et un *tulwar* qu'il rangeait dans un magnifique fourreau de cuir noir brodé d'argent.

M. Blake demeurait une énigme. Il se tenait à l'écart, gardait ses pensées pour lui et ne manifestait aucun intérêt pour Xavier Mountstuart. La journée, il chevauchait toujours en tête, son dos rigide dénotant l'ancien soldat. La nuit, autour du feu, il lisait parfois un petit livre épais relié en cuir, ou il sortait un *houka** qu'il tétait paisiblement en contemplant les flammes. Bien que certains jours il parût presque fiévreux de fatigue, il ne se laissait jamais aller. Il avait beau être un homme du commun, il imposait le respect aux indigènes qui nous accompagnaient. Dans d'autres circonstances, j'aurais essayé de l'amadouer ou je lui aurais infligé ma conversation par pure malice. Mais il semblait si indépendant, si replié sur lui-même qu'il décourageait toute tentative d'approche. J'envisageai de demander à Mir Aziz ce qu'il savait de lui, mais j'hésitais à révéler mon ignorance et ma curiosité. Je m'efforçais de me représenter sa vie à Calcutta avec sa *bibi*, l'indigène décédée. Je ne parvenais pas à l'imaginer entouré d'amis ou d'une famille, dans cette maison délabrée du temps de sa splendeur. Je ne voyais nulle trace du limier vanté par le colonel Buchanan. Je ne l'entendis pas demander à un seul Européen s'il avait croisé Mountstuart, une question qui n'avait rien de déraisonnable, dans la mesure où c'était sans doute l'Anglais le plus célèbre d'Inde. À chacune de nos haltes dans une ville ou une garnison, Mir Aziz et lui disparaissaient pendant une heure ou deux. Était-il au courant de l'admiration que je vouais à Mountstuart ? Je l'ignorais. L'idée qu'il pût connaître le poète me révoltait. Par esprit de contradiction, j'entrepris d'aller trouver chaque officier britannique pour lui demander s'il avait vu Mountstuart. Personne ne l'avait croisé. Il semblait n'y avoir aucune trace de son passage.

Lorsque nous chevauchions et que le paysage était monotone, ou si j'essayais de me reposer sans trouver le sommeil, je chassais Frank de mes pensées afin de réfléchir à Mountstuart et aux thugs. Ce que je savais de leurs pratiques, du thuggisme, je l'avais appris dans les salons de Calcutta et dans l'ouvrage de William Sleeman sur l'histoire de ces brigands et leurs coutumes, que j'avais lu à mon arrivée à Calcutta. Sleeman était l'officier de la Compagnie qui avait le plus œuvré pour leur capture et leur élimination. Son quartier général se trouvait à Jabalpour, notre destination. C'était au cœur du territoire des thugs, dans les anciens États anarchiques de l'Empire marathe annexés par la Compagnie en 1819. Depuis la fin des années 1820, William Sleeman traquait ces criminels avec un génie et une constance admirables, qui avaient rendu les routes de l'Inde plus sûres pour les indigènes.

Pendant la saison sèche, les thugs sillonnaient ces routes, se faisant passer pour d'innocents voyageurs. Les bandes comptaient en général dix à trente gredins, mais il leur arrivait de se retrouver à plus de cent lorsqu'ils se regroupaient, car ces lâches n'attaquaient que s'ils dépassaient largement en nombre leurs victimes. Ils parcouraient des centaines de lieues, choisissaient leur proie, puis se déguisaient pour gagner leur confiance, en fonction de leur caste et de leur religion. Ils pouvaient aussi bien prétendre être de pauvres pèlerins que des cipayes en permission, un policier au service d'un rajah avec sa suite ou encore voyager avec une caravane de marchands. Parmi les thugs, il y avait toujours un « séducteur » dont le rôle était d'endormir la méfiance de la victime. C'était l'exemple même du visage aimable qui cachait de noirs desseins. Souvent, il s'agissait du chef, le *jemadar**. Il pouvait avoir des talents de chanteur, de conteur ou de poète. Les plus accomplis charmaient les femmes et persuadaient les marchands les plus intransigeants, brahmanes de haute caste ou orgueilleux sikhs, de les accueillir autour de leur feu. Les scélérats proposaient alors à leur proie de poursuivre la route en groupe, prétextant qu'ainsi ils se défendraient mieux contre les bandits.

Les thugs pouvaient consacrer une seule journée comme plusieurs semaines à séduire les voyageurs. Ils attendaient qu'ils leur fassent entièrement confiance. Puis, un soir où ils étaient tous réunis, le chef faisait un signe à ses hommes. Derrière chaque innocent, un étrangleur ou *bhurtote** se tenait prêt à passer son *roumal* – le long foulard à nœuds orange avec lequel il ôtait la vie – autour du cou de sa victime. Celle-ci était entourée de deux brigands dont la tâche était de lui immobiliser les mains pour l'empêcher de se débattre. À en croire Sleeman, c'étaient des meurtriers adroits et précis : les thugs, d'ailleurs, se vantaient de la vitesse et de la discrétion avec lesquelles ils opéraient. Ils assassinaient hommes, femmes et enfants sans hésitation, car ils ne pouvaient laisser aucun témoin susceptible de révéler leur secret, même s'il leur arrivait occasionnellement d'épargner un jeune garçon qu'ils élevaient comme l'un des leurs. Ces thugs-là s'appropriaient donc les méthodes qui avaient coûté la vie à leurs parents et, apparemment, ils l'acceptaient avec ce fatalisme si déroutant chez les Indiens.

Le plus choquant, cependant, était la manière dont ils justifiaient leur monstrueux commerce. Ils prétendaient que leurs meurtres étaient des sacrifices dédiés à Kali. En tuant, ils obéissaient à ses ordres. Leurs victimes étaient des offrandes à la déesse, friande de sang. J'avais lu que chaque bande possédait une pioche consacrée, pour creuser les tombes. Par ailleurs, ils pratiquaient un rite initiatique qui consistait à manger du sucre de canne brut, le *gour**. Les thugs croyaient que cela les changeait à jamais : c'était le *gour* qui leur donnait la soif de sang leur permettant de tuer. Et, à chaque meurtre, ils en consommaient encore. À leurs yeux, ils n'étaient pas responsables de leurs forfaits, puisqu'ils n'étaient que des instruments de la déesse. Quant aux richesses de leurs victimes, c'était leur récompense pour avoir servi Kali.

Curieusement, à la lecture du livre de Sleeman, on sentait qu'il éprouvait une forme de sympathie pour les thugs qu'il avait capturés. Il les avait longuement interrogés et étudiés. Il décrivait leurs coutumes et leurs habitudes, transcrivait leurs réflexions sur leurs motivations. L'un d'eux, en particulier, un certain Feringhea, semblait le fasciner. Sleeman l'avait persuadé de devenir un informateur et Feringhea lui avait conté le récit de sa vie. Bien qu'il eût supprimé des centaines de personnes sans aucun remords, il était, à sa manière, un individu remarquable : c'était un voisin serviable qui adorait sa famille et exécutait ses ruses avec une adresse consommée, conformément à ses monstrueuses croyances. En même temps, il était prisonnier de son système de représentation, persuadé qu'il était l'esclave du *gour*, voué à la déchéance par la perte de tout sens moral. En y réfléchissant bien, je comprenais pourquoi Xavier Mountstuart pensait que les thugs pouvaient inspirer un grand poème.

Plus nous nous éloignions de Calcutta, plus le paysage se faisait sauvage et escarpé, les forêts touffues. Sur la route, de hauts arbres nous donnaient de l'ombre, et à plusieurs reprises des feulements nous parvinrent dans l'après-midi. Mir Aziz affirmait qu'il s'agissait de tigres, et que c'était un bon présage, puisque les grognements venaient de notre droite. Certains jours, quand nous avions le temps, je m'enfonçais dans la forêt et revenais avec des perdrix et des pigeons que Nungoo me préparait. Lui-même refusait d'en manger, car ils n'avaient pas été tués selon les rites mahométans. Après Hazaribagh, la « cité aux mille tigres », le terrain commença à s'élever. À la sortie de Ranachitty, d'où la vue sur les vallées tapissées de denses forêts me rappelait l'Angleterre, nous tombâmes sur un tigre endormi au milieu du chemin. Lorsque je levai mon fusil pour l'abattre, Mir Aziz le poussa d'une main et M. Blake aboya en hindoustani.

« Le tigre sur la route porte chance. C'est mauvais de le tuer. Blake sahib dit que la plupart ne sont pas dangereux », ajouta Mir Aziz avec un regard vers celui-ci.

Je rangeai mon arme à contrecœur, me demandant si une telle occasion se représenterait. Le bruit avait réveillé l'animal, qui d'un mouvement fluide se leva. Il nous dévisagea avec insolence et s'éloigna d'un pas nonchalant vers le sous-bois où il fut aussitôt avalé par les ombres.

Au bout de neuf jours, nous arrivâmes à Sasaram, une ville de pierre rose en ruine. Mir Aziz m'expliqua qu'elle avait été autrefois la capitale de l'empereur Sher Shah Suri, qui avait construit la grande route du Nord et était enterré ici. Le long du chemin, je remarquai des petits dômes : les tombeaux des veuves hindoues qui, en observance de la coutume du *sati**, s'étaient immolées sur le bûcher funéraire de leur époux. M. Blake avait des affaires à régler et j'avais quartier libre pour l'après-midi. Je me retrouvai seul avec l'agent de la Compagnie qui avait autorisé notre échange de montures : un petit homme nerveux, qui me faisait irrésistiblement penser à un pasteur bienveillant, mais anxieux. Il m'invita à dormir chez lui. La perspective d'une nouvelle nuit à laisser les puces festoyer sur mon corps dans la paille d'un caravansérail me réjouissant modérément, je m'empressai d'accepter.

« Est-ce que vous avez entendu quoi que ce soit au sujet de Xavier Mountstuart ? Il se pourrait qu'il soit passé par là au cours de ces derniers mois.

— Xavier Mountstuart ? Dans la région, vraiment ? Vous m'en direz tant. “De quelles eaux torrides, de quelles cavernes obscures viens-tu, ô Gange, mère généreuse ?” Mais, mon Dieu, que serait-il venu faire à Sasaram ? Non. Non. S'il s'était arrêté ici, je ne vois pas comment j'aurais pu l'ignorer. »

C'était la réponse que j'avais entendue tout au long de la route.

Il faisait moins humide que les jours précédents, et, à la suggestion de mon hôte, je me rendis en ville en palanquin, prenant comme repère le grand dôme rouge du mausolée de Sher Shah Suri. On me conduisit jusqu'à un vaste bassin carré de la taille d'un lac, au milieu duquel se dressait un véritable palais relié à la terre par une étroite passerelle. Bien que délabré, il était magnifique. En s'approchant, on voyait qu'il était fait de milliers de petites briques roses. Le grand dôme principal était ceint de petits pavillons également coiffés de dômes, de terrasses harmonieuses et d'arches élégantes. Même si l'eau n'était pas très propre et le bâtiment décrépit, je me sentais en paix, presque heureux. Je congédiai les porteurs et, après avoir marché autour du bassin, je m'aventurai dans le bazar. J'examinai une échoppe qui vendait des coffrets en marqueterie et une autre qui, à ma plus grande surprise, proposait de minuscules meubles de poupée. Plus loin se trouvaient des marchandises plus prosaïques : légumes, bois, huile et plats cuisinés. Sur un coup de tête, j'achetai un en-cas à base de pois chiches frits, servi sur une feuille. Je ne l'aurais jamais fait à Calcutta, mais j'avais vu Samir en manger et j'étais d'humeur aventureuse. C'était brûlant, croustillant et délicieux.

Ici, on n'était pas importuné comme à Calcutta, si bien que je continuai à déambuler, passant devant un temple surmonté d'un dôme blanc et un petit bassin carré bordé de marches miniatures. Il y avait un attroupement autour d'un étal de *paan*. Je distinguais les potions et les herbes séchées. Je m'arrêtai pour observer de loin, curieux. La foule s'entrouvrit et je vis Mir Aziz – j'étais certain que c'était lui – penché vers un indigène assis sur une chaise. Il brandissait ce qui ressemblait à une longue aiguille et s'apprêtait manifestement à lui faire subir quelque terrible supplice, sous le regard fasciné d'une partie des spectateurs, tandis que les autres discutaient avec animation entre eux. Quelqu'un tourna la tête vers moi et, pour la première fois, j'eus le sentiment de ne pas être à ma place. Je battis en retraite. Lorsque je jetai un dernier regard derrière moi, la foule s'était refermée et je ne voyais plus rien. Je regagnai le quartier européen, très perturbé par la scène que j'avais entrevue.

Pendant le dîner, je m'efforçai d'avoir l'air passionné par la conversation de mon hôte, qui s'enthousiasmait de la venue du gouverneur général, à l'occasion de sa tournée dans le Nord.

« Bien sûr, Lord Auckland et ses sœurs vont voyager en bateau sur le Gange, en revanche, les soldats vont emprunter la voie de terre. C'est un grand honneur d'héberger l'armée, et j'y suis très sensible, mais nous sommes une petite ville, vous savez. Nourrir et abreuver dix mille hommes, ma foi, il va falloir mettre la région à contribution et j'aime autant vous dire que les indigènes ne sont pas contents. C'est un peu préoccupant. Il y a des rumeurs de famine dans le Nord. C'est compliqué pour nous autres, administrateurs. Nous n'avons pas de garnison de soldats régulière, ici, donc, s'il arrivait quoi que ce soit… Je dois avouer que je suis inquiet, ajouta-t-il en se tamponnant nerveusement le front avec un mouchoir. Vous reprendrez un peu de soupe ? »

Je refusai poliment.

« Si vous le permettez, j'aimerais vous décrire une scène aperçue ce matin au bazar. Peut-être saurez-vous me l'expliquer. »

Je lui racontai l'étrange spectacle dont j'avais été témoin : un indigène s'apprêtant à exercer une forme de violence sur un autre, assis devant lui, entouré d'un large public. Mon hôte se tordait les mains et poussait ses doigts en arrière d'un air anxieux.

« Dieu tout-puissant, de quoi s'agit-il ? Je n'ai jamais rien entendu de tel. C'est très alarmant. Je suppose que je devrais enquêter. Mon Dieu, mon Dieu, ces indigènes et leurs coutumes barbares. C'est la dernière chose dont nous avons besoin en ce moment, il y a déjà assez de murmures au bazar. »

C'était manifestement un brave homme et je m'en voulais de l'avoir inquiété, mais la perspective d'un lit confortable chassa tous mes tracas, et je ne tardai pas à me retirer pour m'étendre voluptueusement. Cependant, à mon tour, je commençai à me ronger les sangs. Quoi qu'il ait fait, la présence de Mir Aziz à l'étal de *paan* était préoccupante. Mes supérieurs m'avaient mis en garde contre les marchands de potions, des charlatans qui vendaient de dangereux remèdes. Je soupçonnais un lien entre sa démonstration et Blake. Peut-être n'avaient-ils aucune intention de retrouver Mountstuart. Enfin, la fatigue eut raison de mes interrogations et je m'endormis. Pour me réveiller un peu plus tard avec la sensation désagréable d'une main maigre et moite serpentant autour de ma taille. M'accrochant au sommeil qui m'échappait, je donnai un violent coup de coude au corps rattaché à cette main, puis un coup de pied vers l'arrière pour le chasser de ma couche. Un glapissement douloureux retentit.

« J'ai accepté une invitation à dîner et un lit, mais je n'ai pas souvenir qu'il ait été question de compagnie, protestai-je d'une voix ensommeillée.

— Je pensais... dit mon hôte d'un ton plaintif.

— Eh bien, vous pensiez mal. Je suis épuisé. Ayez la bonté de me laisser dormir, merci. »

Le lendemain matin, lorsque je rejoignis notre groupe, j'étais gêné et mal à l'aise avec Mir Aziz. Il ne mentionna pas ses activités de la veille, et je ne pus me résoudre à lui en parler. La simplicité de notre relation et notre bonne entente avaient soudain disparu, et je le regrettais. Nous n'étions plus qu'à trois jours de Bénarès et je tâchai de me concentrer là-dessus. Mais, après dix jours de voyage, nous étions tous harassés. M. Blake lui-même montrait des signes de fatigue. Je le surpris à vaciller sur sa selle et je voyais quand il descendait de cheval qu'il souffrait autant que moi, bien qu'il ne se plaignît jamais. Samir boudait, Nungoo faisait tinter sa casserole. Je devais lutter contre le sommeil lorsque venait mon tour de garde, et je devins morose et irritable, en particulier avec Mir Aziz. Le paysage offrait peu de distraction. Il était de nouveau plat, ponctué tantôt d'un réservoir, tantôt d'une petite mosquée ou d'un temple hindou, avec son incontournable *sadhou* rachitique à demi nu, et quelques cases misérables. De grands champs où pointaient des plants chétifs aux feuilles recourbées se succédaient. Enfin, nous arrivâmes devant le plus long et le plus laid des bâtiments : un immense bloc rectangulaire gris qui s'étendait à perte de vue comme une série de grandes étables.

Malgré ma résolution de prendre mes distances avec Mir Aziz, je ne pus m'empêcher de l'interroger.

« Une manufacture d'*afeem**. Le pavot à opium. C'est une nouvelle culture, depuis peut-être trois ou quatre ans. Avant, ces terres étaient couvertes de plants d'indigo et de lentilles. »

J'entendis ou crus percevoir une note de réprobation dans sa voix et j'insistai froidement.

« Mais ce n'est pas une mauvaise chose ?

— Je ne sais pas, sahib.

— L'opium a enrichi l'Inde, répliquai-je. Il a renfloué les caisses de la Compagnie, qui a apporté la paix et l'ordre, construit des routes, développé le commerce. À présent, elle va pouvoir faire plus encore. Est-ce que ce n'est pas bien ? »

Il me sembla entendre Blake pousser un bref ricanement de dédain devant moi, si discret que je me demandai si je n'avais pas rêvé.

« Bien sûr, sahib. »

Je voyais bien qu'il n'était pas d'accord, mais j'avais voulu le contraindre à se ranger à mon opinion et il l'avait fait. Et à présent j'avais honte. Nous n'échangeâmes plus un mot du reste de la journée.

Nous arrivâmes à Bénarès dans la matinée. De loin, la ville me parut une vision tout droit sortie des *Mille et Une Nuits*, avec ses murs pâles scintillants. Puis je vis le miroir d'étain du Gange, avec ses voiliers, ses pinasses, ses bateaux à vapeur et ses barques glissant le long des remparts, et les larges *ghats* qui descendaient vers le fleuve. Au-delà s'étiraient vers le ciel d'élégants minarets, des palais aux balcons sculptés et des temples hindous. À cet instant, j'eus l'impression que la ville déclinait toutes les couleurs de l'aube, du blanc cassé au rouge, en passant par le rose pâle et l'or orangé. Sur les *ghats* se dressaient d'énormes statues de pierre claire représentant les dieux hindous, assis ou allongés, et, minuscules à côté d'eux, des centaines d'indigènes immergés jusqu'à la taille, qui se lavaient, ouvraient les bras pour prier ou puisaient de l'eau dans des bols de cuivre étincelant au soleil, des taches blanches dessinées sur le front. Des sacs de céréales, de coton et d'opium s'entassaient sur d'autres marches, prêts à être chargés sur les bateaux à vapeur qui les livreraient à Calcutta. Le constant panache de fumée qui s'élevait au-dessus du paysage n'était pas dénué de pittoresque, jusqu'au moment où l'on se rendait compte qu'il provenait des cadavres que l'on incinérait avant de les jeter à l'eau. De plus près, Bénarès me rappelait Calcutta : elle grouillait d'hommes et de bétail. Nous traversâmes le fleuve sur une barque rouge avant de franchir les portes de la ville. Au bout d'un labyrinthe de ruelles nous attendaient des écuries où échanger nos poneys et entreposer nos bagages.

Mir Aziz m'informa que M. Blake avait à faire. J'étais libre de passer la journée comme bon me semblait et je pouvais prendre Samir avec moi si je le souhaitais. Je déclinai l'offre. J'étais plus qu'enchanté d'être délivré de Blake et j'avais mes propres projets. Je répondis que j'allais me mettre en quête de l'ancien régiment du lieutenant Keay et de son ami Jiggins, et que si je trouvais un logement européen pour la nuit, je l'accepterais. Je louai un palanquin qui me conduisit assez loin à l'extérieur des murs, après les vastes avenues de gravier du quartier européen, jusqu'à la caserne du 31e régiment de Sa Majesté. Dans une pièce étouffante qui donnait sur le terrain de manœuvres, je trouvai un robuste officier aux cheveux blond-roux, qui contemplait sans enthousiasme une pile de papiers. À ma vue, il bondit et me serra vigoureusement la main.

« Une nouvelle tête ! Excellent ! Et un nouvel uniforme. Mais d'où sortez-vous donc ? »

C'était un grand gaillard costaud, bien en chair, avec un début de barbe rousse au menton. Son sourire dévoila une rangée de larges dents régulières.

« Vous faites partie de l'avant-garde de Calcutta ? Nous n'attendons pas le gouverneur général avant six semaines.

— Je viens bien de Calcutta, mais je voyage avec un employé civil de la Compagnie. Nous sommes en route pour Jabalpour. Sauriez-vous où je pourrais trouver le lieutenant Jiggins ?

— Vous l'avez devant vous ! Qui vous envoie ? Jabalpour, vous dites ? Vous allez voir Sleeman, je suppose ? Pour quelle autre raison iriez-vous à Jabalpour ? ajouta-t-il devant mon expression de surprise.

— Bien sûr. Le lieutenant Keay m'a dit que je devrais…

— Keay Khan, le prince des régions intérieures ? C'est lui qui vous envoie ? Excellent, excellent ! »

Je ris.

« Keay Khan, ça lui va comme un gant, non ? De Calcutta, dites-moi ? Est-ce qu'il a réussi à se dégotter une femme ? Je doute qu'il ait du mal.

— Nous étions rivaux. Je crains qu'il ne profite de mon absence. Il m'a suggéré de vous…

— Mais bien sûr ! Êtes-vous logé quelque part ? Je suis sûr que je peux vous trouver quelque chose. Combien de temps comptez-vous rester ? Êtes-vous nombreux ? »

J'expliquai que nous étions très peu, que nous avions voyagé vite et que mon vœu le plus extravagant était de dormir dans un lit ce soir. Son enthousiasme était à la fois séduisant et un peu fatigant.

« Que le diable m'emporte ! Je n'ai jamais entendu une chose pareille ! Pas de serviteurs ? Vous devez être fourbus. Ce ne devrait pas être permis. Il y a au moins un bungalow vide et il y a des chambres dans les baraquements. J'insiste pour que vous dîniez au mess ce soir. Nous sommes toujours friands des dernières nouvelles de Calcutta. »

Il appela des indigènes qui surgirent de nulle part et leur donna une salve d'ordres. En quelques minutes, il m'avait trouvé une armée de domestiques, m'avait indiqué mes quartiers, avait envoyé chercher mes bagages, avait demandé qu'on me prépare un bain et m'avait donné rendez-vous au crépuscule. Je pris un bain froid – un luxe si délicieux à cet instant qu'il me parut surpasser tous les autres – et somnolai. Je me réveillai une heure plus tard, déterminé à retourner sur les *ghats*. Je laissai mon palanquin aux portes de Bénarès et circulai seul dans les ruelles. Je ne savais pourquoi j'avais éprouvé le besoin de me rendre en ville. Je n'étais pas insensible à son ancienneté et à son charme défraîchi, mais la foule et le chaos me rebutaient. Je flânai autour des temples et des sanctuaires, puis dans le bazar, me promenant entre les étals qui vendaient des soies bleues et roses, des parfums lourds, des piles de tapis qui sentaient le renfermé, des poignards, des couteaux et des tromblons, m'aventurant aussi loin que possible dans le quartier indigène. Il y avait des marchands d'objets incrustés d'ivoire, des bracelets et des épingles à cheveux de jade. À une effrayante vieille femme qui mordit dans mes pièces, j'achetai une boîte d'ailes de scarabée iridescentes pour ma sœur, à coudre sur une robe. Depuis que nous avions quitté Calcutta, je l'avais écartée de mes pensées. À présent, j'étais résolu à lui écrire. Cette fois, je ne vis Mir Aziz nulle part.

Le mess de Jiggins se révéla un endroit fort gai, plus petit et plus accueillant que le mien à Calcutta. Et il était le maître de cérémonie. On me servit un excellent dîner au champagne (« *Simkin**, on dit *simkin*, Avery, s'il vous plaît, me corrigea Jiggins. Il faut bien apprendre le dialecte local »), un breuvage qui me parut divin après avoir bu de l'eau tiède dans une outre pendant deux semaines. Les officiers étaient chaleureux et accueillants. Ils se plaignaient bruyamment de perdre leur temps à Bénarès, alors qu'au nord il y avait encore des escarmouches et des batailles à gagner. Ils étaient impatients de suivre le gouverneur général à Simla et, de là, espéraient-ils, jusqu'à la frontière. Je les enviais.

« Avez-vous déjà vu marcher un régiment, Avery ? me demanda Jiggins. C'est un bien beau spectacle. Mais la procession du gouverneur général sera plus grandiose encore. D'abord, il y aura son entourage et leurs serviteurs. Puis au moins deux divisions, et pour chaque soldat cinq non-combattants, avec des familles encore plus nombreuses. Cela représente au bas mot vingt mille personnes, et des dizaines de milliers de chameaux, de chevaux, de mules, de bœufs et d'éléphants, des céréales, du sel, de la soie, des chaussures, des forgerons, des selliers, des confiseurs : une ville en déplacement, avançant au pas. La tête aura atteint sa destination avant que l'arrière ne se soit mis en marche. Mais, expliquez-nous une chose, Avery, reprit-il en me prenant par l'épaule. Comment se fait-il que vous galopiez ainsi pour rejoindre Jabalpour en compagnie d'un mystérieux personnage, voyageant dans des conditions scandaleuses, sans même un malheureux porteur ? »

Des rires fusèrent.

« Nous nous rendons à Jabalpour pour voir le commandant Sleeman. Je ne peux en dire plus. »

Je faisais un piètre menteur et lorsque Jiggins me lança un regard de biais, je rougis un peu.

« Sleeman est un homme remarquable, déclara un autre officier. Un politicard, pas un vrai soldat, bien sûr. »

On appelait ainsi les officiers qui étaient entrés dans la division politique et occupaient des postes administratifs à la tête de villes de garnison. C'était ce que Macpherson espérait faire.

« Mais on ne trouve plus autant de cadavres sur les routes. Le commandant Lawrence supervisait la chasse aux thugs par ici et il s'est trouvé une belle situation. Ils ont tous bien réussi, les hommes de Sleeman.

— C'est un drôle de bonhomme, Sleeman. Toujours à radoter au sujet de sa canne à sucre, de ses arbres et de ses paysans.

— Ma foi, on dit que c'est grâce à la canne à sucre qu'il a épousé ce joli brin de Française !

— Elle devait avoir le bec sucré ! lança Jiggins, salué par une salve de rires et de sifflets. Mais si vous permettez, pourquoi voyager si vite ? Un peu de confort ne fait de mal à personne. Je dois dire que, quand je vous ai vu ce matin, vous aviez l'air d'avoir été traîné à travers le pays par un troupeau de buffles emballés.

— Mon compagnon de route, Jeremiah Blake, est un peu excentrique. Il souhaite ne pas perdre de temps.

— Il me semble surtout un peu fou. Pas de serviteur, pas de nourriture digne de ce nom, rien pour se rincer le gosier, même pas un lit de camp. Jamais entendu une chose pareille. Pourquoi s'exiler dans ce pays si on se prive de ses rares conforts élémentaires ?

— Jeremiah Blake ? fit un officier plus âgé, qui semblait un peu éméché. Je me rappelle un Jeremiah Blake. Un capitaine dans le Sind, à l'époque où j'étais avec le 11e d'infanterie du Bengale. Un petit prodige sorti de l'hospice des pauvres. Il parlait toutes les langues : le marathi, le pachtou, l'ourdou, le persan. Un soldat promu je ne sais plus pourquoi. On lui avait confié une compagnie indigène. Les cipayes se seraient jetés au feu pour lui. Pas causant, toujours sur la réserve. Sauf quand il était ivre : là, il pouvait jurer comme un troupier irlandais de cinquante ans. »

Je notai ces informations dans un coin de mon esprit et, sans trop savoir pourquoi, je répondis : « Je ne pense pas qu'il s'agisse du même homme. »

Mes nouveaux amis me réclamèrent des nouvelles de Keay et je tâchai de leur faire un récit aussi honnête que possible, avouant notre rivalité amoureuse, ce qui les mit en joie, puis je leur rapportai les derniers ragots de Calcutta. Ils avaient entendu des rumeurs au sujet du roman de Xavier Mountstuart. Ils remplirent mon verre et s'esclaffèrent lorsque je leur donnai les détails.

« Ah ! Mountstuart, dit l'un d'eux. "L'amour du pouvoir et le rapide accroissement de ses richesses / La dureté, fruit d'une longue habitude / La vie périlleuse dans laquelle il avait vieilli."

— "L'abus qu'on avait fait de sa clémence, poursuivis-je. Les soupirs qu'il avait si souvent entendus / Les collines implacables et les hommes grossiers qui lui servaient de compagnons ordinaires / Tout avait contribué à le rendre terrible pour ses ennemis / Et du reste bon ami, mais mauvaise rencontre." Quel poème merveilleux. "Le Lion du Pendjab". Je suis un fervent admirateur. Je le lis depuis que je suis enfant. Nous sommes à sa recherche… entre autres choses. »

Je me tus, mal à l'aise. J'avais trop parlé. Toute la table me regardait avec curiosité. Je me demandai ce que Blake aurait pensé.

« Ah, ah, vous l'avez perdu, n'est-ce pas ? s'écria Jiggins sous les rires. C'est donc cela ! Ne craignez rien. Nous ne trahirons pas le secret. »

Je rougis encore.

« Je ne devrais pas en parler, mais en fait, oui. Il devait aller à Jabalpour et personne ne l'a vu depuis.

— Ce serait quelque chose de le retrouver, fit Jiggins, songeur. Y a-t-il des indices dans ses vers ? Est-ce pour cette raison qu'on vous a envoyé ? »

Je souris nerveusement.

« Personnellement, je ne l'ai jamais lu, poursuivit-il. Mais je l'ai toujours considéré comme un héros, en dépit de ce qu'on peut dire de lui.

— Comment ça ?

— Je ne sais pas, dit Jiggins avec un geste évasif. On raconte qu'il est difficile. Irritable. Prompt à prendre la mouche. Un peu trop proche des indigènes. Mais ce ne sont que des rumeurs.

— On nous a dit qu'il s'était rendu à Jabalpour pour rencontrer les thugs emprisonnés. Il écrit un poème sur un chef de bande. Depuis, il a disparu et on n'a aucune nouvelle.

— C'est curieux. On ne l'a pas vu ici. Je suppose que les thugs feraient un bon sujet de poème. Sleeman affirme qu'ils ont un code d'honneur, sans aucun rapport avec les *dacoïts* qui sont prêts à tout. J'espère que vous prenez garde sur les routes, elles peuvent être dangereuses par ici. Bien sûr, il a très bien pu aller voir ce bon vieux Vishwanath.

— Vishwanath ?

— Le rao* de Doora. Celui qui a des tigres blancs. L'État princier sur la route de Punvadi. Vous avez dû en entendre parler. Un enquiquineur de premier ordre. Il ignore toutes nos requêtes. Il n'autorise pas nos soldats sur son territoire. Ne répond pas aux convocations. Il parade. Il n'y a qu'à voir ses pierres précieuses : des rivières de rubis et de saphirs. Mountstuart est son ami. En tout cas, c'est ce qui se dit par ici. Il doit être en train de jouir de l'hospitalité du rao et se remplir les poches de pierres précieuses à l'instant où nous parlons. »

C'était un sujet sensible : nous n'avions plus le droit d'accepter les présents des princes indigènes.

Nous devions verser tout cadeau au trésor de la Compagnie sous peine de renvoi immédiat, voire de cour martiale.

L'on porta un toast au roi, fuma un peu avant de trinquer encore. J'étais soulagé que l'on parle d'autre chose.

« Nous pensions rendre visite à une danseuse, dit enfin Jiggins. Vous êtes des nôtres ? La ville est pleine de *chaklas**, si vous préférez. On ira sans doute après. On y rencontre de charmantes créatures, très obligeantes. Quoi qu'il en soit, un *houka* et une danseuse, il n'y a pas meilleure manière de terminer une soirée. Je suis sûr qu'on trouvera à vous occuper… »

À cet instant, j'avais le cœur débordant de gratitude et d'affection pour Jiggins, pour Keay à Calcutta et pour le monde entier. Nous partîmes tous en palanquin. Nous étions dans un quartier que je n'avais pas eu l'occasion d'explorer. Il faisait nuit, mais le ciel était clair et les innombrables petits temples illuminés. Il semblait qu'à Bénarès, quelle que fût l'heure, il y avait toujours quelqu'un qui priait. Les rues étaient animées. Les indigènes bavardaient et riaient entre eux. Comme moi, Jiggins était un peu ivre. Il me prit par l'épaule et indiqua une porte peinte :

« Nous y sommes. Un endroit merveilleux. Restez aussi longtemps que vous voulez, partez quand vous le désirez, les porteurs vous ramèneront. »

À cet instant, des applaudissements, des cris et des sifflets retentirent un peu plus loin.

« Un rassemblement indigène, commenta Jiggins. Ils sont venus écouter une prostituée qui interprète de vieilles chansons du haut d'un toit. Une tradition de Bénarès. Des pleurnicheries et des piaillements, si vous voulez mon avis. »

L'idée d'une courtisane chantant sur un toit éveilla ma curiosité.

« Vous pensez que je peux aller voir de plus près ?

— Tout ce que vous voulez, mon bon Avery. Pas grand-chose à voir, cela dit. Et je préfère vous prévenir : ils aiment bien taquiner l'homme blanc quand l'occasion se présente. Vous serez visible comme le nez au milieu de la figure. Le résident désapprouve ces chants, mais il ne fait rien pour les interdire. Ils sont inoffensifs, de toute manière. Cela ne vous gêne pas si je... »

Il indiqua la porte.

« Le porteur vous ramènera.

— Je vous en prie. »

Escorté d'un serviteur, je me laissai guider par les cris et les sifflets jusqu'à ce que la rue s'élargisse. Là, au coin, je tombai sur un petit attroupement devant une vieille maison de trois étages aux volets entrouverts. Du toit s'élevait une longue note troublante, presque une plainte. Une femme chantait à la mode indigène. Sa voix rauque et puissante montait et descendait, sans obéir à aucune forme reconnaissable. Elle se pencha par-dessus la rambarde. Son visage était découvert, mais il faisait trop sombre pour la distinguer clairement. Elle était enveloppée d'étoffes pâles. Des bracelets enserraient jusqu'aux coudes ses bras lourds, qui décrivaient des mouvements circulaires amples et gracieux. Le chant débuta par une lamentation sur de longues notes solennelles, mais rapidement sa voix prit un ton espiègle et moqueur. Le public, composé d'hommes de tout âge, certains la tête nue, d'autres enturbannés ou sous une capuche, et de quelques enfants qui leur couraient entre les pieds, écoutait calmement au début. Puis ils se mirent à glousser et à applaudir. Je restai un moment. Lorsque j'estimai avoir épuisé les charmes du spectacle, je me tournai pour partir. Aussitôt, le ton de la femme se modifia encore. Il y eut une vague de rires et des cris. Je me retournai. Elle tendait les bras vers moi, sa voix clairement moqueuse. Des acclamations montèrent de la foule. Je m'éloignai d'un pas déterminé, sans regarder où j'allais. Quelque chose avait attiré mon attention. Parmi toutes les têtes, j'étais sûr d'avoir aperçu Blake, captivé, les yeux rivés sur la femme.

Quelques minutes plus tard, je me rendis compte que j'ignorais où j'étais et que j'avais perdu mon porteur. Je revins sur mes pas. J'avais dû rater une bifurcation, car je débouchai sur une petite place malpropre que je n'avais jamais vue. Tout autour, des corps étaient couchés sous des charrettes et quelques visages sombres se tournèrent vers moi. Encore une fois, je m'efforçai de retracer mon chemin, essayant de me guider aux sifflets et aux rires. En vain. Les rues se vidaient et j'étais dans un passage que je ne reconnaissais pas. Je m'arrêtai, cherchant un monument à l'horizon pour m'orienter, mais seuls les rais de lumière s'échappant par les persiennes et les volets entrouverts éclairaient la nuit. Dans l'obscurité, les tours et les minarets se ressemblaient tous. J'étais perdu. J'entendais des éclats soudains – un murmure sur un toit, le claquement d'une fenêtre que l'on refermait et, venant de plus loin, un grondement de voix –, sans parvenir à déterminer leur provenance exacte. J'errais ainsi depuis un moment, lorsque j'eus la nette sensation d'être suivi. Des ombres glissaient derrière moi, mais il n'y avait personne quand je me retournais. Les rues étaient encore peuplées, des hommes dormaient dans des embrasures ou devant un temple, à l'abri du vent, cependant, l'humeur festive avait cédé la place à une atmosphère presque craintive. Les indigènes à qui je demandais la direction des *ghats* jetaient un regard gêné à mon uniforme, puis fixaient le sol, refusant de me comprendre, même quand j'utilisais leur langue. Ils marmonnaient nerveusement et faisaient des gestes vagues jusqu'à ce que je les laisse partir.

À présent presque dégrisé, je me retrouvai sur une place de marché vide où des hommes couleur d'encre discutaient avec animation en petits groupes. Il régnait un climat tendu, un malaise presque palpable exacerbé par ma présence. En outre, je ne parvenais pas à me débarrasser de la sensation d'être observé. À un croisement, je m'arrêtai encore pour m'orienter, reculant dans l'ombre entre deux hauts bâtiments. Quelque chose tomba sur ma tête et glissa autour de mon cou, tandis qu'une main se posait sur mon épaule.

5

« Ce n'est pas une heure à s'attarder dehors, dit calmement Mir Aziz. Retournons aux *ghats*, nous allons vous trouver un palanquin. »

Il avait jeté sur mes épaules une grande cotonnade. Sans hésiter, je m'emmitouflai dedans pour me protéger de la pluie et je lui emboîtai le pas. Nous marchâmes d'un pas alerte pendant cinq minutes, avant de rejoindre un quartier où de nombreux temples illuminaient les rues.

« Mir Aziz, pourquoi est-ce que je ne devrais pas être dehors ? demandai-je enfin.

— Continuons, répondit-il, prenant à peine le temps de se tourner vers moi.

— Non, non. S'il te plaît, Mir Aziz, dis-moi au moins une chose. J'étais avec quelques officiers en ville. J'ai entendu une femme chanter sur un toit. Il y avait une foule assemblée en bas, qui riait et l'acclamait. Lorsque j'ai voulu retrouver les autres, je me suis perdu. Les rues étaient soudain silencieuses et il y avait quelque chose… Qu'ai-je vu ? Est-ce que c'est réellement dangereux ? Est-ce que la révolte gronde à Bénarès ? »

Il me tira au bord de la chaussée et me regarda dans les yeux.

« Pas de révolte, chote sahib. De la peur, seulement.

— De la peur ?

— On raconte que c'est la famine au nord d'Allahabad.

— Oui, j'en ai entendu parler. Mais la Compagnie, le gouverneur, ils feront en sorte que tout le monde mange.

— Bien sûr, sahib. Malgré tout, les gens sont inquiets. Bientôt, le gouverneur général sera là avec une armée de plusieurs milliers d'hommes. Comment nourrir tous ces soldats ? Et après leur départ, est-ce qu'il restera de quoi manger ?

— Je suis sûr que la Compagnie trouvera une solution. »

Pourtant, lorsque je songeais au chaos qui régnait à Calcutta, j'étais loin d'être aussi confiant que je le laissais paraître.

« Je le sais. Mais les gens ont peur. »

Il s'apprêtait à repartir. Je touchai légèrement son épaule.

« Merci, Mir Aziz. Est-ce qu'il y a autre chose ? Est-ce que la femme parlait de cela dans ses chansons ? »

Je réalisai que jamais je n'avais eu une conversation aussi franche avec un indigène.

« Non, s'esclaffa-t-il. C'est une *tawaif**, une courtisane. Elles chantent des *ghazals**, des chansons d'amour tristes. Mais il leur arrive de modifier les paroles pour parler des ragots et des scandales. Un agent de change malhonnête, un administrateur de la Compagnie qui prélève des taxes trop élevées ou qui aime trop les femmes hindoues.

— Est-ce ce dont parlait la chanteuse ce soir ?

— Je n'en sais rien, chote sahib. Je n'étais pas là. »

Je me retins de l'interroger au sujet de la scène que j'avais surprise dans le bazar de Sasaram.

« Mir Aziz, dis-je d'un ton plus plaintif que je ne l'aurais souhaité. Je n'ai pas l'impression que M. Blake recherche très activement Xavier Mountstuart et je ne vois aucune trace de son passage nulle part. Que se passe-t-il ? Peux-tu me dire quelque chose ? »

Je le sentis sourire.

« Ayez confiance, chote sahib. Nous cherchons et nous trouverons.

— Mir Aziz, à Sasaram… »

Je me repris aussitôt.

« Comment se fait-il que tu sois au courant de toutes les rumeurs qui circulent dans le bazar ?

— Je vous l'ai dit, je suis factotum. Je m'occupe de tout. Maintenant, dépêchons-nous, il pleut. »

Nous quittâmes Bénarès avant le lever du soleil. Nous étions à huit jours de Jabalpour. Je repartis avec un message de Jiggins me demandant de passer le voir sur le chemin du retour et un méchant mal de tête, mais j'avais retenu la leçon et je fis bonne figure. De temps en temps, je sentais les yeux de Blake sur moi. Il ne m'avait jamais prêté autant d'attention et son regard me mettait mal à l'aise. Comme s'il savait des choses à mon sujet. Peut-être avait-il découvert ma gaffe au sujet de Mountstuart. Peut-être avait-il appris que je l'avais aperçu parmi les indigènes qui écoutaient la courtisane.

En début d'après-midi, à la sortie de Mirzapour, nous quittâmes la Grand Trunk Road pour emprunter la route du sud-ouest. Mir Aziz me dit que nous devions nous arrêter à Vindhyachal. Le nom ne m'était pas inconnu, mais je ne me souvenais pas pourquoi.

« C'est un très, très vieux temple où les thugs viennent adorer la déesse », m'expliqua Mir Aziz.

Je me rappelais, à présent. C'était là où les thugs se rendaient en pèlerinage pour porter leurs offrandes à leur sainte patronne Kali, déesse de la destruction, la dévoratrice aux six bras armés, un collier de têtes coupées autour du cou. On racontait que les prêtres du temple avaient à une époque encouragé ces assassins à accomplir leurs forfaits.

La végétation était luxuriante à présent. La route était bordée d'un moelleux tapis d'herbe verte et, de temps en temps, par une trouée entre les arbres, on apercevait une petite cascade qui bondissait sur les rochers escarpés. Le bruit de l'eau était omniprésent. Mais le temps était nuageux et lourd, et le sol boueux. Des gouttes de sueur s'accumulaient au bord de mes sourcils et me coulaient dans les yeux. Le chemin, manifestement très fréquenté, devint plus rocailleux à mesure qu'il s'élevait. Nous vîmes plusieurs constructions délabrées : de frustes habitations couvertes de mousse et coiffées de chaume, une vieille tour, un petit temple aux colonnes peintes de couleurs criardes, vestiges de jours prospères. Nous dépassâmes plusieurs indigènes qui marchaient pieds nus, portant un bol ou une couronne de fleurs. Je vis soudain venir vers nous un homme en sang. Son visage et ses bras étaient maculés et ses vêtements dégoulinants. Je détournai les yeux, effaré. D'abord, je crus qu'il avait été attaqué, puis je me rendis compte que ce devait être un fidèle de la déesse, car il ne défaillait pas et avait l'air plus déterminé que souffrant. En outre, il était escorté de trois compagnons à la mine réjouie. Le jour tombait. Le bourdonnement des insectes devint presque assourdissant. Parmi le feuillage, on distinguait les ombres mouvantes des grands singes noirs. Enfin, on arriva au pied d'une volée de marches usées par les siècles, devant lesquelles étaient attachés quelques charrettes et du bétail. Nungoo et Samir restèrent auprès des chevaux. Les arbres autour de nous étaient plus denses. Mir Aziz vint me trouver après avoir conféré à voix basse avec Blake.

« Chote sahib, c'est un endroit très sacré. Les hindous disent que c'est là qu'est tombé le sein gauche de Kali, après avoir été tranché par le dieu Shiva. »

Le temple apparut à travers les arbres. C'était une simple grotte creusée dans la colline, à laquelle on accédait par des marches, avec une cour bordée d'un muret. La paroi au-dessus de l'entrée était peinte et sculptée. Trois pèlerins se trouvaient dans la cour : un vieil homme rabougri qui s'efforçait de maintenir une chèvre blanche, un paysan avec un seau d'huile qui psalmodiait d'une voix monocorde horripilante, et un indigène plus jeune vêtu d'un simple *dhoti*, la main sur un bâton. En haut des marches était assis un autre vieillard, sans doute un prêtre, portant lui aussi un *dhoti*. La mine sombre, il réclamait aux fidèles un droit d'entrée. Il y avait un puits et une haute pierre verticale parfaitement lisse et symétrique, ornée de guirlandes.

J'interrogeai Mir Aziz au sujet du monolithe. Il esquissa un sourire gêné.

« *Lingam* de Shiva, sahib », répondit-il.

Je n'étais guère plus avancé et Blake ne résista pas à la tentation de m'humilier. Alors qu'il me dépassait pour rejoindre le temple, il m'adressa la parole pour la première fois en deux semaines.

« C'est un phallus géant, monsieur Avery. Vénéré par les fidèles du dieu Shiva. »

Je me détournai vivement. La répugnance que m'inspiraient l'Inde et ses coutumes se réveilla aussitôt. Quelle religion monstrueuse pouvait donc placer un tel objet en public et exiger qu'il fût adoré, ou demander à ses fidèles de prier la déesse de la mort et de la destruction ?

Blake gravit les marches et, à l'entrée du temple, se pencha pour donner une pièce au prêtre à l'expression maussade, lui murmurant quelques mots. Celui-ci acquiesça et baissa la tête. Blake disparut à l'intérieur, puis ressortit quelques instants plus tard. Il s'agenouilla et leva les mains comme s'il plaidait auprès du vieux charlatan, puis il s'inclina. Ils se mirent à discuter. J'étais irrité de le voir céder aux caprices du prêtre, un individu voué à l'adoration de Kali, mais je me ressaisis. J'ôtai mes bottes à contrecœur et entrai.

L'intérieur était sombre, le plafond bas, seulement éclairé par de petites lampes à huile vacillantes, dont la lumière était encore atténuée par les volutes de l'encens. Le temple sentait l'humidité, la sueur, la fumée, le sang et la vieillesse. On pouvait imaginer sans mal un culte meurtrier dans cette antique grotte. Je m'attendais presque à trouver une Kali semblable à celles que j'avais vues dans les livres : une diablesse noire souriante à six bras, avec une langue pendante et un collier de têtes humaines. Mais je ne distinguai qu'une grossière effigie sur son socle dans l'air enfumé : trapue, le visage plat, des ovales argentés à la place des yeux et en guise de bouche une tache rouge qui semblait dessinée par un enfant. La statue était ornée de guirlandes de fleurs et de colliers de perles orange. Malgré tout, il émanait d'elle une malveillance ancestrale, comme si elle avait absorbé des siècles de sang et de cruauté. À côté, presque aussi immobile, se tenait un autre prêtre. Il posa sur moi un regard froid. Par terre devant la statue se trouvaient de petites casseroles de cuivre. L'une contenait de l'huile, la deuxième du lait et la troisième quelque chose qui ressemblait à des cheveux. À côté, quelques vieux couteaux et des pièces de monnaie. Le pèlerin hindou qui psalmodiait entra à son tour, avec son seau d'huile. Je m'écartai. Il en versa le contenu aux pieds de l'idole, puis se prosterna. Lorsqu'il se releva, le prêtre marqua son front d'un doigt peint en rouge et il fit sonner trois fois une clochette. Le plus jeune des pèlerins entra à son tour et s'approcha de la statue. Il exhiba un couteau et un petit bol. Il posa ce dernier par terre, puis, sous mes yeux horrifiés, il s'entailla la paume, laissant le sang couler dans le récipient. J'eus un haut-le-cœur. J'avais l'impression que j'allais suffoquer si je ne retrouvais pas sur-le-champ la lumière du jour. Je me précipitai dehors. Je me rappelai alors que William Sleeman avait écrit au sujet de ce lieu, affirmant qu'un chrétien honnête ne pouvait que souhaiter le voir rasé et ses prêtres pendus.

M. Blake conférait toujours à voix basse avec le vieillard. Je me rechaussai aussi vite que possible et me levai pour partir. Sans crier gare, le troisième pèlerin tira la chèvre à lui, s'efforçant en vain de lui faire plier les pattes avant, puis il brandit un couteau et trancha la gorge de l'animal. Des jets de liquide rouge jaillissaient de son cou et se répandaient par terre. La tête était toujours rattachée au corps. Sa langue sortit et rentra plusieurs fois, tandis que ses pattes arrière se dérobaient. Le vieillard attendit que cessent les soubresauts de la chèvre, puis il couvrit ses doigts du sang qui souillait la lame et s'en barbouilla le front.

« Vous allez bien, chote sahib ? me demanda Mir Aziz d'un air inquiet.

— Je vais très bien, merci. »

J'avais la nausée. Ce site suintait le mal, l'avilissement et la corruption, et je ne pouvais supporter l'idée d'y passer une minute de plus.

« Je n'aime pas cet endroit. Vous ne sentez donc rien ? Ce n'est que violence, ignorance et destruction. Je ne comprends pas ce que nous sommes venus faire ici ! »

Je redescendis l'escalier, montai sur mon poney et m'éloignai. Ils me rattrapèrent quelques heures plus tard. M. Blake était manifestement mécontent, car il garda une expression sombre tout l'après-midi. Je ne m'attendais pas à ce qu'il m'adresse la parole, mais, alors que nous déchargions les chevaux pour établir notre camp ce soir-là, il vint me trouver.

« Lieutenant, ne partez plus seul ainsi, à l'avenir.

— Je m'excuse, monsieur Blake, mais ce lieu m'a révolté. Il est diabolique et je ne pouvais pas y rester un instant de plus. Il est difficile de comprendre ce qui vous plaisait tant là-bas.

— On appelle barbarie ce à quoi on n'est pas habitué.

— Pardon ?

— Quoi qu'il en soit, veuillez ne pas vous éloigner du groupe à l'avenir. Vous ne connaissez pas ces chemins.

— Je suis sidéré que vous ayez remarqué mon absence.

— Auriez-vous quelque raison de vous plaindre ? »

Il parlait d'un ton calme et égal, un rien menaçant. Nous nous étions arrêtés dans une clairière près de la route. Un ruisseau chantait à proximité. Les indigènes avaient disparu, notai-je. Sans doute étaient-ils au bord de l'eau.

« Je doute que vous soyez capable de l'entendre, mais, puisque vous me posez la question, oui, je pense avoir des raisons de me plaindre. Comment ne serais-je pas exaspéré quand je dois constamment suivre sans comprendre, être ignoré et ne rien savoir du plus insignifiant de vos projets ? De plus, il semble que vous n'ayez rien fait pour mener à bien notre mission. Je pensais que nous étions à la recherche de Xavier Mountstuart, mais j'attends encore de vous voir à l'œuvre. Au moins me suis-je renseigné auprès de tous ceux que nous avons rencontrés sur notre route. Maintenant, voilà que vous nous emmenez dans cet endroit abominable. Et pour quelle raison ? Peut-être notre mission ne vous intéresse-t-elle pas ? Peut-être avez-vous un autre objectif qui vous tient plus à cœur ? Cela dit, je ne me plains pas de… comment dire, des conditions excentriques dans lesquelles nous voyageons, ni de l'insolence de vos indigènes.

— Il semble pourtant que c'est précisément ce que vous êtes en train de faire, monsieur Avery.

— Je ne m'en plains pas, je le remarque. Et je tiens à ajouter que Mir Aziz est la courtoisie personnifiée, m'empressai-je d'ajouter, désireux de lui rendre justice.

— Vous vous êtes donc enquis de Mountstuart. Avez-vous découvert des traces de son passage ?

— Aucune », admis-je, penaud.

Il m'examinait avec cet air que je trouvais si déstabilisant. C'était comme s'il pouvait percer à jour mes faiblesses. Mais je soutins son regard.

« Vous m'ignorez, monsieur Blake. Vous avez tort. Vous ne savez rien de moi.

— Je sais tout ce que j'ai besoin de savoir, répliqua-t-il, une note d'exaspération dans sa voix habituellement si posée. Vous êtes un jeune homme fougueux avec les opinions et les manières de ceux de Calcutta. Vous buvez trop et vous avez mal à la tête presque tous les matins, vous ne parlez aucune des langues du pays, vous ne connaissez rien de cette contrée ni de ses coutumes et vous n'avez rien compris à la scène dont vous avez été témoin au temple. Vous avez tendance à prendre pour argent comptant tout ce que l'on vous raconte, ce en quoi vous n'êtes pas différent de la plupart des nouveaux arrivants. Tout ce que vous pensez et ressentez se lit aussitôt sur vos traits. Laissez-moi vous poser une question : en quoi pouvez-vous m'être utile ? Ah oui : vous venez du sud-ouest de l'Angleterre, si j'en crois votre accent. Le benjamin de la famille. Votre père est un hobereau, vous vous prenez donc pour un gentilhomme, cependant, il a peu d'argent ou vous ne seriez pas ici. Il a des relations au sein de la Compagnie, ou vous ne seriez pas en Inde non plus, mais elles ne sont pas haut placées, ou vous auriez déjà une affectation. Votre mère vous choyait, votre père vous rudoyait, si bien que sous vos fanfaronnades, vous voulez qu'on vous plaigne et vous êtes un pleurnichard. Vous vous croyez amoureux de la jeune fille de la réception au palais du gouvernement. »

J'étais abasourdi.

« Je dois en déduire que vous m'avez espionné, dis-je d'une voix que j'aurais voulue calme, mais qui sonnait creux à mes oreilles. Vous avez autre chose à ajouter ?

— Vous savez monter à cheval. Vous êtes peut-être malin, mais je n'en suis pas sûr. »

Je restai planté devant lui un moment, contemplant le sol. Lorsque je relevai la tête, il me regardait toujours. Je m'attendais à trouver de l'animosité sur son visage. Ce que j'y lus était plus troublant : c'était la même expression que je voyais autrefois chez mes frères, lorsqu'ils craignaient de m'avoir frappé trop fort. Il frotta son oreille déchiquetée.

Je lui tournai le dos, soudain fatigué, et me dirigeai d'un pas lourd vers mon paquetage.

« Nous nous sommes arrêtés à Vindhyachal parce que je pensais que Xavier Mountstuart aurait souhaité visiter le temple s'il était passé par là, lança-t-il dans mon dos. Le prêtre m'a dit l'avoir vu en mars. »

La route qui reliait le Gange à Punvadi, Nagpour et la côte occidentale – plus de deux cents lieues – n'était guère qu'un chemin de terre inégal, usé par le passage des charrettes, des chameaux et des humains. Parfois, il s'interrompait devant un arbre abattu. Alors nous revenions sur nos pas, cherchant un sentier plus récent et moins marqué. C'était un contraste saisissant, après la Grand Trunk Road et son incessant défilé de voyageurs. Ils étaient peu nombreux ici et il arrivait qu'on ne croisât personne pendant des lieues. Il nous fallut deux jours pour traverser le Bengale et pénétrer dans les territoires de Saugor et Nerbudda, qui étaient placés sous l'autorité de la Compagnie.

« On dit que les eaux de la Nerbudda sont si pures que la mère Gange elle-même vient s'y baigner », déclara Mir Aziz.

Le paysage était verdoyant et feuillu. De jour, par moments, j'avais presque la sensation d'être en Angleterre. La terre était rouge comme celle du Devon, et des éclaboussures de boue jaillissaient sous les sabots de nos poneys. Des nuées de petits papillons jaunes virevoltaient devant nous et de minuscules fleurs jaunes couvraient les talus. La jungle, la plus dense que j'avais eu l'occasion de voir, alternait avec de vastes étendues broussailleuses vertes, et au loin on apercevait des collines ondoyantes parsemées de gracieux bosquets. Mir Aziz m'apprenait le nom des arbres : le sal commun avec lequel les villageois construisaient leurs cases, le banian à l'épais tronc musculeux et aux longues racines aériennes, le pipal ou figuier des pagodes, aux grandes feuilles en forme de cœur que l'on utilisait pour soigner les maux de tête et les douleurs diverses, le shisham et l'illipé, le teck qui donnait de petites fleurs blanches.

Cependant, en dépit des rares moments où je me sentais soudain chez moi, et malgré la végétation généreuse, il arrivait, surtout la nuit, que le paysage me parût étranger et sinistre, une forêt séculaire dissimulant un secret diabolique. C'était le domaine des thugs. Ici, ils avaient enterré leurs victimes parmi les manguiers et, pour les punir, le commandant Sleeman les avait pendus aux arbres. Jiggins m'avait mis en garde contre les *dacoïts* et les voleurs, à qui la dense végétation d'après la mousson fournissait une cachette idéale. Mais Mir Aziz affirmait que ces forêts étaient seulement peuplées de Bhils et de Gonds, des tribus qui autrefois régnaient sur ces terres et qui arboraient des os dans les oreilles et le nez, se peignaient le corps et se nourrissaient de chair humaine. Je remarquai un étrange phénomène : des troncs gris de la largeur d'un poing qui se lovaient autour d'autres arbres, comme un python enserre sa proie pour l'étouffer. Parfois, on traversait des bosquets où tous les arbres s'entremêlaient ainsi.

L'influence de William Sleeman qui luttait contre ces anciennes traditions maléfiques était perceptible tout au long de la route. Deux fois par jour, nous tombions sur un verger de manguiers bien entretenu, de petites oasis offrant un refuge aux voyageurs. La plupart, à en croire les indigènes, avaient été plantés sur l'ordre de Sleeman. L'un des villages avait même été rebaptisé Sleemanabad en reconnaissance des centaines d'hectares dont il avait fait don aux habitants après qu'un gourou lui avait prédit un fils. Ailleurs, on nous indiqua fièrement un grand sal où le commandant avait pendu les chefs d'une bande de thugs particulièrement monstrueux.

Les villages se résumaient en général à quelques cases enduites de plâtre bleu ciel, entourées de plantains et de champs de lentilles hérissés de plates-formes couvertes d'où les paysans surveillaient leurs cultures. C'est là, plutôt que dans les rares plantations que nous traversions, que Blake posait des questions. Il allait trouver le chef ou le gourou, nous laissant entouré d'une horde d'enfants nus et poussiéreux, qui tendaient le doigt pour nous toucher et cherchaient à attraper les boutons brillants de mon uniforme. Leurs mères, le visage couvert, nous regardaient silencieusement du pas de leur porte. Blake leur parlait dans le dialecte local, puis Mir Aziz et lui étaient invités dans l'une des cases, et lorsqu'ils en ressortaient, tout le monde souriait. D'un geste, Blake demandait à Nungoo d'apporter une carte sur laquelle il notait notre position. Était-il question de Mountstuart ? Je n'en avais pas la moindre idée : je n'avais pas parlé avec Blake depuis Vindhyachal et j'étais trop fier pour m'abaisser à lui demander quoi que ce soit.

La veille de notre arrivée à Jabalpour, le campement fut établi dans un verger de manguiers avec un petit réservoir d'eau bien entretenu. Nungoo produisit un pipeau dont il tira d'étranges sons discordants, tandis que Samir chantait doucement. Mir Aziz apporta le *houka* qu'il fumait tous les soirs depuis Bénarès et offrit de m'apprendre le nom des étoiles et des plantes que j'avais vues le jour même. J'acceptai volontiers, heureux de pouvoir bavarder, d'autant plus que je savais que le lendemain, à Jabalpour, de telles familiarités seraient déplacées.

Puis j'allai me coucher, mais je ne trouvai pas le sommeil. Étendu dans l'obscurité, je songeais à Jabalpour, écoutant le bourdonnement des sauterelles et les piaulements d'un chacal. Je somnolai un peu. Je me retrouvai dans ma chambre, en Angleterre, par une nuit d'été. La fenêtre était ouverte. La brise me caressait et, pendant un instant, je me sentis parfaitement bien. Puis je me souvins que les vents du sud-ouest de l'Angleterre étaient très loin d'ici. J'étais sous une tente au fin fond de l'Inde et les mouvements d'air autour de moi n'étaient pas naturels ; il se passait quelque chose. Je compris que je n'étais pas seul. Il y avait quelqu'un avec moi. L'individu se déplaçait aussi silencieusement que possible, mais j'étais sûr qu'il se trouvait au pied de mon couchage. Sachant qu'il devait me surveiller, je me forçai à garder les yeux clos.

S'il s'agissait d'un assassin, j'aurais déjà été mort. Ce ne pouvait être qu'un voleur. Il était tentant de rester immobile et de le laisser repartir avec mes maigres possessions pour qu'il se rende compte qu'un sahib voyageur pouvait être pauvre. Je fis un petit mouvement, comme si je m'étirais dans mon sommeil, afin de libérer le drap tendu sur ma poitrine. Puis, brusquement, je me détendis et plongeai sur lui.

La nuit était claire. Je vis que le voleur était entièrement nu et qu'il luisait, comme si son corps était enduit d'eau ou d'huile. Il bondit en arrière. Lorsque je voulus saisir son bras, il me glissa entre les mains. Je notai que l'un des pans de la tente avait été découpé : c'était par là qu'était entrée la brise qui m'avait ramené en Angleterre. Je me jetai encore sur lui, m'emparant cette fois de son mollet. Il trébucha, mais son corps huilé m'échappa de nouveau et il se rétablit aussitôt. Alors que j'avançais, il se tourna vers moi et je sentis une piqûre m'irradier le bras. Déjà, il s'enfuyait vers l'autre bout de la clairière, où nos bêtes étaient attachées.

Je pris le pistolet que j'avais dissimulé sous mon couchage et me précipitai à sa suite.

« Hé ! Hé ! Au voleur ! » criai-je.

Au clair de lune, je distinguai mon assaillant qui avait déjà atteint le centre de la clairière. Les chevaux qui avaient été détachés piaffaient, et autour d'eux, des silhouettes se déplaçaient d'une étrange façon qui m'évoqua d'abord une danse primitive. Puis je reconnus Nungoo, qui montait la garde au moment de l'attaque et qui se battait contre deux hommes. Un autre voleur nu se trouvait près des arbres. Je sentis monter une bouffée de rage.

« Arrêtez ! Lâchez-le ! » criai-je, courant à la rescousse de Nungoo.

J'avais parlé en anglais, mais les malfaiteurs ne se méprirent pas sur le sens de mes paroles. Lorsqu'il m'entendit, le deuxième larron s'enfonça entre les arbres. Celui que j'avais trouvé dans ma tente le talonnait de près et disparut derrière lui. Tous deux criaient ce que j'imaginais être des jurons de rage et de peur. L'un des assaillants de Nungoo le lâcha pour se précipiter sur moi, un couteau à la main. J'attendis qu'il se trouve à quatre pas et je tirai. Il tomba, une balle dans la gorge. Son comparse, voyant le tour que prenait l'affaire, assena un dernier coup à Nungoo avant de s'enfuir. Notre cuisinier s'effondra sur le sol.

J'hésitai. Mon pistolet était un Collier à répétition, le fin du fin en matière d'arme à feu, capable de tirer six balles d'affilée. Cependant, en dépit de ses merveilleuses qualités, il avait la fâcheuse manie de vous exploser dans la main au deuxième coup s'il n'avait pas été nettoyé. Bientôt, l'assaillant de Nungoo serait hors de portée. Je scrutai l'obscurité du côté où j'avais cru apercevoir un mouvement et je tirai.

J'avais de la chance. J'entendis le fugitif tomber.

L'épisode avait à peine duré une minute. Je me tenais à l'autre bout de la clairière lorsque mes compagnons émergèrent de leur tente.

« Ne tentez pas de les poursuivre ! cria Blake. Vous ne les rattraperez pas. »

Il dit quelque chose à Samir qui courut attacher les chevaux, puis s'adressa à Mir Aziz. Ensemble, ils se dirigèrent vers Nungoo, étendu par terre. Je les rejoignis.

Il n'y avait plus rien à faire pour lui. Il gisait sur le flanc, les bras écartés de manière peu naturelle, comme ceux d'une poupée, la tête renversée en arrière et les yeux ouverts. Des ruisselets sombres coulaient de sa gorge. La lune se reflétait à la surface, fragmentée. Nous restâmes silencieux quelques instants. Blake se pencha, toucha le cou de Nungoo, puis le fit rouler sur le dos. De nombreuses plaies noires striaient son torse et son ventre.

« Pourquoi n'a-t-il pas crié ? dis-je, avec plus de colère que je ne l'aurais souhaité.

— Ils l'ont attaqué par surprise. L'un d'eux a réussi à le blesser à la gorge. Cela n'a pas suffi à le tuer, mais je pense qu'il était incapable d'émettre un son. Il s'est battu comme un diable jusqu'à ce qu'ils l'achèvent. »

Sans un mot, Mir Aziz apporta une lanterne et la boîte à amadou. D'abord, il plaça le corps droit. Puis il entreprit de vérifier nos bagages. Les brigands n'avaient pas eu le temps de prendre grand-chose, cependant, nos affaires étaient éparpillées par terre, le riz et la farine piétinés. Un pan entier de ma petite tente avait été découpé avant que je ne me réveille. Les derniers éléments de mon argenterie et quelques pièces de monnaie avaient disparu. Un de mes paquets de livres avait été ouvert et son contenu s'était répandu par terre. Mir Aziz fouilla parmi les bagages jusqu'à trouver ce qu'il cherchait : des couvertures de coton. L'un des voleurs gisait à quelques pas de lui, son poignard à la main.

« Celui-ci est mort, déclara Blake avant de s'approcher de l'autre corps dans l'ombre. Celui-là est à peine vivant. »

Un gémissement et un crachotement nous parvinrent, comme pour confirmer ses propos.

Mir Aziz essuyait le cadavre ensanglanté de Nungoo. De là où je me tenais, je voyais les deux voleurs nus et leur peau huilée brillant d'un étrange éclat au clair de lune. J'avais entendu des récits au sujet des bandits qui s'enduisaient de graisse pour entrer dans les tentes et glisser entre les mains de ceux qui tentaient de les arrêter. Ils étaient si habiles, racontait-on, qu'ils pouvaient chatouiller leurs victimes endormies avec une plume afin qu'elles se retournent dans leur sommeil, tandis qu'ils leur volaient les bagues qu'ils avaient aux doigts et les habits qu'ils portaient.

Mir Aziz couvrit Nungoo. Samir déchira une cotonnade et ils lavèrent le corps. Je n'osai proposer mon aide. C'était une scène si intime qu'il eût été inconvenant de l'interrompre. Blake n'intervint pas non plus. Le voleur blessé gémissait et criait. Je n'avais guère envie d'aller examiner de plus près mon œuvre – j'avais souvent eu l'occasion de tirer, mais jamais sur un homme –, néanmoins, je le devais.

La balle était entrée sous les côtes, au niveau des reins, et lui avait traversé l'estomac. Je voyais le sang couler de son dos et de son ventre. Il avait cherché à se retourner et il était étendu sur le flanc, le souffle court.

« Qu'allons-nous faire de lui ? murmurai-je.

— La balle est ressortie, mais elle a manifestement rompu les entrailles et il se vide de son sang. Je ne peux rien pour lui et je doute que Mir Aziz puisse faire mieux, même s'il le souhaitait. L'agonie va être longue. Vous pourriez lui épargner des souffrances.

— J'en suis incapable. »

L'homme semblait à peine conscient de notre présence. La douleur devait être atroce.

« Je peux bander la blessure. Cela ralentira la perte de sang », dit enfin Blake.

Il sortit le couchage de Nungoo de sa tente aplatie et le plia, puis allongea délicatement le voleur dessus. D'une petite bourse qu'il portait à son cou, il tira une boulette molle et brune. Il en détacha un morceau qu'il introduisit dans la bouche du voleur, avant de lui faire boire un peu d'eau.

« C'est de l'opium ?

— Oui.

— Il a tué Nungoo.

— Et maintenant, il meurt à son tour. Un triste échange pour l'un comme pour l'autre. Au moins, cela soulagera ses souffrances. »

Il prit deux grands chiffons qu'il plia.

« Aidez-moi. »

Nous en plaçâmes un sur le dos du mourant et Blake posa l'autre sur son ventre, appuyant sur la blessure. Le voleur poussa un cri étouffé et murmura quelque chose. Je me levai. Blake me regarda.

« Avery, vous saignez. »

Je vis qu'il avait raison. Je tenais encore mon pistolet dans ma main droite. Je l'avais oublié. Une longue entaille courait le long de mon bras, du coude au centre de la paume. Elle était poisseuse et humide, et maintenant que j'en étais conscient, je me rendis compte que la blessure était horriblement douloureuse.

« Ce n'est rien. »

Mais je lâchais mon arme et ma main se mit à trembler.

Blake se redressa et, se penchant par-dessus le corps, il prit mon bras et le tourna.

« Au moins, il a raté la veine. Maintenant, asseyez-vous que j'examine cela.

— Il faut d'abord que je rassemble mes livres. »

J'entrepris de ramasser maladroitement les volumes éparpillés pour former une pile. Des gouttes de sang tombaient dessus. Blake me regardait.

« Vous avez déjà tiré sur un homme ?

— Deux hommes. Non.

— Venez ici. Prenez ma place. Pressez la blessure de votre main valide. »

Je n'appréciai guère la tâche, mais je lui obéis. Il alla chercher les morceaux de tissu découpés par Samir.

« Je vais bander sommairement votre bras. »

Il essuya ma blessure et la pansa avec l'un des chiffons. Puis il ressortit la boulette d'opium de sa bourse. Il en détacha un petit bout qu'il me tendit. Je secouai la tête.

« Tenez. Que cela vous plaise ou non, je vais devoir vous recoudre. Cela vous aidera. »

Je me résolus à mettre la substance brune dans ma bouche. Puis il m'écarta pour reprendre son poste auprès du voleur. L'opium se mâchait facilement, un peu comme de la cire, mais en plus amer. On y avait ajouté un peu de cannelle afin d'en adoucir le goût.

Mir Aziz récitait une prière sur le corps de Nungoo. Samir était assis à côté de lui, la tête baissée.

« Étaient-ce des thugs, monsieur Blake ? »

Il secoua la tête, la main toujours appuyée sur le ventre du blessé.

« De simples voleurs de grand chemin.

— On aurait dit des sauvages.

— Ils sont affamés. Il y a eu plusieurs années de disette et il n'a pas beaucoup plu ici, pendant la mousson. La récolte sera maigre. Certains l'ont senti et ont pris la route. Un mauvais pari. Ils sont discrets et rapides. Ils avaient sans doute prévu d'assommer Nungoo et comptaient sur le fait que vous ne vous réveilleriez pas. »

Une autre minute s'écoula.

« Deux balles bien placées. Vous êtes bon tireur, monsieur Avery.

— J'ai hésité la seconde fois. Je craignais que le Collier ne m'emporte la main.

— Des outils capricieux, les Collier. Mais vous savez vous servir d'une arme.

— Je tire depuis que je suis enfant. »

C'était étrange. Je ne distinguais pas les yeux de Blake, pourtant, je sentais l'intensité de son regard sur moi, me poussant à continuer.

« J'ai grandi dans le Devon, entre Dartmoor et la côte. Un petit village du nom de Bainton. Mon père était… est une bonne gâchette. C'est la seule chose que j'ai héritée de lui. Je chasse le lapin et le gibier depuis toujours. Les forêts et les champs me manquent. Vous aviez raison. Je ne me sens pas chez moi en ville.

— Des frères et sœurs ?

— Trois frères, dont deux décédés, et ma sœur. Le domaine ira à mon frère aîné Harry. Il est dans l'armée. Fred était dans la marine, il a péri en mer. James est mort quand j'étais enfant. Je ne me souviens pas vraiment de lui. Je suis le plus jeune.

— Et votre sœur ?

— Louisa. Elle est la plus proche de moi par l'âge. Elle s'occupe de mon père. »

Il y avait quelque chose d'un peu déstabilisant dans sa façon d'écouter, comme s'il entendait aussi ce que je ne disais pas.

« Votre mère est morte ?

— Cela va faire trois ans. »

Mes yeux revinrent vers le corps immobile de Nungoo.

« Vous attachez un grand prix à vos livres, monsieur Avery.

— Ainsi que vous le souligniez avec éloquence il y a quelques jours, monsieur Blake, je n'ai pas grand-chose d'autre. Ce sont pour ainsi dire mes seules possessions. »

J'avais la tête qui tournait légèrement et la douleur dans mon bras commençait à se dissiper.

« Puis-je vous poser une question ? ajoutai-je. Comment saviez-vous que j'étais endetté ? Au-delà du prévisible, je veux dire.

— Vous ne portiez plus votre chevalière. Je me rappelais l'avoir vue à votre doigt lors de notre première rencontre. Et la montre de gousset. Chez les jeunes officiers, c'est généralement à cause du jeu. La montre part la première. La chevalière est un héritage, la montre, un cadeau. »

Je hochai la tête.

« J'observe. Je suis attentif aux détails et je ne les oublie pas. Puis je les assemble. Il y a beaucoup d'ouvrages de Mountstuart dans cette pile, ajouta-t-il au bout de quelques instants.

— J'ai lu presque tout ce qu'il a écrit. Vous l'avez connu, si j'ai bien compris ?

— Un peu. Il y a longtemps. »

Il prit une longueur de linge propre qu'il entreprit de glisser adroitement sous le corps du voleur. Puis il l'en enveloppa plusieurs fois, couvrant chaque plaie. L'homme était silencieux à présent, l'air hébété. Blake noua le bandage aussi serré que possible.

« Il ne doit plus sentir grand-chose. Montrez-moi votre main. »

Il tâta la blessure du bout des doigts. Elle était plus longue que je ne l'avais cru, mais peu profonde.

« *Les Aventures de M. Pickwick*, de quoi s'agit-il ? »

La question semblait si incongrue que je répondis en bégayant.

« C'est au sujet de… un gentilhomme londonien à la retraite qui… euh… se promène à travers la campagne anglaise et à qui il arrive des aventures. C'est comique. »

Encore une fois, le silence de Blake m'incita à poursuivre.

« C'était la lecture favorite de mon ami Macpherson.

— De petite taille, le teint pâle, les cheveux blond-roux.

— Vraiment, monsieur Blake, dis-je, soudain irrité, si vous continuez, je vais avoir du mal à croire que vous ne m'avez pas espionné.

— Il était à la réception au palais du gouvernement avec vous. Je n'oublie jamais un visage. »

À la pensée de Frank, j'eus une bouffée d'émotion et je dus prendre une grande inspiration pour me ressaisir.

« Vous avez mal ?

— Non. Mon ami, Frank Macpherson. Il est mort deux jours avant notre départ de Calcutta.

— Toutes mes condoléances, dit-il en essuyant le sang. Que s'est-il passé ?

— Il a été tué à Blacktown.

— L'officier assassiné dans le bazar, c'était lui ?

— Vous en avez entendu parler ?

— Il est rare qu'un Européen finisse sa vie à Blacktown de nos jours, encore que, sans doute moins qu'on ne l'imagine. Votre agresseur a utilisé un *katar**, poursuivit-il en tournant mon bras. On le voit à la blessure. Une dague dont la poignée est plate et qu'on assène comme un coup de poing. Vous l'avez échappé belle. Je vais nettoyer la plaie et la recoudre. Mir Aziz s'en sortirait beaucoup mieux que moi, mais je ne peux pas le déranger en ce moment, vous comprenez ? »

Je hochai la tête. Il ne restait que quelques braises. Il ranima le feu.

« Comment votre ami est-il mort ?

— Poignardé. Et il avait un foulard autour du cou.

— Des bruits couraient à son sujet, non ?

— Il était endetté auprès d'un prêteur. »

Je m'interrompis. Une fois encore, je me sentis obligé d'en dire plus que je ne l'aurais souhaité.

« Quelqu'un à la division renseignement et politique semblait penser qu'il avait dérobé des papiers. Cela a ruiné sa réputation. Je n'arrive pas à le croire. Il était tellement… tellement droit. Il ne buvait pas, ne jouait pas. C'était le plus généreux des amis. Pourtant, lorsque j'y songe, il était mélancolique quelques jours avant sa mort. Il semblait abattu. Je pensais que c'était de ma faute. »

Blake plaça un petit pot fermé parmi les braises à présent rougeoyantes.

« C'est du *ghee*, du beurre clarifié. Lorsqu'il sera fondu, je m'en servirai pour nettoyer la blessure. Cela devrait arrêter l'hémorragie. Mais ce sera peut-être douloureux.

— Je pourrai la montrer au médecin militaire, à Jabalpour.

— Ha ! » fit-il, de manière aussi abrupte qu'évasive.

Il versa le *ghee* sur la plaie. La magie de l'opium opéra.

« Vous ne respectez guère les médecins, semble-t-il.

— Ils font plus de mal que de bien. Pourquoi vous sentiez-vous responsable de l'humeur de votre ami ?

— C'est lui qu'il faut blâmer pour ma présence ici. Il a mis mon nom en avant auprès du bureau du gouverneur. Et je ne me suis pas montré très reconnaissant. »

Blake reposa le pot de beurre, puis sortit une aiguille et du fil d'une pochette de cuir. Il passa le fil dans le chas et rapprocha les bords de la plaie d'une main, tandis qu'il enfonçait l'aiguille de l'autre. Je la sentais qui me tirait la peau et ce n'était pas particulièrement agréable, cependant, la drogue atténuait considérablement la douleur.

« Avez-vous trouvé trace de Mountstuart sur la route ? demandai-je, m'efforçant de ne pas penser à l'aiguille qui allait et venait.

— Il voyageait parmi les indigènes, à l'écart des Européens.

— C'est pour cette raison que personne ne l'avait vu sur la Grand Trunk Road ?

— Personne chez les Blancs. Il était accompagné d'un singe qu'il avait gagné aux dés. Vous êtes déçu qu'il ait préféré rester parmi les habitants du pays ? ajouta-t-il en relevant la tête un instant.

— Non. »

Pourtant, je l'étais. Blake en était à son dernier point et je me dis que je ne tirerais plus grand-chose de lui une fois qu'il aurait terminé.

« Avez-vous appris quoi que ce soit auprès des indigènes ?

— On l'a vu tout au long de la route de Punvadi en avril. Il s'est fait remarquer. Rien d'étonnant, il est connu pour cela. Dans un village, il a payé un festin. Les habitants lui en étaient reconnaissants, car ils souffraient de la faim. Mauvaise récolte. Ailleurs, il a récité des vers du *Mahabharata.* »

J'ignorais à quoi il faisait référence, mais je me tus.

« Plus loin, il aurait tué un sanglier avec un tel art que les villageois auraient pu le manger. Ce qui reste à prouver. On raconte toujours un tas d'histoires à son sujet. Voilà. »

Il tira sur le fil et le coupa avec les dents.

« Je vous remercie, monsieur Blake. Et je tiens à vous présenter mes excuses pour avoir douté de votre intention d'accomplir notre mission.

— Excuses acceptées, monsieur Avery. »

Il mit mon bras en écharpe et déclara qu'il faudrait appliquer des feuilles de bananier ou une herbe appelée *brahmi* sur la blessure afin d'accélérer la cicatrisation.

Le corps de Nungoo était à présent enveloppé d'un drap blanc propre. Mir Aziz était silencieux. Je ne savais pas quoi lui dire. Samir, les yeux humides, m'aida à enfiler mon plus bel uniforme. Je m'inquiétais depuis plusieurs jours de la manière dont j'allais me présenter à Jabalpour : devais-je entamer mon deuxième savon Windsor, comment allais-je ôter les plis et la poussière de mon uniforme ? À présent, ces préoccupations semblaient bien dérisoires.

« Toutes mes condoléances, bredouillai-je à Samir en hindoustani. Nungoo… brave homme. Excellent homme. »

J'essayai de prendre sa main, mais c'était trop douloureux et je me contentai de l'effleurer.

« Le corps de Nungoo doit être enterré d'ici vingt-quatre heures, déclara Blake. Aucun de nous n'est en état de creuser une tombe. Nous ne sommes qu'à quelques heures de Jabalpour. Nous l'inhumerons là-bas. »

Blake tira de ses bagages un frac noir de drap fin – un peu froissé et poussiéreux –, une chemise d'été blanche et un pantalon assorti. Le soleil s'était levé et il faisait presque chaud. À la demande de Blake, j'allai voir le voleur blessé. Il était mort. On l'avait à peine entendu. J'examinai son visage ; il n'était guère plus âgé que moi.

« Nous allons prendre leurs corps également. Nous ne pouvons pas les laisser au bord du chemin », décida Blake.

Nous chevauchâmes plusieurs heures durant. À la sortie de la forêt, nous trouvâmes une campagne verdoyante et bien entretenue, longeant des vergers de papayers, de grenadiers et de jacquiers. La voie était large et plate, avec un gravier assez fin. En fait, c'était la seule route digne de ce nom depuis Mirzapour. Pourtant, personne n'était d'humeur à se réjouir. Mir Aziz n'avait pas prononcé un mot depuis la mort de Nungoo, si ce n'est pour prier. Samir pleurait sans se cacher. Blake s'était renfermé dans le silence, retrouvant sa mine lasse et renfrognée. Quant à moi, je venais de tuer deux hommes. Ce n'était certainement pas ainsi que j'avais imaginé notre arrivée à Jabalpour. La chaleur était accablante. Les bosquets se succédaient et nous ne cessions de croiser ces arbres gris qui semblaient vouloir asphyxier la végétation.

« Comme si un arbre s'efforçait d'étouffer l'autre, dis-je. Comment s'appellent-ils ?

— Ce sont des figuiers étrangleurs », répondit Blake.

C'est ainsi que nous entrâmes dans Jabalpour avec trois cadavres.

6

À l'entrée de Jabalpour, deux sentinelles armées et vêtues de vestes couleur de poussière nous examinèrent d'un air suspicieux, tandis que Blake demandait où se trouvait le bureau du thuggisme. Je m'étais rarement senti aussi soulagé d'arriver quelque part. J'ignorai donc leur expression fermée et je regardai avec curiosité autour de moi, alors que nous traversions le cantonnement. Partout régnaient la propreté et l'organisation, qu'il s'agisse de la route récemment couverte de gravier et bordée de cocotiers et de palmiers, des petits baraquements, du terrain de manœuvres ou du bazar bourdonnant de vie. Les indigènes interrompaient leurs occupations à notre vue pour suivre des yeux notre convoi lugubre.

Nous arrivâmes devant une série de cottages blanchis à la chaux, reliés entre eux de manière anarchique. Sur une longue véranda s'entassaient des serviteurs et des cipayes. Au bout de quelques minutes, un petit homme aux cheveux bruns, habillé du même habit gris-marron que les cipayes, sortit du bâtiment et descendit les marches d'un pas vif. Il s'immobilisa à notre vue.

« On me dit que vous cherchez le bureau du thuggisme, dit-il en nous jaugeant. Que voulez-vous ?

— Nous avons été attaqués sur la route de Mirzapour à environ deux heures d'ici. Ils étaient quatre. Mon assistant en a abattu deux, mais il a été blessé et il a besoin de soins et de repos. »

Je me tournai vers Blake, m'efforçant de dissimuler ma surprise. Sans exagérer, j'avais l'impression d'être devant un autre homme. Sa voix était autoritaire, cependant, elle avait perdu son accent abrupt. Il se tenait même différemment sur son cheval.

« Un des membres de notre groupe a été tué et doit être enterré. Nous avons pris les corps de nos assaillants, car nous pensions que le bureau du thuggisme souhaiterait les examiner.

— J'ai peur que vous ne puissiez entrer », répondit l'homme en nous regardant avec répugnance.

Il faut admettre que nous devions offrir un piètre spectacle : poussiéreux, froissés et sans aucun doute malodorants.

« Comment vous appelez-vous, monsieur ? demanda Blake d'un ton cassant.

— Je suis le capitaine James Pursloe, directeur adjoint du bureau du thuggisme. »

Il se dégageait de sa personne une certaine hésitation anxieuse, bien qu'il parût avoir au moins dix ans de plus que moi.

« Capitaine, ah oui ? » fit Blake.

L'autre se dandina, mal à l'aise.

« Eh bien, capitaine, j'arrive de Calcutta. J'ai parcouru plus de deux cents lieues en trois semaines afin de voir le commandant Sleeman. J'ai des lettres de recommandation du palais du gouvernement.

J'ai avec moi trois cadavres et un blessé. Je veux des logements pour nous et des soins médicaux pour mon assistant. Et je veux que notre compagnon mahométan soit enterré conformément à sa religion, ainsi qu'il en a le droit. Le tout, d'ici la fin de la journée. J'espère que ce n'est pas trop vous demander. »

Le capitaine redressa les épaules.

« Très bien. »

Un nouvel officier de la Compagnie était sorti : un lieutenant énorme et robuste, portant le même habit gris-brun que les autres, le visage brûlé par le soleil, avec une mâchoire prognathe qui lui donnait un air belliqueux. Le nouvel arrivant adressa un hochement de tête désinvolte au capitaine.

« Mauwle, dit ce dernier avec un peu de nervosité. Ces messieurs arrivent de Calcutta. Ils ont été attaqués sur la route de Mirzapour il y a moins de deux heures.

— Combien d'assaillants ? demanda sèchement l'autre homme.

— Quatre, répondit Blake. Le corps huilé et rasé. Deux morts, deux fugitifs. Leurs dépouilles sont là.

— Ce doit être des Bhils. »

Le lieutenant Mauwle avait un accent écossais prononcé. Il aboya des ordres dans un dialecte local et la foule autour de nous commença à se disperser mollement. Il fit un pas vers eux et tout le monde s'éparpilla. Il s'approcha de nos montures, souleva la tête de l'un des voleurs, grogna et la laissa retomber.

« Je vais partir à leur poursuite avec quelques hommes. Ils n'iront pas loin.

— Les attaques sont rares, je vous l'assure, dit Pursloe. Les routes autour de Jabalpour sont très sûres, à présent. Vous êtes un petit groupe, monsieur…

— Jeremiah Blake. Je suis l'enquêteur spécial de la Compagnie. »

Sa moue morose et tourmentée céda la place à une expression inquiète.

« Un enquêteur spécial ? Jamais entendu parler. Puis-je vous demander l'objet de cette… enquête ? »

Le lieutenant Mauwle qui gravissait les marches du bureau se retourna.

« Nous sommes à la recherche de Xavier Mountstuart. »

Pursloe blêmit. Mauwle partit d'un rire rauque et dédaigneux.

« Vous avez fait un long voyage pour rien, alors. Vous ne le trouverez pas ici. Et il est rigoureusement interdit de prononcer son nom à Jabalpour. »

Le reste de la journée est confus dans ma mémoire. On nous conduisit à un bungalow vide qui sentait la poussière. Il était entouré de hauts murs d'enceinte, fermés par un portail à deux battants majestueux. Nos hôtes semblaient désireux de corriger l'impression qu'ils avaient pu donner, car, en quelques heures, nous avions des serviteurs, à manger, des draps, et le vieux médecin bougon de la caserne passa nous voir. Il examina les points d'un air approbateur, mais retira la pâte de feuilles dont Blake les avait recouverts en claquant la langue. Je pris un bain. En fin d'après-midi, une troupe de cipayes nous escorta jusqu'à un petit cimetière mahométan envahi par les herbes pour enterrer Nungoo. Je songeai qu'à Calcutta nous n'aurions sans doute pas assisté à une telle cérémonie et j'étais heureux d'être là.

Blake et moi nous tenions un peu en retrait, tandis que Mir Aziz, Samir et un religieux mahométan de la ville récitaient des versets et jetaient de la terre sur le corps enveloppé d'un linceul blanc, au fond d'une tombe peu profonde. J'étais trop fatigué pour penser, trop fatigué pour parler. Au bungalow, on nous servit de la poule bouillie et du riz, puis je m'écroulai sur mon lit, qui était entouré de plusieurs couches de moustiquaire. L'air nocturne grouillait d'insectes et j'étais heureux de cette protection.

Je n'eus que le temps de remarquer que les pieds du lit se trouvaient dans des tasses d'eau, avant de sombrer comme une masse.

À un moment donné, le grincement des charnières rouillées et le claquement du métal s'insinuèrent dans mes rêves. Après cela, je dormis pendant près de deux jours.

Je rêvai encore du Devon. La fenêtre de ma chambre était ouverte. Dehors, les champs incultes et les haies s'étiraient à l'infini. Le bois au-delà. Et dans le bois, sur le sol tapissé d'humus, un chien trottinait sans bruit derrière moi. Une journée humide, couverte et douce.

Lorsque je me réveillai, mes vêtements avaient été lavés et reposaient, pliés, sur une petite commode, mes livres avaient été déballés et rangés dans un meuble-vitrine. Un serviteur inconnu se tenait au pied du lit, avec une cafetière fumante. Ma tête m'élançait, cependant, j'étais heureux d'avoir retrouvé la douceur de la civilisation. Après un bain, je m'aventurai dehors. Le grand portail rouillé de l'enceinte était verrouillé. Blake était assis sur la véranda, totalement immobile. Je n'aurais su dire s'il priait ou réfléchissait. Je m'apprêtais à regagner ma chambre sans bruit, quand il m'appela.

« Le portail, dis-je.

— Oui, apparemment on nous enferme à clé tous les soirs pour notre propre sécurité. Mir Aziz et Samir ont pris quelques jours de deuil. J'ai prévu de rendre visite au commandant Sleeman cet après-midi.

— J'aimerais vous accompagner, dis-je avec une certaine froideur.

— D'accord », répondit-il à ma plus grande surprise.

À vrai dire, je n'étais pas très en forme, mais je ne voulais pas être exclu de l'enquête.

Je me vêtis tant bien que mal, gêné par le bandage. Lorsque je me présentai sur la véranda, j'étais seulement parvenu à enfiler une manche de mon uniforme.

Rasé de près, Blake avait une chemise de mousseline blanche, une cravate blanche, un élégant habit bleu et un pantalon de nankin repassé. Jamais je ne l'avais vu si bien mis et je ne cherchai pas à cacher ma surprise. Il guida mon bras dans ma manche, ferma mes boutons patiemment et m'épousseta.

« Dire que j'imaginais être le dandy de notre expédition. Puis-je vous féliciter pour votre transformation, monsieur Blake ? Même votre voix est différente. »

Je craignais qu'il ne se vexe, mais il ne parut pas se formaliser.

« Il vaut mieux avoir l'habit qui va avec le rôle », dit-il simplement.

Un groupe de cipayes vint nous chercher. La résidence du commandant Sleeman était la plus somptueuse de Jabalpour : une demeure de pierre à deux étages, de style classique, avec un élégant portique que supportaient des colonnes grecques et de longues fenêtres derrière. Le jardin entouré d'un mur était luxuriant, arrosé par d'innombrables petits canaux d'irrigation. Le commandant, nous apprit-on, n'était pas rentré.

On nous introduisit dans un grand bureau où il faisait frais. Me découvrant moins robuste que je ne l'espérais, je m'assis dans un fauteuil. Nous attendîmes en silence. Les fenêtres étaient drapées de fine mousseline et les murs tapissés de vitrines remplies à craquer de livres et d'animaux empaillés. Il y avait un grand portrait d'un homme vêtu d'une veste militaire bleue et, au milieu de la pièce, un long bureau de bois ciré incrusté d'ivoire, sur lequel étaient disposés des pierres et des minéraux.

Au bout de cinq minutes, des voix distinctement anglaises retentirent, signalant le retour de notre hôte. J'éprouvais un début de nausée. Enfin apparut un homme grisonnant. Je reconnus l'officier du tableau, bien que sa chevelure se fût considérablement éclaircie.

« Ah, ah ! Nos visiteurs ! s'écria-t-il chaleureusement. Je suis le commandant William Sleeman. »

Il était bien charpenté, pas très grand, avec un visage rougeaud de paysan, de petits yeux bleus durs, et ce teint jaunâtre et fatigué qui trahissait les décennies passées en Inde. Mais sa jovialité et son énergie prenaient le pas sur le reste. Derrière lui se tenaient le capitaine Pursloe et un petit homme pâlot, au visage constellé de taches de rousseur et au nez busqué.

Le commandant tendit sa main à Blake et se serait emparé de la mienne en dépit de l'écharpe si je ne m'étais pas empressé de reculer et de l'agiter aimablement en guise de salut.

« Ah, oui, oui, bien sûr ! L'attaque ! dit-il en secouant la tête. Veuillez accepter mes condoléances pour la mort de votre serviteur. Nous considérons que la sécurité des routes de Jabalpour relève de notre responsabilité et je tiens à m'excuser pour cette fâcheuse rencontre. »

Il avait l'air réellement affecté.

« Mon oncle… mon commandant, puis-je vous présenter M. Jeremiah Blake et M…

— William Avery, lieutenant de la Compagnie, complétai-je.

— Vous devez savoir que les attaques à proximité de Jabalpour sont très rares, dit Pursloe.

— J'imagine qu'ils avaient faim et qu'ils ont tenté leur chance, répondit Blake, avec plus d'indulgence que je m'y attendais. J'ai parlé aux chefs de village sur la route. Les récoltes ne sont pas bonnes. »

Le commandant secoua la tête.

« Une mauvaise action reste un choix, monsieur Blake. Et c'est un rappel qui signifie que je ne peux me permettre de relâcher mes efforts un instant. Vos assaillants étaient des Bhils, une race nomade que nous espérions avoir pacifiée. Jeune homme, vous avez eu beaucoup de chance. Ils ont l'habitude d'empoisonner la pointe de leur couteau.

— Ah bon ? Ce n'est pas ce que j'ai entendu dire, intervint Blake.

— Vous connaissez les Bhils ?

— J'ai eu affaire à eux une ou deux fois.

— Voilà qui n'est pas commun pour un employé civil de la Compagnie, dit le commandant. Lieutenant, j'ai appris que vous aviez réussi à en tuer deux. Bravo !

— C'est un grand honneur de rencontrer l'homme qui a découvert les thugs et l'auteur de *Ramaseeana*, mon commandant, dis-je, un peu hors d'haleine. Tout le monde parle de votre travail à Calcutta. »

Les petits yeux bleus se tournèrent vers moi.

« Avery, c'est un nom du Sud-Ouest. Détecterais-je une pointe d'accent du Devon ? »

Je hochai la tête. Il sourit.

« Je suis originaire de Cornouailles. J'y ai passé toute mon enfance. J'espère bien la revoir un jour. Bon, nous ne nous soucions guère de l'étiquette, ici, la population de la Compagnie est trop peu importante. Vous avez rencontré notre capitaine, James Pursloe, je pense ? Permettez-moi de vous présenter M. Edward Hogwood, le magistrat assistant, sur qui repose le plus gros de l'administration de Jabalpour. Je ne sais pas ce que je ferais sans lui. »

Hogwood, qui s'était tenu si silencieux que je l'avais oublié, sourit et hocha la tête. Il paraissait presque plus grand, baignant dans la lumière de l'approbation du commandant. C'était un homme affable à l'air fatigué et aux yeux cernés, de la même taille que Sleeman et Pursloe. Je sentis soudain mon front se couvrir de sueur.

« Notre petit triumvirat dirige presque à lui seul la ville et le bureau du thuggisme, avec l'aide du lieutenant Mauwle. Bien sûr, maintenant que je suis chargé de la lutte contre les thugs sur tout le territoire, j'ai beaucoup moins de temps à consacrer aux tâches quotidiennes. Malgré tout, nous restons une petite communauté très liée : Pursloe ici présent est mon neveu, le docteur est mon cousin. Mon épouse a supervisé la plantation de nouvelles variétés de canne à sucre dans la région. On pourrait m'accuser de népotisme, je suppose. Mais nous estimons que nos résultats parlent d'eux-mêmes », conclut-il avec un large sourire.

D'un geste, il nous invita à nous asseoir, mais resta debout.

« Vous désirez certainement des rafraîchissements. Thé ou sorbet ? »

Il frappa dans ses mains.

« Et maintenant, bienvenue, ou, comme diraient les Moghols… »

Il débita alors une série de mots incompréhensibles pour moi, mais pas pour Blake qui lui répondit dans la même langue, à l'étonnement manifeste de Sleeman. Je ne m'aventurerais pas à essayer de reproduire les sons qu'ils émirent.

« Ainsi, vous parlez le persan. J'avoue que je suis surpris. Ce n'est pas très bien considéré à Calcutta de nos jours, et on n'a certainement pas l'habitude d'entendre une prose aussi raffinée. En ce qui me concerne, je n'ai jamais été en très bons termes avec Calcutta. Trop de temps perdu et d'énergie gaspillée, trop de prévarications.

— Ce n'est pas moi qui vous contredirai », répliqua Blake.

Sleeman débita un nouveau flot de persan, et encore une fois Blake répondit. Pursloe réprima un bâillement.

« Très impressionnant ! dit Sleeman. Parlez-vous d'autres langues ?

— Quelques-unes. »

Un silence.

« Mais encore ?

— L'hindoustani, l'ourdou, le bengali, le marathi, le pachtou, un peu de sanskrit, mais c'était il y a longtemps.

— Puis-je vous demander où vous avez acquis une telle aisance ?

— J'ai eu de bons professeurs. »

Sleeman sourit. Il était manifeste que Blake n'aimait guère parler de lui.

« James me dit que vous avez couvert le trajet entre Calcutta et Jabalpour en trois semaines. Ce n'est pas un mince exploit. Comment avez-vous réussi ?

— Un petit groupe, peu de bagages. Nous changions de montures régulièrement, répondit Blake. J'ai parcouru des distances considérables dans le nord du pays, de cette manière. Le pire de la mousson est derrière nous et la chaleur est tout à fait supportable. »

J'eus une pensée sans joie pour les nuits passées sous une tente trempée et sur un sol mouillé et glacé.

« Très pratique, reconnut le commandant. Je regrette que pas plus d'hommes de la Compagnie ne voyagent avec une telle efficacité. Trop attachés à leur confort. Eh bien, monsieur Blake, quelle est la raison de votre visite ? »

À l'évidence, Pursloe n'avait pas mentionné Mountstuart.

« Je suis l'enquêteur spécial de la Compagnie.

— J'ignorais que la Compagnie avait un enquêteur spécial. C'est un terme quelque peu menaçant. Je vais être honnête, si vous le permettez. Calcutta est loin d'ici et l'expérience nous a enseigné à nous méfier de ses interventions. »

Pursloe se racla la gorge et joignit les mains. Il avait l'air, je dois le dire, très embarrassé. L'autre homme, Hogwood, haussa les sourcils et sourit.

« Monsieur Sleeman, je ne suis pas ici pour interférer dans votre travail. Je suis venu enquêter sur la disparition de Xavier Mountstuart. Il aurait dû rentrer à Calcutta il y a déjà quatre mois et il semblerait que Jabalpour soit le dernier lieu où il ait été vu. Voici mes lettres de recommandation. »

Il se leva et tira une enveloppe de la poche de son manteau.

Toute trace de chaleur et d'entrain avait déserté le visage du commandant. Les yeux bleus se plissèrent, les lèvres s'amincirent. Il y eut un silence. Pursloe regardait ses pieds.

« Le commandant ne souhaite pas parler de M. Mountstuart, bredouilla-t-il enfin.

— Ne souhaite pas parler de lui ? demanda Blake en fronçant les sourcils.

— Je ne peux rien faire pour vous, monsieur Blake, dit Sleeman avec un calme glacé. Et veuillez ne plus mentionner le nom de cet homme.

— Il doit y avoir un malentendu, intervins-je, luttant contre le vertige qui m'assaillait. Mon commandant, vous devez nous aider.

— Je vous demande pardon, lieutenant, il n'y a aucun malentendu. Je dois vous prier de ne pas insister. Il est venu ici, il est reparti et il n'a pas daigné nous dire où il se rendait. Vous avez fait un long voyage pour rien.

— Monsieur Sleeman, je n'ai pas l'intention de vous provoquer, reprit Blake. Je suis désolé que cette enquête vous déplaise, mais j'ai une tâche à accomplir.

— Monsieur Blake, vous êtes le bienvenu à Jabalpour tant que vous éviterez le sujet. Nous sommes fiers de notre hospitalité et nous ferons de notre mieux pour que votre séjour se déroule dans les meilleures conditions, jusqu'à ce que vous soyez prêts à reprendre la route. Cependant, vous devrez veiller à respecter nos règles.

— Vous voulez dire être enfermés à clé dans votre enceinte et ne pas pouvoir aller seuls en ville ?

— Des thugs doivent être pendus la semaine prochaine. C'est le genre d'événement qui crée des remous. À cela s'ajoute la crainte que la mauvaise récolte déclenche des troubles parmi la population indigène. Nous ne voulons pas faire courir de risques inutiles à nos visiteurs.

— Je vous remercie de votre hospitalité, commandant, rétorqua Blake d'un ton abrupt. Nous allons prendre congé. »

Je me levai. J'avais la tête qui tournait et mes jambes refusaient de me porter. Je tentai de suivre Blake jusqu'à la sortie mais, un instant plus tard, j'étais étendu de tout mon long sur le tapis turc, ne sachant comment j'étais arrivé là.

« Lieutenant, vous êtes en nage ! s'écria Sleeman. Nous allons appeler un palanquin. Monsieur Blake, votre assistant est malade, reprit-il d'un ton accusateur. Je vous envoie un médecin sans tarder. »

Je tentai de protester, mais on me fit asseoir dans un profond fauteuil dont je craignais de ne jamais pouvoir me relever, et on apporta des serviettes froides. Avec humeur, Pursloe sortit quérir un palanquin. Nous attendîmes. Hogwood tournait en rond.

Le commandant s'était assis à son bureau, et Blake examinait les rayonnages de livres, apparemment indifférent au silence de plus en plus pesant.

Il se mit soudain à parler d'essais que Sleeman avait écrits sur les vergers et les arbres fruitiers. Celui-ci parut surpris qu'il les connaisse.

« Mais c'est M. Avery qui est le véritable amateur de plantes et d'arbres », ajouta enfin Blake.

Ah bon ? songeai-je, tout étourdi.

« Dans ce cas, lieutenant, peut-être pourrai-je vous montrer mon jardin avant votre départ ? »

Je hochai la tête docilement et m'épongeai le front avec les serviettes. Le silence revint.

Blake s'approcha de la table où étaient disposés divers minéraux. Il se mit à parler des cailloux, les nommant les uns après les autres.

« Et voici des ammonites, si je ne me trompe pas. Je n'en avais vu que dans des livres. Je n'avais pas idée qu'on trouvait des fossiles en Inde. »

Le commandant parut à la fois étonné et ravi.

« Je crois être le premier homme à avoir identifié des fossiles dans ce pays. »

Il expliqua qu'il avait fait diverses découvertes dans les environs de Jabalpour, notamment les os d'une énorme bête, semblable aux squelettes de lézards géants exhumés en Angleterre. Je me demandais si j'avais des hallucinations.

« Voyez, Avery », dit Blake.

Il ouvrit sa paume pour révéler une pierre noir brillant, sur laquelle se trouvait l'empreinte sculptée d'un gros escargot.

« Ce sont les restes pétrifiés d'une antique créature marine, alors que nous nous trouvons à des milliers de lieues de la mer. »

Je secouai la tête. Je me rappelais avoir vu des cailloux semblables quand j'étais enfant, sur la plage dans le Devon. Nous les appelions « pierres-serpents » et « doigts du diable ».

« Monsieur Blake, dit le commandant. Puis-je vous demander d'où vous tenez vos connaissances ? Il ne doit pas y avoir cinq hommes dans tout le pays qui s'intéressent à de tels sujets.

— Je suis tombé sur un exemplaire des *Principes de géologie* de Lyell, à Calcutta.

— Je vois. »

Le commandant rit. Cela faisait plaisir à entendre.

« Et quelle est votre position concernant… »

Il prononça un mot qui ressemblait à « uniformitarisme ». Blake répondit, mais j'étais incapable de me concentrer. Puis la grande porte à deux battants s'ouvrit sur une petite femme brune, accompagnée d'une indigène et d'une enfant intimidée, et de deux serviteurs. Traînant des pieds et toujours aussi maussade, Pursloe entra à leur suite.

« Amélie ! s'écria Sleeman. Je vous présente mon épouse et ma fille Louise.

— *Eh bien, enchantée, messieurs*[1] », dit Mme Sleeman.

J'eus une impression de grâce et de grande netteté. Et d'un calme abrupt, semblable à celui du commandant.

« Ma femme est française, expliqua-t-il avec une fierté évidente. Et très intelligente. Elle est, entre autres, une experte en matière de variétés de cannes.

— William ! fit-elle, mi-exaspérée, mi-flattée. Est-ce le gentilhomme malade de Calcutta ? demanda-t-elle

1. En français dans le texte. (*N.d.T.*)

en posant son regard sur moi. Le palanquin vous attend. S'il vous plaît, dites-nous s'il y a quoi que ce soit que nous puissions faire pour vous. Mon ami, avez-vous invité ces messieurs à rester la semaine prochaine ? J'organise un dîner pour nos agents régionaux et les planteurs. J'espère que William vous en a parlé.

— Ah oui, bien sûr, nous serions très heureux si vous vouliez bien nous honorer de votre présence, déclara le commandant, qui semblait avoir oublié la gêne antérieure.

— Nous en serions ravis, dit Blake.

— Permettez-moi d'escorter le lieutenant à sa litière », intervint M. Hogwood.

Je protestai, affirmant que je pouvais marcher seul, mais Blake insista pour que je m'appuie sur son bras. Son visage était impénétrable.

Le médecin dénoua le bandage. La blessure était enflée, rouge et suintante. Il posa une main sur mon front.

« Il n'y a pas grand-chose à faire, décréta-t-il. Du brandy à intervalles réguliers pour faire baisser la température. »

Il m'en servit un petit verre.

« Je dois aussi avoir une poudre quelque part. J'ai cru comprendre que vous vous intéressiez aux remèdes indigènes, monsieur Blake. »

Ce dernier hocha la tête.

« Je ne peux pas en dire autant, dit le docteur vivement.

— Désirez-vous un verre ? demanda Blake.

— Oh, non. Je ne me l'autorise que très rarement. Comme tout le monde ici. Le commandant Sleeman exige la plus haute tenue.

— Vous êtes son cousin, ai-je cru comprendre ?

— En effet, répondit-il, sur la défensive. Et le capitaine Pursloe est son neveu. Nous lui sommes très dévoués et le cantonnement ne s'en porte que mieux, si je puis me permettre.

— Avez-vous des renseignements concernant Xavier Mountstuart ? »

Le médecin baissa les yeux.

« Allons bon. Vous savez que le commandant ne veut même pas entendre prononcer son nom.

— Oui, mais vous avez dû le rencontrer, insista Blake, enjôleur. Ne pouvez-vous pas simplement me dire ce dont vous vous souvenez ? Dans l'intimité de la chambre du malade. »

Il secoua la tête en fronçant les sourcils.

« Je n'ai rien à dire. Il s'est montré très condescendant avec moi. J'ai pourtant publié dans diverses revues scientifiques plusieurs articles qui ont été très bien accueillis. Au sujet de la phrénologie et des thugs. »

Une moue désapprobatrice pinçait la bouche du docteur.

« La phrénologie ? intervins-je.

— Il s'agit de la méthode scientifique qui permet de déduire le caractère d'un individu – voire d'une race entière – d'après sa topographie crânienne. Mes conclusions ont été reçues avec le plus grand intérêt. Nous avons fait mesurer le crâne de plusieurs thugs capturés et nous avons envoyé les dimensions à Édimbourg, où elles ont été analysées par des spécialistes. Les résultats sont fascinants. D'abord, on constate que leur crâne, et donc leur cerveau, est plus petit que le nôtre. En outre, la forme de leur tête révèle qu'ils ne sont pas naturellement prédisposés au mal, mais que, à l'instar des enfants, ils sont aisément dévoyés et peuvent se laisser aller à la cruauté. Ils ont besoin d'être guidés.

— Et Mountstuart était en désaccord avec vous ? »

Le docteur prit une inspiration.

« Ce n'était… ce n'est pas un homme de science. »

Il secoua de nouveau la tête comme s'il avait pu en dire plus, mais préférait en rester là.

« Je dois vous laisser. »

Il prit sa sacoche et sortit à grands pas. Blake le suivit. Il revint quelques minutes plus tard avec un bol de *ghee* et un autre contenant une pâte verte répugnante.

« Un fat et un imbécile, marmonna-t-il avant de s'asseoir sur mon lit pour défaire le pansement du médecin.

— Vous ne croyez pas à la phrénologie ?

— Je ne crois pas que l'on puisse déterminer le caractère d'un groupe de personnes en mesurant la tête de quelques hommes. Et la vie m'a appris à ne pas me fier totalement aux apparences. »

Il tamponna la blessure avec le *ghee*, puis il prit la pâte verte, dont il retira quelques bestioles noires, avant de l'appliquer sur ma plaie en disant :

« Les insectes ici ne sont pas pires qu'ailleurs.

— Alors, quel est votre plan, monsieur Blake ?

— Devrais-je en avoir un ?

— Vous êtes l'enquêteur spécial de la Compagnie. À en croire le colonel Buchanan, quand vous êtes sur une piste, vous êtes un véritable limier.

— Il a dit ça ? »

Il me servit un fond de brandy et versa dedans un peu de poudre brune.

Je l'avalai.

« Pouah ! C'est ignoble ! Vous ne vous demandez pas ce que M. Mountstuart a pu faire pour mettre le commandant dans une telle rage ?

— Tout est possible avec lui. Il a le don de mettre les gens en rage.

— Ah. »

J'étais déçu. Il entreprit de bander de nouveau mon bras.

« Que pensez-vous de Jabalpour ? me demanda-t-il.

— C'est à moi que vous posez la question ?

— À personne d'autre. »

J'avais presque envie de ne pas répondre pour me venger de son propre manque de franchise. Cependant, j'avais tout intérêt à être en bons termes avec lui.

« La ville est plutôt bien tenue et agréable, par rapport à ce que j'ai pu voir en Inde. Devoir être escorté partout et enfermé la nuit est fâcheux. Mais peut-être est-ce le prix de l'ordre dans les régions intérieures. Vous devez le savoir mieux que moi. Le commandant est impressionnant, même si son refus de parler de Mountstuart me semble quelque peu excessif. Et je trouve son neveu le capitaine désagréable.

— Votre fièvre est une chance.

— À votre service.

— J'ai quelque chose à vous demander.

— Oui ? fis-je, sentant mon pouls s'accélérer.

— Ne vous rétablissez pas trop vite. J'ai besoin de temps.

— Et que comptez-vous faire ?

— Découvrir ce qui est arrivé à Mountstuart.

— Et mon rôle est de jouer les invalides ? dis-je, dépité. Vous devriez quand même pouvoir me trouver un meilleur emploi ?

— Pas pour l'instant. Haut les cœurs, lieutenant. Vous vous êtes déjà rendu très utile l'autre nuit, sur la route. »

Malgré moi, je me sentis flatté.

Je dormis d'un sommeil agité. Ma blessure me faisait souffrir et mon esprit ne me laissait pas un instant de répit. Je rêvai d'un torrent et d'un pichet blanc d'eau claire, mais l'idée de boire l'eau tourbillonnante me donna la nausée. J'avais l'impression que plus rien ne pourrait jamais me rafraîchir. À mon réveil, mes draps étaient trempés et Mir Aziz était assis à mon chevet avec une cafetière et une concoction pestilentielle du médecin. J'étais heureux de le voir et je le lui dis.

« Souhaitez-vous vous lever ? Il est presque l'après-midi.

— Où est Blake ?

— Sorti. »

J'insistai.

« Je n'en sais rien, chote sahib.

— Je n'en crois pas un mot », dis-je.

Il sourit. Je lui parlai de la colère du commandant Sleeman lorsque nous avions mentionné Mountstuart.

« J'ignore tout des plans de M. Blake, ajoutai-je, espérant qu'il morde à l'hameçon et me confie ce qu'il savait.

— Je vais vous raser. Cela vous rafraîchira.

— Es-tu soldat ou barbier, Mir Aziz ?

— J'ai fait beaucoup de choses dans ma vie, chote sahib, dit-il, approchant le rasoir de mon oreille. Guérisseur et *moonshee** aussi. »

La lame glissa sur ma joue.

« Est-ce que personne ne va jamais me donner une réponse franche ? » demandai-je.

Lorsque Blake réapparut, je ne tenais pas en place et je menaçais de périr d'ennui. Lui, en revanche, était d'humeur enjouée et étonnamment bien mis, rasé de près, les cheveux pommadés. Il défit mon bandage et ôta la pâte qui avait noirci. La plaie avait désenflé et cessé de suinter.

« Où étiez-vous, monsieur Blake ? »

Il ne répondit pas.

« Le limier est-il sur une piste ? » ajoutai-je d'un ton que l'irritation rendait sarcastique.

Il remplit un petit verre de brandy qu'il me tendit.

« Vous étiez au bazar. Je le présume, du moins. Pour bavarder avec les indigènes. »

Silence.

« Je vous ai vu l'autre soir à Bénarès, lorsque la femme, la *tawaif*, chantait. Mir Aziz m'a dit que les gens étaient mécontents, poursuivis-je. Et que les *tawaifs* l'évoquaient dans leurs chansons. »

Je dégageai mon bras.

« Au nom du ciel ! Autant parler à un mur ! »

Blake s'assit.

« La Compagnie n'est guère appréciée. Le mécontentement gronde tout le long de la Grand Trunk Road. La famine sévit au nord de Mirzapour. Les gens ont peur et leur inquiétude se propage.

— Et ici ?

— La famine n'a pas encore atteint cette région. Mais les gens protestent contre les loyers et redoutent une mauvaise récolte.

— De quoi se plaint-on, alors, à Bénarès ?

— On trouve les taxes de la Compagnie trop élevées, on lui reproche d'envoyer tous les profits en Angleterre et on craint que les gens d'ici ne soient dépossédés de tout. À la campagne, ils se plaignent que le rendement des récoltes a baissé et qu'il y a donc moins à manger. Pourtant, la Compagnie continue de prélever autant, voire plus, et les oblige à planter de l'opium au lieu de la nourriture. En ville, les habitants redoutent l'arrivée des missionnaires : ils craignent d'être forcés de se convertir. Ils disent que la Compagnie ne respecte pas leurs épouses et leurs filles. Ils ont peur du changement.

— C'est ce que chantait la femme ?

— Non, sa chanson était sur Mountstuart. Il aime se faire appeler *malik-al-shuara*, le roi des poètes. À Bénarès, on ne parlait que de son livre au bazar.

— *Leda et Rama ?* fis-je, sidéré. Comment les indigènes seraient-ils au courant ?

— Ils ne sont pas idiots. Pourquoi ne seraient-ils pas au courant d'un récit qui traite de la corruption et de la dépravation des Européens ?

— Mais, encore une fois, comment seraient-ils au courant ?

— L'*akhbarat**, j'imagine.

— Le quoi ?

— La gazette.

— Pourquoi une gazette indigène publierait-elle quoi que ce soit à ce sujet ?

— Pourquoi pas ? Le livre ne parle que de la cruauté des sahibs de la Compagnie à Calcutta, de leur rapacité et de leur arrogance.

— Ce n'est pas comme si les dirigeants hindous et musulmans étaient des modèles de vertu ! Mon Dieu ! Quand on pense à tout ce que l'on entend sur les cours princières. »

Il haussa les épaules.

« Voulez-vous faire une promenade ? »

« Veuillez nous excuser de vous déranger ainsi, commandant », dit Blake.

Flanqués de notre inévitable escorte de cipayes, nous avions traversé Jabalpour pour nous rendre au bureau du thuggisme. C'était la fin de l'après-midi et les rues ombragées de palmiers grouillaient d'indigènes vêtus de blanc, de jaune et de rose, transportant des plats, des paniers et des bottes de légumes. Blake était en habit noir ; j'avais toujours le bras en écharpe. Le commandant Sleeman se tenait sur la véranda en compagnie de M. Hogwood, le magistrat assistant.

« Je suis navré, mais les visiteurs ne sont pas admis à l'intérieur du bureau. Notre travail est confidentiel. Mais je suis heureux de voir que le lieutenant a retrouvé quelques couleurs. Et vous, monsieur Blake ? J'espère que vous êtes bien installé ? Y a-t-il quoi que ce soit que nous puissions faire pour vous ?

— Je voulais vous annoncer que nous reprendrons la route dès que M. Avery ira mieux pour nous diriger vers le nord et Doora sans doute. D'ici là, nous serions heureux d'avoir un peu de distraction. Vos cipayes sont si diligents qu'il nous est difficile de nous éloigner de notre logement et, ainsi que vous le savez, nous sommes enfermés la nuit.

— La ville a une prison remplie de meurtriers, monsieur Blake, et les jours précédant une pendaison sont toujours sensibles. Même à Jabalpour, il faut être vigilant. L'autre soir, on s'est introduit chez M. Hogwood. L'un de ses serviteurs a été gravement blessé. Nous devons assurer la sécurité de tous.

— Je suis navré de l'apprendre. Loin de moi l'idée d'enfreindre votre règlement, mais je sais que, pendant la journée au moins, vous avez déjà eu l'occasion de montrer à des visiteurs le travail que vous avez accompli ici. »

Le commandant Sleeman fronça les sourcils. M. Hogwood prit la parole pour la première fois.

« Je n'ai pas beaucoup de temps libre, cependant, je serais heureux d'aider ces messieurs. Ils pourraient voir l'école d'industrie, peut-être ? En outre, Mauwle et moi prévoyons d'aller enquêter sur le site d'une tombe creusée par les thugs après-demain. M. Blake souhaiterait peut-être nous accompagner ? »

Il attendit presque anxieusement la réponse du commandant. Celui-ci hocha la tête.

« Une exhumation n'a rien d'un spectacle édifiant et ce sera une longue journée, éprouvante pour le lieutenant Avery, je le crains. Cela vous donnera néanmoins une idée des abominations commises par les thugs.

— De quoi alimenter les conversations dans les salons de Calcutta, ajouta Hogwood avec un demi-sourire.

— Et vous devriez également voir l'école d'industrie. C'est notre nouvelle prison, destinée à nos informateurs thugs et à leur famille, un des pans les plus constructifs de notre action. Vous compterez parmi ses premiers visiteurs. Et vous nous comprendrez mieux.

— Sans compter qu'il y a toujours Feringhea », intervint Hogwood.

Feringhea. Le plus célèbre des thugs. Il était étonnant qu'il se trouve ici, à Jabalpour.

« Avez-vous entendu parler de lui, monsieur Avery ? demanda Hogwood.

— Comme tout le monde. J'avoue que je serais très curieux de le rencontrer.

— Dans ce cas, c'est volontiers que j'accepte toutes vos invitations », décréta Blake.

J'étais déterminé à l'accompagner.

Je me réveillai en pleine nuit, les draps trempés, la vessie pleine, la moustiquaire couverte d'insectes qui vrombissaient encore dans ma tête. Étourdi, à demi endormi, je sortis en titubant pour me soulager. C'est alors qu'un indigène surgit des ténèbres. J'étais sur le point de donner l'alerte, quand je reconnus Blake.

« Où étiez-vous ? murmurai-je.

— Nulle part, Avery, nulle part. »

Hébété, je retournai me coucher. Le lendemain matin, à mon réveil, je me persuadai que j'avais rêvé.

7

« Un site très bucolique, n'est-ce pas ? » demanda M. Hogwood.

Il était sept heures du matin et nous chevauchions depuis trois heures. Blake n'était pas heureux de ma présence ; il pensait que j'aurais dû rester au bungalow et jouer les invalides, mais je n'avais rien voulu entendre. Nous nous trouvions dans un petit bois de manguiers, avec une clairière herbeuse en son centre. Il y avait des traces de feux de camp récents.

« Selon nos informateurs, pendant plusieurs décennies, ce site a été un *bele** important : c'est ainsi que les thugs appellent les lieux où ils enterrent leurs victimes. Une fois, le commandant Sleeman a découvert trente-six cadavres dans une de ces fosses. Les thugs enfouissent les corps avec beaucoup de soin, de manière à ce que ni homme ni bête ne les déterre. Sans nos informateurs, nous n'aurions jamais trouvé toutes ces tombes. »

Un peu plus loin, on apercevait une trentaine de *ryots**, hommes, femmes et enfants, venant d'un village proche.

« Ils ont été convoqués pour assister à l'exhumation, expliqua M. Hogwood. Ils reconnaîtront peut-être des habits ou des possessions permettant d'identifier les victimes. »

Le chef, un ancien à la barbe parsemée de fils blancs enveloppé d'un tissu sale, approcha du cheval de Hogwood et posa son front sur sa main.

Nous avions fait le trajet avec deux informateurs vêtus d'amples pantalons clairs. En dessous, leurs chevilles étaient enchaînées. C'étaient de petits hommes à la peau noire et au visage parcheminé, quoique curieusement vide d'expression. On n'aurait jamais deviné qu'il s'agissait de criminels endurcis. Ils avaient voyagé à deux sur un cheval, l'un derrière l'autre, leurs chaînes tintant sur la selle. Ils descendirent comme ils pouvaient de leur monture, et un *nujeeb** les poussa du plat de son épée.

Le lieutenant Mauwle était encore plus impressionnant que dans mes souvenirs. À la lumière du petit matin, il semblait fait d'un matériau dur et terne que rien n'entamait. Il dégageait quelque chose de menaçant. Sa morsure devait être aussi redoutable que ses aboiements. Ma seule tentative de conversation polie avait lamentablement échoué.

« Quelle est donc cette étoffe ? » lui avais-je demandé en indiquant son étrange veste grise, qui, bien qu'elle ne fût ni à la mode ni élégante, avait l'avantage d'être de la même couleur que la poussière. Le lieutenant me regarda comme si c'était la question la plus imbécile qu'on ait jamais conçue.

« C'est du kaki* », avait-il répondu d'un ton sec.

À présent, il parlait aux prisonniers dans leur langue. Tenant leurs chaînes, ceux-ci se déplaçaient lentement entre les arbres. Les *nujeebs* déballèrent des pelles et des pioches. Une charrette à bœufs chargée de caisses et d'une large pièce de toile apparut. Deux indigènes descendirent de cheval et entreprirent de la transformer en un vaste pavillon ouvert, brodé de bleu. On étendit des tapis sur le sol et on y dressa une table. D'une série de bâtons on fit plusieurs chaises. Nous prîmes notre petit déjeuner à l'ombre, sous la tente. Les villageois assis au bord du chemin devisaient paisiblement entre eux, partageant des petits paquets de nourriture.

« Depuis combien de temps êtes-vous à Jabalpour, monsieur Hogwood ? demanda Blake.

— Cela va faire cinq ans. Mais j'étais promis à l'Inde depuis mon plus jeune âge. J'ai étudié à l'East India College. J'ai passé quelques années à Calcutta avant d'arriver à Jabalpour. C'était juste après les derniers grands procès thugs, en 1832. Je suis magistrat assistant et le gros de ma tâche consiste à gérer le cantonnement, cependant, la lutte contre le thuggisme est devenue une part si importante du travail du commandant que je fais plutôt office d'assistant général, dit-il en se frottant le front.

— Vous semblez fatigué, dit Blake.

— Ce travail a ruiné tous mes attraits », répondit l'autre, pince-sans-rire, passant la main sur son crâne dégarni.

Les informateurs tournicotaient sans grand résultat. De temps à autre, ils désignaient un point particulier. Alors un *nujeeb* ôtait quelques pelletées de terre, mais très vite, ils changeaient d'avis. Le lieutenant Mauwle les regardait avec une impatience croissante. À la fin, il les rejoignit en quelques enjambées, se pencha vers eux et leur parla d'une voix lente et autoritaire. Le sens de ses paroles ne prêtait pas à confusion. Le visage des informateurs devint encore plus vide et distant. Voyant cela, Hogwood s'approcha et posa une main apaisante sur l'épaule du lieutenant, qui semblait prêt à exploser. Les hommes redoublèrent de diligence après cet incident, sans plus de résultats.

« Je suppose que les exhumations sont devenues rares, dit Blake. À présent que le thuggisme a été pour ainsi dire éradiqué de ce district. Cela fait une dizaine d'années que vous opérez grâce aux témoignages des thugs, si j'ai bien compris.

— Oui, admit M. Hogwood. Nous sommes plus susceptibles de succomber sous la paperasse que sous les assauts des thugs. Les bandes qui sévissaient dans cette région ont presque toutes été arrêtées. Il y en a encore une qui nous échappe, mais elle n'est plus très active et ne s'aventure pas à proximité de Jabalpour.

— C'est étrange d'enquêter sur des meurtres qui ont eu lieu il y a si longtemps sans avoir la moindre idée de l'identité des victimes.

— En apparence, peut-être. Mais s'il y a eu crime, aucune rumeur n'est trop vague ou trop distante pour nous. Autrefois, les indigènes hésitaient à signaler un méfait : vous savez combien leur police est corrompue. Ce n'est qu'à travers les aveux des prisonniers que nous en entendons parler et ils peuvent remonter à plusieurs années. Nous sommes les seuls à rendre justice aux morts.

— Et combien d'indigènes les thugs ont-ils tués à votre avis ? demanda Blake.

— Le commandant estime qu'à l'apogée de leur activité ils assassinaient quarante mille personnes par an en Inde, intervint Mauwle. Il dit qu'ils pourraient en avoir supprimé un million en tout.

— Un million de morts ? »

Incapable de se retenir plus longtemps, le lieutenant entreprit de fouiller le bois à son tour, touchant les troncs et soulevant les feuilles du bout de ses bottes sous le regard de Hogwood. Au bout d'un moment, il se leva et l'imita. Mauwle s'était arrêté sous un vieil arbre. Le magistrat assistant écarta un cercle de feuilles mortes.

Il nous adressa un signe. C'étaient les restes d'un feu.

« Tous les indices sont réunis, dit Mauwle. De la terre piétinée, un feu. »

De près, son visage rude était grêlé. Il désigna les délateurs d'un signe de tête.

« C'était une perte de temps de les amener ici. Ils n'ont pas gagné leur gîte et leur couvert, aujourd'hui. S'ils n'ont rien à nous donner, ils seront pendus.

— Ils ne pouvaient pas être au courant, intervint Hogwood d'un ton apaisant, si c'est aussi récent que vous le pensez. Le lieutenant Mauwle a un nez extraordinaire en ce qui concerne les sites thugs », ajouta-t-il en se tournant vers nous.

On ordonna aux *nujeebs* de piocher. Le sol meuble céda facilement et bientôt on devina une forme longue et dure. Un des hommes apporta une brosse souple et épousseta la terre humide. Cinq orteils apparurent. Ils creusèrent tout autour. Le silence se fit. Les soldats indigènes poursuivirent sans un mot, dégageant les contours d'un cercle de six ou sept pieds de diamètre. Chaque pelletée révélait plus clairement les détails d'une scène affreuse. Une odeur épouvantable s'échappait du trou, nous obligeant à couvrir nos visages d'écharpes et de mouchoirs.

Dans la fosse ronde se trouvait un amas sanglant de souches et de branches qui se transformèrent peu à peu en cadavres horriblement contorsionnés. Lorsque je me forçai à les regarder, je vis qu'ils étaient nus, la peau marbrée de noir et de vert, la langue tirée, une abominable bouillie rouge et blanche à la place du ventre. Je reculai, un goût de bile dans la bouche. Hogwood, aussi livide que moi, me suivit à la tente.

« Je croyais qu'ils étranglaient leurs victimes, dis-je, pantelant.

— En effet, répondit mon compagnon, prenant de grandes inspirations, plié en deux, les mains sur les genoux. Mais après, ils leur brisent les os et coupent les tendons pour pouvoir mettre tous les corps dans un même trou. Puis ils leur ouvrent le ventre afin que les gaz s'en échappent et qu'ils n'explosent pas en se décomposant. Asseyez-vous, monsieur Avery, vous n'avez pas l'air dans votre assiette. Je n'en dirai pas plus. »

Il s'épongea le visage.

Je respirais déjà mieux. Les villageois avaient reculé sur la route, aussi loin que possible. Seuls Blake et Mauwle étaient restés avec les hommes qui creusaient, le premier sombre et silencieux, le second haranguant ses troupes comme s'il supervisait des manœuvres.

« Je dois avouer que c'est la première fois que je vois une tombe si récente et j'espère bien que ce sera la dernière. Elle ne doit pas avoir plus d'un mois. Mais cela ne fait aucun doute, c'est un site thug. Un cercle parfait, creusé avec la courte pioche consacrée à Kali. Le problème, c'est qu'on ne devrait pas trouver de meurtres aussi récents. »

Il se frotta l'arête du nez, comme pour faire passer un mal de tête.

« Eh bien, Mauwle, drôle de surprise. »

Celui-ci leva la tête.

« La bande de Kitree, gronda-t-il. Qui d'autre ?

— De qui s'agit-il ? »

Les deux hommes échangèrent un regard.

« J'imagine que le commandant préférerait que je ne vous en parle pas », dit enfin Hogwood.

Le lieutenant poussa un grognement méprisant. Blake nous rejoignit sous la tente. Hogwood soupira.

« C'est la bande de thugs que j'évoquais tout à l'heure. Ils ne se mêlent pas aux autres. L'hiver, ils se cachent ensemble, plutôt que de regagner leur village, contrairement à la plupart de leurs congénères. Comme nous resserrions nos filets autour d'eux, ils se sont réfugiés dans la jungle et les montagnes, et de l'autre côté de la frontière, à Doora. Nous capturons les thugs grâce au témoignage de ceux que nous détenons déjà. C'est le génie du système du commandant. Je ne devrais sans doute pas en parler non plus, ajouta-t-il avec un sourire gêné, mais nous avons une liste de tous les thugs connus. À chacun nous attribuons un numéro et, progressivement, nous en dressons un portrait. Ses divers pseudonymes, ses complices, ses crimes, sa caste, son rôle, les bandes auxquelles il a appartenu, ses signes particuliers – une verrue, un œil manquant, et j'en passe –, sa famille et son domicile. À partir de cette liste de plus de quatre mille noms, nous avons dessiné des arbres généalogiques, des cartes, et nous avons accumulé les preuves contre chacun d'entre eux. Nulle part dans le monde on ne trouvera une méthode pareille, aussi scientifique et systématique.

« Mais la bande de Kitree n'obéit pas aux schémas habituels, soupira-t-il. Et nous n'avons pas pu leur mettre la main dessus. Nous savons qu'elle est dirigée par un homme qui a beaucoup de noms d'emprunt et que nous appelons Rada Kishin. Ils se cachent à Doora où le rao pousse des cris d'orfraie dès que les soldats de la Compagnie mettent un pied sur son territoire. C'est la dernière véritable bande de thugs de la région. »

Il s'assit, l'air plus harassé que jamais.

La tombe renfermait sept cadavres. Un mouchoir sur le visage, les employés indigènes dessinèrent leur position dans la fosse. Ensuite, le lieutenant et l'un de ses hommes descendirent pour démêler les corps et les étendre un par un sur un drap blanc.

« Rien ne rebute ni ne déconcerte Mauwle, murmura M. Hogwood. Il en tire une grande fierté. Votre M. Blake ne se laisse pas aisément démonter lui non plus. Je crains de ne pas être fait de ce bois-là. »

Le petit groupe exhumé formait une scène à la fois épouvantable et poignante. Il y avait quatre hommes, une femme et deux enfants, un garçon et une fille. Les soldats autour des corps s'affairaient avec une efficacité presque choquante. Mauwle et son équipe les passaient au peigne fin, à la recherche du moindre détail permettant de les identifier. Les employés indigènes dessinaient et écrivaient. Les *nujeebs* fouillaient la tombe vide. On demanda aux villageois silencieux et réticents de venir voir les cadavres. Il semblait impossible qu'ils pussent reconnaître quoi que ce soit, mais l'un d'eux se rappela une étoffe et un soldat trouva deux minuscules boucles d'oreilles en or. Les ombres de l'après-midi s'allongeaient. Hogwood parla calmement au chef et lui donna de l'argent pour que les habitants enterrent les corps, car ils ne pouvaient être transportés dans cet état.

J'avais l'esprit engourdi, mais pas totalement, car je ne pouvais m'empêcher d'imaginer ce qui s'était passé en ce lieu.

Hogwood revint me trouver.

« Je regrette de vous avoir imposé ce spectacle. Quand il s'agit d'une tombe plus ancienne, on peut prendre plus de recul. Je ne sais pas ce que nous allons dire au commandant. Qu'une chose pareille arrive maintenant… En même temps, cela montre pourquoi notre travail est aussi important. Chaque détail nous rapproche des meurtriers. À présent, nous serons peut-être en mesure d'identifier ces pauvres gens afin que les prières et les rites funéraires appropriés soient organisés. Mais vous pouvez imaginer combien ces exhumations nous pèsent au fil des mois et des années. »

Il demanda de l'eau et m'offrit un verre que je bus avidement. Je me ressaisis. Il fallait tirer quelque chose d'utile de cette journée.

« Monsieur Hogwood, dis-je à voix basse. Pardonnez-moi, mais vous n'êtes pas membre du bureau du thuggisme et, manifestement, vous ne partagez pas le goût du secret du commandant. Accepteriez-vous de me dire…

— Je sais que ce vous allez me demander, malheureusement, je ne peux pas parler de cet homme. J'en suis navré, mais vous devez comprendre que nous avons tous une admiration sans bornes pour le commandant. Nous lui devons tous nos carrières. S'il exige que l'on ne mentionne pas… ce monsieur, nous ne pouvons que lui obéir.

— C'est une si petite chose, dis-je, découragé. Et c'est Calcutta qui nous envoie. Nous avons fait un long voyage, souvent pénible.

— M. Blake pourrait peut-être adresser un courrier au commandant, proposa-t-il, l'air sincèrement navré. Mettre votre requête par écrit ? Il reviendra peut-être sur son refus. Il peut sembler obstiné. On a tendance à se méfier des étrangers lorsqu'on a vécu des années dans ces territoires reculés. Pourtant, il n'est pas sourd aux arguments sensés, croyez-moi.

— Je lui en parlerai, mais je suis sûr que Blake refusera. L'obstination n'est pas le moindre de ses défauts. »

Hogwood posa sur moi un regard curieux.

« Je suis désolé de ne pas pouvoir faire plus. Honnêtement, je doute que vous trouviez qui que ce soit ici appréciant Mountstuart.

— Réfléchirez-vous à ma demande, au moins ?

— Je ne le puis. »

Le trajet de retour fut interminable. Tout le long du chemin, les figuiers étrangleurs étouffaient les sals, un tronc en enlaçant un autre, jusqu'à ce que la jungle tout entière me semblât un nœud terrifiant et inextricable, où l'on ne pouvait distinguer le meurtrier de sa victime. J'avais chaud et la tête me tournait, mais je n'aurais su dire si c'était à cause de la fièvre ou des thugs. Devant moi, Blake et le lieutenant Mauwle chevauchaient côte à côte en silence. Il faisait nuit lorsque nous atteignîmes Jabalpour.

« Je suppose que vous avez capturé de nombreux thugs, lieutenant, dit soudain Blake.

— Des centaines.

— Et en relâchez-vous beaucoup ? »

Mauwle éclata de rire.

« Aucun.

— Pas un seul ?

— Peut-être huit ou neuf depuis que je suis ici, dit-il avec dédain. Nous savons à qui nous avons affaire. Certains sont pris la main dans le sac, sur le fait, pour ainsi dire. Les autres sont arrêtés grâce à des preuves. Le système ne se trompe pas. »

Blake hocha la tête.

« Lieutenant, avez-vous arrêté les voleurs qui nous ont attaqués sur la route de Jabalpour ? demanda encore Blake.

— Oui.

— Et que vont-ils devenir ?

— Ils nourrissent les vers, monsieur Blake. Ils ont résisté et nous avons dû les abattre. Je les ai pendus à un arbre en guise d'avertissement. »

Le temps de regagner notre bungalow, j'étais tellement épuisé que j'allai aussitôt me coucher. Quelques minutes plus tard, Blake m'apportait un bol de curry et un gâteau de riz, ainsi qu'une autre des infectes concoctions du médecin.

« Pourquoi me forcer à avaler cela alors que vous tenez le docteur en piètre estime ? dis-je avec irritation.

— Ce ne sont pas ses poudres, mais les miennes.

— Les vôtres ? Et que savez-vous des fièvres ?

— Plus que les équarrisseurs de l'armée.

— De quoi s'agit-il alors ? Comment vous l'êtes-vous procurée ? »

Silence.

« Je ne boirai pas si vous ne me répondez pas.

— C'est efficace. C'est tout ce que vous avez besoin de savoir. »

Je mis un linge humide sur mes yeux et m'allongeai.

« Monsieur Blake, je suis sûr que vous préféreriez me laisser périr plutôt que de révéler le moindre détail vous concernant. Je n'ai jamais vu quelqu'un qui posait un si grand nombre de questions et qui rechignait autant à répondre. »

Au bout de quelques minutes de silence, je repris :

« Comment puis-je être sûr que votre poudre ne provoque pas la fièvre au lieu de la guérir ? Peut-être souhaitez-vous me forcer à garder le lit pour pouvoir vaquer tranquillement à vos affaires ? À ce propos, j'aimerais bien savoir ce que vous faites. »

Blake soupira.

« On l'appelle *quing-hao**. Je l'ai obtenue à Saharanpour, près de la frontière du Tibet. C'est un genre d'armoise, d'où le goût amer. Je ne connais pas de meilleur remède contre la fièvre. Mais, bien sûr, je pourrais mentir. Ce pourrait être du poison. »

J'avalai sa potion sans plus de protestations.

« Que faisiez-vous à la frontière du Tibet ? demandai-je alors.

— Une mission pour la Compagnie. »

Cette nuit-là, je rêvai de thugs et de sang. Je me réveillai, soulagé de trouver Mir Aziz à mon chevet.

« Le commandant vous invite à venir voir son jardin, si vous allez mieux. Est-ce que vous dites oui ?

— Blake est-il ici ?

— Non, chote sahib.

— Je dis oui. »

À l'ombre d'un bosquet de palmiers rôniers, Sleeman contemplait son jardin. Il ne semblait pas gêné par la chaleur, bien que son nez fût écarlate et son front baigné de sueur.

« Je suis navré que vous ayez dû assister à cette effroyable exhumation, hier. Mais, au moins, vous comprenez désormais la nature du mal que nous combattons. Et c'est très aimable à vous d'avoir accepté mon invitation. Je crains d'importuner ainsi tous ceux qui manifestent un peu d'intérêt pour la botanique. Mon épouse me rappelle que j'ai tendance à négliger les besoins des autres. Comment allez-vous, aujourd'hui ? Je constate que vous avez toujours le bras en écharpe.

— Je me sens beaucoup mieux, mon commandant, bien que je sois encore un peu fatigué, dis-je, me demandant ce que Blake pouvait bien faire. Et je suis ravi d'être ici. J'ai un peu l'impression d'être chez moi dans ce jardin.

— Vraiment ? Et qu'y voyez-vous, lieutenant ?

— Eh bien, des cocotiers, risquai-je avec nervosité. Des tamaris, des manguiers, là, un jeune teck et un petit margousier, un grenadier…

— Vous avez l'œil d'un homme de la campagne. J'aime beaucoup les fleurs rouge vif du grenadier. On n'en verrait jamais dans un jardin anglais. Là-bas, c'est un jacquier, dont les fleurs sont également merveilleuses. Et un cachimantier, dont les fruits sont bien plus beaux que bons à mon goût, même si les indigènes en raffolent. Et connaissez-vous ces plantes ? »

Je m'efforçai de le suivre, tandis qu'il s'éloignait à grandes enjambées entre les parterres. La chaleur était telle que je dus desserrer discrètement ma cravate.

« Le jardinage n'est pas qu'un plaisir. Notre verger est aussi mon laboratoire. J'améliore notre production par des méthodes scientifiques que je m'efforce de transmettre aux *ryots*. J'enseigne à mes jardiniers à tailler et irriguer. Je crois que c'est notre devoir de dirigeants de montrer aux habitants de ce pays que nous ne leur voulons que du bien.

— Est-ce la raison de votre campagne contre les thugs, mon commandant ? »

La température chuta soudain de plusieurs degrés.

« Je ne discute pas des thugs et encore moins chez moi, répliqua sèchement Sleeman.

— Veuillez m'excuser, dis-je, mortifié.

— Pardon, c'est moi qui m'excuse. Votre question était parfaitement sensée. C'est difficile de se défaire de ses vieilles habitudes. Nous avons éradiqué les thugs grâce à la mise en œuvre stricte et méticuleuse d'un système précis. Ce qui requiert une discipline absolue. Mais j'oublie que ces principes ne s'appliquent pas hors de Jabalpour et que c'est moi qui ai fait des thugs un sujet de discussion dans le reste du monde. Cependant, je dois admettre que l'excitation et l'intérêt qu'ils suscitent ne laissent pas de me surprendre. Bref, pour répondre à votre question : à mes yeux, débarrasser la population de cette secte meurtrière est à la fois un devoir et une démonstration de nos intentions et de notre efficacité.

« Les responsabilités de ma charge sont une autre des raisons pour lesquelles j'aime autant ce jardin, monsieur Avery. Comme j'ai dû le mentionner, j'ai été nommé à la tête de la lutte contre le thuggisme dans toute l'Inde, dit-il avec un plaisir évident. Vivre dans l'ombre d'une telle noirceur, s'y plonger aussi profondément que je l'ai fait est pesant. Il est parfois difficile de mettre de côté toutes ces horreurs. »

Il se pencha pour examiner de longues feuilles effilées.

« Puis-je vous demander si vous connaissez M. Blake depuis longtemps, lieutenant ?

— Non, mon commandant, je l'ai rencontré pour la première fois peu avant notre départ de Calcutta.

— Je vois. »

Il sortit un couteau et entreprit de couper un étrange fruit noueux, jaune et vert à sa base.

« Surtout, ne vous sentez pas obligé de révéler des choses que vous préféreriez taire, mais c'est un homme pour le moins étonnant.

— Je crains de ne pas avoir grand-chose à dire. Je ne sais presque rien de lui. Je crois qu'il a débuté comme simple soldat dans la Compagnie et qu'il a gravi les échelons jusqu'au rang de capitaine. Je n'ai jamais rencontré quelqu'un qui soit aussi doué pour poser des questions et aussi peu enclin à y répondre. »

Avant même d'avoir terminé ma phrase, je regrettai d'avoir parlé.

« J'admire un homme capable de s'élever à la force du poignet, dit Sleeman avec douceur.

— Bien sûr, à présent, il travaille pour le palais du gouvernement. Ils semblaient penser qu'il était le seul apte à accomplir cette mission. »

J'eus un rire gêné.

« Cet homme est indéniablement une énigme, déclara Sleeman. Et sa maîtrise du persan est extraordinaire. Cependant, il serait bon de le prévenir que je sais qu'il a interrogé mes employés. »

Il examina son couteau, puis il se leva, la mâchoire contractée, la main crispée sur le manche.

« Je dois lui demander de cesser », ajouta-t-il entre ses dents serrées, très lentement et avec emphase.

Il repartit, m'invitant à le suivre.

« Mon plus grand regret est de ne pouvoir planter de pipals. J'aime particulièrement le bruissement de leurs délicates feuilles vert pâle. Les indigènes affirment que c'est un dieu assis sur une branche qui en est la cause, dit-il en souriant. Hélas, leurs racines sont redoutables. Elles minent les fondations de n'importe quel bâtiment. Cela me fait penser à la manière dont je conçois mon travail à Jabalpour : préserver le meilleur des coutumes indigènes et introduire les avancées européennes, tout en éradiquant les maux de l'hindouisme tels que le thuggisme, l'immolation des veuves, l'infanticide, afin qu'ils ne sapent pas tout ce qui est bon. Ah, voici mon neveu. Il vous raccompagnera chez vous. »

Pursloe nous rejoignit d'un pas raide, avec un manque d'entrain manifeste.

« C'est très aimable à vous, mais je ne voudrais surtout pas déranger le capitaine qui doit avoir beaucoup à faire.

— Ne soyez pas ridicule ! De plus, James pourra en profiter pour vous montrer ce que nous avons accompli à Jabalpour. »

Le capitaine Pursloe chevauchait devant moi. Son dos raide exprimait mieux que des paroles son exaspération, bien que je ne comprisse pas la raison de son hostilité envers nous.

L'après-midi touchait à sa fin et les indigènes étaient dehors, portant des cruches d'eau, des bottes de légumes et des fruits. Jabalpour n'offrait rien de très particulier, pourtant, une fois encore, la propreté et la richesse autour de moi m'étonnèrent. Au bord de chaque route, il y avait de petits réservoirs à l'ombre des tamariniers et des bâtiments neufs poussaient à tous les coins de rue. À la sortie de la ville, les champs cultivés étaient luxuriants, la nature féconde et domestiquée.

« Une escorte est-elle nécessaire ? Tout semble tellement ordonné et paisible, ici, que je ne vois pas ce qu'il y aurait à craindre.

— Une exécution aura lieu dans quelques jours, rétorqua Pursloe. C'est une situation sensible. En outre, nous avons eu quelques cambriolages. Même à Jabalpour, on ne peut pas toujours garder le mal à distance.

— Malgré tout, il faut reconnaître que la ville est on ne peut mieux tenue. »

La fierté que son oncle lui inspirait l'emporta sur son animosité.

« Le commandant Sleeman a pour ainsi dire créé cette ville que les guerres marathes* avaient ruinée. Jabalpour n'a peut-être rien d'extraordinaire, mais il l'a transformée. Bientôt, il y aura ici un demi-régiment et un département de l'ingénierie et des munitions. Des planteurs arrivent chaque mois. Et, bien entendu, il y a l'école d'industrie, la nouvelle prison modèle de nos informateurs et de leurs familles.

— Nous devons la visiter demain. Je dois avouer que je suis surpris qu'on leur alloue un endroit spécial.

— C'est une idée du commandant. On leur a promis la sécurité pour leur famille en échange de leur témoignage. C'est aussi une manière de s'assurer que leurs fils ne suivront pas la même voie qu'eux et cela leur permettra d'être productifs. Le commandant a le projet d'établir une manufacture de tapis dans la prison. Il veut que les enfants bénéficient d'une instruction. Nous attendons l'autorisation de Calcutta afin de leur apprendre à lire et à écrire.

— Vous éprouvez une grande admiration pour le commandant. »

Il se retourna vivement, comme s'il me soupçonnait de le railler.

« C'est un homme d'exception. Lui et ma tante, Mme Sleeman, m'ont traité comme leur fils. Je suis arrivé très jeune à Madras. Ils ont fait beaucoup pour moi.

— Bien sûr, je comprends. Et que deviennent les détenus qui ne sont pas des informateurs ?

— Il y a un établissement dans la partie nord de la ville pour ceux qui attendent leur procès ou leur exécution, et pour ceux qui sont condamnés à une peine de prison.

— Pourrais-je la voir ?

— Non.

— Quelle taille fait-elle ?

— Je n'ai pas le droit de divulguer ce genre d'informations.

— Et vous n'avez pas le droit de me parler de Mountstuart, je sais. »

La chaleur me donnait mal à la tête et mon humeur en pâtissait.

« Pourtant, vous le pourriez, repris-je. Votre oncle n'est pas là.

— Comment osez-vous m'interroger à son sujet ! »

Je chevauchais derrière lui.

« J'ignore pourquoi vous nourrissez une telle hostilité à notre égard, mon capitaine, mais le plus vite nous découvrirons ce qui lui est arrivé, le plus vite vous serez débarrassé de nous. »

Il fit la sourde oreille et, au bout de quelques minutes, je cessai d'attendre une réponse. Soudain, alors que nous approchions du portail de l'enceinte, il explosa.

« C'était un butor. Il est peut-être adulé ailleurs, mais nous le détestions tous.

— Mountstuart est un grand homme et un poète de génie, protestai-je.

— L'avez-vous rencontré ? » se moqua-t-il.

Je me tus.

« C'est bien ce que je pensais. Laissez-moi vous dire une chose : nous ignorons où il est allé. Il n'a pas jugé bon de nous avertir de son départ, ce qui est typique de cet homme, déclara-t-il en détournant le regard. Le commandant Sleeman a ouvert les portes du bureau du thuggisme à cet individu. Il paradait là avec des airs de propriétaire, son singe toujours pendu à ses basques, comme un gnome diabolique. Il a traité mon oncle avec une grossièreté révoltante. Il tenait des propos absurdes sur les thugs. Il les idéalisait, les appelait hors-la-loi. Foutaises ! J'ai vu ce que ces monstres font à leurs victimes. Ils n'ont rien de bandits romantiques, faites-moi confiance. Je le méprisais, ajouta Pursloe, les traits déformés par la fureur. Et voilà que vous débarquez, vous et votre M. Blake, et que vous remuez des choses qu'il vaudrait mieux laisser en paix. Vous nous faites perdre notre temps, et pour quoi ? Pour rien. »

Nous nous fusillâmes du regard.

« Vous devriez aller à Doora. Mountstuart était apparemment un bon ami du rao. Et il n'y a pas prince indigène plus corrompu et plus malhonnête. »

8

Le commandant nous rejoignit à l'école d'industrie, une imposante forteresse rouge et blanc, dont l'entrée était coiffée d'un fronton triangulaire. On nous avait déjà fait visiter les lieux. Nous avions vu les murs extérieurs que peignaient des thugs enchaînés, gardés par des cipayes armés. L'intérieur était propre, clair et encore presque vide, sans barreaux ni cellules. À l'autre bout de la cour, des informateurs bâtissaient les cases qu'ils occuperaient avec leurs familles, exactement comme les soldats indigènes sur les lignes militaires.

« Voyons, qui avons-nous ici ? fit le commandant, rayonnant. Choka, un étrangleur. Golab et Aviga, tous deux *jemadars* de leurs bandes respectives. Gumoosh, le second d'un puissant *jemadar*. Et Motee, un bonimenteur. À eux tous, ils doivent avoir plus de cent meurtres sur la conscience. Ils parlent un dialecte très particulier, que vous aurez peut-être du mal à suivre, monsieur Avery. »

Les informateurs s'agenouillèrent et Sleeman se lança dans une tirade en langue indigène que, par orgueil, je fis semblant de comprendre.

C'était manifestement un genre de sermon. Les prisonniers l'écoutaient, hochant la tête d'un air pénétré. C'était très déroutant d'observer ces vieillards bedonnants et souriants en veste de coton, après avoir vu seulement quelques jours plus tôt les horreurs dont ils étaient capables. Ils auraient pu être un groupe d'anciens sous un banian. L'un d'eux avait perdu un œil, ce qui lui donnait un air de canaille. Un autre lançait des regards féroces sous ses sourcils broussailleux. Mais la plupart auraient pu être des grands-pères replets et bienveillants. Quant au commandant, il avait tout du père de famille rempli de fierté. Au bout d'un quart d'heure, il les congédia et nous invita à le suivre pour nous abriter sous le portique.

« N'est-ce pas dangereux de leur rappeler leur ancienne vie ? demanda Blake, alors que nous les observions, profitant de la fraîcheur de l'ombre.

— Je pense que réexaminer leurs crimes à la lumière du jour ne peut pas leur faire de mal. Ne pas leur permettre d'oublier qu'ils vivaient dans les ténèbres et les encourager à dire la vérité. Il faut veiller à ne pas aller trop loin, bien entendu. Mon ancien assistant à Lucknow, le capitaine Paton, demande à ses détenus de rejouer leurs crimes et de montrer aux visiteurs comment ils emploient leur foulard, le *roumal.* C'est du plus mauvais goût.

— Ils semblent tous être des thugs de haut rang : des chefs ou des étrangleurs.

— Oui, car ce sont eux qui nous sont les plus utiles. Ils ont plus d'informations à nous livrer : ils connaissent les projets, les circonstances des crimes, ce qu'ils y ont gagné. Les voleurs de statut inférieur passent d'une bande à l'autre, pratiquent le thuggisme le temps d'une saison ici ou là, et ne connaissent pas toujours bien les traditions et les croyances.

— Les hommes de "statut inférieur" finissent donc en prison ?

— C'est un peu extrême, monsieur Blake. On trouve des thugs de tous les horizons à l'école d'industrie comme en prison, répondit le commandant. Nos informateurs ont certes commis de graves crimes, mais, sans eux, nous n'aurions jamais éradiqué ce fléau. En outre, il ne faut pas oublier qu'ils ne retrouveront jamais la liberté. Leur soif de sang est inextinguible. La tentation de retourner au meurtre serait trop grande.

— La tentation ? répéta Blake. Drôle de mot.

— Tout indique qu'une fois contaminés ils sont habités par un constant besoin de tuer.

— Vraiment ?

— Vous devez comprendre que le thuggisme prend possession d'eux, au point où cela devient presque un instinct héréditaire chez ceux dont la famille pratique ces meurtres rituels depuis des générations. Et bien sûr, il y a le culte de Kali, qui leur ordonne de commettre ces abominations.

— Pardonnez-moi, commandant, mais, à vous entendre, on aurait presque le sentiment que vous croyez au pouvoir de Kali. »

Sleeman s'assombrit.

« Je ne voulais pas vous offenser, s'empressa d'ajouter Blake. Si je comprends bien, les enfants vivront également ici ?

— Comme je le disais, le thuggisme est une véritable maladie qui se transmet dans les familles. Livrés à eux-mêmes, les fils suivraient la voie de leur père. Les épouses et les enfants doivent donc être incarcérés. Pouvez-vous imaginer quoi que ce soit d'aussi bien conçu en Angleterre ?

— Pourtant, les enfants n'ont commis aucun crime ? »

Le commandant se racla la gorge.

« Pour extirper le mal, il faut arracher la racine et couper la branche, monsieur Blake. La racine et la branche. J'espère que ces enfants s'émanciperont de l'emprise de la secte grâce à l'instruction et que nous pourrons les relâcher un jour. Mais ne nous fâchons pas. À présent, je pense que notre ami le lieutenant a hâte de rencontrer le célèbre Feringhea…

— En effet, m'empressai-je de répondre, heureux de cette diversion, car le commandant n'avait pas l'air de se rendre compte que Blake était en colère.

— Je dois vous parler de lui avant de vous le présenter. Comme vous le savez peut-être, il est appelé le prince des thugs. Il vient d'une famille de brahmanes au nord-est de Gwalior, qui sont chefs de bande depuis des générations. Son oncle a ainsi amassé une fortune, chose très rare. Très jeune déjà, Feringhea était célèbre pour ses talents de séducteur. On appelle séducteur l'homme chargé d'amadouer sa proie par ses belles paroles et ses manières amicales. Il a pris la tête de sa première bande à l'âge de douze ans. Il était au cœur du mal. Lorsque nous l'avons arrêté – c'était, je crois, il y a sept ans –, j'ai su que j'avais désormais les moyens de détruire cette abomination. Il illustre parfaitement l'attrait redoutable qu'exerce le thuggisme sur les initiés. Une autre voie s'ouvrait à lui. Pendant les guerres marathes, il a délaissé un temps le meurtre afin de combattre sous les ordres de sir David

Ochterlony. Il était le chef de son service de messagers. Imaginez : c'était lui qui gérait la diffusion des renseignements pour la Compagnie dans le nord du pays ! Mais l'appel du thuggisme était trop fort et il a rechuté.

« Malgré nos efforts, il nous échappait toujours. Pour lui mettre la main dessus, j'ai dû pendre son neveu et incarcérer sa famille, en dépit de la répugnance que m'inspirent de telles méthodes. Il aimait tant son fils et sa femme qu'il ne supportait pas d'être loin d'eux. Ainsi, au lieu de s'enfuir au nord, où il aurait été hors d'atteinte, il dormait en alternance dans cinq villages proches de l'endroit où ils étaient détenus. Je ne pouvais pas surveiller les cinq villages en même temps : je n'avais pas assez de cipayes. Il nous a fallu plusieurs semaines, mais nous avons fini par le prendre. Je me suis rendu à Saugor en personne pour le ramener à Jabalpour et j'ai vite compris qu'il nous serait précieux. Malgré ses crimes abominables – et je peux affirmer que je les connais mieux que personne –, je me suis rendu compte que son intelligence, sa mémoire et son savoir feraient de lui un excellent informateur.

— Et cela a-t-il été le cas ? demandai-je.

— Oui. Nous lui devons la capture et la condamnation de centaines de criminels et, en outre, il m'a fourni des descriptions inestimables sur le thuggisme. »

Il nous conduisit à une maisonnette de l'autre côté de la cour, à l'écart des cases des informateurs. De hautes fenêtres étroites perçaient les murs de plâtre et la porte était munie de trois grosses serrures.

Le commandant Sleeman entra le premier. Le cipaye et ses *nujeebs*, dont on sentait l'appréhension à la manière dont ils tenaient leurs fusils, le suivirent. Puis vint notre tour. Il me fallut quelques instants pour m'habituer à la pénombre.

Je distinguai alors deux soldats indigènes, une petite table sur laquelle était posée une bougie, deux chaises et un homme au teint basané assis sur un tapis, le dos calé par de gros traversins. Le commandant lui parla et, bien que je ne comprisse pas le sens de ses paroles, je pouvais me rendre compte que le ton n'était pas celui habituellement employé par un geôlier s'adressant à son prisonnier. L'indigène plongea son regard dans celui de Sleeman. Sa voix était douce, presque un murmure. Il parlait avec un demi-sourire que Sleeman lui rendait, comme si tous deux avaient oublié notre présence.

« Messieurs, dit enfin le commandant, puis-je vous présenter Feringhea, notre principal informateur ? Il veut bien répondre à vos questions. »

Il ne portait pas de fers et était vêtu d'une *kurta* et d'un *dhoti* blancs, la tête ceinte d'un turban orange. Il avait dû être bel homme dans sa jeunesse. À présent, il avait les joues émaciées par les ans, la peau des bras et des épaules flasque sur les muscles, la barbe et la moustache plus grises que noires. Le visage était long et aristocratique, le nez aquilin, la bouche grande et charnue. Il avait un regard qui mettait mal à l'aise : de larges yeux verts pailletés de noir qui vous fixaient sans ciller. Les yeux d'un reptile jaugeant sa proie. Il était parfaitement calme et ne cherchait pas à donner l'apparence de l'humilité. Il se comportait comme si nous étions tous à ses ordres et nous dévisageait avec une assurance que je trouvai déplaisante. En fait, j'avais l'impression qu'il était convaincu de pouvoir nous ensorceler d'un simple regard.

Gêné à l'idée de devoir avouer que je ne comprenais pas l'hindoustani, je me tournai vers Blake. Mais ce fut le commandant qui vola à mon secours.

« Feringhea n'emploiera pas l'hindoustani. Si vous ne connaissez pas le persan, vous pouvez parler en anglais et nous traduirons. »

Encore une fois, je regardai Blake.

« Demandez ce que vous souhaitez, dit-il. Vous n'aurez sans doute jamais d'autre occasion de discuter avec un thug. »

Je réfléchis un instant. Je ne voulais pas avoir l'air idiot. Et je ne voulais pas paraître impressionné.

« Je souhaiterais lui demander s'il y a une véritable différence entre un thug et un voleur classique. »

Le commandant traduisit. La question parut offenser l'intéressé, car il se redressa avec arrogance, avant de répondre du ton doux et persuasif qu'il avait employé précédemment.

« Feringhea dit qu'un voleur est un être méprisable, expliqua Sleeman. Un thug monte à cheval, porte un poignard, affronte le danger. Un simple voleur ? Rien à voir ! S'il se trouvait devant le trésor d'un banquier, il n'y toucherait pas, même si on lui en avait confié la garde, même s'il était affamé ou à l'agonie. En revanche, s'il tombait sur un banquier en voyage, il n'hésiterait pas à l'assassiner. »

Je sentis un frisson glacé me parcourir, en dépit de la chaleur qui régnait dans la pièce. À ce moment le commandant semblait s'être effacé pour devenir le porte-parole du thug. Je m'en serais tenu là si Sleeman ne m'avait pas encouragé à poursuivre.

« Avez-vous une autre question ?

— Éprouve-t-il le moindre remords ? »

Feringhea posa ses yeux froids sur moi et répondit. Lorsque le commandant traduisit ses paroles, il se tourna vers lui, à mon vif soulagement.

« Il dit qu'il est comme les sahibs amateurs de gros gibier. Vous chassez les tigres et les sangliers, lui chasse les hommes. Mais, là où vous n'avez que l'instinct des bêtes sauvages à déjouer, lui doit endormir les soupçons et les craintes d'hommes et de femmes intelligents, souvent bien armés et gardés. Pouvez-vous imaginer la jouissance de la traque, le plaisir de déjouer la vigilance de l'adversaire au fil des jours passés en sa compagnie, de voir la méfiance se muer en amitié, jusqu'au moment suprême où le *roumal* conclut le *shikar** ? Le souple *roumal* qui a pris des centaines de vies ? Des remords ? Jamais ! De la joie et de l'exultation, souvent ! »

Je frémis.

« Pourtant, le thuggisme sera bientôt éradiqué. Pourquoi, à son avis ?

— Il dit que la déesse s'est détournée des thugs. Ils ont transgressé les règles par amour de l'argent. Sa bande a tué des femmes et des gens auxquels la déesse interdisait de toucher. À présent, l'*iqbal** – la puissance, la chance – de la Compagnie est plus fort que celui des thugs et c'est ce qui les a conduits à leur perte.

— Prie-t-il toujours la déesse ?

— Elle s'est détournée de lui.

— Est-ce pour cette raison qu'il est devenu informateur ?

— Il dit : "Je suis un thug. Mon père et mon grand-père étaient thugs et je me suis associé à de nombreux autres thugs. Mais devant les tambours de la Compagnie, les magiciens, les sorciers et les démons s'enfuient. Comment le thuggisme pourrait-il résister ? Que le gouvernement m'emploie et je ferai son travail."

— *Iqbal*, voilà un mot intéressant, intervint Blake. Un terme bien mahométan pour un culte hindou. »

J'avais une autre question.

« J'aimerais savoir comment il choisit ses victimes. »

Le commandant et le thug échangèrent quelques mots.

« Lorsqu'il est sur la route et que les présages sont favorables, il accepte toutes les victimes que la déesse lui envoie. Car si sa bande et lui ne les tuaient pas, elle ne leur serait plus jamais propice.

— Bien sûr, intervint Blake, manifestement excédé, si les thugs s'en étaient pris aux Européens, la Compagnie les aurait exterminés depuis longtemps. »

Le commandant parut blessé. Feringhea le regarda d'un air interrogateur et il traduisit. Ils murmurèrent tous les deux. Sleeman se redressa et l'enchantement se dissipa enfin.

« Il ne veut offenser personne, dit-il en fronçant les sourcils, mais il pense que la déesse ne voudrait pas du sang des Européens. Si je comprends bien, cela vient de la croyance hindoue selon laquelle ils se souilleraient en touchant un infidèle. »

On frappa alors à la porte. C'était Pursloe. Il nous salua d'un air renfrogné. On avait besoin du commandant au bureau du thuggisme.

« Puis-je poser encore quelques questions ? demanda Blake, retrouvant soudain son entrain. Une telle occasion ne se représentera jamais. Votre neveu pourrait peut-être superviser l'entretien ? »

Pris au dépourvu, Sleeman hésita. Mais il était pressé de partir.

« Bien. James restera avec vous et me rejoindra au bureau après. L'exécution dont je vous ai parlé aura lieu demain. Vous êtes invités à y assister si vous le désirez, cependant, ce n'est pas une obligation. Je vous souhaite une bonne journée. »

Il s'inclina devant Feringhea et sortit à grands pas. Je l'entendis appeler les cipayes dans la cour.

Pursloe avait l'air plus contrarié que jamais.

Blake interrogea le thug en persan. Je ne comprenais pas ce qu'ils disaient, mais j'avais l'impression que l'homme perdait son aura de menace macabre au fur et à mesure des questions, et ressemblait de plus en plus à n'importe quelle canaille rusée. Quant à Pursloe, il paraissait exaspéré. Enfin, il n'y tint plus.

« C'en est assez, monsieur Blake. »

Blake et Feringhea se tournèrent vers lui avec étonnement, et autre chose : une forme de pitié sur le visage de Blake et de mépris chez le thug.

Les cipayes ouvrirent la porte et nous sortîmes à la suite du capitaine. Je me retournai une dernière fois. Feringhea s'était rassis sur ses coussins et nous regardait d'un air hautain. J'avais même l'impression que l'irritation de Pursloe le réjouissait. Le capitaine traversa à grandes enjambées la cour de l'école d'industrie et franchit le portail. Chacun de ses pas semblait une petite explosion de rage.

« Monsieur, dit-il enfin à Blake, mon oncle vous a pourtant expressément demandé de ne pas poser certaines questions. Vous êtes conscient que je vais devoir l'en informer.

— Vraiment ? Et allez-vous également l'informer que vous avez parlé de Mountstuart à mon assistant ? »

Pursloe le fusilla du regard.

« Je ne pense pas que votre oncle ait interdit à Feringhea de parler de Mountstuart. Nous ne lui voulons aucun mal », ajouta-t-il en touchant le bras du capitaine.

Celui-ci frémit et rejoignit son cheval avec raideur. Il l'enfourcha et s'éloigna sans se retourner.

« Avouez, Blake, qu'avez-vous dit à Feringhea ?

— J'ai posé les questions que je devais poser. Ces gens croyaient nous distraire avec une exhumation. S'imaginaient-ils qu'ils pouvaient me détourner de ma mission ?

— Mais encore ?

— Je lui ai demandé si Sleeman lui avait amené Mountstuart. Il a répondu que oui. J'étais curieux de savoir ce qu'il avait pensé de lui. Il avait l'impression que Mountstuart était sous l'emprise d'une passion, indifférent à son sort. Comme s'il était amoureux de la mort, comme si c'était ce qu'il cherchait. Mountstuart lui a demandé si Sleeman l'avait torturé.

— Et alors ?

— Il a eu le plaisir de servir la Compagnie depuis le moment où le commandant Sleeman a commencé à l'interroger. Ainsi, il n'a pas été nécessaire d'utiliser la machine à briser les os. »

Cette nuit-là, pour la première fois depuis notre arrivée à Jabalpour, je n'étais pas épuisé quand j'allai me coucher. Je restai éveillé, guettant les craquements et les bruits de pas. Lorsque je crus entendre Blake, je me glissai hors de ma chambre.

Vêtu d'une *kurta* et d'un ample pantalon de toile, la tête coiffée d'un turban, il avançait, une lanterne à la main.

« À quoi jouez-vous ? » murmurai-je d'une voix rauque.

Je cherchai des yeux Samir et Mir Aziz, m'attendant à voir au moins l'un des deux, mais il était seul.

Blake soupira.

« S'il vous plaît, retournez vous coucher, Avery.

— Il n'en est pas question. Où allez-vous ? Dans le quartier indigène ? »

J'insistai, malgré son refus de me répondre.

« Je vais à la prison, dit-il enfin. Et vous restez ici.

— La prison !

— Ne discutez pas, Avery. Je ne peux pas vous en dire plus.

— Mais la prison ! Chez les thugs ?

— Je ne peux pas vous obliger à retourner vous coucher. Néanmoins, je vous le demande.

— Dieu sait que je ne souhaite pas me disputer avec vous, Blake, mais que faites-vous ? Vous semblez sous l'emprise d'une dangereuse obsession politique. Ce n'est pas la raison de notre présence ici.

— Il y a quelque chose qui ne tourne pas rond. Ne le sentez-vous pas ?

— Non. Je vois la lumière, l'ordre et la civilisation parmi les ténèbres et l'ignorance. »

Il secoua la tête.

« Pourquoi sommes-nous entourés de cipayes partout où nous allons ? Pourquoi sommes-nous enfermés chaque soir ? Qui est Sleeman pour interdire à tout le monde à Jabalpour de nous parler ?

— Il combat l'obscurantisme. Pas seulement les thugs, mais aussi l'immolation des veuves, les fakirs et leurs mutilations, les voleurs prêts à empoisonner un passant pour une cuillère en argent, la saleté.

— Avez-vous déjà été à Londres, jeune homme ? Vous n'avez jamais vu de taudis surpeuplés, je parie, ni ce qu'un homme affamé était prêt à faire pour une cuillère en argent. La terreur et le mal sont partout, c'est juste que vous n'avez pas eu l'occasion de les rencontrer. À présent, je sors. Vous devrez lever la main sur moi pour m'arrêter. »

J'étais conscient que je ne l'empêcherais pas de passer.

« Je dois savoir où nous allons. Et ne me parlez pas comme à un enfant. Je vous fais la courtoisie de vous traiter en gentilhomme. Je vous prie d'agir de même avec moi.

— Soyez patient. »

Je restai longtemps éveillé dans mon lit, songeant à ce que le colonel Buchanan avait dit au sujet d'un éventuel comportement « préoccupant » de Blake.

Lorsque j'étais petit, ma tante nous avait emmenés à Exeter – sans l'autorisation de ma mère – voir un meurtrier et tricheur notoire se faire passer la corde au cou. Elle aimait nous effrayer avec des descriptions des flammes de l'enfer, soi-disant pour en préserver notre âme. Il régnait une atmosphère de carnaval – des joueurs d'orgue de Barbarie et des petits vendeurs de cacahuètes grillées, une foule bruyante et impatiente –, et autre chose. Une sourde révolte à peine contenue. Le sentiment qu'il suffirait d'une étincelle pour que tout s'embrase. J'ai oublié l'événement lui-même, mais je me souviens que les garçons faisaient les bravaches et lançaient des railleries, alors que ma sœur était horrifiée. Je revois aussi la silhouette de l'homme, se cabrant au bout de sa corde. Il régnait un climat angoissant qui revint souvent hanter mes rêves. Et le dégoût de ma sœur m'affecta comme s'il m'était personnellement adressé.

Blake avait décidé d'assister à la pendaison du thug et, malgré mon manque d'entrain, je le suivis pour le surveiller.

L'exécution se déroulait juste à côté de la prison, dans un quartier que je n'avais pas eu l'occasion de visiter, sur un terrain proche des champs, qu'on avait sans doute nettoyé dans ce but. Il y avait une unité de cipayes et une autre de *nujeebs* à cheval. Au centre se dressaient trois épais poteaux qui soutenaient une longue poutre à laquelle étaient accrochés quatorze nœuds coulants. On avait construit en dessous une estrade temporaire où se tiendraient les hommes avant le grand saut dans l'éternité. Il y avait plusieurs Européens que je n'avais jamais vus avant, mais pas de dames, bien entendu. Nous nous trouvions à gauche de l'échafaud, séparés des indigènes par des cipayes. La foule déjà immense ne cessait de grossir, si bien que les soldats durent intervenir pour l'éloigner de la potence. Le commandant Sleeman dominait la scène du haut de son cheval, en uniforme de cérémonie bleu, avec un épais col brodé d'or et des épaulettes assorties. M. Hogwood se tenait juste derrière lui. J'aperçus le capitaine Pursloe parmi les cipayes, quant au lieutenant Mauwle, chargé de superviser la pendaison, il attendait près de la potence.

Lorsque les thugs sortirent de deux chariots couverts, il y eut des huées dans la foule et aussi, me sembla-t-il, des acclamations. Je reconnaissais cette atmosphère de désordre à peine contenu. Les prisonniers enchaînés les uns aux autres étaient tous couronnés d'une guirlande de fleurs blanches. Ils affichaient un calme extraordinaire pour des hommes allant à la mort. Un jeune thug riait et plaisantait. Ils furent détachés et ils montèrent sur l'estrade un par un, chacun escorté d'un cipaye. Ils s'alignèrent derrière les cordes. Alors, devançant les soldats, chacun prit le nœud coulant qui lui était destiné et le passa à son cou. La foule se tut.

Je regardai Blake.

« Ainsi, ils ne seront pas souillés par le contact d'une caste inférieure. Du moins, c'est vrai pour certains d'entre eux. »

Soudain, le jeune homme rieur leva les bras, criant « *Kali ka jæe !* » et sauta délibérément de la plate-forme.

« Qu'a-t-il dit ? murmurai-je.

— Kali est grande », répondit Blake.

Le corps se tordit et soubresauta. Il y eut un flottement parmi la foule, puis quelqu'un poussa un hurlement et des femmes indigènes à l'avant se mirent à pleurer, poussant et se pressant contre les cipayes comme si elles voulaient les renverser. Deux coups de feu retentirent. Mauwle avait le bras levé et deux soldats avaient tiré en l'air. Aussitôt, la foule se calma. Cependant, je la sentais mécontente, grondante et rebelle. À la frange, des jeunes hommes se mirent à courir, poussant des cris de colère. Imperturbable, le commandant Sleeman invita les thugs à prononcer leurs dernières paroles.

L'un d'eux protesta de son innocence, un deuxième demanda la charité pour son village qui avait perdu de nombreux hommes. Les autres continuaient de rire et de s'adresser à la foule. Alors l'estrade sur laquelle ils se tenaient s'ouvrit brutalement et leurs corps se balancèrent dans le vide. Je regardai. Blake avait baissé les yeux.

« Ils ont quitté la vie en souriant. Ni pénitence ni remords. »

La populace excitée par la mort se réveilla. Ceux qui se trouvaient à l'avant se mirent à courir, certains vers les cipayes, qui repoussaient les assaillants avec la crosse de leurs armes. À l'arrière, des femmes s'éloignèrent en hurlant et il y eut quelques échauffourées. Les Européens désertèrent rapidement les lieux, à l'exception des hommes de Sleeman et de nous-mêmes. Les *nujeebs* s'avancèrent pour prêter main-forte aux cipayes, fusils en joue, prêts à tirer. Au signal de Mauwle, ils firent feu. Des cris fusèrent. Une partie de la foule se dispersa. Puis trente *nujeebs* à cheval surgirent de derrière les murs de la prison. Sleeman observait la scène avec un calme olympien, tandis que Mauwle orchestrait le mouvement de ses troupes à l'aide de gestes à peine perceptibles. Après, tout rentra très vite dans l'ordre. Ceux qui le pouvaient s'enfuirent. Les autres se retrouvèrent encerclés par les soldats. Ceux qui n'étaient pas jetés à terre s'agenouillèrent en position de supplication. L'épisode entier n'avait pas duré plus de cinq ou dix minutes. Les femmes et quelques hommes furent autorisés à quitter les lieux par petits groupes et bientôt il ne resta qu'une vingtaine d'indigènes qui furent emmenés par les *nujeebs*. Entre-temps, les cipayes avaient coupé les cordes et entassé les corps dans les deux chariots qui les avaient conduits ici. Je dois avouer que je ne m'attendais pas à un tel spectacle. J'étais secoué. Cependant, la discipline des hommes de Mauwle et leur efficacité m'avaient impressionné.

Une fois les derniers indigènes évacués, Mauwle s'approcha de nous.

« Vous en avez assez vu, monsieur Blake ? »

Celui-ci haussa les épaules.

« Un rien peut déclencher une émeute, reprit le lieutenant, le dévisageant avec un sourire féroce.

— Je suppose que les gens sont inquiets, répondit celui-ci, soutenant son regard. Tous ces criminels, des milliers d'hommes emprisonnés dans un petit cantonnement. Sans parler des rumeurs de famine.

— Peu importent les raisons. L'ordre avant tout », répliqua Mauwle.

Il se dirigea à grands pas vers le cipaye qui tenait son cheval, obligeant Blake à accélérer.

« Il doit y avoir plus de thugs à Jabalpour que dans tout le reste de l'Hindoustan, à présent. Les prisonniers doivent affluer. »

Mauwle hocha la tête.

« Il se peut qu'on arrête un thug dans l'Orissa, mais qu'il vienne d'Oudh et qu'il ait commis un crime au Bihar. Où pourrait-il être jugé ? Nous avons tout ce qu'il faut pour les juger, les condamner et si nécessaire les exécuter. On ne peut pas se fier à la justice des États indigènes : un pot-de-vin peut vous tirer de n'importe quelle situation.

— Sans compter qu'au Bengale la déposition d'un informateur n'a aucun poids. Le témoignage d'un criminel ne peut tenir lieu de preuve devant un tribunal. Alors que dans les territoires, si. Et vos magistrats ont plus d'autorité qu'ailleurs. Vous pouvez prononcer n'importe quelle sentence sans l'aval de Calcutta. »

Mauwle prit les rênes que lui tendait le cipaye.

« Je ne suis pas magistrat, monsieur Blake. Il faudrait poser la question au commandant. Mais nous jugeons plus d'indigènes ici que nulle part ailleurs, dit-il avec un regard sévère.

— Je n'en doute pas. Les territoires de Saugor et Nerbudda sont réputés pour leur efficacité. Les procès de thugs se déroulent à huis clos, je crois ?

— Il n'y a pas besoin de public.

— Ce que je veux dire, c'est qu'il n'y a pas de jury, pas de contre-arguments.

— Les preuves sont accablantes et, de toute manière, les indigènes mentent comme ils respirent. Ce sont des meurtriers. Ce ne sont pas des affaires à prendre à la légère. Je vous pensais capable de comprendre cela.

— Je comprends, lieutenant. Avec des hommes impitoyables, il faut être impitoyable.

— Précisément.

— Malgré tout, il arrive que les *nujeebs* jettent en prison des indigènes innocents et exigent une rançon contre leur libération. Par ailleurs, ils procèdent à des arrestations sur la simple foi du témoignage d'informateurs on ne peut plus douteux.

— J'ignore d'où vous tenez vos renseignements, Blake, mais vous vous laissez emporter par votre imagination. Même si cela arrive, c'est rare. »

Il resserra la sangle de sa selle.

« J'aurais une dernière question.

— Je ne vous promets pas de répondre, mais allez-y.

— J'ai entendu parler d'une machine à briser les os. »

Mauwle éclata de rire.

« Moi qui pensais que vous alliez m'interroger au sujet de Mountstuart. »

Il passa un pied dans l'étrier et se hissa sur sa monture.

« La torture. La vérité est que nous n'en avons pas besoin. Le système du commandant rend toute machine superflue : les cartes, les listes, les arbres généalogiques. Voilà ce qui a brisé les thugs. À présent, ils nous craignent. Bien sûr, ils croient que nous possédons des chevalets dans nos oubliettes. Mais c'est totalement inutile. Si le commandant vous entendait, il penserait que vous êtes de mèche avec nos ennemis.

— Et Mountstuart ? »

Il rit de nouveau.

« Je le détestais. Un homme exécrable qui avait une très haute opinion de sa personne. »

9

« Sahib, me murmura Mir Aziz à l'oreille. Le commandant est là. »

Il était tôt : le soleil venait à peine de se lever. J'enfilai les vêtements à portée de ma main et je me précipitai sur la véranda, d'où je vis une dizaine de *nujeebs* se bousculant pour ouvrir notre portail et, derrière eux, Sleeman juché sur un éléphant. La procession pénétra dans l'enceinte et, avec l'aide d'un *mahout**, le commandant se laissa glisser du cou de l'animal, prenant appui sur son genou plié. Entre-temps, Blake était sorti lui aussi.

« Vous avez fort belle allure ! » lança-t-il à Sleeman qui nous avait rejoints sur la véranda.

Sleeman portait un uniforme bleu bordé d'un galon doré et une plume à son bicorne. L'éléphant était caparaçonné de soie et d'argent. Les *nujeebs* étaient coiffés de turbans jaunes.

« Je fais la tournée des villages. Je ne peux pas me permettre d'apparaître moins impressionnant que les propriétaires terriens, expliqua-t-il en désignant sa tenue. Il faut apaiser les inquiétudes après les événements d'hier. Ce genre d'incident arrive. Je suis navré que vous ayez dû y assister. Le peuple s'excite facilement. Mais cela ne remet pas en question notre dîner de ce soir. Nous comptons sur vous. Je crois que vous nous quittez demain ?

— Nous n'avons plus aucune raison de nous attarder.

— Où pensez-vous aller ?

— À Doora.

— Je vois.

— À moins que vous ne nous conseilliez d'aller ailleurs, si vous pensez que nous faisons fausse route ?

— Non, toutefois, je vous conseille d'être prudent. Le rao est très hostile aux émissaires de la Compagnie. En fait, je devrais dire qu'il exècre la Compagnie. Sa cour est un nid d'intrigues et on ne peut pas lui faire confiance. De plus, nous pensons qu'il a offert sa protection à au moins une bande de thugs en échange d'une part de leur butin. »

Blake posa un regard impassible sur le commandant et hocha légèrement la tête.

« Oh, il n'est pas le pire, poursuivit Sleeman. Nos tentatives pour éradiquer le thuggisme ont souvent été sapées par les princes indigènes. Parmi les dirigeants des États du centre, je ne pense pas qu'il y ait un seul homme digne d'admiration. Mais l'attitude du rao de Doora me blesse tout particulièrement. Il n'a aucune excuse. Il a bénéficié d'une excellente éducation à Calcutta, auprès des plus grands esprits européens. »

Le commandant pianota sur la table et se leva.

« Monsieur Blake, il ne m'a pas échappé que vous avez interrogé mon entourage en dépit de mon interdiction formelle. J'imagine que cela ne vous a guère avancé. J'aimerais néanmoins éclaircir un éventuel malentendu. »

Ses yeux bleus perçants examinaient Blake, qui à son habitude ne trahissait rien.

« Mon neveu James, le capitaine Pursloe, est venu me trouver. Je crains que, dans sa colère, il n'ait prononcé des mots qu'il regrette au sujet de celui que vous recherchez devant le lieutenant Avery. Cela a pu vous donner de fausses idées. Il est très irritable, mais c'est un homme de devoir qui m'est très dévoué. Sachez que, même si le comportement de cet individu l'a profondément offensé, il ne lui aurait jamais fait le moindre mal. C'est un brave garçon.

— Je n'en ai jamais douté, répondit Blake.

— Parfait. J'espère que nous nous comprenons. »

Le commandant eut une petite toux gênée. Il lançait des regards de biais, comme s'il ne pouvait croiser les yeux de Blake.

« L'homme que vous cherchez. Le poète. Je dirais qu'il avait l'apparence de quelqu'un qui ne souhaitait pas qu'on le trouve. Je dirais qu'il était au-delà de tout espoir. »

Dans la journée, Mir Aziz retira mes points de suture. Les petites cicatrices rouges et les croûtes donnaient l'impression que ma peau avait été cousue sur mes os. Je serrai le poing. À mon grand dépit, je me sentais encore très faible. Tandis qu'il ôtait les points un par un, je songeai à notre voyage, à la mort de Nungoo et à nos piètres résultats. Je parlai à Mir Aziz de l'école d'industrie et de Feringhea, de l'émeute lors de la pendaison et de ce que le commandant nous avait dit au sujet de Pursloe.

« J'ai envie de faire une dernière tentative auprès d'Hogwood. De lui demander de me raconter ce qui s'est passé ici pendant le séjour de Mountstuart. Qu'en penses-tu, Mir Aziz ? »

Celui-ci réfléchit un instant.

« Vous n'avez rien à perdre, chote sahib. »

M. Hogwood se trouvait dans le bureau du magistrat. Il était occupé à signer des courriers. Les boîtes et les documents s'empilaient si haut sur la table qu'il disparaissait presque derrière. Il tendait les lettres une par une à deux coursiers basanés qui se tenaient à côté de lui, impatients.

Il leva les yeux à mon entrée.

« Un instant, j'ai presque fini. Des rapports sans fin, que personne ne lit jamais pour la plupart.

— J'espère que ma visite ne vous importune pas, monsieur Hogwood. Mais nous partons demain.

— Je pensais vous voir ce soir au dîner du commandant, M. Blake et vous. Il est malheureux que vous ayez dû assister à ces troubles lors de l'exécution. Hélas, c'est le genre de chose qui arrive, même dans les villes de garnison les mieux tenues. »

Il s'appuya contre le dossier de son siège et s'étira, faisant craquer ses clavicules. Il me regarda attentivement et congédia ses coursiers.

« Monsieur Hogwood, je ne suis pas seulement venu vous dire adieu. »

Il poussa un soupir.

« Je doute que je puisse vous être d'une quelconque utilité.

— Nous venons de très loin. Et nous repartons sans rien.

— Vous devrez me promettre de ne jamais révéler la provenance de cette histoire. Le commandant se sentirait trahi, s'il savait. »

Je réprimai un mouvement de surprise.

« Je jure de n'en parler à personne, hormis à Blake. »

Il se leva et s'étira encore. Il secoua la tête en soupirant. Je m'assis.

« M. Mountstuart est arrivé fin mai, ou peut-être début juin. Il n'avait pas de serviteur, uniquement son singe et une lettre de recommandation du palais du gouvernement, comme votre M. Blake. Il a passé près d'un mois ici. Il voulait écrire un long poème sur les thugs et souhaitait se renseigner à leur sujet. Le commandant était heureux de l'aider. Il l'a emmené voir nos informateurs et Feringhea. Il l'a autorisé à visiter le bureau du thuggisme, ce qu'il fait rarement. Mountstuart semblait un peu excentrique avec son singe, néanmoins, nous étions tous très impressionnés et ravis de sa présence à Jabalpour. Le commandant et lui avaient beaucoup en commun, notamment leur connaissance des langues et leur amour de ce pays.

« Mais, au bout d'une semaine ou dix jours, la situation s'est dégradée. Mountstuart est devenu très froid avec le commandant. Je n'ai jamais compris pourquoi. Du jour au lendemain, leur relation s'est détériorée. Il était irritable. Il critiquait tout sans aucune mesure. Il était délibérément contrariant, alors que nous nous mettions en quatre pour lui. C'est à cette époque que j'ai assisté à une exhumation en sa compagnie. Il se conduisait comme s'il s'agissait d'un divertissement macabre. La tombe était ancienne ; nous avons découvert plusieurs squelettes.

Ce sale petit singe a volé des os et s'est enfui avec. M. Mountstuart, qui trouvait cela fort amusant, a refusé de le rappeler. Les indigènes étaient… ils n'auraient pas dû assister à cette scène. Ensuite, il a demandé aux informateurs de nous montrer comment on utilisait le *roumal* en échange de quelques pièces. Ce n'était pas convenable. Il était véritablement obsédé par les thugs, cela dit. Il ne se lassait pas de s'entretenir avec eux.

« Le différend entre le commandant et M. Mountstuart avait pris de telles proportions qu'ils n'étaient plus d'accord sur rien. Même quand ils auraient dû trouver un terrain d'entente. Ils se disputaient entre autres au sujet des princes indigènes. Puis Mountstuart s'est mis en tête de se vêtir à la mode du pays et de fréquenter le bazar. On ne se conduit pas ainsi, à Jabalpour. Le vernis de la civilisation est encore très mince, ici. Nous sommes seulement quelques Européens. Maintenir l'ordre et la paix dans la garnison doit être une priorité. S'habiller à l'indigène peut être source de malentendus parmi la population. Mais il fallait peut-être s'y attendre : c'est un poète, après tout, alors que nous autres, provinciaux de la Compagnie, sommes des êtres prosaïques. Malgré tout, avec le recul, je me demande s'il avait toute sa tête. La vie sous les tropiques ne convient pas à tout le monde.

— Vous voulez dire qu'il avait véritablement l'esprit dérangé ?

— Je ne pourrais pas en juger. Disons qu'il avait un comportement pour le moins fantasque.

— Et après, que s'est-il passé ?

— Le commandant a invité Mountstuart à dîner. C'était une offre de paix. Il est arrivé avec deux heures de retard. Il s'est montré chicaneur, grossier et maussade. J'ai tenté de l'apaiser, mais je n'ai réussi qu'à le rendre encore plus désagréable et irrationnel. Il s'est levé et, devant tout le monde, a déclaré que la Compagnie était une institution dont la seule raison d'être était l'appauvrissement des indigènes. Il a ajouté que Jabalpour était le pire endroit qui soit : "Vous ne valez pas mieux que des criminels et vous savez pourquoi." Puis il l'a dit en hindoustani et en marathi pour les serviteurs. Et il l'a répété. "Vous ne valez pas mieux que des criminels."

« Jamais je n'avais vu le commandant dans une telle rage. Il lui a ordonné de quitter la maison. Mountstuart a éclaté de rire et a déclaré qu'il partait, et que quand il en aurait terminé avec nous, le monde nous fuirait comme Caïn.

— Dieu tout-puissant !

— Vous avez l'air bouleversé, lieutenant.

— Cela vous semblera idiot, mais j'admire Xavier Mountstuart depuis ma plus tendre enfance. Ce sont ses écrits qui m'ont amené en Inde.

— Parfois, il vaut mieux se contenter d'admirer nos idoles de loin, déclara Hogwood, presque tristement. Il vaut mieux les rencontrer uniquement sur le papier. Enfin, peu importe, le lendemain, il était parti.

— Comment cela ?

— Les serviteurs chez lui, où vous êtes logés en fait…

— Nous sommes dans son bungalow ? »

Avais-je dormi dans le même lit que lui ?

« Mais oui, je pensais vous l'avoir dit. Les serviteurs sont venus m'annoncer qu'il avait disparu et le singe avec lui. Quand nous sommes allés au bungalow, il n'y avait plus aucune trace de lui. On était presque en juillet et la mousson avait débuté. La pluie avait effacé toutes les éventuelles empreintes. La rumeur disait qu'il avait quitté Jabalpour à pied, en direction du nord. Mais ce n'était pas une période de l'année propice au voyage, en particulier pour un homme plus tout jeune et de constitution délicate. Honnêtement, j'ignore s'il est mort ou vivant. Je préfère croire qu'il a fait la route à pied jusqu'à Doora. On raconte qu'il connaît le rao. Cependant, aucune information n'a confirmé sa présence là-bas. »

Je hochai la tête.

« J'aurais une question. Au sujet de Pursloe. »

Hogwood soupira.

« Il a le sang chaud.

— Il m'a dit qu'il haïssait Mountstuart. Il tremblait de rage.

— Il est très attaché à son oncle. Il éprouve le besoin de le défendre contre le monde entier, même quand c'est inutile. Il avait le sentiment que Mountstuart méprisait le commandant. Mais, à mon avis, il n'aurait jamais... J'ai l'intime conviction que Mountstuart a quitté Jabalpour.

— C'est bon à savoir, même si nous ignorons où il est allé, dis-je, avec le pressentiment soudain que le corps du poète pourrissait quelque part dans la jungle. Je vous remercie.

— La vérité est toujours plus terne qu'on ne l'imagine. »

Je me levai. Une idée me vint.

« Monsieur Hogwood, puis-je vous demander votre avis, entre nous ? Un sujet délicat. »

Il s'affaissa un peu.
« De quoi s'agit-il ?
— Je m'excuse, vous avez déjà bien assez de soucis sans cela.
— Non, non, je vous en prie. Ma tâche consiste le plus souvent en problèmes administratifs très ennuyeux : l'estimation de la prochaine récolte de mangues, les travaux de voirie à Sleemanabad... Je serais heureux de me changer les idées.
— Il s'agit de M. Blake.
— Ah.
— À Calcutta, j'ai reçu des ordres du colonel Buchanan.
— Je le connais. Tout le monde le connaît.
— Il m'a demandé de surveiller Blake et de m'assurer qu'il s'acquittait de sa mission. Et m'a incité à m'adresser à un officier supérieur, en cas de problème. Il a mentionné le nom de Sleeman.
— Je vois.
— C'est une tâche qui va à l'encontre de tout ce que j'ai appris et de tout ce qui me tient à cœur.
— C'est une position très inconfortable, je le comprends.
— Entre nous, monsieur Hogwood, je m'interroge au sujet de M. Blake. J'avais confiance, au début, car il m'a demandé de faire durer ma convalescence autant que possible. J'en ai déduit qu'il enquêtait sur Mountstuart. Mais il ne se préoccupe que des thugs. Il disparaît à toute heure du jour et de la nuit et refuse de me dire quoi que ce soit. Et il semble déterminé à se mettre tout le monde à dos. Feringhea a parlé d'une machine à briser les os. Blake a donc interrogé Mauwle au sujet de la torture. »

Hogwood grimaça.

« Et comment le lieutenant a-t-il réagi ? C'est un sujet très sensible, ici. Tout n'est pas parfait, à Jabalpour. Je sais que le commandant peut paraître arrogant. Quand on se retrouve seul maître à bord, loin de toute civilisation, on a tendance à se fier uniquement à son propre jugement. En outre, la lutte contre les thugs a été ardue. Nous avons assisté à des choses… On n'en sort pas indemne. Mais je n'ai jamais vu quoi que ce soit indiquant qu'il existerait ici le moindre instrument de torture ou que le commandant aurait commis des actes dont il devrait avoir honte. C'est un homme qui a de nombreuses qualités, des qualités exceptionnelles, je suis sûr que vous en conviendrez. »

J'acquiesçai.

« Ce n'est pas tout. Il y a quelques jours, j'ai découvert que Blake avait fait quelque chose de véritablement inquiétant. Il a pénétré dans la prison. »

Hogwood ouvrit de grands yeux.

« Pardon ? »

Il s'interrompit et se frotta le front.

« Il a pénétré dans la prison ? C'est étrange. Je suis pourtant sûr qu'aucun détenu ne s'est échappé.

— Je ne pense pas que c'était son but.

— Je prenais M. Blake pour un homme intelligent, même s'il n'est pas l'un de nous, même si ce n'est pas un gentilhomme, je veux dire. Vous savez, tout cela me rappelle la visite de Mountstuart.

— Ils se sont connus il y a longtemps de cela. Malgré tout, je ne pense pas qu'ils étaient amis.

— Que vous conseiller ? dit-il, se frottant encore le front. Je suppose qu'il faudrait avertir le commandant. Mais M. Blake pourrait se retrouver enfermé ou pire. Cela dit, il ne semble pas qu'il ait fait grand mal, et le colonel Buchanan nourrit sans doute une méfiance exagérée à son endroit. Vous partez demain. Vous pourriez vous taire. Je regrette que le commandant ait refusé de vous parler, mais l'attitude de Mountstuart l'a profondément blessé. En même temps, si vous l'avertissez, il pourrait au moins réfuter d'éventuelles accusations fantaisistes de Blake. En tout cas, quoi que vous décidiez, je jure que je ne répéterai rien de ce que vous m'avez confié. »

Je me sentais presque plus perplexe qu'à mon arrivée, néanmoins, je le remerciai.

« Soyez prudent, Avery. Si vous vous rendez à Doora. C'est un lieu dangereux. »

Je n'avais pas dîné à table en compagnie féminine depuis que nous avions quitté Calcutta et cela me manquait. Tout comme son époux, Mme Sleeman avait du talent pour l'ordre et l'organisation. La pièce tout entière étincelait à la lueur satinée des bougies : la table en acajou ciré, la porcelaine et l'argenterie, les chandeliers de cristal, la lumière reflétée dans le long miroir terni par les éléments, les perles des dames. Dehors, les insectes se jetaient contre les voiles de mousseline tendus devant les fenêtres. J'étais sûr qu'on ne pouvait trouver un tel endroit à des centaines de lieues à la ronde : un havre de paix britannique, confortable et familier.

Nous étions vingt à table : les Sleeman, Hogwood, Pursloe, Mauwle, le médecin, divers officiers et soldats du génie du nouveau cantonnement avec leurs épouses, deux administrateurs de district qui officiaient au sud de Jabalpour et deux couples de planteurs arrivés récemment.

Personne n'avait évoqué l'exécution et je me rendis compte avec soulagement que personne ne le ferait.

« Je sais qu'il est d'usage aujourd'hui de servir plusieurs plats européens, mais je les digère mal. Je ne peux pas travailler si je me nourris de pudding et de rosbif noyé dans une lourde sauce anglaise. Je m'accommode très bien de l'alimentation locale, qui comporte peu de viande. Amélie et mes invités habituels sont assez aimables pour se plier à mes manies, bien que le lieutenant Mauwle ne partage pas mes goûts.

— Je ne le nierai pas, mon commandant », admit celui-ci, levant son verre.

Les épouses des planteurs qui s'étaient pomponnées pour la soirée dévoraient Blake des yeux, s'efforçant d'attirer son attention. Il était appuyé contre le dossier de sa chaise, les bras croisés, le menton vers la poitrine, toute son attitude indiquant qu'il valait mieux ne pas lui parler.

« Un grand mystère vous entoure, monsieur Blake, se décida enfin la plus plantureuse des deux femmes. En dépit de nos efforts, nous n'avons pas réussi à découvrir ce qui vous amenait à Jabalpour.

— Je ne peux vous le dire, madame. Le commandant Sleeman a formellement interdit toute discussion à ce sujet.

— Oh ! » fit la femme.

Elle forma le mot « Mountstuart » avec sa bouche, haussant les sourcils d'un air interrogateur. Son mari toussota et lui donna un coup de coude. Plusieurs personnes lancèrent maladroitement d'autres sujets de conversation. Le *khitmatgur* remplit mon verre de bordeaux. La seconde épouse de planteur, assise à ma droite, chuchota bruyamment :

« Est-ce vrai ? Serait-ce le poète qui vous amène ici ? Nous aurions tellement aimé le rencontrer, hélas, l'occasion ne s'est jamais présentée. On nous a dit qu'il s'était très mal conduit. Mais personne n'est censé en parler. Vous devez me dire ce que vous savez. A-t-il disparu ? Croyez-vous qu'il ait été assassiné par les indigènes ? Ou aurait-il mis fin à ses jours dans un accès de mélancolie ? » ajouta-t-elle, étouffant un gloussement.

Je vidai mon verre de vin pour ne pas avoir à répondre, tandis que son époux fronçait les sourcils, lui faisant signe de se taire.

« Lieutenant, intervint Mme Sleeman, l'image de la perfection avec sa robe de mousseline blanche et sa coiffure impeccable, je suis sûre que vous avez beaucoup d'histoires sur la vie à Calcutta. S'il vous plaît, nous sommes privés de potins mondains, ici. Que raconte-t-on dans la société ? »

Le ton était charmant, mais implacable. Je me lançai et parvins à divertir ces dames pendant un moment, tout en évitant avec soin le roman de Mountstuart. Après plusieurs verres de bordeaux, j'avais du mal à les distinguer l'une de l'autre, cependant, elles semblaient décidées à s'amuser et se montrèrent bon public, à mon vif soulagement. De temps en temps, je risquais un œil du côté de Pursloe, muet à côté de sa tante qui parlait avec animation par-dessus sa tête. Je finis par épuiser ma réserve d'anecdotes et nous nous retrouvâmes tous à écouter le docteur qui dissertait sur l'école d'industrie.

« Ce n'est pas un sujet de conversation pour le dîner, j'en conviens, disait-il. Toutefois, je trouve qu'on les traite bien trop généreusement. À vrai dire, c'est aussi le cas à la prison, où sont incarcérés la grande majorité des thugs. Le seul inconvénient est l'air vicié, qui est, il faut l'admettre, pestilentiel. Mais les travaux forcés ne sont pas assez durs.

— Vraiment ? fit Blake.

— Pas de mon point de vue. Ils sont simplement privés de liberté. »

Ces derniers mots retentirent dans le silence, car toutes les conversations s'étaient interrompues.

« Vous êtes responsable de la santé des prisonniers, n'est-ce pas, docteur ? » demanda Blake.

Après avoir prié toute la soirée pour qu'il parle, à présent j'aurais donné n'importe quoi pour qu'il se taise.

« Ils meurent, me dit-on, à un rythme de deux ou trois par semaine, à cause de la dysenterie ou de la fièvre. Jusque-là, pas un thug, même condamné à la plus courte peine de sept ans, n'a vécu assez longtemps pour être libéré. »

Le médecin semblait furieux.

« Je me demande où vous avez récolté ces informations fantaisistes, monsieur Blake, déclara le commandant. Et je m'étonne de votre naïveté. La contagion est un problème qui touche toutes les prisons, de Bombay à Londres. Et je pense que vous trouveriez les geôles des États indigènes bien pires que les nôtres. Vous ne pouvez pas accuser notre ami le docteur. Et vous avez vu avec quel sérieux nous essayons de régler ces problèmes à l'école d'industrie.

— Où seulement une petite proportion des prisonniers sont envoyés.

— Convenez que ce n'est pas le moment approprié pour discuter de tels sujets.

— Oh ! Madame Sleeman ! s'écria l'une des épouses de planteurs. Dites à votre mari de cesser de nous traiter comme des petites fleurs délicates. Nous sommes sevrées de conversations spirituelles et animées. Et les thugs sont un sujet fascinant. »

Mme Sleeman posa une main sur la manchette du commandant.

« Bon, bon, dit-il à contrecœur. Tout ce que je peux dire, c'est que notre nouvelle école d'industrie sera un modèle de propreté et d'hygiène. Et que nous lutterons contre le thuggisme en éduquant les fils de nos informateurs, en leur inculquant des vertus telles que la bienveillance et en éveillant leur conscience. Nous les arracherons à l'emprise diabolique de ce fléau.

— Mais ils resteront des indigènes, intervint l'un des planteurs. Des menteurs invétérés, indignes de confiance. »

Il y eut un murmure d'approbation.

« Je proteste, répondit le commandant. On ne peut généraliser ainsi. J'admets que beaucoup d'entre eux ne comprennent pas la notion de vérité telle que nous l'entendons. Et il faut reconnaître que les thugs mentent constamment : cela a toujours posé des problèmes au tribunal. Néanmoins, ce n'est pas parce qu'ils sont dépourvus de sens moral. Nous avons souvent débattu des facultés des indigènes à cette table, en particulier des plus pauvres. Certains croient qu'ils ne sont pas capables de ressentir comme nous. Je le pensais autrefois. Depuis, je me suis rendu compte qu'ils se défiaient de nous, ce que je déplore. Leurs gouvernements les maltraitent depuis des générations et nous ne faisons pas suffisamment d'efforts pour les comprendre. Cependant, je crois que nous pouvons les guider vers la lumière, je crois que nous pouvons chasser l'ignorance et la superstition en leur montrant les avantages de la civilisation, et en leur prouvant que nous sommes des dirigeants respectables. Notamment en rendant les routes plus sûres pour les voyageurs. Quel roitelet peut se vanter d'en avoir fait autant ?

— Vous êtes trop généreux, affirma le second planteur.

— Commandant, reprit Blake, n'y a-t-il pas une contradiction entre votre conviction que les indigènes mentent et la confiance que vous accordez aux témoignages de vos informateurs ?

— Je n'en vois pas.

— Une chose est sûre, c'est que la Compagnie a fait plus que n'importe quel prince local pour assurer l'ordre et la prospérité, décréta le premier planteur.

— Vraiment ? fit Blake.

— Monsieur Blake, protesta Sleeman, vous devez quand même admettre que la Compagnie a beaucoup apporté à l'Inde. Vous qui connaissez tant de langues parlées dans ce pays et qui avez voyagé, vous savez plus que tout autre ici ce qui a été accompli. »

Toute la table se tourna vers Blake, sauf moi. Je priai pour une interruption : que le plafond s'écroule ou qu'un serpent géant entre par la fenêtre. Je bus une longue gorgée de vin.

« Il fut un temps où j'aurais été d'accord avec vous. Aujourd'hui, je ne suis plus sûr de rien. J'ai vu la corruption et le chaos dans les États indigènes, tout comme vous. J'ai pénétré dans l'Assam avec la Compagnie, au Manipour, au Bahawalpour et dans le royaume de Mysore. Mais, seize ans plus tard, je ne peux pas affirmer que le sort de la population se soit amélioré. Et pourquoi serait-ce le cas ? La Compagnie est venue en Inde pour exploiter ses richesses. Commandant, j'admets que votre administration a apporté la paix dans une région dévastée par les guerres, pourtant, autour de moi, je ne vois que des indigènes appauvris par la présence de la Compagnie. Même ici, à Jabalpour, les gens sont inquiets et en colère. »

Un silence de mort régnait autour de la table.

« Je réfute vos conclusions, monsieur Blake, dit sèchement le commandant. Après vingt ans de paix, les *ryots* de ce territoire sont bien mieux lotis.

— Seraient-ils d'accord avec vous ?

— Ils ont des doléances, bien sûr. Mais c'est qu'ils ont oublié ce qu'était la vie sous les Marathes. Ils se plaignent des mauvaises récoltes et prétendent que c'est parce qu'on les pousse à se parjurer devant nos tribunaux, ou à cause de la consommation de bœuf ou de l'adultère, ou parce que nous offensons les dieux en évaluant le rendement des terres, et que sais-je encore. Malgré tout, au cours de ces vingt ans de paix, leurs familles se sont agrandies et ils ne laissent plus la terre en jachère.

— Pourtant, ce n'est pas ce que je vois. Je vois que la Compagnie exige des loyers de plus en plus chers, rétorqua Blake d'une voix douce. Je vois que les anciennes relations entre les propriétaires terriens et leurs métayers ont été brisées. La Compagnie a transformé les *zamindars** en collecteurs de loyers. Ils extorquent de l'argent aux paysans par tous les moyens, quelle que soit la récolte. Je vois des hommes arriver chaque jour à Calcutta, chassés de leurs terres, affamés ou exploités comme des esclaves parce qu'ils ne peuvent pas payer leur loyer. On les oblige à planter de l'indigo et de l'opium alors qu'ils devraient cultiver de la nourriture. L'autorité de la Compagnie s'étend et le pays s'appauvrit.

— Quand vous dites des hommes, voulez-vous dire des indigènes ? » intervint l'une des épouses.

Les yeux de Blake s'arrondirent.

« Vous êtes un jacobin, monsieur ! s'écria son mari.

— Vous ne le pensez pas sincèrement, monsieur Blake ? demanda Hogwood.

— En ce moment même, la suite du gouverneur général et une armée de dix mille hommes avancent vers le nord sur la Grand Trunk Road, traversant les territoires touchés par la famine au nord d'Allahabad. Que va faire ce convoi, à votre avis ? Va-t-il apporter du pain et du miel aux indigènes affamés ? Ou va-t-il ravager les terres sur son passage, telle une légion de sauterelles ? »

L'assemblée dévisageait Blake comme si elle avait affaire à un fou dangereux. Et je me rendis compte qu'il s'en moquait. En face de moi, Hogwood croisa mon regard.

« Monsieur Blake, vous êtes un cynique, dit le commandant.

— Peut-être en ai-je trop vu. »

Il se leva.

« Mesdames, messieurs, je vous souhaite une bonne nuit. »

Je me levai aussi. Je devais le suivre.

« Mon commandant, madame Sleeman. »

Mais Blake avait déjà disparu dans la nuit. Tandis que j'attendais mon cheval, j'entendais le commandant parler à ses invités.

« Bien sûr, certaines de leurs superstitions sont très pittoresques. Le *mauvli**, le saint homme qui me conseille pour tout ce qui concerne les affaires mahométanes, me dit que la foudre est une flèche enflammée qu'Allah envoie contre ses ennemis. À l'époque de notre épidémie de grippe, il y a quelques années, notre *zamindar* local, le petit rao de Deori, que j'apprécie beaucoup au demeurant – c'est le plus élégant et aimable des êtres, tout de soie rose et de satin azur vêtu –, m'assurait qu'il fallait aller trouver le gourou afin de choisir deux boucs qui seraient chassés de la ville. Des boucs émissaires, littéralement. »

La table éclata de rire et une part de moi aurait voulu être dans la salle à manger, riant avec eux.

Lorsque je regagnai le bungalow, nos bagages – la totalité de nos maigres effets – étaient posés au milieu du salon. Assis sur une chaise, Blake écrivait dans un carnet. Il avait troqué ses habits européens contre une *kurta* et un *dhoti*. Il paraissait grisonnant et chiffonné, la cicatrice sur son front particulièrement saillante. Bref, il était redevenu lui-même.

« Était-ce nécessaire ? »

Il ne répondit pas.

« Pourquoi refusez-vous de me parler ? N'ai-je pas montré que je méritais votre confiance ? Ne vous ai-je pas répété tout ce que j'ai vu et entendu ?

N'ai-je pas découvert ce que Mountstuart avait fait ici ? Même si cela ne semble guère vous intéresser.

— En effet. Et je vous en suis reconnaissant. »

Il retourna à ses écritures.

« Vous poussez le commandant à bout, vous insultez ses invités, vous disparaissez pendant des heures sans prévenir. Et vous pénétrez dans cette fichue prison, pour l'amour du ciel, Blake ! Expliquez-vous. Je ne demande que quelques mots et je serai tranquille. »

Il ne releva pas la tête.

« Ne vous souciez-vous donc pas le moins du monde de l'opinion de ces gens ? Que détestez-vous tant à Jabalpour ?

— Tout. »

J'allai me coucher. Je me levai à l'aube et sortis du bungalow. Devant le portail, deux indigènes montaient la garde. Je leur demandai de me conduire au bureau du thuggisme.

3

10

La route de Doora suivait les méandres de la Son, un affluent du Gange. Sur l'autre rive, on voyait des rizières verdoyantes et des champs de millet, le côté le plus bas bordé de monticules de terre pour retenir les eaux pluviales après la mousson. Au-delà, des petites cascades et des torrents rebondissaient sur les pentes rocailleuses des collines de Kaimur qui ondoyaient vers le nord. Mon bras était en bonne voie de cicatrisation, mais la longue chevauchée avait réveillé la douleur.

Blake et moi nous adressions à peine la parole. En même temps que ses vêtements indigènes, il avait retrouvé sa rusticité – les joues mal rasées et l'humeur taciturne –, et je ne tenais pas à lui imposer ma conversation. De toute manière, j'étais préoccupé, l'esprit agité de pensées contradictoires. À présent que nous avions quitté Jabalpour, j'avais une vision de la ville moins idyllique que je ne l'aurais cru et j'étais surpris du soulagement que j'éprouvais. Cependant, je craignais que Doora ne soit une déception. En dépit du silence exaspérant de Blake, je me demandais si j'avais eu raison de parler au commandant Sleeman.

Selon Mir Aziz, il faudrait cinq jours pour atteindre notre destination. Le premier soir, alors que nous établissions notre camp, il avait sorti son *houka*, l'avait allumé puis avait déclaré :

« Si vous le permettez, chote sahib, je vais vous enseigner l'hindoustani. Je suis un excellent professeur. »

C'était la dernière chose que je souhaitais, néanmoins, je ne voulais pas paraître grossier. De plus, sa gentillesse était touchante. Je fus donc forcé de révéler la pauvreté de mon vocabulaire devant Blake et Samir. J'avais beau savoir que Mir Aziz agissait ainsi pour mon bien, j'étais irrité par les rires de Samir, qui se moquait ouvertement de mon ignorance, et par l'indifférence de Blake. Ce fut pareil le lendemain, mais, une fois la leçon terminée, je demandais à Mir Aziz s'il voulait bien me raconter son histoire, ce qu'il accepta. Il était né dans le royaume d'Oudh et avait quitté son village à seize ans, pour se rendre au Bengale avec deux de ses oncles, afin de s'engager dans l'armée de la Compagnie. L'un de ses oncles était un touche-à-tout, à la fois *hakim** – un genre de guérisseur –, journaliste occasionnel et *moonshee*. Il avait appris à Mir Aziz l'écriture et des rudiments d'algèbre.

Avant d'arriver au Bengale, Mir Aziz n'avait jamais vu d'homme blanc.

« Je voulais m'engager dans l'armée, mais j'avais très peur. On racontait que les sahibs étaient des géants qui sortaient d'un œuf. Que les dames d'Europe étaient des fées ou, si elles étaient vieilles et laides, des sorcières capables de jeter des sorts.

— Avez-vous été déçu lorsque vous les avez vus ?

— Un peu. Le premier sahib que j'ai rencontré était très jeune, le visage aussi doux que celui d'une femme. Pas de moustache. Un jeune officier au teint de lait, de petite taille. Il n'était pas effrayant. Chez nous, un guerrier doit avoir de la barbe. Mais il parlait ma langue, il pouvait écrire une page en moins de temps qu'il me fallait pour mélanger l'encre, et sa maison était quatre fois plus grande que celle du chef de mon village. Son œil était aussi perçant que celui du faucon. Et il m'a donné ceci, ajouta-t-il, indiquant son *tulwar* et le beau fourreau de cuir et d'argent.

« Pendant quelque temps, j'ai combattu dans l'armée de Sa Majesté. Les soldats adoraient la bataille, et ils aimaient presque autant le rhum et le brandy, qui leur ôtaient la peur et leur donnaient le courage du lion. J'ai vu l'alcool les ramener à la vie et je l'ai vu les tuer aussi.

— Mais tu n'es pas resté dans l'armée ?

— Non, chote sahib. Au bout de deux ans, mon officier m'a dit que je pourrais me rendre utile ailleurs. Je devais aller trouver mon oncle, le guérisseur. Je suis allé le voir et il m'a appris l'art de soigner, l'écriture et le persan. Après, je suis retourné à la Compagnie et on m'a envoyé ici et là, de Calcutta à Lahore, et encore plus loin. Parfois, il fallait se battre, parfois, c'étaient des missions.

— La Compagnie te traite-t-elle bien ?

— Elle met des vêtements sur le dos de mes enfants. Elle offre des parfums, des douceurs et des serviteurs à mes épouses. Elle me fournit un emploi honorable. »

Je jetai un coup d'œil à Blake. Je ne l'imaginais pas parler aussi ouvertement de quoi que ce soit.

Le troisième jour, les manières de Mir Aziz et de Blake changèrent. Ils devinrent méfiants et inquiets. De temps à autre, Blake hochait la tête, alors Mir Aziz descendait de cheval et étudiait le sol. Ou Blake chevauchait à l'avant, jetant des coups d'œil à droite et à gauche, scrutant la végétation impénétrable. Ils échangeaient constamment des regards. Plus que jamais, j'avais l'impression qu'ils étaient tous deux engagés dans un dialogue dont j'étais exclu. Samir et moi devions suivre, sans savoir ce que nous étions censés chercher. Lorsque je demandai à Blake ce qu'il redoutait, il me dit seulement d'être attentif à tout ce qui était inhabituel. Ils ne relâchèrent pas leur vigilance un instant. Je commençais à craindre que mon bras ne m'empêchât de me rendre utile en cas de besoin.

En fin d'après-midi, nous quittâmes le territoire de la Compagnie pour pénétrer dans le royaume de Doora. Notre petite troupe s'arrêta au premier gros village. Blake disparut avec le chef et se fit prêter une case vide pour ne pas avoir à passer la nuit au bord de la route. Comme je l'interrogeais, il répondit que, si nous devions nous retrouver dans une situation délicate, il valait mieux que ce soit en plein jour.

Nous nous levâmes avant l'aube. Blake nous recommanda de garder nos armes à portée de main.

« Il n'y a peut-être aucun danger, mais le chef du village me dit qu'il y a un certain nombre d'endroits propices à une embuscade le long de la route.

— Pourquoi se risquerait-on à nous attaquer ? Ce serait encourir les foudres de la Compagnie. Ceux qui nous suivaient, si on nous suivait, seraient plus avisés de s'en prendre à une proie plus facile. »

Blake hocha la tête.

« En effet. »

La moitié du village, dont le chef, nous escorta sur près d'une demi-lieue. Puis nous continuâmes à un rythme soutenu. Notre petit groupe chevaucha ainsi pendant une trentaine de minutes. Mes appréhensions se dissipaient peu à peu. Il faudrait que nos poursuivants soient eux aussi à cheval pour nous rattraper, et il y avait peu de chances que des membres de la Compagnie soient attaqués par des brigands à cheval, même à Doora. Les oiseaux matinaux s'égosillaient, leurs cris presque assourdissants. La jungle était plus dense et plus sombre, à présent. Le chemin disparaissait dans un virage devant nous. Un oiseau lança un appel perçant. Je n'y aurais pas fait attention si Mir Aziz ne s'était pas tourné brusquement vers moi. Son fusil à la main, il piqua son cheval qui partit au petit galop. Blake enroula ses rênes autour du pommeau de sa selle et sortit lui aussi son arme, aussitôt imité par Samir. Juste après le virage, un gros arbre gisait en travers de la route.

Il fallut s'arrêter. À cet instant, deux silhouettes se laissèrent tomber des branches à ma gauche, les bras tendus pour s'emparer de mes rênes. Le premier homme, le plus proche, était lent. J'eus amplement le temps de viser. Je le touchai à la poitrine, mais je ressentis une vive douleur à la main causée par le recul de mon fusil. Je pivotai afin de m'occuper du second, qui battit en retraite, courbé en deux pour éviter la balle. Entre-temps, plusieurs hommes avaient surgi de l'autre côté du chemin. Une bruyante détonation retentit, puis une deuxième et une troisième. Blake et Mir Aziz tiraient tous les deux sur les bandits. On avait clairement voulu nous tendre une embuscade à la hauteur de l'arbre abattu. Par chance, nous nous étions arrêtés avant, si bien que nos chevaux avaient suffisamment de place pour manœuvrer. Cela nous donnait un avantage sur nos assaillants. Je voyais Mir Aziz utiliser son fusil comme une baïonnette avec une force et une dextérité impressionnantes. Armé de son *tulwar*, Blake fit une longue entaille en travers de la joue d'un homme. La bataille tournait en notre faveur. Mon second agresseur tenta encore de saisir mes rênes. Il les manqua et je lui donnai un coup de pied. Il m'assena alors un violent coup à l'épaule à l'aide d'un long pieu. J'avais dégainé mon pistolet mais, sous l'effet de la douleur, je le lâchai, et il se jeta sur moi, brandissant son bâton. Au lieu de résister, je me laissai glisser de ma monture et j'atterris à côté de mon arme. Lorsqu'il fit le tour de mon poney affolé pour m'achever, je l'attendais, mon Collier à la main. Le coup de feu lui emporta le visage. Je me relevai et regardai autour de moi. Deux autres brigands étaient à terre. Samir avait un homme étendu à ses pieds et en repoussait un second. Blake en avait deux sur lui. Je me précipitai à la rescousse et transperçai de mon sabre celui qui me tournait le dos, songeant que c'étaient des méthodes peu dignes d'un gentleman que je n'aurais pas cru devoir employer un jour. Je n'avais jamais passé quelqu'un au fil de l'épée et ce n'était pas très agréable. La lame traversa ses côtes et il s'affaissa comme une outre percée. Blake poignarda le second dans le ventre. Voyant leurs compagnons à terre, les autres s'enfuirent sans demander leur reste.

Samir me rejoignit en quelques enjambées, me tapota l'épaule avec un grand sourire et agita sa baïonnette en l'air.

« *Shaabaash* », dit-il – bravo –, sans que je sache si c'était à moi ou à lui qu'il faisait référence.

Cinq bandits étaient morts et on entendait les cris et les galopades de leurs complices diminuer tandis qu'ils s'enfonçaient dans la jungle. Nous étions harassés, mais entiers et à peine égratignés. Suivant les herbes piétinées à travers les arbres, nous trouvâmes cinq chevaux et les restes d'un feu. Nous attachâmes les animaux ensemble et ils rejoignirent les nôtres.

« Ils étaient à cheval, mais ils avaient du mal à nous suivre, fit remarquer Mir Aziz d'un air satisfait. Ils se battent à pied, ils ne sont pas aussi bons cavaliers que nous et nous avons pris le dessus.

— Les routes autour de Jabalpour ont la réputation d'être assez sûres, ajoutai-je. Nous avons vraiment joué de malchance.

— Ce n'est ni une question de chance ni un accident, déclara Blake. Ils nous suivaient depuis deux jours.

— Pensez-vous réellement qu'on les a envoyés délibérément à notre poursuite ? Ils n'ont pas été très efficaces.

— Nous étions bien préparés. Mir Aziz, Samir et moi sommes habitués à nous battre et vous vous êtes bien débrouillé. Très bien débrouillé.

— Mais qui voudrait notre mort ?

— Quelqu'un à Jabalpour. Quelqu'un à Doora.

— Je suppose que vous allez suggérer que le commandant Sleeman essaie de nous tuer, dis-je, l'irritation et l'incrédulité me faisant hausser le ton. C'est ridicule. »

Blake grogna.

« Non, déclara gravement Mir Aziz, contredisant Blake pour la première fois. Je ne crois pas. Nous sommes un petit groupe, nous sommes pressés. Ils voient un officier de la Compagnie, le chote sahib qui porte un uniforme. Ils se disent : urgent. Ils pensent : argent. Ils nous suivent un jour et une nuit. Ils attaquent. Rien de plus. »

Blake ne répondit pas, néanmoins, il était évident qu'il n'était pas convaincu.

Il n'était pas question de prendre les corps ni de les enterrer. Nous nous contentâmes de les traîner au bord du chemin, avant de repartir aussi vite que possible. Blake fit halte au premier village pour avertir le chef. Ce soir-là, nous campâmes dehors. Personne ne reparla de l'attaque.

Le sixième jour, la route commença à se peupler d'autres voyageurs. Mir Aziz apprit d'un groupe de joyeux drilles que Doora célébrait le septième anniversaire du prince héritier. Doora étant le plus grand royaume de la région, ce serait une fête somptueuse.

« Vous n'avez jamais vu de noble hindou, je parie, fit Blake, de bien meilleure humeur.

— J'ai vu les *babus** de Calcutta. Quelques-uns.

— Aucun rapport. Ils vous ont peut-être paru exotiques, mais les marchands et les *zamindars* de Calcutta sont à demi européens aux yeux des souverains des États princiers. Surveillez vos manières. »

Je le toisai, imperturbable.

« Vous voulez me donner une leçon de bonnes manières ?

— En ce qui concerne l'étiquette du pays, oui. Nous gagnerons à être courtois et je compte sur vous. Prenez garde à ne toucher personne à la cour, sauf si on vous le demande expressément. Ne mangez ni ne buvez rien après un invité indigène. N'affichez aucune curiosité au sujet des zénanas. Ôtez vos chaussures quand on le requiert. Et enfin préparez-vous à vous sentir insulté et résolvez-vous à faire tout votre possible pour ne rien en laisser paraître.

— Pourquoi me sentirais-je insulté ?

— Vous avez entendu le commandant Sleeman. Notre visite ne sera certainement pas vue d'un bon œil. »

J'insistai pour qu'il me donne plus d'explications. Il répliqua que je l'apprendrais bien assez tôt.

« Que disent vos présages concernant notre séjour à Doora ? demandai-je à Mir Aziz.

— Ils sont partagés, répondit-il, conscient que je le taquinais. J'ai entendu le cri d'un chacal solitaire la nuit dernière. Mais j'ai vu aussi un corbeau noir à gauche de la route. Et c'est bon signe. »

Doora nous apparut sous un ciel brumeux bleu pâle. La ville se dressait au bout d'une vaste plaine verte, la rivière s'élargissant pour former un lac devant ses murs lointains. Un peu avant d'arriver, Blake nous obligea à nous arrêter près d'un petit réservoir d'eau et d'un temple en ruine. Nous revêtîmes des tenues plus officielles : lui passa un habit noir, et moi un uniforme que Samir s'était efforcé de rendre aussi présentable que possible. Blake demanda à Mir Aziz de nous raser, mais il garda une petite barbe et une moustache. La porte de la ville était un amas de briques cassées et de plâtre qui s'effritait. De part et d'autre se tenaient des soldats indigènes en veste de soie, armés de *tulwars*. Autour de nous circulait un flot constant d'habitants portant des paniers de bambou, des fruits et du bois.

M. Crouch-Symington était un petit homme fatigué, transpirant et irrité. Des plis de contrariété striaient le visage jaunâtre du résident, ainsi qu'on appelait le diplomate britannique représentant la Compagnie à la cour du rao. Sa bouche pincée formait une grimace maussade. Il sembla plus exaspéré qu'horrifié à la nouvelle de notre attaque.

« Je dois dire que cela n'aurait pu arriver à un pire moment, répéta-t-il. À coup sûr, les ministres du rao vont prendre cela pour une provocation. Et on ne peut rien faire. Les coupables ne seront jamais retrouvés. J'ai le plus grand respect pour le commandant Sleeman, mais la venue d'officiers du département du thuggisme à Doora me placerait dans une position intenable. »

Ce n'était pas le pire. Manifestement, nous n'étions pas à la hauteur.

« Excusez ma franchise, monsieur Blake, mais si la Compagnie voulait envoyer une véritable délégation au rao, elle aurait pu faire mieux. Au moins un lieutenant-colonel, un commandant, ou un fonctionnaire de rang supérieur, sans parler des serviteurs. Vous connaissez ces roitelets indigènes ! Ils s'attendent à recevoir un dignitaire avec une suite importante. Il est très regrettable que vous n'ayez pas avec vous de détachement militaire. Et pas de cadeaux ! Vous n'êtes pas sans savoir qu'ils comptent sur des cadeaux. Et ne parlons pas du moment que vous avez choisi : une catastrophe. Nous sommes en pleine célébration de l'anniversaire du prince héritier. J'attends un certain nombre d'Européens distingués qui séjourneront à la résidence.

— Monsieur Crouch-Symington, ainsi que je vous l'ai expliqué, il s'agit d'une mission confidentielle organisée dans l'urgence. La rapidité était essentielle. Le luxe et l'opulence n'étaient donc pas de mise, et pour tout dire inenvisageables. »

Blake avait retrouvé ses manières d'homme de la Compagnie, mais il affichait une certaine désinvolture, de l'insolence presque, lorsqu'il s'adressait au résident qui se tortillait nerveusement sous son regard perçant.

« Peut-être devriez-vous lire ma lettre de recommandation du palais du gouvernement. »

Blake lui présenta une enveloppe froissée et jaunie.

Le résident se frotta les yeux et la contempla comme si elle dégageait une odeur nauséabonde. Il sortit un pince-nez qu'il écrasa sur son petit appendice mou et entreprit de l'étudier.

« C'est très court. Très peu informatif. Je vais voir ce que je peux faire, ajouta-t-il en relevant la tête. Mais je ne peux pas vous promettre que le rao vous accueillera à bras ouverts. Vishwanath Singh est quelqu'un de très difficile. »

Il baissa la voix, jetant des regards suspicieux aux cinq ou six porteurs qui s'affairaient dans les coins de la pièce.

« Il est sournois. On ne sait jamais ce qui se passe réellement à la cour. La *bégum**, sa mère, a beaucoup trop de pouvoir. Quant au rao lui-même, c'est un païen sans vergogne et un débauché. Il va falloir que je lui parle du nombre de ses épouses et de ses *bibis*.

— J'ignorais que la Compagnie s'occupait de ce genre d'affaires, dit Blake en se grattant l'oreille. Vous êtes à Doora depuis longtemps ? »

Je connaissais ce ton. Il pensait que le résident était un imbécile. Celui-ci lui lança un regard noir.

« J'estime que c'est mon devoir de chrétien de l'instruire. Je suis ici depuis neuf mois, puisque vous me posez la question. Et je dois dire que j'ai du mal à croire que votre mission mérite de s'entourer d'un tel secret. Franchement, il est crucial que nos relations avec le rao s'améliorent. Mes invités de la Compagnie viennent expressément pour apaiser la situation. J'ai besoin que vous me promettiez que vous n'allez pas créer de problème.

— Soyez sûr que je ferai de mon mieux, mais je ne peux rien garantir. J'ignore comment le rao accueillera ma requête. »

Le résident le regarda avec irritation.

« Ma foi, si la lettre de la Compagnie au rao est à l'image de celle que vous m'avez présentée, je doute qu'il accepte de vous recevoir.

— Je pensais que c'était votre travail de faire en sorte qu'il accepte. »

L'homme grimaça, son visage si froissé que je me demandai s'il reprendrait un jour sa forme initiale.

« J'aurais dû être informé de votre visite il y a des semaines, bougonna-t-il. La coutume veut que les délégations officielles soient accueillies à la frontière de l'État et escortées par les soldats du rao jusqu'au palais. Mais peut-être l'ignoriez-vous.

— Ainsi que je vous le disais, monsieur Crouch-Symington, nous ne sommes pas ce genre de délégation et nous devions aller vite, ce qui n'était pas compatible avec le décorum habituel. Cependant, je peux vous assurer que j'ai voyagé en tel équipage à travers tout le nord du pays et au Pendjab, et que je n'ai jamais rencontré de problème pour obtenir une audience auprès d'un souverain. »

L'homme fit une moue dubitative.

« Je peux vous loger deux nuits à la résidence. Après, vous devrez aller ailleurs. Nous serons complets pendant les célébrations. À présent, j'ai beaucoup à faire et je crains de ne pouvoir vous accorder plus de temps. Je vous communiquerai la réponse concernant votre audience. Le *khansaman* va vous montrer vos chambres. Vos cipayes pourront dormir à l'étable. Je vous salue. »

Il se tourna, aboya des ordres à l'un des serviteurs et sortit avec un petit signe dédaigneux.

« Et vous me demandiez d'être courtois ? lançai-je, incapable de me contenir plus longtemps. Pourquoi ne pas lui avoir dit que nous cherchions Mountstuart ?

— Cela n'aurait fait aucune différence. »

Bien que Blake ne se fût pas montré très poli, j'étais surpris et déçu de l'accueil du résident britannique. Après tout, nous étions des émissaires du palais du gouvernement. Blake, en revanche, ne semblait pas autrement étonné. Bien entendu, je n'eus droit à aucune explication. Mais je le soupçonnais d'être satisfait. Je me demandais même s'il n'était pas responsable de la discourtoisie du résident : peut-être avait-il omis de lui montrer un papier essentiel. En fin d'après-midi, cependant, nous reçûmes une convocation pour le lendemain. C'était la première fois que j'étais invité à la cour d'un prince indien. J'écartai mes soupçons et je me préparai à la visite.

Nous nous présentâmes devant une longue forteresse blanche. Une galerie bordée d'arcades élégantes courait tout autour du deuxième étage. Le palais m'évoquait un grand vaisseau. Un vaisseau agrémenté de petites rotondes blanches et de dômes, avec une balustrade classique, des temples hindous miniatures et un luxuriant jardin exotique où frémissaient des palmes et des frondes. Cela donnait à l'ensemble un aspect à la fois désordonné et très vivant.

D'imposants piliers de grès rouge encadraient l'entrée monumentale. Ils étaient gravés de danseuses, de chameaux et de serpents aux écailles apparentes. Sur le linteau, deux poissons moustachus se regardaient. Les immenses battants de chêne dont la peinture verte pelait étaient fermés par d'épaisses barres de fer. Devant se tenaient quatre gardes portant la livrée du rao : robes de soie rose et *churidars** verts, cotte de mailles et casques à pointe rutilants. Ils semblaient tout droit sortis d'un poème de Mountstuart.

Mir Aziz descendit de cheval pour leur parler. Il avait tout de l'émissaire oriental avec sa barbe huilée et crêpée, son gilet brodé sur une *kurta* d'un blanc immaculé et ses babouches dorées pointues. Les gardes nous toisèrent avec indifférence et ouvrirent lentement les portes. L'un d'eux lança un appel, tandis qu'un autre nous invitait à avancer. Une cour immense s'étendait devant nous, avec en son centre un vieux banian majestueux dont les racines aériennes formaient un rideau brun qui tombait jusqu'au sol. Des centaines d'hommes arborant les couleurs du rao s'affairaient. De près, les murs de la forteresse avaient le même aspect moisi que les bâtiments de Calcutta.

Un palefrenier nous invita à confier nos chevaux à des garçons d'écurie et nous laissa entre les mains de deux indigènes, tous deux vêtus d'une longue robe blanche nouée à la ceinture par une écharpe rouge et or. Après avoir franchi une porte plus modeste gardée par deux soldats lourdement armés, nous traversâmes une petite cour bordée d'arbres soigneusement taillés pour pénétrer dans une antichambre verte haute de plafond. Là, deux personnages vêtus de longues vestes brodées de rose qui leur enserraient étroitement le torse et les bras, et dont le bas formait une manière de jupe plissée, nous conduisirent jusqu'à un merveilleux jardin clos entouré d'arcades aux colonnes ouvragées. Je remarquai des haies carrées, quatre bassins en forme de larme, des plates-bandes de fleurs orange semblables à des soucis, des arbustes et des palmiers en pot aux feuilles épaisses. Au centre, sur une pièce d'eau circulaire, flottaient des lotus rose foncé.

Quatre paons splendides se pavanaient dans les allées et des petites perruches vertes voletaient parmi les branches. Une fois encore, j'eus l'impression de pénétrer dans l'un des poèmes de Mountstuart. À l'autre bout du jardin se trouvait un passage qui menait à une nouvelle antichambre sombre, avec de grandes portes de bois noir à travers lesquelles nous parvenait un brouhaha. Suivant l'exemple de Blake, j'ôtai mes bottes, puis un serviteur versa de l'eau parfumée sur nos mains.

« Souvenez-vous, murmura Blake, imitez-moi en tout point. Lorsque les sujets du rao se prosterneront, nous plierons un genou et courberons la tête. C'est le protocole de la Compagnie. Et, quoi qu'il arrive, ne trahissez jamais la moindre irritation. »

Avant que je puisse lui demander des détails, les grands battants s'écartèrent et l'on nous invita à pénétrer dans un vaste hall où des indigènes vêtus de couleurs vives, tous pieds nus, se pressaient contre les murs. Nous nous arrêtâmes à l'entrée, face à une estrade où se trouvait un trône bas. Nous étions les seuls Européens mais, hormis quelques curieux qui nous dévisagèrent ouvertement, la plupart nous ignorèrent. J'examinai cette nouvelle pièce avec intérêt. Je n'avais jamais rien vu de tel. La partie inférieure des murs était décorée de bandes jaune moutarde et vert sapin. Au-dessus, derrière des arcades festonnées rechampies d'un filet d'or, s'entremêlaient des tiges, des vrilles et des fleurs peintes. D'énormes piliers de bois ornés d'incrustations et de reliefs se dressaient à chaque extrémité de la pièce et deux lustres étincelants pendaient au plafond. Sur le trône en argent repoussé, un de ces sièges bas appelés *gaddi**, était posé un gros coussin de soie bleue. Deux lions d'argent à la queue enroulée montaient la garde devant le trône, chacun tenant dans une patte ce qui ressemblait à une massue. Entre eux, un tapis de velours rouge.

« Que font ces lions ici ? murmurai-je à Blake.

— Les princes indiens ne se distinguent pas par leur originalité. Tous se font appeler Singh, ce qui signifie lion. »

Quelques minutes plus tard débutait un genre de procession. Deux hommes émergèrent d'une arche sur le côté, frappant sur un tambour, suivis d'un corpulent personnage coiffé d'un large turban de soie orange qui marchait très lentement, puis de porteurs tenant des piques et des éventails de plumes géants. Derrière eux apparurent de riches indigènes couverts de bijoux et vêtus d'amples pantalons brodés, leurs *tulwars* glissés dans des fourreaux ouvragés. D'autres les rejoignirent, un long bâton à la main, escortés de serviteurs portant des éventails et de grandes tapettes à mouches. Enfin, entouré d'une cohorte de soldats, de domestiques et de dignitaires habillés de soie, apparut un homme mince et délicat à la tenue étincelante. Chaussé de babouches dorées pointues – les seules chaussures dans la salle –, il avançait d'un pas mesuré, sans accorder le moindre regard à la foule. Il dédaigna le trône pour s'asseoir sur le tapis, entre les lions. L'indigène rondouillard au turban orange s'approcha de l'estrade et s'agenouilla laborieusement avant de s'aplatir contre le sol. Le reste de l'assemblée l'imita. Blake plia un genou et courba la tête. Je fis de même, m'efforçant d'entrapercevoir le rao. Au bout de quelques instants, il leva la main et, d'un air las, fit signe à la multitude de se relever.

L'homme au turban orange se redressa maladroitement, suivi par la foule. Il s'adressa alors à la salle d'une voix profonde et sonore. Il était évident qu'il connaissait son discours par cœur et que l'assistance l'avait déjà entendu, car personne ne semblait très attentif. Il parla assez longtemps et j'en profitai pour étudier la scène. Ce devait être une sorte de grand vizir. Il arborait un lourd collier d'or sur sa robe brodée. Il s'exprimait avec beaucoup de conviction et faisait des gestes pleins d'emphase. Le rao Vishwanath Singh, lui, était beaucoup plus jeune. Il avait une petite moustache en crocs et une courte barbe taillée avec soin. Il portait un large turban bordeaux, un pantalon de soie de la même teinte et une longue tunique brodée blanc et or. Mais ce n'était rien à côté des pierreries : il étincelait de la tête aux pieds. Sur son turban scintillait un joyau en forme de flamme courbe incrusté de diamants et d'émeraudes, terminé par un petit rideau de perles. Il portait également plusieurs rangs de perles à son cou, si nombreux que l'on distinguait à peine les fines broderies de son manteau. Des pierres précieuses brillaient à ses oreilles, des bagues serties de rubis ornaient ses doigts et sa robe était tenue par une ceinture d'émeraudes. Sous ces luxueux atours, le corps était mince et pâle. Lorsque je le regardai à la dérobée, j'eus l'impression qu'il endurait la cérémonie avec une irritation mal dissimulée.

Le ministre se tut et un autre homme avança, grand, le visage allongé, les yeux creusés et cernés. Il tenait un parchemin et une plume. On apporta un pupitre. Il prononça quelques mots. J'imaginai que notre tour était venu et je regardai Blake attentivement, guettant un signe. Mais un indigène robuste accompagné d'un jeune garçon de onze ou douze ans se détacha de la foule et s'agenouilla devant le rao. Il parlait avec véhémence, désignant à maintes reprises l'enfant. Il avait manifestement des griefs à exposer et exigeait réparation. Les échanges entre le scribe et lui n'en finissaient pas. Enfin, le ministre prit la parole, le prince hocha la tête et l'homme se retira, déçu, mais pas réellement surpris. Le scribe nota quelques mots. Une fois de plus, alors que je croyais qu'on allait nous appeler, un indigène s'approcha et s'inclina profondément. Puis un autre et encore un autre. Tandis que les doléances s'enchaînaient, je me persuadai que l'assistance murmurait au sujet de l'affront flagrant qui nous était fait. Je jetai un regard à Blake. Il était immobile, son expression presque sereine. À côté de nous, Mir Aziz était raide comme un piquet ; en revanche, j'étais sûr que Samir piaffait derrière moi. Pour ma part, je bouillais intérieurement.

C'était un défilé incessant qui me parut durer des heures. Le rao n'ouvrait pas la bouche, se contentant de hocher la tête de temps en temps avec un air d'ennui infini. Enfin, le scribe adressa un geste à Mir Aziz et ils conférèrent. Le rao posa des yeux froids sur nous. Blake s'agenouilla et je l'imitai. Il y eut un silence. Le rao ne nous invitait pas à nous relever. Blake se tourna vers le ministre, qui regarda nerveusement son maître avant de nous convier d'un geste à nous redresser. Blake se mit à parler dans une langue mélodieuse et rythmique que je supposais être du persan. L'homme au turban orange hocha la tête avec hauteur.

De sa poche de poitrine, Blake tira une enveloppe blanche munie de sceaux foncés. Mir Aziz la prit et la tendit au scribe. Après s'être entretenu avec le ministre, celui-ci entreprit de l'ouvrir avec une cérémonie un peu ridicule et en sortit la lettre qu'il déplia solennellement. Il l'examina, puis murmura quelques mots à l'homme au turban orange d'un ton pressant. Blake baissa les yeux et se mit à parler d'une voix calme et distincte. Le ministre leva la main pour l'interrompre et prit la feuille. Blake se tut. Alors le rao, qui était nonchalamment étendu, s'assit en tailleur et indiqua qu'il souhaitait la lire. On aurait entendu une mouche voler. Tirant un carré de soie de sa ceinture, le ministre s'en enveloppa la main – je constatai alors que les ongles de ses pouces étaient ridiculement longs – et la présenta au souverain. Celui-ci l'examina. Il se gratta le nez délicatement, puis nous regarda comme si rien ne lui aurait fait plus plaisir que de nous voir subir quelque torture raffinée. Le ministre qui jusque-là affichait un air diplomatique avait une mine offensée. Il grimaçait avec un mécontentement évident. Blake parla de nouveau. Nous attendîmes dans un silence pesant pendant de longues minutes. Le rao prononça deux mots. Un bruissement embarrassé se propagea dans la salle. Le ministre sourit, mais ses yeux restèrent froids lorsqu'il répondit à Blake. Je n'avais pas besoin de comprendre la teneur de ses paroles pour savoir qu'elles étaient cinglantes. Blake s'inclina de nouveau et, à reculons, reprit sa place. Le rao se leva et quitta rapidement la salle, escorté de sa suite. Le reste de l'assemblée sortit en rang de deux ou trois par une autre antichambre sur le côté, s'appliquant à nous ignorer.

J'étais offusqué et amèrement déçu, néanmoins, j'avais promis de ne rien laisser paraître et j'emboîtai docilement le pas à Blake. À présent, le jardin me semblait froid et étranger, les cris des paons perçants et inquiétants. Nous regagnâmes la cour du palais pendant que Samir allait chercher les chevaux.

« Comment ont-ils pu nous traiter de la sorte ? Nous faire attendre comme des moins-que-rien ! Nous congédier sans explication ! Insulter publiquement la Compagnie ! Mais vous le saviez, vous l'aviez prévu !

— Il n'y avait pas grand-chose à faire. Ils étaient déjà mal disposés à notre endroit. Buchanan a une mauvaise opinion du rao et Jabalpour voit en lui un ennemi. Cet imbécile de résident n'a sans doute rien arrangé. À la place de Vishwanath Sing, j'aurais pris sa nomination comme un affront. Et nous sommes une délégation modeste : je n'ai pas de véritable rang dans la Compagnie et vous n'êtes que lieutenant. Le rao et ses ministres en ont déduit qu'il pouvait nous insulter en toute impunité, tant qu'il est tout miel avec les invités de qualité du résident. Je crains aussi que notre lettre de recommandation n'ait été encore plus abrupte que je ne le suspectais. En résumé, nous étions les candidats idéaux pour cette petite scène. L'objet de l'audience était de nous montrer qu'il était en colère et qu'il ne fallait rien attendre de lui tant que les relations entre la Compagnie et lui seraient ce qu'elles sont.

— Lui avez-vous dit que nous cherchions Mountstuart et que les thugs ne nous intéressaient pas ?

— J'ai essayé, mais il n'a rien voulu entendre. Ou, plus précisément, il m'a ignoré quand j'ai mentionné son nom.

— Pourquoi la lettre du palais du gouvernement serait-elle abrupte ?

— C'est une bonne question à laquelle je n'ai pas de réponse satisfaisante, si ce n'est que Calcutta a souvent du mal à plier, même quand ce serait la meilleure solution d'un point de vue diplomatique. »

Je soupirai.

« Donc le rao nous insulte et nous congédie. Nous n'avons aucune raison de penser que Mountstuart est venu ici, à moins, bien sûr, que vous ne sachiez des choses que j'ignore. »

J'attendis quelques instants, mais il ne mordit pas à l'hameçon. Il avait l'air presque trop innocent pour être honnête.

« Qu'est-ce qui vous fait croire que Mountstuart est passé ici ? demandai-je sur un ton presque suppliant.

— Un simple sentiment. Allons, faites contre mauvaise fortune bon cœur, Avery », ajouta-t-il en voyant mon air abattu.

Mais je n'étais pas d'humeur.

« Que diable allons-nous faire, à présent ?

— Profitons des festivités. »

Nous quittâmes la résidence dès le lendemain, non sans soulagement. Le lieu avait quelque chose de déprimant, et la mine perpétuellement constipée de M. Crouch-Symington n'y était pas pour rien. Mir Aziz nous avait trouvé des chambres proches du palais, dans un vieux bâtiment appartenant à un marchand indigène. Blake affirmait que les rares logements européens étaient réservés depuis longtemps. L'exotisme des lieux me procura un plaisir secret, avec ses hautes fenêtres en ogive, ses anciens tapis brodés, ses coussins, et l'odeur entêtante des parfums orientaux : épices, poussière, encens. Cependant, en ce qui concernait Mountstuart, nous étions bel et bien dans une impasse. Blake semblait presque joyeux, pourtant. Une fois nos quelques affaires déménagées, il se prépara à sortir. Il enfila une longue robe par-dessus ses habits indiens et enroula un turban autour de sa tête. Avec sa moustache et son début de barbe, il aurait pu passer pour un indigène.

« Vous souhaitez que je me rende utile. Ne voulez-vous pas que je vous accompagne ? demandai-je.

— Non. »

Il émanait de lui une impatience presque palpable que je trouvais très suspecte. Mollement étendu sur mon *charpai*, j'examinai mon bras et les petites croûtes à la place des points de suture, ouvrant et fermant mon poing, mes livres tout autour de moi. J'étais l'image même de la lassitude. Mais à peine avait-il franchi la porte que je bondis sur mes pieds. La ruelle grouillait de monde : les hommes en *dhoti* ou en longue robe flottante, rouge, orange ou bleue, les femmes en sari de couleurs vives, la tête et parfois le visage couverts. Des enfants gambadaient et criaient, tenant à la main des friandises poisseuses dans lesquelles ils croquaient de temps en temps. Je me perdis presque immédiatement, cependant, j'étais persuadé que je finirais par tomber sur le bazar, ce en quoi je ne me trompais pas.

Je trouvai Blake à un étal de *paan* en compagnie de Mir Aziz. Une foule s'était rassemblée autour d'eux. Je me postai près d'une marchande de récipients en cuivre, lui donnant quelques pièces pour qu'elle me laisse me tenir à l'ombre de son échoppe. On avait installé une planche sur des tréteaux, avec un traversin à une extrémité. Un indigène était allongé dessus. À côté étaient assis deux autres hommes, à qui Blake administra une petite boulette d'une substance que je soupçonnais être de l'opium. La foule tout autour bavardait et examinait les fioles et les sachets.

Alors, d'un geste élégant et précis, Blake produisit une grande besace souple qu'il donna à Mir Aziz. Je ne voyais pas ce qu'elle contenait, néanmoins, je présumai qu'il s'agissait d'instruments. Blake empoigna l'homme par les épaules pour le maintenir couché. Mir Aziz sortit une longue aiguille recourbée et plaça sur son nez des lunettes que je ne lui connaissais pas, avant de se pencher sur son patient. Il lui souleva la paupière et planta l'aiguille. Je retins mon souffle, comme tout le monde autour d'eux. L'homme, sans doute bourré d'opium, ne cilla pas. De ma place, je voyais seulement que Mir Aziz semblait taillader l'œil de l'indigène, devant un public fasciné. Puis il le lava avec ce qui devait être du *ghee* fondu, et passa à l'autre œil. Une fois qu'il eut terminé, son patient s'assit, leva les mains au ciel et cria de joie et d'émerveillement. Deux hommes s'avancèrent pour l'aider, mais il les écarta et se mit maladroitement sur ses pieds en poussant des exclamations. On parlait avec animation et la foule se resserra autour de lui, si bien que je ne vis plus rien. Lorsqu'elle se dispersa, l'homme avait disparu. Un autre candidat se présenta. Mir Aziz répéta la procédure à trois reprises et chaque fois les spectateurs poussaient un petit cri quand il plantait l'aiguille.

Assiégés par une foule enthousiaste, Blake et Mir Aziz ne pouvaient pas bouger. Mais, une fois les badauds dispersés, ils continuèrent de discuter avec le vendeur de *paan* et d'autres marchands. Puis Blake alla trouver le barbier un peu plus loin pour se faire raser. Sans jamais cesser de bavarder. À présent, je me souvenais de toutes les fois où il nous avait quittés mal rasé pour revenir la peau glabre. Enfin, il se dirigea vers une autre échoppe drapée d'épaisses cotonnades rouges qui semblait n'avoir rien à vendre. À l'intérieur se tenait une vieille femme édentée. Il sortit quelque chose qu'il lui présenta avec une petite inclinaison du buste. Elle prit ce qu'il lui tendait en caquetant et ils se mirent à parler. Jamais je n'avais vu Blake aussi à son aise.

Je me résolus à regagner notre logis. En chemin, je croisai plusieurs groupes d'Européens, dont une dame brune enveloppée de plusieurs épaisseurs de mousseline, qui examinait un étal de soie, entourée de sa suite. Elle ne chercha pas à masquer sa curiosité à ma vue. Dans d'autres circonstances, je me serais présenté, mais je voulais rentrer avant Blake. Je me contentai donc de lui adresser un petit hochement de tête poli. Blake arriva quinze minutes après moi, avec deux paires de bottes du Bundelkhand* et un flacon d'une huile soi-disant souveraine contre les rhumatismes. Il était d'excellente humeur.

« Ainsi, vous allez au bazar pour vous faire raser, alors que Mir Aziz est barbier ! » lançai-je.

Il se tourna vers moi.

« Car, qui connaît mieux les ragots qu'un barbier ? poursuivis-je.

— Le spectacle vous a plu ?

— J'ai vu Mir Aziz exécuter un étrange rituel à l'aide d'une aiguille qu'il plantait dans les yeux des indigènes. Cela semblait extraordinairement dangereux.

— Il ne les perce pas. Il soigne la cataracte. Il rend la vue aux gens. C'est une pratique ancienne et respectée. Elle "ouvre des portes", dit-on.

— Pourquoi ne pas m'avoir emmené ?

— Vous ne m'êtes d'aucune utilité au bazar.

— Il est vrai que j'ai du mal à comprendre l'attraction qu'il exerce sur vous.

— Réfléchissez. Les informations, les vérités et les mensonges : tout passe par le bazar. Où ai-je entendu parler de la machine à briser les os pour la première fois, à votre avis ?

— Dans ce cas, pourquoi ne pas m'avoir emmené ? Mon autorité et mon uniforme auraient peut-être délié les langues.

— Avery, dit-il avec un soupir, pour la plupart des indigènes, la Compagnie ne représente rien. On croise très peu d'Européens, ici. Rappelez-vous, Mir Aziz n'en avait jamais vu avant l'âge de, je ne sais plus, seize ans ? À leurs yeux, nous sommes un fardeau qu'ils préfèrent ignorer. Plus vite vous le comprendrez, mieux ce sera. Si vous vous tenez toujours derrière moi dans votre veste militaire rouge, les mots mourront dans leur bouche. Au bazar, vous ne m'êtes d'aucune utilité. Je parle l'hindoustani de la rue et le marathi – et une demi-douzaine d'autres langues – mieux que n'importe quel Européen. Dans le temps, je connaissais tous les barbiers et les marieuses entre Calcutta et Lahore : les meilleurs colporteurs de nouvelles de toute l'Inde. Quelques-uns se souviennent de moi. Et en plus, j'aime être avec eux », conclut-il d'un ton sardonique.

Grinçant des dents, je pris un de mes livres.

« Ce n'est pas de votre faute, ajouta-t-il au bout d'un moment. La Compagnie encourage les nouveaux arrivants à fuir le contact des indigènes.

— Je vous remercie. Alors, quels trésors de renseignements avez-vous découverts aujourd'hui ?

demandai-je, m'efforçant de ne pas laisser transparaître mon irritation.

— Demain, il y aura une exécution publique avant le début des festivités en l'honneur du prince héritier. C'est inhabituel : normalement, les gouvernants aiment faire étalage de leur clémence à l'occasion des célébrations. Mais le condamné a pénétré dans la chambre du rao et a tenté de le tuer il y a à peine deux semaines. Tout n'est pas paisible au royaume de Doora. La cour est la proie de factions rivales. Le rao est plutôt apprécié – sa mère, l'ancienne régente, est très aimée –, mais il y aurait plusieurs *sardars** de son entourage qui se verraient bien sur le trône. On dit que l'assassin est à la solde de l'un des princes, bien qu'on ignore lequel. Vishwanath Singh est inquiet, car il n'a pas de fils. Tout le monde s'attend à une autre tentative de meurtre avant l'intronisation officielle de l'héritier.

— Comment ça, il n'a pas de fils ? L'héritier ne fête-t-il pas son septième anniversaire ?

— Non. Le rao a une ribambelle de femmes et de concubines, mais pas de descendance. Il a adopté un cousin : c'est une pratique courante chez les princes indigènes, quand ils n'ont pas de fils. Cependant, l'enfant ne deviendra officiellement l'héritier qu'après le rituel qui aura lieu dans quelques jours, lorsqu'il sera initié dans sa caste et sa religion. Si le rao meurt avant, tout le monde sait ce qui arrivera.

— C'est-à-dire ? »

Il fit un geste impatient.

« La Compagnie entrera dans la ville et prendra le pouvoir. Elle placera sur le trône une marionnette et ce sera la fin de l'indépendance. Vous avez l'air surpris, pourtant, elle le fait tout le temps, au nom de la sécurité, de la stabilité ou de l'ordre. Et elle déteste tout particulièrement le rao. Au bazar, on raconte que la Compagnie a au moins un de ses rivaux dans sa poche, et peut-être même tous.

— Je n'en crois pas un mot !

— Ce ne sont peut-être que des ragots. Mais cela expliquerait la haine du rao. Voilà ce que j'ai appris au bazar, lieutenant.

— Et avez-vous découvert quoi que ce soit au sujet de Mountstuart ?

— Rien. »

Blake décréta qu'il fallait assister à l'exécution. Je ne m'en réjouissais guère, néanmoins, je l'accompagnai. Nous étions manifestement les seuls Européens et notre présence attira l'attention au début, mais la foule ne tarda pas à nous oublier pour se concentrer sur l'événement qui se préparait. Les grandes portes rouges du palais livrèrent le passage à un éléphant, mené par son *mahout*. Les hommes du rao écartèrent la populace devant lui. L'animal se tenait à gauche de la porte. Les spectateurs ne cessaient d'envahir l'espace et les gardes de les repousser. Une mince colonne de soldats armés de fusils sortit alors de la forteresse. Je découvris avec surprise qu'elle était dirigée par un Européen.

« Qui est-ce ? murmurai-je.

— Ce doit être le grand maître de l'artillerie du rao ou quelque chose de ce genre. Les princes engagent souvent des Européens pour former leur armée. Un ancien de la Compagnie, ou, plus probablement, un Français. »

La colonne se fendit en deux, révélant un pauvre hère enchaîné, escorté de deux soldats munis de baïonnettes. Des badauds poussèrent des cris de colère à sa vue. Le misérable était à peine conscient de l'endroit où il se trouvait. Il regardait autour de lui, silencieux et abruti, indifférent à l'énorme pachyderme devant lui. À Calcutta, tout le monde avait entendu parler des dirigeants indigènes qui employaient des éléphants pour exécuter les scélérats. On disait que certains laissaient les animaux torturer les condamnés pendant des heures. Mais je ne m'attendais pas à assister à une telle scène et je sentis mon estomac se soulever. Le plaisir secret que m'inspirait Doora depuis mon arrivée se dissipa d'un coup.

Les deux gardes entraînèrent l'homme qui ne leur opposa aucune résistance. On le força à s'agenouiller lentement, le dos à la foule et la tête face à l'éléphant. Puis on noua une corde entre ses fers et on vissa un gros anneau à une lourde pierre angulaire pour l'empêcher de bouger. On incita alors l'animal à avancer. Un soldat apparut avec un tambour. Une délégation de dignitaires habillés avec magnificence franchit les portes rouges. Je reconnus l'homme au turban orange et des *sardars* aperçus à l'audience. Ils formaient un petit groupe à la sortie de la forteresse et ne semblaient pas très heureux d'être là. Blake et Mir Aziz échangèrent quelques mots à voix basse.

« Qui sont ces personnes ? murmurai-je.

— Les chefs des différentes factions de la cour. Il y a le *diwan**, le Premier ministre du rao, expliqua-t-il en indiquant le dignitaire au turban orange. Il y a aussi le plus âgé des cousins du souverain et son principal *sardar*, l'homme le plus riche de Doora. Je ne connais pas les autres. »

L'éléphant leva une patte. Le *mahout* la repositionna au-dessus de la tête du condamné. Je détournai les yeux, retenant mon souffle. Il y eut un roulement de tambour et un craquement étouffé. Je ne décrirai pas la scène que je découvris lorsque je me retournai. Nous nous éloignâmes rapidement pour regagner nos logements.

« Eh bien, vous m'avez rappelé tout ce qui me révoltait dans ce pays, Blake.

— Voir un homme mourir ne me procure aucun plaisir. Mais était-ce pire que l'exécution de Jabalpour ?

— Je n'ai jamais assisté à un spectacle d'une telle barbarie. Ne vous avisez pas de faire de comparaison malvenue.

— Et pourquoi pas ? L'homme n'a sans doute rien senti et la chose a été réglée bien plus vite que dans le cas de ces pauvres misérables qui ont été pendus.

— Rien senti ! Dieu tout-puissant ! Sa cervelle éclaboussait la place ! Et il avait manifestement été torturé avant.

— Ce n'est pas si différent de Jabalpour, alors. »

Je me détournai avec dégoût.

« N'avez-vous pas remarqué qu'il avait été drogué ? insista Blake. Il était à peine conscient et la bête a été entraînée à tuer rapidement.

— Dieu tout-puissant, Blake. Si vous détestez tant la Compagnie, pourquoi continuer à travailler pour elle ? »

Il me regarda et passa la main dans ses cheveux.

Quelques heures plus tard, Mir Aziz nous apporta un message : nous étions conviés au banquet donné en l'honneur du prince héritier avec les invités du résident.

« Il ne pouvait se permettre de nous ignorer complètement, et un pot-de-vin bien placé a aidé nos affaires », commenta Blake d'un petit air satisfait.

Mir Aziz inclina la tête.

Le lendemain matin, nous nous présentâmes à la résidence à bord de deux palanquins de louage, avec Mir Aziz et Samir en guise de *khitmatgurs*, et nous prîmes place à la queue de la procession des invités de la Compagnie. Il y avait des chevaux et des litières, et une armada de serviteurs et de cipayes. La nouvelle de notre disgrâce nous avait sans aucun doute précédés, car personne ne fit la moindre tentative pour nous parler, bien que l'on ne se privât pas de nous observer à la dérobée. À la tête, je remarquai un officier supérieur de la Compagnie, un commandant qui chevauchait un splendide pur-sang arabe noir, et une somptueuse litière qui abritait sans aucun doute son épouse. Le résident, quant à lui, s'évertuait à grimper sur un éléphant de taille modeste surmonté d'un *howdah** vert et or. Il ne semblait pas très heureux.

Lorsque tout le monde fut prêt, notre cortège quitta la cour, rejoignant dans les rues d'autres luxueuses processions se dirigeant toutes vers le palais. Comme le premier jour, nous franchîmes les grandes portes rouges, mais cette fois on nous fit tourner à gauche vers les jardins où de vastes tentes avaient été dressées.

Nous descendîmes dans la cour où l'on nous demanda d'attendre l'arrivée du rao qui, d'après Mir

Aziz, faisait un tour de la ville avec le jeune prince avant le banquet. Des soldats apparurent bientôt, six de front, marchant au pas, portant casque à pointe et cotte de mailles, leur épée à la ceinture, le visage sévère. Suivaient des indigènes en vêtements brodés, certains armés de fusils, d'autres agitant des fanions rouge et or. Puis entrèrent des cavaliers coiffés de turbans écarlates rehaussés d'or, leurs chevaux également caparaçonnés de rouge et or, chacun surmonté d'un petit *howdah* d'argent. Derrière eux défilaient des musiciens soufflant dans de longues et fines trompettes de cuivre, des serviteurs portant de grands parasols à franges autour d'une cage à roulettes renfermant deux tigres clairs endormis et dix guépards tachetés filiformes, tenus en laisse par dix femmes tout aussi filiformes, vêtues de saris gansés d'or. De l'autre côté des portes, la foule poussait des cris de joie et d'admiration. Il y avait des éléphants, peut-être une vingtaine en tout, et deux d'entre eux, les plus impressionnants, fermaient la marche, une coiffe ornée de pierres précieuses sur la tête, les pattes entourées de chaînes d'or, tirant un grand char de bois écarlate enrichi de dorures. Tout autour, des serviteurs portaient des parasols dorés, des cannes d'argent, d'immenses éventails en plumes de paon et des tapettes à mouches rouges. Le rao trônait sur le char, inclinant la tête tantôt d'un côté, tantôt de l'autre ; à sa gauche était assis un jeune garçon et derrière lui se tenaient trois domestiques.

La procession ralentit et certains disparurent à l'intérieur du palais tandis que le reste s'arrêtait dans la cour. On déposa la cage à côté de la tente. Le rao et le prince, un enfant maigre au crâne rasé vêtu d'un *dhoti* blanc, avec une écharpe dorée en guise de ceinture et un lourd collier d'or autour du cou, descendirent lentement du char. Escortés de soldats et de courtisans, ils pénétrèrent dans la tente. Les différents groupes les suivirent à l'intérieur, chacun passant devant la cage des tigres. Lorsque notre tour arriva, je ne pus m'empêcher de contempler les fauves. J'étais fasciné. Leur pelage était si clair qu'il était presque blanc et leurs yeux étaient aussi bleus que des saphirs.

« Des tigres blancs ! murmurai-je à Blake. Je croyais que c'était un mythe. »

La tente était immense, ouverte sur un côté. Elle était tendue d'une étoffe cramoisie, brodée de fils d'or dessinant des motifs serpentins. Des tapis couvraient le sol. Au centre se trouvait un petit orchestre avec de longs instruments à cordes indigènes dont ils tiraient d'étranges sons nasillards.

Sur une estrade derrière eux, le rao et son héritier étaient assis en tailleur sur un tapis de velours. Les Européens avaient été installés sur des chaises basses à leur gauche. De l'autre côté du pavillon, à la droite du souverain, des centaines d'indigènes revêtus de leurs plus beaux atours parlaient avec animation. Environ un tiers de la tente à la droite du rao était isolée par un rideau percé de petits trous tiré entre des piquets de bambou. Le résident, le commandant, son épouse et les autres Européens – des fonctionnaires de la Compagnie à la mine hautaine, un genre que je connaissais bien – étaient les plus proches du rao. Nous étions placés aussi loin que des Blancs pouvaient l'être.

Un groupe de servantes, toutes fines et jolies, nous jetèrent des colliers de fleurs autour du cou et nous offrirent un petit bol de ce qui ressemblait à du porridge blanc.

« De la poudre d'amande pour vous laver les mains », me souffla Blake juste à temps, alors que je m'apprêtais à en porter une cuillère à ma bouche.

Une nouvelle volée de jeunes filles apporta des bols d'eau en argent pour nous rincer les doigts. Alors cinquante *khitmatgurs* nous servirent des plats dans d'autres récipients en argent : des currys et des pilafs, des viandes rôties, du riz aux amandes orné d'une feuille d'or et d'argent. Il y avait aussi des petites coupes de sorbet glacé. Blake prit aussitôt une boulette de riz avec ses doigts. Me voyant hésiter, un serviteur me fournit immédiatement une cuillère et une fourchette. Il y avait tant de domestiques qu'Aziz et Samir n'avaient rien à faire. Des vins arrivèrent. Après avoir admiré le constant défilé de mets et m'être rassasié, je pris le temps d'examiner le rao et sa suite. Une fois de plus, le souverain étincelait. Sur son large turban de soie rose orné d'un galon de damas broché d'or était piquée une aigrette de saphirs : un *sarpech**, selon Blake. Il portait encore à son cou plusieurs rangs de perles et sur ses genoux se trouvait une épée dans un fourreau incrusté de pierreries. Il ne mangeait pas. Entre lui et le résident, créant une distance, se trouvait un grand *houka* d'argent dont le tuyau incroyablement long s'enroulait plusieurs fois sur lui-même. Derrière le rao se pressait une foule de serviteurs équipés de tapettes en poils de cheval et d'éventails en plumes de paon. Et parmi eux des gardes habillés de manière plus voyante, armés de fusils et d'épées. Je remarquai alors que des soldats étaient postés à chacune des entrées de la tente. Le jeune cousin du rao semblait épuisé et un peu dépassé par les événements. Il était flanqué de deux gardes robustes qui le dissimulaient à la vue des invités indigènes. De temps à autre, le souverain se penchait pour murmurer paisiblement quelques mots à l'oreille de l'enfant. Sinon, il écoutait avec un visage impassible le résident et le commandant, à qui il répondait par intermittence. M. Crouch-Symington semblait extraordinairement mal à l'aise, mais s'efforçait de se montrer courtois. Ne les appréciant ni l'un ni l'autre, j'avoue que je trouvais la scène fort divertissante.

Régulièrement, des indigènes s'approchaient pour présenter leurs hommages à leur souverain, s'aplatissant au sol et embrassant la pantoufle du rao.

« N'est-ce pas un peu exagéré ? » chuchotai-je la troisième fois que j'assistai à la scène.

Blake, qui s'apprêtait à mettre une boulette de riz dans sa bouche, s'interrompit et haussa les épaules.

« Ces Rajpouts prétendent être les descendants du soleil, de la lune ou d'une étoile quelconque. Ils estiment sans doute que nous autres, vulgaires mortels, sommes tout juste dignes de leur baiser les orteils. J'ai toujours eu une préférence pour les princes marathes qui se targuent de descendre de bouviers et de paysans. »

Je laissai échapper un petit rire.

Les musiciens avaient pris leurs instruments. Trois lutteurs tatoués au henné et vêtus de maillots sertis de pierreries soulevaient des poids, jonglaient et grimpaient à des poteaux. Puis apparurent de sveltes danseuses aux yeux maquillés de noir, dont les jupons plissés tournoyaient lorsqu'elles virevoltaient.

Je sentis soudain que l'on nous observait. Parmi les invités européens de moindre importance, à plusieurs chaises du résident, la femme brune que j'avais vue au bazar nous dévisageait avec insistance. Lorsque nos regards se croisèrent, elle haussa les sourcils. Je détournai les yeux. Un instant plus tard, je constatai qu'elle était en pleine conversation avec son voisin, l'Européen qui commandait les troupes du rao lors de l'exécution. Aidée de son *khitmatgur*, du gentleman à côté d'elle et de plusieurs servantes, elle se leva péniblement et approcha, escortée par l'Européen. Elle s'arrêta respectueusement à quelques pas du souverain et exécuta une profonde révérence. Il fit un geste et elle se releva, chancelante. Le rao lui parla et je constatai qu'il affichait un entrain que je ne lui avais encore jamais vu. Au plus vif déplaisir du résident et du commandant. Après un court échange, le petit héritier se leva, avança, prit la main de la dame et ils disparurent derrière le rideau blanc.

« Où est-elle allée ? demandai-je, bien que je connusse la réponse.

— C'est le *parda**. La mère du rao et ses épouses se trouvent derrière. Elles peuvent observer ce qui se passe dans la tente par les petits trous. »

Blake semblait étonnamment joyeux.

« Elle nous regardait.

— En effet. »

Le repas s'achevait. Les servantes réapparurent, saupoudrèrent nos mains de farine de pois chiches, les rincèrent à l'eau et les enduisirent d'*attar**. Le résident se mit debout et but à la santé du rao et du jeune prince. Il s'inclina profondément devant le souverain, puis maladroitement vers le rideau. Parvenant à combiner une expression aimable et légèrement dédaigneuse, le rao se leva à son tour, salua les invités européens, puis se tourna vers les indigènes, qui applaudirent et se courbèrent aussi bas que possible sur leurs plats. Entouré de sa suite, il sortit à pas lents de la tente, distinguant une ou deux personnes d'un royal hochement de tête. Lorsqu'il passa devant nous, nous eûmes droit à un bref regard particulièrement froid. Les *khitmatgurs* revinrent avec des paniers dont ils distribuèrent le contenu à la volée. Je m'aperçus qu'il s'agissait de pierres précieuses, de châles brodés, d'aunes d'étoffes et de longs colliers de métal argenté. Les Européens ne firent pas un geste, laissant les somptueux cadeaux tomber par terre. La Compagnie interdisait que l'on garde les fruits de la générosité légendaire des princes indigènes. Toute infraction se traduisait par un renvoi immédiat et tout présent accepté par courtoisie devait être remis sans tarder au trésor de la Compagnie. Je regardai deux pierres rouges glisser de mon épaule à mes pieds. Des rubis, sans doute. Un seul m'aurait permis de rembourser la presque totalité de mes dettes. Je les laissai se nicher dans un pli du tapis.

Blake sourit.

Le lendemain matin, nous reçûmes une invitation d'une certaine Mme Parkes. Il ne pouvait s'agir que de la dame du banquet, décidai-je. J'étais sûr que Blake était mieux renseigné, mais il affichait un tel air de contentement que je me refusai à lui poser la question. Je revêtis mon meilleur uniforme. Blake, en revanche, avait abandonné sa tenue d'homme de la Compagnie. Il portait une grande chemise d'été en mousseline, un ample pantalon de coupe clairement indigène et un chapeau de paille à large bord.

« Quoi ? fit-il, lorsqu'il surprit mon regard. Vous sifflez entre vos dents comme une matrone provinciale.

— Je suis un peu étonné de votre accoutrement, monsieur Blake.

— Ne vous inquiétez pas, tout se passera très bien. »

Mme Parkes était logée dans un bungalow blanc de construction récente, à l'autre bout de Doora. Nous la trouvâmes dans une pièce sans chaise ni ordre quelconque. Il y avait des traversins et des broderies jetés sur un épais tapis de velours. Le contenu de plusieurs caisses semblait s'être répandu sur le sol. Un certain nombre de dessins au crayon étaient appuyés contre le mur et des servantes s'affairaient ostensiblement, bien qu'elles ne parussent pas faire grand-chose. Mme Parkes était assise en tailleur contre une pile de coussins de velours élimés, enveloppée de mousselines et d'un grand châle de fine laine rose broché d'or. Elle s'efforçait de jouer du sitar, un long instrument prisé des indigènes. Elle pinçait les cordes, la caisse de résonance appuyée sur son genou gauche.

Je ne m'attendais certainement pas à cela.

« Messieurs », dit-elle en posant son instrument avec soin à côté d'elle.

C'était bien la dame du banquet.

« Je me lèverais volontiers, hélas, j'ai atteint ce stade de la vie où me redresser quand je suis en tailleur exige des efforts considérables et au moins deux domestiques. Serait-ce trop vous demander de vous asseoir ? s'enquit-elle en tapotant deux gros traversins. Je dois avoir des chaises quelque part, mais déménager de la résidence a requis un tel déploiement d'énergie que je n'ai pas eu le courage de les déballer. Sans compter qu'on ne peut jouer du sitar qu'en tailleur. En outre, j'ai remarqué que, malgré mes douleurs articulaires, je me trouvais fort bien sur des coussins. Et quand mes rhumatismes se rappellent à mon bon souvenir, un cube d'opium m'apporte un immense soulagement, même si je suis quitte pour une abominable migraine le lendemain matin. »

Jamais je n'avais été reçu de telle manière par une femme et j'en restai coi. Blake, en revanche, s'empressa de la rassurer. Il avait eu l'occasion de constater l'efficacité de l'opium et il serait ravi de s'étendre sur des coussins. Il s'assit avec beaucoup plus d'aise que moi, son vêtement étant plus confortable que mon pantalon d'uniforme ajusté. Mme Parkes demanda du thé, qui fut posé sur une table basse à plateau de cuivre rond. Je remarquai qu'elle nous observait avec des yeux brillants de curiosité. C'était une femme solidement bâtie, plantureuse, bien que les nombreuses épaisseurs d'étoffe dont elle s'enveloppait la fissent paraître plus grosse qu'elle ne l'était. Des fils gris parsemaient son abondante chevelure châtaine relevée en chignon. Elle avait des traits larges, énergiques, qui avaient dû être beaux autrefois et qui restaient attirants, grâce à la vivacité de ses yeux et à l'intelligence de son expression. J'estimai qu'elle approchait de la cinquantaine.

« Donc, jeunes gens, je suppose que vous arrivez de Calcutta ? Vous devez me donner toutes les dernières nouvelles. Cela fait une éternité que je n'y ai pas mis les pieds.

— Le lieutenant Avery est l'homme de la situation, alors, madame Parkes », répondit Blake, prenant une tasse à thé fragile, qui semblait beaucoup trop petite pour sa main.

Une fois de plus, je débitai mon répertoire de potins et Mme Parkes poussa les cris indignés de rigueur. Lorsque j'eus terminé, je lui demandai ce qu'elle faisait à Doora et elle répondit que, son époux étant souvent souffrant pendant la saison fraîche et le couple n'ayant pas d'enfant, elle préférait voyager. Je l'aurais interrogée plus avant si Blake ne lui avait pas conté l'attaque dont nous avions été victimes sur la route. À sa requête, je montrai mes blessures. Aussitôt, Mme Parkes déclara qu'elle possédait un onguent offert par une dame mahométane de Delhi, qui opérait des merveilles sur les cicatrices. Elle nous en ferait porter à notre domicile. Blake lui demanda alors si elle s'était rendue à Delhi récemment : lui-même n'avait pas eu l'occasion d'y aller depuis des années et je ne connaissais pas le Nord. Elle décrivit le Fort rouge et la cour du vieil empereur, et nous révéla qu'elle avait navigué sur le Gange à bord d'une pinasse. Elle s'exprimait avec beaucoup d'aisance. Blake dit qu'énormément de choses avaient changé depuis sa dernière visite, puis il se rembrunit et ajouta qu'il avait appris que les méthodistes avaient débarqué en force. Je ne l'avais jamais entendu aussi bavard et chaleureux.

« Je ne suis pas une grande admiratrice de la nouvelle piété à la mode. Je vois d'ambitieux fonctionnaires de la Compagnie que j'ai connus à Calcutta il y a quelques années et qui ne franchissaient jamais le seuil d'une église obtenir des augmentations à force de prières. Et tous ces discours sur la conversion des indigènes, dont la proximité et les croyances menaceraient de nous contaminer. C'était très différent, lorsque je suis arrivée à Calcutta.

— Je vous comprends, madame Parkes », répondit Blake.

J'étais un peu déconcerté par la candeur avec laquelle elle exprimait de telles opinions, mais je me rendais compte que tout en parlant, elle nous observait et nous jaugeait, et j'avais le sentiment qu'il existait entre elle et Blake une complicité que je ne comprenais pas totalement.

« À mon arrivée en Inde, il y a quinze ans, poursuivit Mme Parkes, les Européens affichaient un respect et une saine curiosité à l'endroit des coutumes, des langues et des réalisations des peuples de l'Hindoustan. Nous rendions visite aux *babus* et nous apprenions beaucoup d'eux. L'étude de l'hindoustani m'a ouvert les portes de tout un monde. Dix ans plus tard, le gouverneur général Lord Bentinck s'efforçait de vendre le marbre du Taj Mahal au poids pour renflouer les coffres de la Compagnie. Et aujourd'hui, on met en garde les jeunes gens qui arrivent ici contre les indigènes. Pardonnez-moi, lieutenant, je parle de ce que je vois.

— Je vous en prie, madame. Je suis certain que M. Blake sera entièrement d'accord avec vous, ajoutai-je, m'autorisant une pointe acerbe.

— Vous m'en direz tant. »

Il y eut un silence. Mme Parkes porta sa tasse à ses lèvres, prit une gorgée et poursuivit :

« À présent, chers messieurs, s'il vous plaît, assouvissez la curiosité d'une vieille dame et racontez-moi ce que deux jeunes hommes de la Compagnie font dans la bonne ville de Doora au moment de l'anniversaire du prince héritier. »

Je m'attendais à ce que Blake esquive la question, mais il répondit aimablement.

« Nous arrivons de Jabalpour, où nous avons vu le commandant Sleeman.

— Ah ! ce brave commandant. Un être remarquable. Il vous a fait faire le tour du propriétaire, je suppose ? »

Elle avait dit ces mots d'un ton très pince-sans-rire. Blake croisa son regard et lui sourit comme s'ils partageaient une plaisanterie connue d'eux seuls.

« En effet. »

Il lui fait du charme, pensai-je. C'était tellement incongru que je faillis m'étouffer avec mon thé.

« J'étais à Futtehpore en 1830, lorsque l'on a retrouvé trois corps au fond d'un puits. J'ai lu tous les articles au sujet des thugs dans la *Calcutta Gazette* pendant des années. J'ai même assisté à un procès à Cawnpore. Mais bien sûr, monsieur Blake, vous n'avez toujours pas répondu à ma question.

— Non, madame. »

Il se pencha en avant et frotta sa lèvre inférieure, réfléchissant manifestement à ce qu'il pouvait se permettre de révéler.

« Nous sommes ici pour rencontrer le rao, mais il n'est pas disposé à nous voir. De toute manière, je pense que vous le savez déjà. Il y a de nombreuses façons d'expliquer son refus. En premier lieu, nous sommes un équipage excentrique, pour ne pas dire modeste. Ensuite, j'ai un statut un peu particulier : enquêteur spécial. Quant à Avery, ce n'est somme toute qu'un béjaune. »

Mme Parkes avait l'air plus amusée qu'irritée.

« Étant moi-même l'épouse d'un fonctionnaire de rang modeste et voyageant seule, je suis habituée à ce genre d'accueil.

— Et, bien sûr, le rao a de bonnes raisons pour ne pas porter la Compagnie dans son cœur. »

Je commençais à me sentir mal à l'aise.

« Cela vous intéressera peut-être de savoir que le zénana du rao est en ébullition au sujet de la présence des deux sémillants émissaires de la Compagnie qui ne sont pas en odeur de sainteté à la cour. Normalement, la Compagnie ne leur envoie que des vieillards moustachus.

— Le zénana, répétai-je, fasciné, songeant que c'était là l'équivalent des harems turcs.

— Ne vous emballez pas, Avery, intervint Blake à mon grand dam. Le zénana abrite les femmes de la cour. N'allez pas imaginer un simple repaire de concubines. Il est au centre de toutes les rumeurs et de toutes les intrigues, c'est là que réside sa véritable importance. Le zénana du rao est dirigé par sa mère, l'ancienne régente, une femme qui exerce une grande influence à la cour. Ai-je tort, madame Parkes ?

— C'est ce que l'on dit, en effet.

— Je pense que vous le savez très bien. Vous êtes passée derrière le *parda*, hier, et vous étiez escortée par l'Européen du rao.

— M. Lartigue, le grand maître de l'artillerie.

— On vous appelle la "dame des zénanas".

— Vraiment ? fit Mme Parkes avant de redemander du thé.

— Fanny Parkes, la confidente des *bégums* et des reines. Vous avez appris à la régente de Gwalior à monter en amazone et l'avez convaincue de s'exiler à Bénarès avec une pension de la Compagnie. Vous êtes une amie de la vieille *bégum* d'Oudh et bien sûr de la douairière *bégum* de Doora. Il paraît qu'elle vous appelle "la grand-tante de ma petite-fille". »

Les yeux de l'Anglaise se plissèrent.

« Mon Dieu, vous êtes bien renseigné. Vous devez donc également savoir que, toute célèbre que je suis, j'ai mauvaise réputation. Désormais, la Compagnie soupçonne tous ceux qui sont sensibles aux charmes de la vie indigène et on m'accuse de m'attirer les bonnes grâces de ces dames pour mon enrichissement personnel. Mais je suis utile aux épouses des résidents et aux sœurs du gouverneur général, qui n'ont aucune intention d'apprendre l'hindoustani et ne s'intéressent pas aux coutumes ni à l'étiquette du pays, conclut-elle d'une voix plus dure.

— Madame Parkes, nous nous connaissons, en fait. Nous nous sommes rencontrés à Calcutta, il y a des années de cela, bien que je doute que vous vous souveniez de moi. »

Elle le dévisagea.

« Je ne vois pas, en effet. Pourtant, votre visage me dit quelque chose.

— J'étais un gamin famélique qui apprenait l'hindoustani auprès du même *moonshee* que vous. J'étais un petit chenapan, la mascotte du régiment, un jeune tambour malappris. Un jour, j'ai donné un coup de pied à votre cheval et craché sur votre *sircar**.

— Dieu tout-puissant ! »

L'expression de Mme Parkes était le reflet de la mienne. Elle ouvrit de grands yeux.

« Un vaurien mal embouché qui effrayait les chevaux et volait au bazar… Jemmy… Jemmy Blake ! »

L'autre acquiesça.

« J'insistais pour suivre mes leçons au bâtiment administratif, poursuivit-elle. J'en profitais pour traverser le bazar. Et vous passiez juste après moi. Vous n'étiez qu'un enfant, pourtant, vous étiez déjà bien plus doué que moi. On vous a rapidement mis au sanskrit et au persan.

— J'étais plus âgé que je ne le paraissais, mais oui. On m'a appris le pachtou, le marathi et le gujarati. Je me souviens que vous étiez bonne avec moi. Vous me donniez des friandises et j'ai même eu droit à une roupie une fois.

— Vraiment ? J'avais oublié et je suis sûre que vous ne la méritiez pas. Vous connaissiez un grand nombre de mots que je n'avais jamais entendus auparavant et que j'espère bien ne jamais réentendre. Cela vous valait de sérieuses corrections, d'ailleurs. Quelqu'un vous avait pris sous son aile. Je me suis souvent demandé ce que vous étiez devenu. Mon Dieu. Et maintenant, vous êtes l'enquêteur de la Compagnie ?

— L'enquêteur spécial. Mes relations avec la Compagnie sont compliquées. J'ai été nommé capitaine, mais c'est une longue histoire. J'ai perdu tout appétit pour certaines distinctions. J'ai perdu beaucoup de choses. »

Elle soupira.

« Nous avons tous des relations compliquées avec la Compagnie. Êtes-vous marié ? Avez-vous une famille ? »

Il hésita.

« J'en avais une. Je l'ai perdue aussi. Ma femme.

— Je compatis.

— Je vous remercie. Mais, si je puis abuser de votre patience, j'aimerais beaucoup savoir ce que l'on dit d'autre au zénana. »

Mme Parkes l'étudia longuement avant de se décider.

« On dit que votre lettre de recommandation était d'une sécheresse confinant à la grossièreté et que votre rang inférieur – pardonnez-moi – est une insulte pour le rao. On prétend que l'attaque dont vous auriez été victimes à proximité de Doora est on ne peut plus inopportune et peut-être délibérément inopportune. On dit que vous êtes venus faire la leçon au rao au nom de la Compagnie et l'accuser de protéger des brigands, voire des thugs. Mais je suis sûre que vous l'aviez déjà deviné. Certaines personnes au zénana sont plus charitables. Comment deux jeunes hommes aussi avenants pourraient-ils avoir de si noirs desseins ? »

Il la regarda dans les yeux. J'avais l'impression qu'on m'avait oublié.

« Et vous, que pensez-vous ?

— Le résident semble aussi irrité par votre présence que le rao. Ce qui est à mes yeux un élément en votre faveur. Mais peut-être êtes-vous simplement dépourvu de tact. Je me demande cependant si vous n'êtes pas venus vous renseigner au sujet de Xavier Mountstuart.

— Madame Parkes, dit Blake, les yeux brillants, vous êtes une femme extrêmement intelligente. »

Elle le regarda avec une franchise un peu moqueuse.

« Je suis surtout une femme idiote extrêmement sensible à la flatterie.

— Est-il passé ici ?

— Je n'en ai pas la moindre idée. Il y avait au zénana de très vagues échos au sujet du *malik-al-shuara*, c'est tout. Assez pour piquer ma curiosité. Personne ne l'a vu en public, mais les palais du rao sont vastes. Je me demande toutefois pourquoi il se cacherait. »

Blake secoua la tête.

« Peut-être avez-vous entendu la rumeur ?

— Vous ne pensez pas à son roman à clé sur Calcutta ? Allons donc, je veux bien être pendue s'il s'agit de cela. Son séjour à Jabalpour qui aurait mal tourné ? On raconte toujours ce genre d'histoires à son propos. Mais maintenant que j'ai eu le temps d'y réfléchir, je me souviens que vous connaissiez Mountstuart à Calcutta, Jemmy Blake. C'était lui qui vous avait pris sous son aile, non ?

— Si l'on veut. »

Il s'écarta de la table.

« J'espérais que vous pourriez nous aider à obtenir une audience du rao. »

Elle éclata de rire.

« Je vois. Vous voulez que je parle à la *bégum*. Que je lui demande de convaincre le rao de reconsidérer votre requête.

— Exactement. »

Pendant un instant, son visage s'affaissa. Elle était déçue. Mais elle se ressaisit très vite.

« J'ai peur que ce ne soit au-delà de ma maigre influence. Et je ne sais pas si j'ai envie de vous aider. J'aime et je respecte immensément la *bégum*. Je ne voudrais rien faire qui risquerait de la blesser ou de la mettre dans l'embarras. Je présume que c'est la Compagnie qui souhaite que vous retrouviez Mountstuart ?

— Oui. Mais je vous jure que mes intentions sont honnêtes.

— Ah, ma foi, l'honnêteté des intentions ne garantit pas l'honnêteté des actes. Je ferai ce que je pourrai, cependant, je ne peux rien vous promettre. Je suis une sotte qui a la fâcheuse habitude de se mêler des affaires des autres. Je dois partir dans deux jours afin de rejoindre la caravane du gouverneur général à Mirzapour. Ces dames veulent une traductrice pour accéder aux zénanas. J'espère que vous êtes celui que vous prétendez être et celui que j'aime penser que vous êtes. Si vous n'êtes qu'un agent à la solde de la Compagnie, aucun de nous deux n'en sortira grandi. Je leur dirai que vous avez une relation particulière avec le *malikal-shuara*, ce qui explique votre statut et votre présence ici.

— Puis-je vous poser une question ? Si nous avions refusé de nous asseoir par terre, aurions-nous réussi l'examen ?

— Non, Jemmy Blake, certainement pas. Mon cher monsieur Avery, par pitié, fermez la bouche. Vous avez un si charmant visage, cela ne vous sied pas. »

Cette nuit-là, je ne trouvai pas le sommeil, songeant à tout ce que Blake avait révélé si spontanément à Mme Parkes, une foule de détails qui suscitaient plus de questions que de réponses. Je m'interrogeais sur sa relation avec Mountstuart – avaient-ils été proches et dans quelle mesure l'étaient-ils encore ? – et me demandais comment un tambour s'était élevé au rang de capitaine pour finalement perdre ce grade.

Le lendemain, nous reçûmes une lettre de Mme Parkes, transcrite ci-après, et un petit paquet.

Cher monsieur Blake,

C'est un extraordinaire concours de circonstances qui nous a réunis après toutes ces années ! Ou est-ce le destin ? Je ne peux m'empêcher de penser que je retrouve quelque chose du jeune Jemmy – vif, ne s'en remettant jamais au hasard et trop intelligent pour le commun des mortels – chez M. Blake.

J'ai donné cette lettre à mon porteur, un homme que je connais depuis des années et en qui j'ai entière confiance. Je ne sais pourquoi, mais je pense qu'il est préférable que nul autre que vous-même et M. Avery ne la lisiez. J'ai vu la bégum *hier. Je joins le récit de notre rencontre, car je ne puis résister à une occasion de faire étalage de mon habileté – je réclame votre indulgence –, et parce que je pense qu'il divertira le chenapan que j'ai connu autrefois et intéressera le jeune M. Avery, chez qui je détecte une inclination pour le romanesque et l'exotisme. Ai-je tort, monsieur Blake ?*

Je trouvai Son Altesse assise sur un simple gaddi *de bois, avec ses servantes, ses suivantes et plusieurs de ses filles. Elle est petite et délicate, et a ce port léger et gracieux qui nous fait tant défaut, à nous autres Européennes. Elle a des mains minuscules et une voix grave et mélodieuse. Ses cheveux gris acier sont sobrement retenus en arrière afin de dégager son visage. Comme elle est veuve, elle a renoncé aux ornements et au confort. Elle se vêt de simple coton, sans aucun bijou, hormis quelques discrets bracelets d'or, et elle dort à même le sol. Cependant, ne vous y trompez pas, c'est quelqu'un avec qui il faut compter. Lorsque le rao était enfant et qu'il étudiait à Calcutta, elle a gouverné le royaume avec tant d'intelligence et de modération que le résident local n'a jamais interféré et qu'il chantait ses louanges auprès des autorités de Calcutta. Depuis, elle a cédé le pouvoir à son fils, avec soulagement me semble-t-il, mais il est de notoriété publique que le rao continue de la consulter sur les sujets épineux. M. Avery sera peut-être déçu d'apprendre que la plupart des dames du zénana sont plus enjouées que belles, et assez âgées, car elles servent la* bégum *depuis sa jeunesse. Elles sont toutes vêtues comme le veut la bienséance de longs jupons sur des pantalons, ne révélant que leurs jolis pieds teints au henné. Il faut cependant préciser que l'une des nouvelles épouses du rao est une véritable beauté. Son buste est enserré dans un étroit corsage et elle se drape dans un grand voile de soie violette de Bénarès orné d'un galon doré. Elle marche à petits pas gracieux. Elle a de magnifiques yeux marron velouté et une adorable petite bouche comme un fruit mûr. Elle porte des bagues aux orteils, des bracelets d'argent aux chevilles et plusieurs rangs de perles à son cou. La nouvelle épouse du rao est la nièce du Premier ministre. On raconte qu'elle et la* bégum *ne s'apprécient guère – je vous laisse tirer vos propres conclusions –, même si devant moi elles sont toujours la courtoisie incarnée. C'est pourquoi j'ai préféré présenter votre requête avec une certaine discrétion.*

J'avais fait venir au zénana un admirable pur-sang arabe qui appartient à mon cousin, car la bégum *est connaisseuse et se disait curieuse d'apprendre à monter en amazone. Cela m'a permis de l'emmener dans la cour, à l'écart de sa bru, qui ne s'intéresse point à ces choses-là. La cour est un vaste espace agrémenté de fontaines et d'allées, ceint de murs si hauts qu'un homme debout sur un éléphant ne pourrait voir à l'intérieur. La* bégum *y garde deux rhinocéros qu'elle nourrit d'oranges et de friandises, et qui ce jour-là étaient enfermés. Elle a admiré mon cheval qu'elle a examiné avec l'aide de plusieurs servantes redoutables, armées de* tulwars. *J'avais promis de lui apprendre à monter en amazone et j'étais vêtue d'un habit de cavalière noir qui a beaucoup égayé ces dames. Selon elles, je ressemblais à un médecin européen horriblement laid ! Malgré tout, j'ai exécuté quelques exercices et je leur ai montré comment montaient les Européennes.*

La bégum *a trouvé le spectacle très divertissant et a insisté pour que j'essaie une selle indigène avec de grands étriers de fer de chaque côté. On m'a incitée à revêtir un costume rajpout et j'ai monté l'un des chevaux de la* bégum. *J'avoue que j'avais un peu la sensation d'être la reine Élisabeth haranguant ses troupes avant d'affronter l'Invincible Armada. La scène a manifestement plu à la* bégum *et j'en ai profité pour lui demander l'autorisation de lui parler d'un sujet délicat, lui assurant que je n'insisterais pas si le propos lui était désagréable.*

Je lui ai rappelé les deux représentants de la Compagnie qui avaient déplu au rao. Naturellement, elle voyait très bien qui vous étiez, vous ayant observés au banquet à travers le rideau. Je lui ai raconté aussi succinctement que possible que je vous avais rencontré alors que vous n'étiez qu'un enfant et que vous-même connaissiez Mountstuart depuis de nombreuses années. L'objet de votre visite, lui ai-je dit, n'était peut-être pas celui que croyait le rao. J'ai ajouté, sachant que je prenais un risque, que votre présence ne plaisait pas plus au résident qu'au rao, ce qui l'a grandement intéressée. Elle était néanmoins hésitante. Elle m'a répondu qu'elle allait réfléchir avant de décider si elle soumettrait ou non la question à son fils. Elle m'a laissé entendre que le cas était effectivement épineux. Alors que nous bavardions, la nouvelle épouse est apparue. Les servantes lui avaient dit que la démonstration d'équitation avait été fort divertissante et elle désirait voir le cheval. La bégum *a aussitôt changé de sujet. Il ne fait aucun doute pour moi qu'elle pense que cette femme est une espionne du Premier ministre, chargée d'évaluer l'influence de la* bégum *et de la limiter.*

*Avant que je parte, on m'a versé sur les mains quelques gouttes d'*attar, *on m'a présenté du* paan *et une servante m'a copieusement aspergée d'eau de rose : comme vous le savez, plus on vous arrose d'eau de rose, plus grand est l'honneur, j'en ai donc conclu avec soulagement que mon hôtesse était plus intriguée qu'offensée.*

Ce matin, l'un des serviteurs de la bégum *est venu m'annoncer qu'une audience n'était pas possible, mais que M. Avery et vous-même étiez conviés au* shikar *du rao, qui se tiendra demain à Vishnagarh, dans le cadre des célébrations. Ce sera une chasse au tigre, ce qui est très inhabituel pour la saison. Il semblerait que ce soit une requête du commandant. J'ignore si cette invitation vient de la* bégum *ou du rao, toutefois, c'est un début. C'est un honneur. Si vous vous comportez bien, tout est possible. Je suis désolée de ne pouvoir faire plus. Manifestement, il y a plus qu'une simple audience en jeu dans cette affaire. Mais vous le savez mieux que moi.*

J'achève mes derniers préparatifs de départ et je n'aurai donc ni le plaisir de vous dire cela de vive voix, ni celui de satisfaire ma curiosité regardant le résultat de mes efforts et des vôtres. Quelle que soit l'issue de cette histoire, j'espère que nos chemins se recroiseront. Adieu, je dois vous quitter maintenant.

Votre amie,
Mme Fanny Parkes

P.-S. Je vous envoie également un pot de l'onguent promis pour le bras de M. Avery.

« Comment était Mme Parkes lorsque vous l'avez connue à Calcutta ?

— Très collet monté. Mais elle n'a jamais montré de répugnance pour le pays, au contraire. Toujours fourrée au bazar, curieuse d'assister à une *puja** ou un autre rituel, déjà à cette époque. En revanche, je n'ai aucun souvenir de son mari. On racontait qu'il devenait fou l'hiver et qu'elle en profitait pour voyager. Au cours de ces dernières années, elle a discrètement rendu service à beaucoup de gens de ma connaissance. »

11

À perspective d'aller à un *shikar* de rajah – et pas n'importe quelle partie de chasse, une chasse au tigre –, j'oubliai Jabalpour et même l'objet de notre quête. Je relus la description que Mountstuart en avait faite dans ses *Lais des collines du Rajpoutana*, puis je nettoyai de nouveau mon épée et mon fusil, me refusant à penser que je ne serais peut-être pas en état de tirer. Samir était aussi excité que moi. Pendant ma leçon d'hindoustani de l'après-midi, Mir Aziz me fit traduire quelques rodomontades : « Nous allons traquer le tigre et l'abattre ! Nous allons leur apprendre, à ces chasseurs lourdauds du rao ! » Les tigres, selon Mir Aziz, étaient plus nombreux à Doora que partout ailleurs en Inde, si bien qu'on les tuait autant pour s'en débarrasser que parce qu'ils étaient un gibier royal. Toutefois, il ne serait pas facile de les repérer dans la végétation luxuriante d'après la mousson. Blake, en revanche, avait perdu une partie de la gaieté que lui avait procurée la visite de Mme Parkes. Mir Aziz pensait qu'il était peut-être déçu par le *shikar* : « Des tigres, vous en verrez peut-être, Avery sahib, mais le rao, c'est une autre histoire. »

Ce soir-là, il fallut parcourir plus de deux lieues à cheval jusqu'à la résidence du rao, au bord du lac de Vishnagarh. Ainsi, nous pourrions nous mettre en chasse dès l'aube. Le lac miroitait et ondulait comme de la soie. Sur la rive était dressée une véritable ville de tentes brodées réparties en trois « quartiers » : celui des courtisans, celui des visiteurs et le plus petit, celui des marchands et des gens de moindre qualité. Le palais s'élevait à gauche, séparé du campement par une avenue d'arbres. C'était un vaste dédale de dômes blancs, de frontons et de balustrades cintrées qui s'adossait à une jungle touffue.

Mir Aziz alla parler au maître d'équipage. Il revint nous expliquer qu'une partie de la forêt avait été isolée par des barrières et des piquets. À l'intérieur de ce périmètre se trouvaient plusieurs tigres, peut-être cinq, notamment un adulte et un jeune qui décimaient le bétail dans la région. Ses autres informations confirmaient ce que nous redoutions : tandis que le rao et quelques élus chasseraient à dos d'éléphant, les Européens observeraient et tireraient depuis des *machans** : des plates-formes construites dans les arbres. Des carcasses de buffles laissées à proximité la veille serviraient à attirer les tigres qu'une rangée de rabatteurs pousseraient vers nous. Samir et moi étions très déçus. Nous qui nous imaginions déjà traquer les fauves à pied ou à cheval allions nous retrouver coincés sur une plate-forme.

Avant le lever du soleil, une foule de villageois s'était rassemblée devant le palais. Certains brandissaient des torches, d'autres avaient des tambours et plusieurs étaient équipés d'armes qui semblaient ne pas avoir tiré depuis un siècle. Le rao arriva à cheval avec ses *sardars*. Un peu en retrait était tendue une grande toile nouée à de hauts poteaux de bambou, qui devait abriter une partie du zénana. Un *shikari** nous mena près d'un groupe composé du résident, du commandant et de quatre autres messieurs. Ils ne cherchèrent pas à dissimuler leur mépris. Si M. Crouch-Symington esquissa un vague salut, ses invités s'appliquèrent à regarder partout, sauf dans notre direction. Blake les ignora, mais leur grossièreté me mit mal à l'aise, d'autant plus qu'il apparaissait que nous serions tous ensemble sur le même *machan* ou sur deux *machan*s voisins.

Les rabatteurs équipés de tambours et de torches se divisèrent en petits groupes censés se déployer en un vaste cercle pour repousser les tigres en direction des chasseurs. Le prince et sa suite s'éloignèrent à dos d'éléphant, puis des *shikaris* à cheval nous conduisirent à travers la jungle jusqu'à une grande prairie, au bout de laquelle se trouvaient un ruisseau encaissé et un point d'eau, près duquel gisaient deux carcasses de buffles. Les *machans* posés en équilibre sur des branches étaient dissimulés parmi les feuillages. Le commandant, deux messieurs et un essaim de serviteurs portant des bouteilles d'eau, des plateaux de rafraîchissements et des munitions, grimpèrent maladroitement dans l'un des arbres. Le résident et son dernier invité se virent contraints de nous rejoindre, escortés d'une suite moins importante, mais non moins luxueuse, avec une collation et des sorbets. Le visage jaune et pincé de M. Crouch-Symington était l'image même de la contrariété. Il nous adressa un vague signe de tête et se posta avec son compagnon aussi loin de nous que possible. Cachés parmi les arbres derrière nous se trouvaient deux *shikaris* à cheval, chacun armé d'une longue lance. Malgré moi, je sentais monter une certaine trépidation. Blake regarda de l'autre côté de la prairie.

« Qu'y a-t-il ? demandai-je.

— Je n'ai jamais compris l'intérêt de cerner des bêtes pour leur tendre une embuscade. »

Mir Aziz nous avait expliqué qu'un coup de feu donnerait le signal du départ aux rabatteurs, qui avanceraient en ordre sur une ligne continue. Mais des cris et des tambours retentirent sans le moindre avertissement, et des lumières apparurent au sommet d'une crête, au nord de l'endroit où nous nous trouvions. Désarçonnés, les autres rabatteurs se mirent gauchement en marche.

La plus grande confusion régnait. De notre plate-forme, on voyait certaines sections avancer rapidement dans la même direction que les coups de feu, tandis que les autres restaient en arrière ou se déplaçaient dans le sens opposé. Il n'y avait aucune ligne claire. Nous attendions.

« Vous semblez bien morose, Blake.

— Je n'aime pas cela. Ces parties de chasse sont généralement organisées avec le plus grand soin. Ce n'est pas le cas ici. C'est un tel chaos que les fauves pourraient se retourner contre les rabatteurs. »

Il s'écoula un temps qui nous parut très long. Puis on entendit à l'est des roulements de tambour furieux et de grands cris. Comme s'il était arrivé malheur. Mais de notre poste, on ne voyait rien. L'attente se prolongea. Le résident et son invité se servirent en rafraîchissements et échangèrent quelques paroles à voix basse.

Un tigre surgit soudain d'entre les arbres et se dirigea d'un pas souple et rapide vers le point d'eau. Je levai mon fusil. À cet instant, il y eut un craquement et, à ma plus grande horreur, je sentis le *machan* céder sous notre poids. Sur l'autre plate-forme, le commandant et ses compagnons nous regardaient, paralysés par l'effroi. Notre *machan* trembla et glissa de sa branche, avant de s'écraser par terre. Blake, Mir Aziz, Samir et moi-même étions appuyés à la barrière qui ceignait la plate-forme. Nous nous y agrippâmes pour amortir le choc. Malgré tout, je sentis les répercussions dans chacun de mes os.

Les domestiques – entourés de plateaux et de verres cassés – étaient étendus sur le sol, hébétés. Mais le résident et son ami, qui s'étaient assis à l'écart, étaient en plus mauvaise posture. Ils avaient été projetés loin de l'arbre et gisaient par terre, à découvert. Blake et moi étions empêtrés sous un amas de branches cassées et de débris de la palissade, sinon nous nous serions précipités à leur secours. Heureusement, un *shikari* à cheval surgit de la jungle.

Le tigre, que la chute de la plate-forme n'avait pas effrayé le moins du monde, dépassa le point d'eau et les carcasses pour se diriger vers le résident et son ami. Voyant cela, le guide fit un écart pour distraire la bête. Surpris, son cheval rua. L'homme fut jeté à terre, tandis que sa monture terrifiée s'enfuyait au galop. Les deux Anglais avaient à peine bougé. Certains serviteurs s'étaient relevés, mais ne savaient de quel côté courir. Des cris s'élevèrent de la seconde plate-forme et quelqu'un tira sans grand résultat. Entre-temps, Mir Aziz et Samir étaient parvenus à nous extirper des branchages et, encore abasourdi, je tentai de me redresser. Une autre détonation retentit.

Le *shikari* aida l'ami du résident à se relever, hurlant et agitant son épée pour repousser le tigre, tandis que M. Crouch-Symington se mettait péniblement à genoux. Mais le fauve ne se laissa pas détourner de sa proie. Il bondit sur les silhouettes chancelantes et attrapa le résident par le cou. Je crus l'entendre gémir. Lorsque le *shikari* s'interposa, brandissant son épée, le tigre l'écarta d'un coup de patte, ses griffes le déchirant de la joue à la poitrine. Mir Aziz et Samir s'élancèrent en hurlant. Je ne parvenais pas à détacher les yeux du fauve. M. Crouch-Symington entre ses mâchoires, il fit demi-tour et disparut dans la forêt.

J'avais la chair de poule et j'entendais mon cœur rugir dans mes oreilles.

« J'y vais ! criai-je à Blake, me lançant à la poursuite de la bête.

— Avery, imbécile ! Vous ne savez pas ce que vous faites ! Avery, par tous les diables ! Revenez ! »

Il s'adressa en hindoustani à Mir Aziz et Samir. J'avais la tête qui tournait et je sentais un éclat de rire gonfler ma poitrine.

« Ne vous inquiétez pas ! Je suis un excellent tireur ! C'est la seule chose que je sache faire ! »

Ce n'était pas difficile de suivre le fauve. Il avait écrasé les herbes et les buissons sur son passage, le corps de sa victime dessinant des ondulations dans la boue. Il y avait également des traces de sang peu importantes, mais régulières. Une part de moi se rendait compte que c'était de la folie, alors que l'autre éprouvait une confiance absurde, comme si ma vue et mon ouïe s'étaient miraculeusement aiguisées, et qu'un sixième sens me guidait à travers la jungle. J'étais sûr que le tigre était déjà assez loin, néanmoins, je ralentis. Quelques minutes plus tard, j'entendis quelqu'un derrière moi, une respiration et des pas clairement humains. Blake apparut, fusil à la main.

« Avery, espèce d'abruti ! Faites demi-tour. »

Je secouai la tête en souriant.

« Vous m'avez suivi.

— J'ai laissé Mir Aziz aider le *shikari* et les porteurs à grimper sur l'autre *machan*. Le second *shikari* est parti chercher du secours. »

Il s'interrompit pour reprendre son souffle.

« Je craignais que Samir ne se lance avec vous dans cette poursuite ridicule. Vous n'êtes pas en état de tirer.

— Ma main va très bien. On ne peut pas faire demi-tour. Que deviendrait ce pauvre homme ? »

Blake me regarda.

« Ma foi, c'est un personnage détestable, mais il est vrai qu'on ne peut décemment le laisser entre les mâchoires de ce fauve. »

Il but à sa gourde et regarda autour de lui.

« Ces animaux sont intelligents et imprévisibles. Il est peut-être en train de nous observer, caché derrière ce rocher. S'il y en a plus d'un, les rabatteurs ont dû les irriter. Cette partie de chasse a très mal tourné. J'avais un mauvais pressentiment depuis le début. Nous devrions regagner le *machan*. »

Je secouai la tête.

« Je n'abandonnerai pas cet homme. Je continue. Laissez-moi, si vous craignez pour votre vie. »

Il fronça les sourcils.

« Vous êtes un idiot, Avery. »

Il réfléchit un instant.

« Ne pointez pas cette arme sur moi. Faites aussi peu de bruit que possible. Et pas un mot. »

Je souris avant de repartir lentement. Un peu plus loin, nous trouvâmes des lambeaux de vêtements et du sang. Le tigre s'était arrêté pour se reposer et croquer un morceau de sa victime. Les empreintes étaient nettes, mais, de chaque côté du sentier, les herbes étaient si hautes et les fourrés si denses qu'une dizaine de fauves auraient pu se cacher à moins d'un pas sans que je les visse. Les traces s'arrêtaient soudain pour faire demi-tour et repartir en sens inverse. Blake avait raison : la bête se trouvait peut-être juste derrière nous.

Il régnait un silence particulier, comme si la jungle retenait son souffle. On n'entendait que le craquement de nos pas sur les feuilles mortes et les brindilles, et de temps en temps les cris des rabatteurs au loin. Le chœur des oiseaux matinaux s'était tu. Nous marchions toujours. Il y eut un froissement et un lourd sambar noir bondit devant nous. Le cerf traversa le sentier et disparut. Le babil occasionnel des singes et des oiseaux dans les branches résonnait comme des cris d'alarme. Les figuiers étrangleurs s'enroulaient autour des sals.

La jungle s'ouvrit sur une petite clairière et j'aperçus le soleil entre les feuilles. Un singe poussa un glapissement aigu. Blake prit une brusque inspiration. Je fis volte-face et levai mon arme, mais il n'y avait rien. Puis, derrière le rideau de végétation, des pas feutrés s'éloignèrent. Sans réfléchir, je reculai et manquai de trébucher sur Blake.

« Regardez. »

Derrière nous, sous un arbre, gisait un poignant amas de chair, d'os, de cheveux et de vêtements, tout ce qu'il restait de M. Crouch-Symington.

Blake s'agenouilla.

« Vous êtes un idiot et je ne vaux pas mieux », murmura-t-il.

Il me tira par le bras pour me montrer les empreintes autour du corps, levant deux doigts. Il y avait deux séries distinctes : les premières écartées, les secondes plus ramassées, qui appuyaient moins lourdement sur le sol. Deux tigres. Il m'indiqua un arbre qui semblait facile à escalader et me poussa fermement vers lui. Nos fusils sur le dos, nous nous hissâmes l'un après l'autre aussi haut que possible et nous assîmes entre les branches de manière à surveiller la petite clairière. Au bout d'un certain temps, un bruit étrange retentit. C'était comme une roue de charrette passant sur une grille, comme un tonneau de gravier qui se vidait, comme une série de cordes de piano désaccordées. C'était un bruit que je n'avais jamais entendu : le rugissement d'un tigre. Il venait d'un amas de rochers à droite de la clairière. Le fauve grondait par intermittence. Nous ne bougions pas. Puis, décidant peut-être que nous n'étions pas dangereux, que nous ne présentions aucun intérêt, que nous avions disparu, ou simplement qu'il avait trop faim, le fauve sortit de sa cachette.

Il regarda à droite et à gauche. C'était une longue bête, pas toute jeune. Il avait le pelage hirsute, râpé par endroits, avec des rayures couleur de flamme et de charbon. Il se dirigea vers le corps, me présentant son flanc. Je visai. À l'instant où j'allais tirer, il sentit ma présence et leva la tête. Mon canon bruissa parmi les feuilles et je fis feu. J'étais sûr que la balle l'avait touché. Il tressaillit. Je crus un instant qu'il allait tomber sur le côté, mais il se redressa et s'enfuit.

Je me tournai vers Blake pour m'excuser. Il passa la main dans ses cheveux et s'essuya le front.

« Il faut l'achever. »

Je courbai la tête, honteux, et descendis lentement de mon perchoir. Mon bras m'élançait horriblement. Je n'osai regarder si la blessure s'était rouverte et je tirai sur ma manche pour la couvrir. Au pied de l'arbre, Blake me dit de recharger mon arme.

Nous suivîmes la piste du fauve. J'avais perdu toute notion du temps, mais le soleil semblait haut dans le ciel. Enfin, nous atteignîmes un site où les feuilles en surplomb masquaient le chemin. Blake avança le visage au travers du rideau de verdure. Je l'imitai. Je voyais une vaste prairie qui menait au ruisseau où se trouvait initialement notre *machan*. Bien plus loin que je ne l'aurais cru, j'apercevais l'autre plate-forme. Elle semblait déserte.

Devant nous, un éléphant titubait dans l'herbe. À califourchon sur son cou, muni d'une courte canne métallique, son *mahout* s'efforçait en vain de le maîtriser.

À une vingtaine de pas de l'endroit où nous nous tenions, le tigre surgit d'entre les arbres, si rapide que son corps semblait presque liquide. On aurait dit que les ombres tachetées de la jungle avaient pris chair. Un courant d'air obscur qui, en l'espace d'un instant, s'était mué en un fauve rugissant. Il se jeta sur les pattes arrière de l'éléphant comme un chat grimpe aux rideaux et planta ses redoutables crocs dans la peau pour mieux s'agripper.

Le grand pachyderme barrit de panique. Il ruait et s'affolait, ses petits yeux exorbités. Le *howdah* sur son dos vacilla et ses deux occupants s'accrochèrent tant bien que mal. Le tigre desserra ses mâchoires et l'énorme bête grise partit en avant, puis versa sur le flanc, projetant au loin le *mahout* et la nacelle. Les deux passagers roulèrent au sol, leurs turbans arrachés, leurs épées emmêlées entre leurs jambes, leurs fusils par terre. Sans leur laisser le temps de se relever, le tigre leur sauta dessus. Le *mahout* s'interposa et tomba sous le poids du fauve. L'homme hurla, un cri horrible et perçant, alors que l'animal refermait ses mâchoires sur son visage et sa nuque, couché sur lui, poitrail contre poitrail, son flanc entier exposé. Je me mis à plat ventre, visai et tirai. Je sus que j'avais fait mouche avant même que le tigre ne frémisse. Il recula légèrement et tomba sur le côté, avec une telle force que je crus sentir le sol trembler.

Le *mahout* hurlait toujours. Je me relevai et me précipitai dans la clairière. J'étais vaguement conscient de la présence de Blake dans mon dos. Alors que je courais, je me rendis compte que l'un des hommes était le rao. Il était assis par terre, l'air étourdi. Derrière lui, son compagnon, un *sardar* luxueusement vêtu, s'appuyait sur son fusil. L'éléphant pris de folie se releva et partit au galop vers la forêt. Du sang rouge vif suintait sur sa peau grise lacérée. Un craquement de feuilles retentit entre les arbres. L'animal affolé vira à droite. Surpris, le *sardar* bondit. Il leva son fusil et visa – un peu au hasard – en direction du bruit. Je ne vis rien, mais j'entendis les froissements s'éloigner.

Le *sardar* se redressa, sans paraître remarquer notre présence. Il se tenait toujours debout derrière le souverain, son arme en joue. C'est alors qu'il visa la plus inattendue des cibles. J'agis sans réfléchir. Je n'avais pas le temps de recharger mon fusil, mais je me tournai vers Blake qui me donna le sien. Au moment où la crosse se cala au creux de mon épaule, ma tête s'éclaircit. Je constatai que le viseur et le canon n'étaient pas parfaitement alignés et je rectifiai comme je pus. Blake cria en hindoustani. Le rao se retourna et l'autre homme leva les yeux. Alors que le prince découvrait avec horreur l'arme braquée sur sa tête, je tirai et le *sardar* s'écroula.

« Rechargez ! » hurla Blake, posant sa main sur mon épaule.

Il ramassa une poignée de terre et de cailloux qu'il jeta sur le tigre afin de s'assurer qu'il était bien mort. Puis il courut au secours du *mahout* gémissant et desserra les mâchoires du fauve pour libérer sa tête.

Des cris distants retentirent à l'autre bout de la prairie. Le rao s'affaissa. Je me précipitai vers lui, passant devant le *sardar* à terre. Du coin de l'œil, je notai que la balle était entrée sous son bras et s'était logée dans sa poitrine, car il se tenait de profil au moment où j'avais tiré. Je ramassai le turban du rao et son *sarpech* rouge et or qui étincelait dans l'herbe, avant de lui offrir mon aide. Comme je plaçais ma main sous son coude, il me regarda, grimaça et replia son bras pour se lever seul. Je me souvins alors que les Indiens de haut rang abhorraient le contact des Européens. Je retins un éclat de rire.

« Je vous demande pardon. »

Je me rendis compte qu'il ne me comprenait pas et je fouillai dans mes maigres connaissances d'hindoustani.

« *Mujay maaf kijiye, Maharajah* », bredouillai-je.

Je lui tendis son turban et son joyau. Je voulus m'incliner, mais ma jambe céda sous moi et je me retrouvai sur un genou. Il apparut que c'était conforme à l'étiquette, car le rao eut un sourire impérial et, sans toucher ma main, il reprit délicatement ses biens. *J'ai finalement accompli un acte presque héroïque*, songeai-je. *Et j'ai tué un autre homme.* Derrière le rao, Blake avait retiré sa veste et il était en train de la nouer étroitement autour de la tête du blessé. Je le vis me regarder et m'adresser un petit sourire perplexe.

« Venez ici, Avery, et tenez la tête de cet homme, il faut que je vérifie quelque chose. »

Je me levai, saluai le prince et rejoignis mon compagnon. Mes mouvements étaient saccadés. Je ne maîtrisais pas mes gestes. Le *mahout* était vivant, mais il s'était évanoui. Son visage ruisselait de sang. Je tâchai de maintenir sa tête entre mes mains tremblantes. Blake s'approcha à grandes enjambées du rao, qui avait retrouvé son expression altière. Blake s'inclina.

« Maharajah », dit-il avant de débiter une série de mots inintelligibles parmi lesquels je crus identifier « fusil ».

Le rao, qui se servait de son arme comme d'une béquille, dévisageait Blake d'un air dubitatif.

« Maharajah ! » insista celui-ci.

Le rao jeta un coup d'œil derrière lui. Les courtisans et les domestiques étaient encore assez éloignés. Rapidement, il souleva son fusil. C'était un objet de toute beauté, incrusté d'un filigrane d'argent. Il l'ouvrit et regarda dans le canon. Il hocha la tête et, de ses longs doigts délicats, en tira un tampon de coton noirci qu'il laissa tomber au sol. Aussitôt, Blake se baissa, le ramassa, le mit dans sa poche et recula de plusieurs pas.

Quelques minutes plus tard, le prince était entouré de *shikaris* et de *sardars*. Je n'entendais pas ce qu'ils disaient, mais je vis Blake les repousser avec ce calme obstiné que, supposai-je, ils devaient trouver aussi exaspérant que moi. Quelqu'un vint chercher le *mahout*. Nous attendions qu'on nous amène des montures. J'avais la gorge desséchée et ma blessure me faisait souffrir. Par chance, elle ne s'était pas rouverte. On jeta le corps du *sardar* en travers d'un cheval. Le rao et sa suite repartirent à dos d'éléphant. Le tigre se détachait sur la terre semée de touffes d'herbe verte et drue. Même mort, il dégageait une puissance incroyable. Sa tête était énorme. Il avait comme des favoris et plusieurs dents cassées. Un petit cercle rouge maculait son pelage, là où ma balle avait transpercé la peau pour se loger dans le cœur. Les *shikaris* étendirent le corps et revinrent avec deux jeunes troncs auxquels ils attachèrent ses pattes avant de l'emporter. Je me demandai vaguement ce qu'il était advenu de Mir Aziz, de Samir et des amis du résident. J'appris plus tard qu'on les avait depuis longtemps conduits sous les tentes, en sécurité. Enfin, les soldats du rao nous raccompagnèrent au campement. Blake chevauchait près de moi et, à notre arrivée, Mir Aziz avança à notre rencontre. Ni l'un ni l'autre ne prononcèrent un mot, mais j'avais l'impression qu'ils voulaient me protéger. Ce qui m'irrita un peu.

Les soldats replièrent nos tentes – qui semblaient modestes et misérables à côté de la cité de toile du rao –, puis nous escortèrent jusqu'au palais, où l'on me donna une chambre claire et spacieuse. Des serviteurs bruyants ne cessaient d'arriver avec des caisses et de la nourriture, me posant des questions incompréhensibles. J'avais mal à la tête. Une foule de gens voulaient me parler. Blake leur ferma la porte au nez. J'étais, je me souviens, très fatigué.

À mon réveil, je trouvai une armée de domestiques. Un barbier, des serviteurs portant une baignoire et des cruches d'eau chaude, et des *khitmatgurs* avec du café et des plateaux où s'entassaient des petits pains, des fruits et du *dahl**. Samir se tenait au pied de mon lit, ne sachant s'il devait les renvoyer ou les inviter à entrer. J'étais affamé. Je pris un bain, puis je mangeai jusqu'à ne plus rien pouvoir avaler. Lorsque j'eus terminé, Blake arriva, vêtu d'une *kurta* blanche immaculée sur un *churidar*. On avait offert à Mir Aziz et Samir des mets somptueux, me rapporta-t-il, mais ils avaient préféré préparer leur repas eux-mêmes.

« J'ai renvoyé les pierres précieuses et les soieries, ajouta-t-il. Il y avait de très gros rubis.

— Je n'aurais pas dit non à un rubis, soupirai-je. Rien qu'un. Comment va le *mahout* ?

— Il a des chances de s'en tirer, semble-t-il. Il a perdu beaucoup de sang et il sera défiguré, mais il vivra. Le *shikari* qui a essayé de sauver M. Crouch-Symington n'a pas eu cette chance. Le commandant, qui assure temporairement la charge du résident, nous a offert l'hospitalité. Il ne tarit pas d'éloges sur votre héroïsme et serait ravi si nous acceptions son invitation, afin de pouvoir faire un rapport de première main à Calcutta, je présume. On m'a rapporté qu'il avait parlé d'un "succès notable pour la Compagnie".

— Mais pas pour le résident.

— En effet. J'ai décliné son offre. C'est un… bref, j'ai décliné son offre. »

Je ris.

« Je vous félicite, Avery. Et la Compagnie saura en tirer profit : le lieutenant qui a sauvé le prince indigène d'un fauve et d'un meurtrier.

— C'était pour le moins étrange. La chute du *machan*, le tigre, l'éléphant, le *sardar*…

— L'éléphant avait été blessé avant et le *machan* saboté. Si le rao avait survécu à l'attaque, la chute d'une plate-forme remplie d'Européens aurait très certainement provoqué un incident diplomatique. Il a des ennemis déterminés. Le *sardar* savait sans doute qu'il perdrait la vie, mais il a tenté de le tuer quand même. En revanche, le tigre n'était pas prévu au programme. Néanmoins, vos deux coups de feu nous valent une audience privée. Lorsque j'ai renvoyé les présents, j'ai demandé un entretien au rao. Qui a été accordé. Je suis votre débiteur. »

Ainsi, Blake avait échangé mes chances de payer mes dettes et d'épouser Helen contre quelques mots avec un prince indigène.

« Vous n'aviez pas le droit de les garder, dit-il. Cependant, vous devez savoir que, pour un entretien en tête à tête avec le rao, je les aurais rendus de toute manière.

— Qu'est-ce qui vous fait penser que je ne souhaite pas retrouver Mountstuart autant que vous ? lançai-je, irrité. Je le vénère. J'ignore toujours ce qu'il représente pour vous. De plus, le colonel Buchanan m'a clairement signifié que mon avenir dépendait de notre succès.

— Ah oui ? Et que vous a-t-il raconté d'autre ?

— Il m'a dit que si nous échouions, il m'enverrait dans un trou perdu au fin fond de l'arrière-pays et que j'y resterais jusqu'à ce que je devienne fou ou meure du choléra.

— Et si nous le retrouvons ? »

Je détournai les yeux.

« Je pourrai rentrer en Angleterre.

— C'est ce que vous souhaitez ?

— Je ne sais plus. Je détestais tant Calcutta que je ne pensais qu'à cela. Mais ce qui me manquait surtout, c'était la campagne et ma sœur Louisa. Si je rentrais maintenant, ma famille considérerait cela comme un échec. C'est ainsi que père le verrait, à n'en pas douter. Nous ne nous entendons guère. À vrai dire, je n'ai aucune raison de retourner là-bas.

— Et votre sœur ?

— C'est la meilleure personne que je connaisse.

— Elle n'est pas mariée ?

— Il ne l'autorisera jamais. Elle est vouée à être son bâton de vieillesse.

— Ma foi, ces deux coups de feu vous ont sans doute mis hors d'atteinte de Buchanan. »

Je m'agitai.

« Alors, si je comprends bien, dis-je vivement, nous avons renoncé au trésor d'un rajah contre quelques minutes d'entretien qui nous l'aliéneront encore plus qu'auparavant.

— Parfaitement, Avery. Vous êtes mûr pour devenir enquêteur spécial. »

La pièce était claire et haute de plafond. La lumière pénétrait par de petites fenêtres, placées le long d'une frise ornée d'oiseaux et de fleurs de couleurs vives. Un pan entier de mur était tapissé d'une bibliothèque vitrée remplie de livres reliés en cuir. Je ne distinguais pas bien les titres, mais j'étais sûr que certains étaient en anglais. Sur un perchoir dans un coin, un gros perroquet vert et rouge mangeait délicatement une noix, et un *houka* rehaussé d'or était posé par terre, en dessous. Dans un autre angle était assis un *punkah-wallah* chargé d'actionner le ventilateur et un musicien sur un coussin pinçait les cordes d'un sitar. Sur des tables ouvragées, je voyais ici un globe, là un télescope, un sextant ou un jeu d'échecs. Il y avait également quatre gardes barbus, des montagnes d'hommes lourdement armés, dont les mains ne quittaient jamais les fourreaux incrustés de pierreries de leurs *tulwars*.

Dehors, dans le jardin féerique, où le tigre blanc faisait les cent pas dans sa cage ombragée, nous avions été fouillés avec soin par d'autres gardes vigoureux.

Le rao se tenait debout derrière un long bureau d'acajou, examinant une pile de papiers avec deux vieillards barbus. Le bureau était couvert de minuscules objets parfaits : des petites boîtes émaillées, des encriers incrustés de rubis, une loupe. Il portait une robe de mousseline blanche plissée sous un manteau de soie rose brodé d'or et, une fois de plus, il avait plusieurs rangs de perles au cou. Il avait une autre aigrette ornée de pierres précieuses à son turban.

Nous attendions pieds nus, bien entendu. Enfin, le rao inclina la tête et se tourna vers nous. Il congédia ses compagnons, qui nous lancèrent des coups d'œil curieux avant de le saluer très bas et de quitter la pièce à reculons. Le musicien sortit lui aussi. Le prince regarda au-dessus de nous et se mit à parler, un long flot en hindoustani. Puis il s'interrompit. Blake s'inclina profondément. Je l'imitai. Blake répondit dans la même langue. Après deux ou trois phrases, le rao agita la main avec impatience.

« Oui, oui, monsieur Jeremiah Blake. Dispensons-nous des formules de politesse alambiquées. C'est normal, venant de mes sujets, mais c'est absurde dans la bouche d'un Anglais de la Compagnie. En outre, je trouve cela ennuyeux au possible. »

J'ai honte d'admettre que je gloussai de manière peu polie.

« Oui, lieutenant, mon anglais est excellent, n'est-ce pas ? dit le rao, satisfait de ma surprise. Si je ne l'emploie plus guère, c'est par choix, mais je ne l'ai pas perdu. Maintenant, permettez-moi de vous dire encore une fois que je vous remercie de m'avoir sauvé la vie. Vous êtes un habile tireur. Ce n'était pas facile. On en parlera à ma cour pendant mille ans. Je vous suis reconnaissant. Cependant, je dois dire que votre hindoustani est épouvantable. Approchez, approchez. »

Il me fit signe d'avancer. D'un coffret doré, il sortit un petit sac noir attaché par un cordon. Il fit glisser une poignée de pierres précieuses qui s'entrechoquèrent joyeusement dans sa paume.

« Sire, Votre Majesté, Maharajah, vous savez que je ne peux accepter », bégayai-je.

Il renifla.

« Oui, la Compagnie a des règles à ce sujet. Je tiens néanmoins à vous assurer de ma gratitude. Je suis sensible à votre courage et à votre habileté, et je veux être généreux. M. Blake a réclamé une entrevue. Je vais être honnête : j'aurais préféré que vous choisissiez autre chose. La lettre que vous avez apportée était insultante, vous devez le savoir, même si vos propres mots ruisselaient de miel. Quant à l'attaque que vous prétendez avoir subie près de mes murs, je ne peux y voir qu'une provocation. Mais vous m'avez sauvé d'un fauve et d'un assassin, et, encore une fois, je vous suis reconnaissant. Il n'empêche, je frémis en songeant à ce que la Compagnie fera de cette histoire. À présent, s'il vous plaît, soyez brefs. »

Il s'interrompit, puis reprit, comme s'il ne pouvait se retenir.

« Avant que vous ne présentiez votre requête, laissez-moi quand même vous dire que l'opinion de la Compagnie sur la façon dont je gouverne mon royaume ne m'intéresse pas. J'ai respecté tous les engagements figurant dans les accords entre ma famille et la Compagnie. Je l'ai dit maintes fois et je le répète : je ne porte ni n'ai jamais porté assistance aux thugs ou à de quelconques bandits, en dépit des insinuations persistantes du commandant Sleeman. Je considère que ces brigands sont une menace pour mon peuple et je n'aurais aucun intérêt à les protéger. Je crois en revanche que la Compagnie empiète quotidiennement sur mon autorité, qu'elle met constamment en doute ma parole et se comporte de manière de plus en plus péremptoire.

« Où est-il écrit que les troupes de la Compagnie pouvaient pénétrer dans mon royaume pour arrêter quiconque sur la foi de preuves très discutables ? Depuis quand entre-t-il dans les attributions d'un résident de donner des leçons de morale chrétienne à un prince indigène ? Le défunt M. Crouch-Symington – je crains de ne pouvoir pleurer sa disparition, même si pour rien au monde je ne lui aurais souhaité pareille mort – a eu l'impudence de me demander de me débarrasser de mon zénana et de m'habiller à l'européenne. Non seulement il s'est montré grossier, mais il a outrepassé ses prérogatives. Je n'ai jamais rien vu de tel dans les annales des échanges entre la Compagnie et les États princiers. Je tiens à souligner que ma famille et moi-même avions d'excellentes relations avec le précédent résident, qui a été un soutien précieux pour ma mère durant les années de régence, pendant que la Compagnie s'efforçait de faire de moi un bon petit chrétien à Calcutta. De notre point de vue, sa révocation a été aussi brutale qu'insultante. Ce n'est pas moi qui ai changé, c'est la Compagnie. Si je ne me suis pas bien fait comprendre, disons sans détour que je pense que certaines personnes chez vous cherchent de bonnes raisons d'annexer mes terres. Comme je n'empoisonne pas mes Premiers ministres ni n'assassine mes cousins, la Compagnie ne peut justifier l'envoi de ses troupes, alors elle cherche un prétexte pour me destituer. Voilà ce que vous pouvez rapporter à Calcutta. »

Je m'apprêtai à protester, mais Blake posa sa main sur mon épaule

« Maharajah, je... Nous ne sommes pas là pour vous faire la leçon au sujet des thugs ni pour prêcher un sermon au nom de la Compagnie. Et je vous supplie de me croire quand je dis que je suis convaincu que l'attaque dont nous avons été victimes n'a rien à voir avec Doora. »

Je pinçai mes lèvres, les mâchoires serrées. Je n'étais pas sûr d'être du même avis.

« Nous sommes à la recherche de Xavier Mountstuart, et c'est l'unique raison de notre présence ici. Je sais qu'il se réjouissait de vous compter parmi ses amis. J'ignore pourquoi on m'a confié une telle lettre de recommandation à Calcutta, ou plutôt si, j'ai mon idée sur la question : je pense que l'on voulait ternir notre image à vos yeux afin que nous ne soyez pas disposé à nous aider, bien que je ne comprenne pas exactement pourquoi. »

Le rao s'assit sur une chaise de bois sculpté et posa ses mains sur les accoudoirs. Deux gardes vinrent se placer derrière lui. En dépit de son air fragile et délicat, son expression demeurait altière.

« Je suis votre obligé. Mais je ne parle pas de mon ami Mountstuart à n'importe qui.

— Maharajah, puis-je vous rappeler que, si je suis venu vous voir avec une lettre de la Compagnie, je ne portais pas son uniforme. Je suis là car je souhaite découvrir ce qui est arrivé au *malik-al-shuara*, dont je fus moi aussi l'ami.

— Dans ce cas, je suis au regret de vous dire que personne à Doora n'a vu Mountstuart sahib depuis des années. Pourquoi êtes-vous si sûr qu'il soit venu ici ?

— On nous a dit qu'il comptait vous rendre visite après son séjour à Jabalpour, où nous nous sommes rendus uniquement pour essayer de savoir ce qui lui était arrivé. Nous désirons simplement vous demander si vous pouvez nous dire quoi que ce soit à son sujet.

— Mais vous n'avez aucune preuve qu'il soit passé à Doora ?

— Non.

— Eh bien, en ce qui me concerne, je dirais que vous avez la réponse à votre question. Je regrette que vous ayez fait un si long chemin pour rien. Séparons-nous au moins en bonne intelligence. Permettez-moi de vous offrir à tous deux un présent pour m'avoir sauvé. Vous aussi, monsieur Blake, car je ne vous ai pas remercié de m'avoir empêché de tirer avec mon fusil. Comment avez-vous deviné qu'il était bloqué ? Une clairvoyance admirable. Votre hindoustani, soit dit en passant, n'est pas mauvais du tout.

— Vous êtes trop aimable, Maharajah. Il ne s'agit pas tant de clairvoyance que d'un simple raisonnement. Vos… opposants ne voulaient rien laisser au hasard.

— Mes opposants avaient en effet tout prévu. Il y a des traîtres dans mon entourage, mais à qui puis-je me fier ? Certainement pas à la Compagnie. Si je venais à mourir avant que le petit Arjuna soit officiellement intronisé, elle nous annexerait au Bengale sous prétexte que je n'ai pas d'héritier.

— Monsieur, intervins-je, ne pouvant plus y tenir. Je proteste, c'est une indigne remise en question de notre honneur et de celui de la Compagnie ! Nos actes devraient prouver la pureté de nos intentions. Nous ne cherchons qu'à aider ! »

Un silence inconfortable tomba sur la pièce, les gardes étaient plus calmes encore, comme s'ils n'attendaient qu'un mot de leur maître pour intervenir. Seul le perroquet leva les yeux. J'étais peut-être allé trop loin.

« Maharajah, vous savez que nous vous avons sauvé la vie, renchérit Blake. Je pense que vous vous amusez à nos dépens. »

Ils échangèrent alors quelques phrases en hindoustani. Je ne compris pas grand-chose, mais j'entendis distinctement Blake prononcer les mots « garçon », *larke*, et « stupide », *be-waquf*, et je vis le rao hausser les sourcils.

« Maharajah, puisque vous avez l'amabilité de dire que nous avons mérité vos remerciements et votre gratitude, permettez-moi un dernier mot sur le sujet qui nous a amenés ici », reprit Blake en anglais.

Le prince soupira, comme si sa patience était mise à rude épreuve, cependant, il hocha la tête.

« Mountstuart était un très bon ami, le meilleur ami qui soit. Je lui dois beaucoup et je pense que je le connaissais bien. Assez bien pour reconnaître la troisième bague à votre main droite. »

Le rao semblait s'ennuyer ferme. Je regardai sa main, mais il l'avait recouverte de la gauche.

« C'est une chevalière en or, ornée d'une rose blanche. Elle appartenait à la famille de son père, qui est originaire d'Ayr, en Écosse. Elle lui a été donnée par sa mère, qui espérait qu'il serait poète. Je sais qu'il est venu ici et je ne pense pas qu'il l'aurait offerte à quelqu'un en qui il n'avait pas confiance. Et à votre place, je me dirais que seul quelqu'un en qui il avait confiance connaîtrait la provenance de ce bijou. Au risque d'être présomptueux, j'ajouterais que Xavier Mountstuart, s'il était là, vous dirait que tout le bazar parle de la trahison de votre Premier ministre et de votre cousin. Mais, bien sûr, je ne vous apprends rien. »

Le rao leva les mains et admira la chevalière d'or en question. Il rit.

« Monsieur Jeremiah Blake, qui êtes-vous ?

— J'ai appris l'hindoustani et le sanskrit auprès de Xavier Mountstuart. J'étais doué pour les langues. Une fois instruit, je l'ai accompagné dans certaines expéditions.

— Où cela ?

— Au Sind, au Pendjab, au Coorg et plusieurs fois en Birmanie, avant la guerre.

— Je vois. C'était donc vous, l'enfant.

— C'était moi.

— "Mon pays ! En tes jours de gloire passée / Un beau halo ceignait ton front", dit le rao.

— "Et pareil à une divinité tu étais adoré / Où est ta gloire, où est la révérence aujourd'hui ?" répliqua Blake. Il n'est pas fréquent qu'un roi rajpout cite un trublion athée, Maharajah.

— On pourrait en dire autant d'un employé de la Compagnie. C'est Henry Derozio qui m'a présenté à Xavier. Calcutta était une ville plus libre à cette époque. Je ne pourrais imaginer de telles associations, aujourd'hui.

— Mountstuart m'a présenté à Henry Derozio. Il m'a offert les *Droits de l'homme* de Thomas Paine, et plus tard *Le Siècle de la raison*. Puis-je vous demander comment vous avez connu Derozio, Maharajah ?

— Un roturier n'est pas censé interroger un prince, bien sûr, dit le rao avec nonchalance, mais vous avez piqué ma curiosité et je vous répondrai. Je l'ai rencontré à l'académie de Drummond, à Calcutta. La Compagnie a décidé de se charger de mon éducation à la mort de mon père. J'avais huit ans. Ma mère s'est battue pour garder la régence et sauver mon trône. À Calcutta, on m'a donné deux tuteurs, des missionnaires luthériens allemands qui, s'ils ne sont pas parvenus à m'instiller leur foi chrétienne, m'ont initié aux Lumières : les mathématiques, la botanique, l'astronomie, la musique et la poésie. Et ils m'ont envoyé suivre des cours à l'académie de David Drummond. Ils pensaient que cet austère Écossais devait être presbytérien, alors que c'était un libre-penseur célèbre ! »

Le rao éclata de rire et porta ses mains à son visage comme pour cacher son large sourire. L'évocation de ses souvenirs l'avait transporté à une autre époque.

« Quel endroit ! Et Henry Derozio était l'élève le plus brillant de l'établissement. Il avait quelques années de moins que moi, mais quel esprit ! Pauvre Henry. Bien sûr, c'était lui aussi un libre-penseur. Ses idées républicaines et ses "droits de l'homme" étaient un peu trop extrêmes pour moi. Néanmoins, nous avions tous deux la nostalgie de l'ancienne grandeur de ce pays et nous désirions le voir relever la tête avec fierté. Nous ne nous sentions ni l'un ni l'autre à notre place, ce qui nous rapprocha encore. Il n'était ni indigène ni européen, et bien trop radical pour les uns comme pour les autres. J'appréciais l'érudition européenne, mais je voulais rester fidèle à mon héritage indien : jamais assez l'un ou l'autre. À Calcutta, j'étais trop indien. Lorsque je suis rentré à Doora, j'étais trop européen. Vous savez, j'ai fait passer des lois contre le *sati* et l'infanticide avant la Compagnie ; j'ai fait vacciner les enfants contre la variole. J'ai fait de Doora un haut lieu de la musique, renouant avec un héritage datant de mon ancêtre Rabindrath, grand ami de l'empereur moghol Akbar. Calcutta fait semblant de l'ignorer et m'accuse d'intransigeance, pendant que mes *sardars* murmurent que je profane les traditions. Et à présent, voilà que je dois me battre pour mon trône et que je me retrouve transformé en gardien du temple.

« Henry et moi étions tous deux fascinés par Mountstuart, l'Écossais qui écrivait des vers sublimes sur notre terre natale, qui parlait l'hindoustani le plus pur, qui comme nous admirait Byron. Bien sûr, il partageait aussi les vues radicales d'Henry, mais j'ai toujours pensé que c'était plus pour choquer les âmes bien-pensantes de la Compagnie que par réelle conviction. »

Le rao se reprit.

« Monsieur Blake, poursuivit-il plus froidement, Mme Parkes dit que vous êtes de la Compagnie sans en être. Expliquez-moi cela. »

Celui-ci réfléchit un instant.

« Je suis arrivé en Inde à quatorze ou quinze ans avec la Compagnie. J'ai passé plus de temps ici qu'en Angleterre. Mountstuart m'a instruit. J'ai combattu dans l'armée de la Compagnie pendant plusieurs années, mais, lentement, presque insidieusement, j'ai perdu le goût de travailler à son service. J'en suis arrivé au point où il m'est apparu que je ne pouvais continuer ainsi. J'étais devenu capitaine. Cela ne me convenait plus. Et je ne convenais plus à l'armée. J'ai été dégradé.

— On lui a proposé de retrouver son capitanat. Il a refusé, intervins-je.

— Si je souhaite rester dans ce pays, je dois demeurer au service de la Compagnie, mais je ne veux pas porter l'uniforme. Au cours de ces dernières années, on a fait appel à moi pour retrouver des choses. Et des hommes.

— Vous êtes donc bien ici sur ordre de la Compagnie, déclara le rao, de nouveau suspicieux.

— C'est elle qui m'a envoyé à Jabalpour, mais je suis ici pour des raisons personnelles. Je pense que Mountstuart est en danger. Ce qui n'a rien d'inhabituel. Cependant, on m'a raconté certaines choses… Et maintenant j'ai la preuve qu'il est venu à Doora, ajouta-t-il en regardant le rao dans les yeux.

— Je vais vous dire ce que je sais. Même si vous êtes au service de la Compagnie, je doute que cela vous mène très loin. Il est arrivé de Jabalpour, cherchant refuge. Quand était-ce ? Dans le calendrier chrétien, c'était, je pense, en juin ou en juillet. Il avait voyagé déguisé à travers la jungle après le début des pluies. Une expédition ardue. Heureusement, cette année, la mousson a été clémente. Il n'allait pas bien et il m'a demandé de le cacher. Il a dit que la Compagnie s'était jouée de lui.

— Cela ne m'étonne pas. »

Mon regard passa de l'un à l'autre.

« Blake, que voulez-vous dire ?

— Nous en discuterons plus tard. Comment était-il, si je puis me permettre ? »

Le rao réfléchit.

« Physiquement, il était faible. Au bout de quelques jours, il avait retrouvé sa nature capricieuse. Mais il restait nerveux.

— Vous disiez qu'il n'allait pas bien ?

— Je ne le voyais pas tous les jours, mais j'ai fait en sorte qu'il soit confortablement installé. Il était obsédé par les thugs. Il écrivait comme un fou furieux, souvent toute la nuit, dormant le jour.

Il s'était mis en tête qu'il devait trouver une certaine bande de thugs, qui selon lui était toujours en liberté. Le projet me semblait ridicule, mais bien sûr je n'ai pas pu l'en dissuader. Il était convaincu qu'à la cour il y avait des gens qui pourraient le mettre en relation avec eux. J'ai tant fait pour éradiquer le brigandage à Doora que je refusais de le croire. Cependant, le palais a ses sombres recoins, vous n'êtes pas sans le savoir, et j'ai fini par l'autoriser à transmettre son message. En moins d'une semaine, un émissaire s'est présenté, lui donnant un lieu et une date de rendez-vous. Un autre signe que je ne suis pas maître chez moi, me direz-vous.

« Je lui ai conseillé de ne pas y aller. Il était têtu et c'est à ce moment-là qu'il m'a confié sa chevalière. Il a ajouté que s'il ne revenait pas, il ne servirait à rien de partir à sa recherche. Et il m'a conjuré de ne pas le trahir si des hommes de la Compagnie venaient ici pour lui.

— A-t-il dit quoi que ce soit d'autre au sujet de la bague ?

— Il m'a demandé de la renvoyer à sa sœur s'il n'était pas revenu d'ici un an. Il a ajouté qu'il se présenterait peut-être quelqu'un qui reconnaîtrait la bague, mais il n'a pas précisé qui.

« C'était il y a deux mois. Nous n'avons pas eu de nouvelles depuis. J'ai retrouvé le messager. Il nous a dit où il avait conduit Xavier. C'était sur la route de Mirzapour, en direction d'Allahabad. J'ai envoyé des soldats sur place. Pendant trois semaines, ils ont sillonné la région et suivi tout ce qui ressemblait à une piste. Ils n'ont rien trouvé.

— Et il n'a laissé de message pour personne ? »

Le rao secoua la tête.

« J'aimerais m'y rendre, j'aimerais parler à cet émissaire.

— Je crains que ce ne soit impossible. Il n'est plus de ce monde, comme disaient mes amis luthériens.

— Il faut quand même que j'aille là-bas.

— C'est une quête vaine, monsieur Blake. Je respecte votre persistance, mais je regrette d'avoir aidé Mountstuart et je m'en voudrais de payer ainsi ma dette envers vous. Ne pouvez-vous pas profiter de mon hospitalité, accepter quelques joyaux, les garder pour adoucir une vieillesse qui, je l'espère, sera longue, et repartir avec ma bénédiction ?

— Vous devez savoir que c'est impossible. *Lekin shayed aap larke ke liye kuch kar saken.* »

Encore une fois, j'entendis le mot « garçon » et je dus me retenir pour ne pas intervenir. Le perroquet se retourna bruyamment sur son perchoir. Les deux gardes étaient aussi immobiles que des statues. Le rao prit l'une des feuilles qu'il étudiait à notre entrée et nous la montra. C'était un grand et beau dessin détaillé d'une fleur de lotus.

« C'est magnifique, ne trouvez-vous pas ? »

Je hochai la tête. Blake ne répondit pas. Embarrassé, je cherchai à combler le silence.

« Maharajah, me permettez-vous de vous poser une question ? »

Il hocha la tête aimablement.

« Comment se fait-il que le premier jour, dans la salle d'audience, vous ne vous soyez pas assis sur le trône, mais par terre ? »

Il sourit.

« Le *gaddi* n'est pas pour les raos, monsieur Avery. Il est réservé à notre véritable roi : Vishnou le protecteur, le restaurateur d'équilibre, le pourvoyeur de lumière. Nous considérons que nous sommes ses serviteurs et c'est pourquoi nous devons nous asseoir à ses pieds. À mon tour de vous poser une question, monsieur Avery, puisque c'est à vous que je dois la vie. Pensez-vous qu'il soit juste que je paie ma dette comme le demande M. Blake ? »

Je pris une grande inspiration.

« Nous sommes venus ici afin de retrouver M. Mountstuart, Votre Altesse. Nous devons faire tout ce qui est en notre pouvoir pour découvrir ce qui lui est arrivé. Et nous avons besoin de votre aide. »

Le rao pinça les lèvres, l'air exaspéré.

« Je pourrais payer mon dû en chargeant mes hommes de vous montrer où Xavier s'est rendu. Je pourrais vous donner abondance de provisions et chevaux de somme. Je pourrais envoyer des gardes vous escorter. Je pourrais même faire circuler des rumeurs dans ces recoins sombres de la cour pour qu'elles parviennent aux oreilles de ceux que vous cherchez. Mais je vous demande de ne pas vous lancer dans une telle entreprise.

— Je ne peux accepter vos gardes, Maharajah.

— Si vous décidez de partir seuls et que vous ne revenez pas, je m'estimerai dégagé de toute obligation envers vous, répliqua le rao avec irritation. Je ne viendrai pas à votre secours.

— Je comprends. »

Le prince nous regarda tour à tour et fronça les sourcils.

« Vous pouvez disposer. Je vais réfléchir. »

Il frappa dans ses mains et aussitôt les deux gardes devant la porte nous ouvrirent, et deux autres soldats apparurent pour nous raccompagner. Blake s'inclina.

« Je vous remercie, Maharajah », dit-il.

Comme je m'apprêtais à le suivre, le rao me rappela.

« Monsieur Avery, s'il vous plaît, un instant. »

Dehors, Blake avait déjà dépassé la cage du tigre blanc. Le rao indiqua à mon garde de le suivre.

« Je suis navré que notre attitude vous soit désagréable. Mais nous devons faire notre possible pour accomplir notre mission.

— Ce n'est pas pour cette raison que je vous ai retenu. Venez. »

Il prit le petit sac de pierres précieuses.

« Prenez cela. Remettez-le à la Compagnie s'il le faut, mais vous devez le prendre. »

Il le déposa dans ma paume, prenant garde à ne pas me toucher.

12

Ce ne fut qu'une fois de retour dans nos chambres que je me sentis libre de parler.

« Alors, faites-vous confiance au rao ? demandai-je.

— Oui.

— Il m'a donné ceci. »

Je sortis le cadeau du prince.

« Vous devriez les garder. Ces pierres paieront vos dettes et vous permettront de rentrer en Angleterre, pour le moins. »

Je le regardai avec ahurissement et posai le sac.

« Mais vous disiez… Peu importe. »

Je me frottai les tempes dans le vain espoir que cela m'éclaircirait les idées.

« S'il protège les thugs comme le prétend Sleeman, il a pu assassiner Mountstuart et prendre sa bague. Cette histoire est quand même bien commode. Il a pu l'envoyer dans la jungle et le faire tuer.

— C'est possible.

— Il n'a pas mentionné le singe.

— Vous avez raison. Je l'avais oublié. C'est idiot de ma part.

— À ce propos, vous m'avez traité d'idiot, je l'ai entendu.

— Votre hindoustani s'améliore. C'est lui qui vous a traité d'idiot. J'ai répondu que vous étiez imprudent. Il a également dit que vous étiez bel homme et bon tireur. »

Je posai sur lui un regard sévère.

« Et qui est Henry Derozio ?

— Était. Un enseignant à Calcutta. Un esprit remarquable. Il parlait mieux que personne : il était passionné par le rationalisme et Thomas Paine. Assez éloquent pour enivrer un homme avec ses idées, et c'est l'effet qu'il a produit sur moi pendant quelques années. Ce qui ne passait pas très bien auprès des officiers de la Compagnie, vous pouvez me croire. Mais cela amusait Mountstuart. À l'âge de dix-sept ans, Henry a obtenu un poste à l'Hindoo College, l'université où les riches Indiens envoyaient leurs fils. Il leur enseignait l'anglais. Il aurait pu passer pour portugais ou même anglais, cependant, il se revendiquait indigène. Je ne sais ce qu'il était, métis, sans doute. »

Alors qu'il parlait, j'avais l'impression que Blake, comme le rao un peu plus tôt, revivait des jours plus heureux.

« Il était plus jeune que moi, mais il paraissait plus âgé. Il a montré ses poèmes à Mountstuart ; ils admiraient tous deux Byron. Il est mort il y a environ sept ans, juste après avoir été renvoyé de l'école. Il avait vingt-deux ans. Certains affirmèrent qu'il avait été empoisonné. C'était plus probablement le choléra. Il s'était fait une place et ses valeurs avaient droit de cité. Mais tout cela n'existe plus à Calcutta, aujourd'hui. Les Indiens le craignaient, car il incitait leurs fils à remettre en question leurs croyances ; les Européens détestaient son discours sur le républicanisme, les droits des indigènes et la glorieuse histoire de l'Inde.

— Ah, fis-je, peu désireux d'avouer que je ne savais pas qui était Thomas Paine. Donc, maintenant, me direz-vous ce qui selon vous s'est passé à Jabalpour ? demandai-je, espérant qu'il était d'humeur plus loquace.

— Sincèrement, Avery, il vaudrait mieux pour vous que vous restiez dans l'ignorance. Si vous transportez mes courriers, vous aurez rempli votre mission.

— Transporter vos courriers ? »

Il se racla la gorge. Il avait l'air évasif.

« Vous irez à Mirzapour, puis à Calcutta, sauf si vous recevez l'ordre de rejoindre votre régiment. J'ai plusieurs rapports qui ne doivent pas tomber entre de mauvaises mains, à Calcutta. Je veux que vous vous en chargiez personnellement. Vous prendrez Samir. J'établirai sans ambiguïté que c'est moi qui vous ai commandé de rentrer. Je dirai que vous vous êtes parfaitement acquitté de votre tâche. Si on ajoute à cela les témoignages sur votre conduite héroïque et la manière dont vous avez à vous seul amélioré les relations avec Doora, vous n'aurez plus à vous inquiéter au sujet de votre avenir. Même si, en ce qui concerne le rao, j'ignore combien de temps il pourra garder son trône.

— Vous comptez partir à la recherche de ces thugs sans moi ?

— Je dois découvrir ce qui est arrivé à Xavier Mountstuart. C'est la raison de ma présence ici, la seule raison.

— Et vous croyez que je vais m'éclipser docilement avant que notre mission soit terminée, alors que vous refusez d'expliquer vos sombres allusions ? N'y comptez pas !

— J'y compte, pourtant. Vous êtes à mes ordres. »

Son calme était exaspérant.

« Non. Je ne le permettrai pas.

— Vous ne le permettrez pas, soupira-t-il. Il ne s'agit plus de la Compagnie, Avery. Vous n'avez plus aucune obligation dans cette affaire, moi, si, pour des raisons personnelles. Je dois aller jusqu'au bout. Il se peut que les choses tournent mal ; il est même très probable qu'elles tournent mal. Vous le savez. Vous avez rempli votre devoir et obéi aux ordres au-delà de ce que l'on pouvait attendre de vous, vous avez fait tout ce que la Compagnie pouvait exiger de vous.

— Vous dites que vous partez délibérément seul à la recherche des thugs qui ont capturé Mountstuart et vous estimez qu'il y a de bonnes chances qu'ils vous tuent. Ne me traitez pas avec condescendance. Pensez-vous que j'agisse uniquement par ambition personnelle ? Ne vous ai-je pas prouvé maintes fois que ce n'était pas le cas ? Et si vous trouvez Mountstuart et que vous l'amenez à Mirzapour, alors que je suis déjà en route pour Calcutta ?

— Écoutez-moi, je ne mets pas en doute votre bravoure, mais vous êtes jeune. »

Je me hérissai.

« Ce n'est pas une insulte, Avery. Profitez-en. Cela ne dure pas toujours. J'ai des obligations et de mauvaises habitudes. Pas vous.

— Et Mir Aziz ?

— Il retournera à Mirzapour, lui aussi. »

Je songeai aux pierres précieuses dans ma poche.

« Je n'irai pas à Mirzapour. »

Je me rendis compte que j'étais au bord des larmes.

Le rao nous logeait luxueusement, mais partout où nous allions le palais grouillait de soldats. Le lendemain de notre audience, il nous fit envoyer la peau du tigre avec la tête, afin que je la voie avant qu'elle ne soit portée chez les tanneurs. Puis ses *shikaris* m'emmenèrent faire une excursion à cheval.

Il était impossible de discuter avec Blake. Chaque fois, cela se terminait en dispute. Cependant, je ne songeai pas à tenter de le dissuader d'aller dans la jungle et de rentrer avec nous à Mirzapour, car je savais que ce serait une perte de temps. Le jour suivant, le rao accepta la requête de Blake, ainsi que je m'y attendais. Blake entreprit de préparer son expédition et la nôtre. Je refusai de m'en mêler. Je fis mes modestes bagages et partis à la chasse avec les *shikaris*. À mon retour, Mir Aziz me confia les bruits qui couraient au palais : le premier cousin du rao aurait été emprisonné et le ministre au turban orange aurait décidé de renoncer à sa fonction de *diwan* pour se retirer dans ses terres. Ce soir-là, je pris *Les Aventures de M. Pickwick*, dont les pages étaient à présent presque illisibles, et je m'immergeai dans leur absurde fantaisie tellement britannique.

Nous partîmes le lendemain matin, quittant la ville par la route de Mirzapour avec une escorte impressionnante. Blake et Mir Aziz s'arrêtèrent au premier embranchement. La route de gauche menait à Allahabad. Tous deux étaient presque identiquement vêtus à l'indigène. Je compris soudain que Mir Aziz accompagnait Blake. La moitié des gardes les suivraient jusqu'au soir. Nous étions au bord d'un chemin semblable à tous ceux que nous avions foulés ensemble, la terre tassée par le passage des chevaux et des hommes. Blake voulut me serrer la main. Je refusai. Il me la prit quand même.

« Adieu, Avery. Vous comprendrez que c'était la meilleure solution. Bonne chance. »

Je les fusillai du regard tous les deux. J'avais du mal à parler.

« Nous nous reverrons, chote sahib », dit Mir Aziz avant de s'incliner.

Une heure plus tard, je saluai Samir et nous nous séparâmes, ainsi que nous en étions convenus, en dépit de ses protestations. Il voulait les suivre lui aussi, mais je parvins à le convaincre qu'au moins l'un de nous devait livrer les courriers de Blake. Nous avions prévu qu'il irait au cantonnement de la Compagnie, à Mirzapour. Au bout d'une semaine, s'il n'avait pas de nos nouvelles, il enverrait le rapport de Blake et mes maigres effets à Calcutta. Au bout de trois, il partirait. Je revins sur mes pas. Je guettai la poussière soulevée par les chevaux des soldats dans l'après-midi finissant. Je gardai mes distances : je ne les rattraperais qu'une fois certain qu'ils s'étaient arrêtés pour dormir. Ils dressaient leurs tentes dans un bosquet de manguiers lorsque je les rejoignis et j'entrepris de décharger mon cheval. À ma vue, Blake pinça les lèvres d'un air désapprobateur.

« Vous repartez demain matin avec les hommes du rao », décréta-t-il.

Je dépliai ma couche, puis m'installai sous un arbre avec *Le Courage de Robert Bruce* de Mountstuart, mon fusil à baïonnette sur les genoux. Je lus jusqu'à la tombée de la nuit. Blake s'assit, me tournant le dos. Au bout d'un moment, Mir Aziz prit son *houka* et vint me rejoindre. Il tira dessus pendant quelques minutes.

« Chote sahib, dit-il enfin. Vous devriez rentrer. S'il vous plaît.

— Tu restes bien.

— J'ai de nombreuses raisons de rester et je suis plus âgé.

— Ne me dis pas que je suis jeune et imprudent. Je ne peux pas partir maintenant, ce ne serait pas… ce ne serait pas honorable. J'aurais l'impression de reculer devant une tâche sacrée. »

Il me considéra dans l'obscurité.

« Nous en reparlerons demain. »

Mais le lendemain matin, lorsque les hommes du rao repartirent pour Doora, je refusai de les accompagner. Blake ne m'adressa pas la parole. Sa colère me procurait un plaisir pervers.

« Chote sahib, je vous le demande humblement, me dit seulement Mir Aziz, rentrez à Mirzapour. »

Je secouai la tête.

L'étroit sentier grimpait en pente douce entre d'épais fourrés, à l'ombre des sals, à travers lesquels perçait le soleil. Je ne tardai pas à perdre tout sens de l'orientation. Puis la végétation s'éclaircit, cédant la place à de gros rochers, et je distinguai le chant de l'eau.

Les arbres avaient totalement disparu, à présent. Près d'un petit réservoir et d'une vieille tombe en ruine se tenait un indigène qui nous regardait approcher. À sa vue, j'avoue que je me sentis pris d'un sentiment d'angoisse. Blake se tourna vers moi, puis descendit de cheval. De plus près, je remarquai que les traits de l'homme étaient durs. Il avait des lèvres minces et des petits yeux noirs d'oiseau. Mais je me rendis compte qu'il souriait. De profonds plis creusaient ses joues, et d'autres rides, fines et nombreuses, rayonnaient au coin de ses yeux et de sa bouche. Pas très grand, les jambes grêles, il tenait un long bâton de bois. Il était assez bien habillé, enveloppé d'un beau châle de coton qui couvrait sa tête, avec des babouches du Bundelkhand aux pieds. Il nous héla et agita la main. Blake approcha et ils se saluèrent. L'homme l'écouta en souriant, ses yeux faisant des allers et retours entre Blake et moi.

Au bout de quelques minutes de négociations, il accepta de se joindre à nous. Il marchait à côté de Blake, derrière lui venait Mir Aziz et je fermai la procession, guidant nos chevaux. Une demi-lieue plus loin, nous retrouvâmes quatre autres hommes, plus grands que le premier, moins bien habillés, mais à l'air impressionnants. L'un d'eux tenait un âne dont le harnais orné de grelots tintait lorsqu'il avançait. Il semblait qu'aucune explication n'était nécessaire. Ils s'inclinèrent :

« *Namaste !* »

Notre petite caravane repartit. Blake était au centre et il était difficile de déterminer s'il guidait ou s'il était guidé. Une conversation intermittente s'était installée entre notre premier guide et Blake, et je crus entendre le nom de Mountstuart, sans pouvoir en être sûr. Mir Aziz répondait occasionnellement à une question. Personne ne m'adressait la parole, mais, de temps en temps, ils se tournaient vers moi. Mon apparence européenne les mettait clairement mal à l'aise. En fin d'après-midi, nous retrouvâmes une bande de dix ou douze indigènes qui installaient leur camp pour la soirée. Je ne saurais dire s'ils firent semblant de ne pas connaître nos guides, en tout cas, ils nous accueillirent avec enthousiasme et nous invitèrent à planter nos tentes près d'eux.

« Est-ce que ce sont les hommes que nous cherchions ? demandai-je discrètement à Blake.

— Je le pense. Leur chef, le petit aux yeux d'oiseau, se fait appeler Gulab. Il aime parler de "son peuple" qui se trouve plus loin dans la forêt.

— Que disent les présages, Mir Aziz ? »

Il posa sur moi un regard triste.

« J'ai entendu le cri de l'*ullu** – la chouette – en plein jour, sahib.

— C'est mauvais signe, n'est-ce pas ? »

La nuit tomba et la soirée prit un tour presque délirant. Ils nous invitèrent à partager leur repas. Il y avait plusieurs feux, mais on nous guida avec une certaine cérémonie jusqu'au plus important. Des visages amicaux nous accueillirent et on nous fit asseoir, veillant à nous isoler les uns des autres.

La nourriture se transformait en cendres dans ma bouche. Blake et Mir Aziz parlaient peu. Nos hôtes bavardaient et plaisantaient, comme si c'était une soirée normale.

Les hommes qui nous avaient conduits jusqu'ici apportèrent un tambour et deux instruments à cordes primitifs, l'un que l'on pinçait, l'autre à archet. L'assemblée se tut pour les écouter. Une brise légère rafraîchissait la nuit veloutée. Je baissai les yeux et constatai que mon fusil avait disparu. L'indigène à côté de moi me sourit amicalement. Lorsque les musiciens eurent terminé, leur chef Gulab entreprit de raconter une histoire. Le public rit et applaudit. Je me rendais compte que nous étions cernés. Je savais ce qui nous attendait. C'était exactement ce que Sleeman avait décrit, ce que j'avais lu dans son livre : les hommes qui se rapprochaient, comme attirés par la musique, et se plaçaient derrière nous, un de chaque côté, afin de nous immobiliser le moment venu. En dépit de ma curiosité, je ne pus me résoudre à me retourner pour vérifier s'ils tenaient un foulard : le fameux *roumal*. Nous étions condamnés à attendre, tels des agneaux sacrificiels. Je tâchai de m'armer de courage.

En face de moi, Blake se pencha et me parla à voix basse. Étrangement, les mots me parvinrent en dépit de la musique.

« La vie ne se mesure pas au nombre des années, mais à l'emploi qu'on en fait ; certains hommes ont eu une longue vie et très peu vécu. Vous avez bien vécu et avec honneur. »

Le conteur s'interrompit et réclama des rafraîchissements. Mir Aziz me regarda. Il sourit et tendit la main d'un geste étrange, presque fraternel. *C'est maintenant*, songeai-je.

Alors que l'homme buvait, le cri aigu d'une chouette retentit haut dans les arbres. Je levai la tête, parfaitement conscient de ce qui allait se passer.

Je reçus un coup violent sur le crâne. La lumière vacilla et on s'empara de mes mains. Alors il y eut un autre coup, puis l'obscurité, et plus rien.

4

13

Je ne voyais rien, mais je sentais des brindilles et des cailloux s'enfoncer dans ma chair. J'avais les mains immobilisées et les jambes engourdies. Ma tête m'élançait. On me hissa sur les pieds. Mes genoux fléchirent et un lourd instrument pointu s'abattit sur mes épaules. Je me repris aussitôt. Après cela, je parvins à tenir debout. J'appelai Blake et Mir Aziz. Je fus récompensé par un autre coup. Quelque chose – un bâton, un couteau – s'enfonça dans mon dos et docilement j'avançai. Un tissu était plaqué devant mon visage ; j'avais la bouche sèche.

Le bâton m'éperonnait, me forçant à continuer. Nous marchâmes longtemps, me sembla-t-il. Personne ne parlait. On n'entendait que le craquement de l'herbe et des feuilles sous nos pas. Enfin, on me prit par les épaules et, me poussant et me tirant, on me fit entrer dans une pièce. Je savais que je n'étais plus en plein air, car les bruits avaient changé. On me jeta sur le sol de terre battue. Je roulai sur moi-même et, Dieu merci, sombrai dans l'inconscience.

À mon réveil, je me rendis compte que je suffoquais. Ma bouche était si sèche et poussiéreuse que ma langue collait à mon palais. Je n'y voyais rien. Je cherchai un peu de salive sous ma langue. Mon visage et ma poitrine étaient plaqués contre le sol. Le tissu devant ma figure empestait la sueur rance et bien pire encore. Mes mains toujours attachées étaient tordues contre mon ventre. Tout était silencieux. Je m'assis péniblement et me préparai à recevoir un autre coup. Rien. Tant bien que mal, je tirai sur le foulard, le faisant glisser sur mon menton. Il faisait noir comme dans un four et je me demandai pendant un instant si j'étais aveugle, puis je m'abandonnai avec soulagement à l'air frais qui emplissait ma bouche et mes poumons. J'aurais voulu me rallonger et m'oublier dans le sommeil. Mais je m'obligeai à passer mon corps en revue, cherchant des blessures. Il y avait de la terre sur mes lèvres et dans mes narines. J'avais mal, cependant, rien ne semblait cassé et je ne saignais pas. Le sol sous moi était sec et poudreux, le mur derrière moi inégal, l'air immobile et froid. En fait, je n'avais pas connu de température aussi fraîche depuis mon arrivée en Inde. J'en conclus que j'étais à l'intérieur d'une grotte. Je commençai à distinguer des formes dans l'obscurité. Je tâtai avec précaution le sol autour de moi et trouvai un corps allongé. Je cherchai la tête et sentis le bord dentelé de l'oreille.

« Blake ? Blake ! » murmurai-je aussi fort que je pus.

Il respirait à peine. Je le secouai doucement, puis plus vigoureusement, tirant le foulard qui lui couvrait le visage. En dépit de mes liens, je tâchai de lui frotter les poignets puis de lui donner des claques. Il se mit à tousser et finit par se tourner sur le flanc pour cracher par terre. Jamais je n'avais été aussi heureux d'entendre une expectoration. Je m'agenouillai et j'essayai de l'asseoir en lui encerclant la taille, puis je l'adossai à la paroi rocheuse.

« Êtes-vous blessé ? » murmurai-je.

D'abord, je n'obtins d'autre réponse qu'une toux caverneuse et des respirations rauques.

« Rien qui n'ait déjà été malmené avant », croassa-t-il enfin.

Nous restâmes silencieux un moment.

« Bon Dieu, dit-il soudain. Je donnerais n'importe quoi pour un peu d'eau... Il y a quelqu'un avec nous ici ! »

J'entendis un froissement, un petit mouvement et une respiration légère un peu plus loin à ma gauche.

« Mir Aziz ? demandai-je, rempli d'espoir.

— Hélas, non. »

La voix était languissante.

« Je t'avais pourtant dit de rentrer en Angleterre, Jeremiah Blake. Vois ce qui se passe lorsque tu n'écoutes pas mes conseils.

— La Compagnie m'a envoyé à ta recherche. Pouvais-je décemment t'abandonner à la "sourde tyrannie du destin" » ?

— C'est de Byron, Jem, pas de moi. »

La voix me rappelait un défunt oncle à moi, un homme au caractère intempérant qui résidait – quand il en avait les moyens – à Bath et que mon père désapprouvait grandement.

« Par le diable, croassa Blake. J'ai dû confondre.

— Je parle d'échapper aux "chaînes rouillées des contingences", si tu te souviens bien. La métaphore est très différente. »

Je me le rappelais parfaitement.

« Tes vers sont bien jolis, Xavier, mais j'ai plus besoin d'un verre d'eau que de poésie. »

J'avais l'impression d'avoir reçu dix violents coups sur la tête. Après avoir estimé que nous ne retrouverions jamais Xavier Mountstuart, je m'étais convaincu qu'il avait été assassiné à Jabalpour, puis que nous ne découvririons jamais ce qu'il était devenu. Voir toutes ces hypothèses démenties dans une grotte au fin fond de la jungle échappait presque à mon entendement.

« Tu es d'une trivialité désespérante, Jem. Et voilà que tu parles de nouveau comme un plébéien. Après toutes ces années d'apprentissage.

— Je suis un plébéien, Xavier.

— Ma foi, il doit y avoir un pot qui contient de l'eau quelque part. »

Il y eut un frottement et un tapotement.

« Ils nous ont enfermés dans leur réserve. Il y a une mèche et une boîte à amadou. Tel Dieu au premier jour, je ferai jaillir la lumière. »

Il y eut le cliquetis du silex et une flamme minuscule apparut, flottant dans un bol de *ghee*. Elle n'éclairait qu'un petit cercle autour d'elle. On entendit deux objets en terre s'entrechoquer et le bruit de l'eau qui coulait.

« Mon jeune ami, seriez-vous assez aimable pour me porter assistance ? »

Il me fallut quelques instants avant de comprendre qu'il s'adressait à moi. Je me précipitai pour prendre le bol à deux mains et le porter aux lèvres de Blake. Il but avec avidité, puis poussa le bol vers moi. J'avalai une longue gorgée, je manquai de m'étouffer et bus encore, puis je m'essuyai le visage et la bouche à l'aide de ma manche pour ôter le plus gros de la terre. Lorsque j'eus terminé, je me tournai afin d'observer mon héros à la dérobée.

La lumière, ainsi que je l'ai dit, était faible. Je discernais donc mal son visage. Cependant, je constatai qu'il était plus âgé que je l'imaginais et que la captivité n'avait pas été tendre avec lui. Il était très maigre. Ses cheveux autrefois blonds étaient plus longs, plus foncés et hirsutes. Il avait une barbe clairsemée. Ses doigts aristocratiques étaient crasseux et son teint sombre, mais je n'aurais su dire si c'était à cause du soleil ou de la saleté. En revanche, je reconnus les célèbres sourcils froncés et je me persuadai que, malgré la pénombre, je distinguais le non moins célèbre regard ténébreux. Il était vêtu d'une fine chemise, d'un pantalon de toile et de sandales indigènes, et il était enveloppé d'une couverture. Autour de lui, il y avait des jarres, des sacs et des petites caisses. À sa gauche, la grotte se resserrait, formant un étroit goulot sombre ; à ma droite et à celle de Blake se trouvait un autre passage, plus large.

« Je suis très flatté que tu sois venu, déclara Mountstuart sur le ton de la conversation mondaine. Cela fait un certain temps que nous ne nous sommes pas vus, n'est-ce pas, Jem ?

— Cinq ans. Avant que la Compagnie ne fasse appel à moi, j'ignorais même que tu étais revenu d'Angleterre.

— Quand je suis rentré, tu pourrissais toujours à Blacktown, un reclus acariâtre qui refusait les visites. »

Blake exhala lentement.

« Tu te vautrais dans le chagrin, poursuivit Mountstuart. Après avoir piétiné tous les privilèges que tu avais gagnés. Après avoir gâché tous les avantages dont tu avais bénéficié. Tout cela pour une femme indigène. Seigneur, Jem, je t'ai appris à parler comme un indigène, mais personne ne te demandait d'en devenir un.

— Elle était mon épouse, Xavier. J'étais fier de l'appeler ainsi et je l'aimais. Toi, entre tous, tu aurais dû le comprendre, répondit Blake calmement.

— Tu connaissais les règles. Tu aurais pu te conformer aux traditions et vivre avec elle de manière tout à fait respectable en faisant d'elle ta *bibi*, mais il a fallu que tu l'épouses et que tu jettes ton choix à la figure de tous. Et le reste a suivi. La contestation, l'insubordination.

— La contestation et l'insubordination, venant de toi, c'est un comble.

— Je suis un aristocrate, ce qui m'autorise certaines licences. Et j'ai toujours été conscient qu'il y avait des limites à ne pas franchir. »

La voix de Blake était d'un calme inquiétant.

« J'ai choisi ma voie et personne ne m'a contraint à quoi que ce soit. Devons-nous réellement nous disputer ?

— Non, par le ciel, ne nous querellons pas. »

Il y eut un silence.

« Tu appartiens donc toujours à la Compagnie ?

— C'était le prix à payer pour rester ici.

— Ton grade de capitaine t'a été rendu ?

— Je n'en voulais pas.

— Que fais-tu pour eux ?

— Je nettoie derrière eux, je répare leurs erreurs, des bêtises mesquines et sordides le plus souvent. »

Mountstuart poussa un soupir indolent.

« *Plus ça change*[1]…

— C'étaient des erreurs d'une autre ampleur, dans le temps. »

Un gloussement essoufflé retentit.

« Xavier, pourquoi es-tu revenu ? demanda enfin Blake.

— Mon Dieu, Jem ! Pour l'argent, bien entendu ! Le domaine est hypothéqué, il ne reste rien. Il faut bien que je vive.

— D'où *Leda et Rama*, dit sèchement Blake.

— Ce n'est pas si mauvais.

— C'est un chef-d'œuvre ! m'écriai-je.

— Allons, mon jeune ami, certainement pas. C'est une pochade, mais elle devrait me rapporter un peu d'argent et mettre en émoi les bonnes gens de Calcutta. »

Mountstuart laissa encore échapper un long et élégant soupir.

« Je suis revenu parce que tout cela me manquait. Je ne supportai pas ce gris sans fin et ces interminables hivers humides.

— Xavier, nous étions trois. As-tu vu ou entendu un autre prisonnier ? Un indigène. Il s'appelle Mir Aziz.

— Je n'ai vu que vous. Je crains qu'ils ne l'aient tué sans autre forme de procès. Je suis en vie parce que je suis européen – et célèbre, bien entendu –, et aussi parce qu'ils ne savent pas quoi faire de moi. »

Blake et moi demeurâmes silencieux.

« Ils m'ont assez bien traité, cela dit. Ils me laissent souvent vivre parmi eux, désormais. Je dors généralement dans une maison, à l'orée d'un hameau

1. En français dans le texte. (*N.d.T.*)

voisin. J'ai appris un dialecte particulièrement rare et abscons auprès d'un homme du nord d'Etawah et une foule de détails fascinants sur leurs pratiques sexuelles. Mais dites-moi, avez-vous été à Doora ? Comment se porte Vishwanath ?

— Plutôt bien, répondit Blake d'une voix où perçait l'impatience. Il survit aux tentatives d'assassinat. Y a-t-il à manger, ici ?

— J'ai des *rotis* et un peu de *dahl*. Les restes de mon petit déjeuner. Servez-vous, je vous en prie. Il y a peut-être quelque chose dans les sacs. Pauvre Vishwanath. Sa cour a toujours été un nid de vipères. »

Il nous tendit une écuelle.

« Serais-tu assez aimable pour faire les présentations ?

— William Avery, lieutenant de la Compagnie sans affectation officielle. Un de tes admirateurs. Monsieur Avery, je vous présente M. Xavier Mountstuart.

— En vérité, je suis très honoré, monsieur, dis-je, soudain hors d'haleine. Je connais tous vos poèmes, je suis venu en Inde à cause de vos écrits. Je ne puis vous dire combien…

— Un admirateur, dites-vous ? Comme c'est rafraîchissant. Jem a toujours opposé une curieuse résistance à mon travail.

— Je te l'ai dit, Xavier, peu d'hommes ont été admirés par leurs domestiques.

— Dieu du ciel, cite-t-il encore Montaigne ? Je regrette le jour où je t'ai offert ce livre. À ce propos, qu'en est-il de mon dernier ouvrage, mon jeune ami ? Se vend-il ?

— Le Tout-Calcutta ne parle que de cela. J'ai dû soudoyer un libraire pour m'en procurer un exemplaire.

— Et la presse ?

— Scandalisée, monsieur.

— Je suis comblé.

— C'est la sortie ? » demanda Blake en indiquant le passage qui se rétrécissait.

Mountstuart acquiesça.

« Nous sommes au cœur d'un véritable dédale. Assez profond pour que leurs provisions ne se gâtent pas. De l'extérieur, on n'entend pas grand-chose. »

Blake se leva, chancelant, prit la lampe improvisée des mains de Mountstuart et s'approcha du tunnel en boitillant.

« Il tourne à droite. Il faut marcher un moment avant d'arriver à l'air libre.

— Combien sont-ils ?

— Quinze ou vingt. Cela dépend.

— As-tu une idée de l'heure qu'il est ?

— C'est le milieu de l'après-midi. Je pense que nous avons du temps devant nous. Tenez, mangez. Nous parlerons évasion plus tard. »

Nous déchirâmes les *rotis* pour saucer le reste de *dahl*. Mountstuart nous observait, blotti sous sa couverture.

« Vous êtes donc venus me secourir. De fiers sauveteurs, ma foi.

— C'est Buchanan qui m'a envoyé te chercher. Il a usé de tous les moyens dont il disposait pour me convaincre : menaces, promesses. Il prétendait que tu avais disparu au fin fond de la jungle pour écrire un poème sur les thugs. Je n'en ai pas cru un mot.

— Buchanan, vraiment ? Et Theo Collinson, que dit-il ?

— Il est hors jeu. Il rentre en Angleterre, paraît-il. Buchanan a été nommé chef de cabinet et il est à la tête de la division renseignement et politique.

— Alors il s'est hissé au sommet. Et Collinson n'est plus là. Je n'avais pas prévu cela. Mais revenons à moi, ajouta-t-il avec un haussement d'épaules. N'est-ce pas une excellente histoire ? Le grand poète part à la recherche des thugs pour les immortaliser ! J'ai d'ailleurs profité de ma captivité pour composer une ballade dans ma tête. J'ai déjà quelques milliers de vers. Je doute que quiconque l'achète, cela dit. Il n'y en a plus que pour les romans. Les ballades sont hélas démodées.

— Que faisais-tu réellement ici, Xavier ? Sleeman te hait.

— Tu peux peut-être me le dire ?

— Je pense que quelqu'un de la Compagnie t'a demandé d'enquêter sur le département du thuggisme. Mais pourquoi ?

— Encore une fois, je suis sûr que tu connais la réponse. »

Blake ne dit rien.

« La Commission de contrôle des affaires indiennes à Londres m'a invité à enquêter sur le thuggisme, en effet. Mais en secret. Il y a certains désaccords entre Londres et Calcutta concernant le développement du département de Sleeman. Calcutta ne jure que par lui. En revanche, la Commission est terrifiée par les rumeurs d'abus de pouvoir. Elle redoute qu'elles ne donnent du grain à moudre à ceux au Parlement qui voudraient que l'Inde passe sous le contrôle de la Couronne. Elle sait que la Compagnie ne peut pas se permettre un scandale. J'ai été chargé d'enquêter sur le bureau du thuggisme, mais Sleeman n'était pas censé être au courant. Je dois remettre mon rapport au gouverneur général.

— Il y a donc eu des rumeurs.

— Il y a toujours eu des sceptiques, comme Lord Lushington à Bharatpour, mais Calcutta s'est jusque-là débrouillé pour balayer leurs inquiétudes. Un officier de Jabalpour était encore récemment en relation avec la Commission à ce sujet. Il a disparu l'an dernier. Les circonstances de sa mort sont confuses : certains parlent de fièvre, d'autres prétendent qu'il aurait été abattu.

— Et quelles sont tes conclusions ? demanda Blake.

— Les mêmes que les tiennes, je présume.

— Le thuggisme n'existe pas.

— Quoi ? m'écriai-je.

— Le thuggisme n'existe que dans l'esprit et les œuvres de William Sleeman, déclara Blake. Il n'y a pas de confrérie secrète qui agirait à travers l'Inde tout entière. Il n'y a pas de langue thug. Il n'y a pas de manière de tuer commune. Il n'y a pas de culte thug de Kali.

— Entièrement d'accord. Mais le département du thuggisme est trop prospère pour que Calcutta accepte de voir la réalité. Je suis curieux de savoir ce qui t'a mis sur la bonne voie.

— L'idée que tu serais allé à Jabalpour uniquement à cause d'un poème était ridicule. Tu n'as jamais hésité à recourir à l'imagination pour suppléer la réalité. Et le livre de Sleeman, *Ramaseeana*. La langue secrète des thugs ? Sérieusement ? Quelle langue ? Des mots que l'on retrouve dans tous les bas-fonds et les bazars de l'Inde. Quelques phrases d'un argot de malandrins, l'idiome des castes les plus pauvres et les plus démunies. Les présages et les rituels : une série de superstitions et de coutumes communes à tous les paysans et à tous les petits voleurs que l'on rencontre un peu partout entre Lahore et ici. Quant à ses soi-disant arbres généalogiques, laisse-moi rire. Si l'on examine les listes de Sleeman, on constate que presque aucun de ces voleurs n'est né thug. Certains ont été adoptés. La plupart n'avaient ni enfant ni famille. Beaucoup ont été poussés au banditisme pendant une saison ou deux à la suite de mauvaises récoltes et de la hausse des fermages. Les informateurs sont souvent des chefs de bande qui cherchent à échapper au châtiment qu'ils méritent en livrant leurs hommes aux autorités et en disant à Sleeman ce qu'il souhaite entendre. »

Je pris ma tête entre mes mains.

« Et comment se fait-il que personne d'autre que vous n'ait eu cette grande révélation ? demandai-je d'une voix lasse.

— Mon jeune ami, combien d'Européens lisent le sanskrit, parlent le persan et passent du temps dans les parties les plus sordides du bazar de Calcutta ? demanda Mountstuart. Combien connaissent les bas-fonds indigènes aussi bien que Jem ? Aucun, j'imagine. De plus, il y a de nombreuses personnes à la Compagnie qui désirent ardemment que les délires de Sleeman soient réels.

— En ce qui concerne le culte de Kali, ajouta Blake avec dédain, n'importe quelle canaille, n'importe quel brigand invoquera Kali. Elle est la patronne des voleurs et des vagabonds, des épouses, des cultivateurs, et j'en passe. Tout ce qu'il écrit au sujet de Kali ne fait que confirmer qu'il n'entend rien aux hindous, ce qui bien sûr n'est guère surprenant, dans la mesure où presque personne à la Compagnie ne les comprend. Quant au soi-disant temple thug de Vindhyachal, il ne ressemble en rien à la description de Sleeman. Je doute qu'il y ait mis les pieds. Le terme "thug" lui-même signifie imposteur, escroc, et non pas étrangleur.

— C'est de la folie. Nous sommes aux mains d'une bande de thugs et vous affirmez que le jour est la nuit, et la nuit, le jour. Je n'en crois pas un mot.

— Laissez-moi vous donner une petite leçon d'histoire, jeune homme. On peut déduire des archives de Sleeman qu'il existait il y a quelques années des bandes de brigands du district d'Etawah, au nord, qui se faisaient appeler thugs, mais qu'on nommait également arnaqueurs, tricheurs, charlatans et meurtriers.

— Au bazar de Jabalpour, intervint Blake, on raconte des histoires amusantes sur les thugs, qui parviennent à duper les naïfs et à leur extorquer leurs chevaux ou leurs économies.

— Il est certain que les thugs se sont souvent attaqués aux voyageurs, reprit Mountstuart, comme de nombreux *dacoïts*. Il y a dans toute l'Inde des bandits qui tuent leurs victimes pour les dépouiller. Parfois, ils se lient d'amitié avec elles, parfois, ils se contentent de les attaquer. Parfois, ils les jettent au fond d'un puits, parfois, ils les étranglent avant.

« Dans les années 1828, la Compagnie s'est résolue à combattre les thugs, non pas parce que les indigènes étaient assassinés sur les chemins – cela arrivait depuis des années –, mais parce que Dhunraj Seth, le plus riche banquier d'Hyderabad, avait été délesté de trois chargements de roupies et d'or sur la route d'Indore par différentes bandes qui se faisaient appeler thugs. Il exigeait réparation. La Compagnie est très endettée auprès de Dhunraj Seth. Cependant, une fois les bandits capturés, il était difficile de les garder en prison, car ils refusaient d'avouer ou modifiaient leurs aveux. Le commandant Sleeman a alors pris les choses en main ; il a exécuté le neveu pourtant innocent de Feringhea pour que celui-ci se rende. Puis il s'est attelé à la tâche de les faire parler par tous les moyens, usant de son fameux chevalet lorsque nécessaire. Ensuite, il s'est assuré qu'aucun d'eux ne reverrait jamais la liberté. »

Blake hocha la tête.

« Dans les territoires de Saugor et Nerbudda, les témoignages de deux informateurs suffisent à prouver la culpabilité d'un homme. Les procès se déroulant en anglais, l'accusé ne comprend rien. Si un indigène est arrêté par le département du thuggisme, il est immanquablement condamné. »

Mountstuart éclata de rire.

« Sleeman est peut-être hypocrite et assommant, mais il faut lui reconnaître un formidable talent pour l'organisation et l'administration. Même si ce ne sont pas des qualités auxquelles j'aspire, je dois dire que ses archives et ses cartes ne manquent pas d'un certain génie, car elles ont toutes parfaitement servi ses objectifs. D'après les papiers de Sleeman, j'estime qu'il n'y avait pas plus d'une centaine d'hommes répartis entre quelques bandes de thugs, plus quelques larrons jetés sur les routes par la misère. En 1832, il n'en restait plus un. Certains ont été pendus ou déportés dans des camps à Sumatra et à Penang. Les autres ont été condamnés à plusieurs années de travaux forcés à Jabalpour et à Saugor.

— Où ils sont presque tous morts : les pauvres, les guetteurs, les palefreniers, les cuisiniers, affirma Blake. Pendant ce temps, les chefs devenus informateurs, ceux qui racontent à Sleeman les fables qu'il souhaite entendre, coulent des jours paisibles à l'école d'industrie.

— Plus le nombre de thugs diminuait, plus le département du thuggisme prenait de l'importance. Aujourd'hui, les hommes de Sleeman sont partout, d'Hyderabad au Rajpoutana. Je pense que depuis 1832 près de trois mille indigènes ont été arrêtés et condamnés.

— Ne me dites pas qu'ils sont tous innocents, protestai-je d'une voix blanche.

— Bien sûr que non, répondit Blake. Beaucoup sont des *dacoïts*, des brigands et des criminels venant de toute l'Inde. La plupart appartiennent aux castes les plus basses et les plus pauvres ; certains sont poussés par le désespoir, et pour d'autres, c'est un mode de vie. Les paysans endurent beaucoup de privations depuis une dizaine d'années. Un grand nombre de ces prétendus thugs sont des vagabonds qui chapardent et volent à l'occasion, des tribus nomades comme les Gonds et les Bhils qui refusent de se sédentariser malgré les ordres de la Compagnie, des malheureux dont le plus grand crime est de voyager et d'être pauvres. Il y en a d'autres qui ont été dénoncés par des informateurs ne cherchant qu'à s'enrichir. Ils sont capturés par les agents de Sleeman, omniprésents et formés pour voir des thugs partout, et ils sont envoyés dans les territoires de Saugor et Nerbudda, parce qu'il est plus rapide et plus facile de déclarer un homme coupable là-bas. Mais ce ne sont pas des thugs. Et leurs enfants ne sont pas voués à finir thugs. C'est un mensonge.

— Sleeman s'est si bien convaincu de la véracité de ses fables qu'il n'en voit plus les failles, renchérit Mountstuart. Il est devenu l'esclave de son propre système qui a fini par le corrompre. Cela a commencé avec les prisonniers, qui après quelques coups lui racontaient tout ce qu'il désirait entendre et brodaient au-delà de ses rêves. Avez-vous rencontré Feringhea ? Un démon fascinant. Un homme capable de s'adapter à n'importe quelle situation. Il dînerait avec le diable et lécherait la cuillère. Un admirable talent pour la survie et la destruction. Un véritable don d'hypnotiseur. Un thug au sens traditionnel du terme : un charlatan et un escroc. Il a sauvé sa peau en se rendant indispensable à Sleeman. Il alimente ses chimères à grand renfort de contes à vous glacer le sang et de rituels magiques sataniques. Le thuggisme que nous connaissons est un mélange des contes de Feringhea et des fantasmes de Sleeman. Mais c'est le chevalet qui a scellé la corruption de Sleeman, la machine à briser les os dont il s'évertue à nier l'existence.

— Et la Compagnie est enchantée. Les thugs effraient la population et prouvent la dégénérescence de l'hindouisme. Le département du thuggisme démontre que nous sommes plus dignes de gouverner que les princes indigènes et élimine les gêneurs.

— Nous avons pourtant assisté à une pendaison de thugs, insistai-je. Ils ont imploré Kali.

— Ces hommes étaient des Gonds, répliqua Blake. Sans leurs *kurtas* et leurs guirlandes de fleurs, vous auriez vu les scarifications caractéristiques de leur tribu et de leur caste. On leur a dit que leur famille recevrait une aide financière s'ils invoquaient la déesse. D'ailleurs, souvenez-vous, un seul d'entre eux a prononcé son nom.

— Mais comment pouvez-vous le savoir ?

— Je suis entré dans la prison et je leur ai parlé, tout comme j'ai pénétré dans le bureau de Sleeman pour voir les papiers qu'il cache précieusement, et ailleurs également…

— Chez M. Hogwood ?

— En effet.

— Et son serviteur ?

— Une grosse bosse sur la tête, rien de plus, je le jure.

— Jem a d'extraordinaires talents de crocheteur et de cambrioleur, intervint Mountstuart. Et si je puis continuer, j'ai écrit un rapport destiné à la Commission à Londres, que nos hôtes m'ont laissé, ne le jugeant sans doute pas digne d'intérêt.

— Quelles sont les accusations ? demanda Blake.

— En premier lieu : le thuggisme tel qu'il est décrit par le commandant Sleeman n'existe pas, ainsi que tu le disais toi-même.

« En deuxième lieu : on a laissé se développer dans les territoires de Saugor et Nerbudda un système judiciaire qui peut condamner les indigènes en se basant sur des preuves très discutables, un système établi à l'origine pour se débarrasser de criminels avérés, mais qui a maintenant pris des proportions alarmantes.

« En troisième lieu, et en lien avec le point précédent : des centaines, voire des milliers d'indigènes qui n'étaient pas des thugs et parfois même pas des brigands ont été condamnés, afin de maintenir et d'étendre l'autorité du département du thuggisme.

— Je pense en outre que le thuggisme est utilisé pour justifier une intervention dans les États indépendants que la Compagnie trouve trop indociles, ajouta Blake. Les accusations contre le rao qui protégerait ces brigands et les tentatives d'assassinat contre sa personne tombent un peu trop à point. Je ne serais pas autrement surpris qu'il soit prévu de le déposer incessamment. Et il y en aura d'autres.

— Blake ! protestai-je. Là, vous allez trop loin !

— En vérité, le thuggisme a mille et un usages, rétorqua Mountstuart sur un ton ironique. Je dois avouer que je n'avais pas pensé à celui-là. J'ai un peu parlé à Vishwanath de Jabalpour, mais je ne lui ai pas tout révélé. Un vieux sentiment de loyauté envers la Compagnie, j'imagine. J'estimais que je devais présenter mon rapport au gouverneur général avant d'en dire plus. »

Personne ne prononça un mot pendant un long moment. L'excitation initiale de la découverte de Mountstuart avait cédé la place à une profonde fatigue. Je tentai de dormir un peu, sans succès : je ne cessais de penser à toutes ces révélations qui semblaient tantôt ridicules, tantôt horriblement crédibles.

« Puis-je me permettre deux observations, messieurs ? dis-je enfin. Vous prétendez que le thuggisme n'existe pas. Pourtant, d'une part, nous avons assisté à l'exhumation d'une tombe et nous avons vu les cadavres d'un groupe de voyageurs indigènes tués deux mois plus tôt selon la méthode des thugs. Et d'autre part, nous sommes emprisonnés dans une grotte par une bande de *dacoïts* qui se conduisent comme des thugs. Comment l'expliquez-vous ?

— C'est perturbant, mon jeune ami, je l'admets. Mais permettez que je vous raconte une anecdote pour le moins intriguante. Mes ravisseurs m'ont confié qu'ils étaient des brigands, des thugs, si vous voulez, depuis de nombreuses années. Dans le temps, ils se débarrassaient de leurs victimes en fonction des circonstances : avec un couteau, un gourdin ou un *roumal*. En ce qui concernait les corps, parfois, ils les enterraient, parfois, ils les laissaient là, les jetaient dans une rivière ou au fond d'un puits. Mais à présent, systématiquement, ils les tuent à l'aide du *roumal* et creusent la fameuse fosse circulaire des thugs. C'est comme si Sleeman avait donné vie à ces rituels en les décrivant.

— Voilà qui semble un peu tiré par les cheveux. »

J'étais très las et j'avais la tête qui tournait.

« Pourquoi pensez-vous que Mauwle ait trouvé si aisément la tombe, alors que ses informateurs n'avaient manifestement pas la moindre idée de sa situation ?

— D'après Hogwood, il a le nez pour cela.

— À d'autres ! Il y avait des marques sur les troncs, trois entailles identiques sur les trois manguiers les plus proches de la fosse. Un cercle avec deux lignes. Je les ai vues, alors que j'observais Mauwle ce jour-là. Il devait savoir ce qu'il cherchait. J'étais sûr qu'elles avaient une signification, mais, sur le moment, je n'ai pas compris laquelle.

— J'en suis venu à me demander si ces voleurs, censés être les derniers thugs, n'ont pas été épargnés afin de continuer à exécuter leurs crimes sordides à la manière décrite par Sleeman, ajouta Mountstuart.

Ainsi, ils entretiennent la peur du thuggisme. Rien de tel qu'un petit meurtre de temps en temps pour maintenir la Compagnie en état d'alerte.

— Une marque sur un arbre ! m'écriai-je, exaspéré. Ce pourrait être n'importe quoi, un rituel peut-être ! Écoutez-vous donc cinq minutes ! Vous insinuez que l'homme qui a lancé la campagne contre les thugs et qui les chasse sans répit depuis dix ans laisse à dessein une bande commettre ses atrocités, afin qu'en échange elle lui indique le site où les corps sont enterrés !

— Je ne pense pas qu'ils soient en relation directe avec Jabalpour, sinon je serais sans doute mort à l'heure qu'il est, mais, ainsi que Jem l'a dit, il y a d'autres moyens de transmettre des messages.

— Comment Sleeman a-t-il compris la raison de ta présence à Jabalpour, Xavier ? demanda Blake. Qu'as-tu fait ? Tu ne pouvais donc pas te taire ?

— J'ai sans doute manqué de tact, Jem, je le reconnais, répondit Mountstuart, un peu froissé. Je n'ai pas pu résister au désir de taquiner Sleeman. Tous ses beaux discours à propos de l'éducation des indigènes, ses mensonges constants au sujet du chevalet : je trouvais cela écœurant.

— Tu ne penses pas qu'il nie son existence simplement parce qu'il en a honte ? Et est-ce vraiment tout ce que tu as fait, Xavier ?

— Ne le prends pas sur ce ton, Jem. Je vais parfaitement bien, tu n'as rien à craindre de ce côté. Mais je veux bien croire que mon impétuosité les ait alertés.

« Sleeman ne supporte pas la contradiction. Je n'ai pas pu cacher mon dégoût et nous nous sommes disputés. Il a décidé que je sapais sa création : son œuvre, sa ville. Ses hommes sont prêts à tout pour lui, c'est indéniable. Ce monstre de Mauwle s'est mis en tête de me surveiller. Chaque soir, pendant la dernière semaine, il débarquait chez moi avec un grand sourire, brandissant son sabre et me demandant si j'aimais toujours Jabalpour. Le dernier soir, Sleeman a perdu son sang-froid. Il m'a lancé que je minais tous ses efforts parce que je refusais de comprendre son travail et que je déformais les faits. Je ne l'avais jamais vu dans une telle fureur. Je lui ai dit qu'il ne savait pas ce dont j'étais capable et je lui ai ri au nez, ce qui était très imprudent de ma part. Il m'a traité de fou et m'a menacé de me faire arrêter. Je suis parti. Je pensais rentrer à mon bungalow, mais finalement j'ai décidé de faire un tour dans les quartiers indigènes autour du cantonnement. Lorsque je suis arrivé chez moi, il était tard. Il y avait des hommes à l'intérieur de l'enceinte. Par chance, je les ai vus le premier.

« Ils étaient armés de couteaux et je savais qu'ils étaient là pour me tuer. Mon singe, Auckland, était rentré avant moi. Ils lui ont tordu le cou sous mes yeux. J'étais plaqué contre le mur de l'enceinte, à l'extérieur. J'étais sûr d'être découvert. Deux d'entre eux sont passés à quelques pas de moi. À l'instant où je me suis dit que c'était fini pour moi, on les a rappelés à l'intérieur. Les autres avaient trouvé de l'argent, que je suis très fâché d'avoir perdu, et des papiers. Rien d'important, des gribouillis, mais ils ne pouvaient pas le savoir. Ils ont attendu jusqu'à l'aube, puis ils sont partis : leur présence aurait vite été remarquée en plein jour. Je me suis glissé dans l'enceinte pour récupérer ce que je pouvais.

Le bungalow avait été mis à sac, mes possessions dispersées, le moindre bout de papier dérobé. Heureusement, j'avais enterré les documents importants. J'ai pris la fuite sur-le-champ, dormant le jour, me déplaçant la nuit. Lorsque je suis arrivé à Doora, j'ai demandé à Vishwanath de garder ma présence secrète. On ne saurait sous-estimer le pouvoir de Sleeman dans les États du centre.

— Il courait le bruit au bazar qu'on avait essayé de te tuer, dit Blake, et que tu avais quitté Jabalpour en secret. La marieuse Maa Amala prétendait t'avoir trouvé un guide. Elle racontait également que tu avais mis le commandant en rage parce que tu avais tenté de séduire Mme Sleeman.

— Miséricorde ! Jamais de la vie ! Elle est bien trop vertueuse pour moi.

— Vous avez appelé votre singe Auckland ? » fis-je, déconcerté.

La lumière se fit jour dans mon esprit.

« Pas à cause du gouverneur général, quand même ?

— Vous ne trouvez pas qu'il y a une certaine ressemblance ?

— Je ne puis croire que le commandant Sleeman soit prêt à recourir au meurtre.

— Cette attaque près de Doora. Pensez-vous réellement qu'il s'agissait d'un accident ? demanda Blake.

— Vous allez trop loin ! »

Je songeai alors à ce que j'avais dit à Sleeman au sujet de Blake le jour où nous avions quitté Jabalpour. *S'ils sont dans le vrai, j'ai attiré sur nous la colère de Sleeman*, pensai-je.

« Mais pourquoi es-tu quand même parti à la recherche des thugs après ce que tu avais découvert ? N'était-ce pas… inconsidéré ? dit Blake.

— Je ne le pense pas. Ces criminels ont la réputation de ne pas s'en prendre aux Européens. J'ai croisé de nombreux brigands au cours de ma vie, et toi aussi. Et je suis, après tout, le roi des poètes. Je pense que ce sont les derniers thugs, la fameuse bande de Kitree. Vous avez dû en entendre parler à Jabalpour.

— En effet.

— Je supposais qu'ils avaient échappé à la prison grâce à leur isolement et j'espérais qu'ils pourraient me décrire la campagne de Sleeman de leur point de vue. J'étais certain qu'ils confirmeraient mes conclusions. J'avais prévu de les rencontrer, puis de repasser à Doora avant de rentrer à Calcutta pour présenter mon rapport au gouverneur général. Hélas, ils sont tombés sous mon charme et refusent de me laisser partir.

— Ne t'est-il pas venu à l'esprit que ton roman avait pu entamer ton crédit auprès du gouverneur ?

— Jeremiah, épargne-moi ce genre de platitudes.

— Et je suppose que la Commission n'était au courant de rien ? »

Je poussai un soupir de frustration.

« Peut-être devrions-nous discuter de ce que nous allons faire ? De notre évasion. »

Un murmure de voix confus et démultiplié par l'écho nous parvint du couloir à notre droite. Nous écoutions, tendus, à mesure que les échanges se rapprochaient.

L'homme qui se faisait appeler Gulab pénétra dans la grotte. Il portait une lampe à *ghee* semblable à la nôtre et tenait un sabre à la main.

« Messieurs, dit Mountstuart, je pense que vous avez déjà rencontré notre hôte. Il est connu sous de nombreux noms : Gulab, Chotee le chanteur, Salman, mais le plus souvent, on l'appelle Rada Kishin. »

Il était escorté d'un indigène armé que je n'avais jamais vu. Deux autres hommes les suivaient, avec des bols qu'ils déposèrent à terre. Il y avait une assiette de pain et un bol de curry, ainsi que de petits morceaux d'une substance cristallisée.

Gulab, ou plutôt Rada Kishin, prit la parole. Ses yeux sombres brillaient. Il nous indiqua la nourriture. Blake répondit. L'homme rit. Blake dit quelque chose au sujet de Mir Aziz. Rada Kishin secoua la tête. Il avait l'air solennel. Il souleva le fourreau qu'il portait à la ceinture. Il était noir, orné d'un filigrane d'argent. Le fourreau de Mir Aziz.

« Il est mort, dit-il en anglais. C'est la règle chez nous. On ne peut pas faire autrement.

— Pourquoi pas nous ? »

Il sourit et poursuivit d'une voix douce en hindoustani. Il s'inclina pour saluer Mountstuart, puis Blake et enfin moi-même. Le bruit de leurs pas diminua dans le passage souterrain. Je songeai à la dernière fois que j'avais vu Mir Aziz et à la manière dont il s'était efforcé de me rassurer, bien qu'il eût certainement deviné le sort qui nous attendait.

« Le serpent blessé peut tuer tant qu'il est en vie, déclara enfin Mountstuart. Messieurs, il nous reste peu de temps.

— Je vous demande pardon ?

— C'est ce que Rada Kishin m'a dit, expliqua Blake. Cela signifie qu'il ne peut nous laisser vivre et nous tuera demain matin. Pour un Anglais, ils étaient prêts à attendre, mais trois représentent un trop grand danger. Ils doivent encore décider de la façon dont ils se débarrasseront des corps, puis ils nous exécuteront. »

14

« Nous ne pouvons pas leur échapper », déclara Mountstuart.

Blake fourrageait parmi les sacs.

« J'ai, malgré tout, l'ébauche, le soupçon, le germe d'un plan d'évasion, ajouta-t-il nonchalamment. Je n'ai pu m'y préparer autant que je l'aurais souhaité, car je n'étais pas toujours ici ces derniers temps.

— Xavier ! l'interrompit Blake avec impatience.

— Si tu préfères la version prosaïque, soit. J'ai profité de mon séjour dans cette grotte pour explorer les galeries derrière nous. Elles sont toutes sans issue. Toutes, sauf une. Elle est bouchée par un tas de terre et de cailloux. Je suis parvenu à creuser un trou assez large pour m'y faufiler. Je suis tombé sur un autre réseau de couloirs. L'un mène à un mur d'éboulis. Une colline de schiste et de rocs, avec au sommet un petit espace par lequel on voit la lumière du jour. J'avais commencé à l'élargir, en prévision du jour où je devrais m'échapper, mais je n'avais pas imaginé qu'il arriverait si vite.

— Où débouche la galerie ?

— Je n'en ai pas la moindre idée.

— Nous allons brûler ces liens, déclara Blake en levant les mains. Mangeons, puis nous irons inspecter ce trou. Si nous creusons toute la nuit, est-ce que ce sera suffisant ? »

Avec un grand geste théâtral, Mountstuart présenta ses paumes pour signifier qu'il n'avait pas la réponse. Blake déchira un sac de chanvre et en préleva un petit morceau dont il fit une étoupille qu'il alluma à l'aide de notre lampe. Il l'appliqua sur la corde qui retenait mes poignets et me dit de tirer. Ensuite, je brûlai ses liens. Il me conseilla de manger et je ne me fis pas prier. Mountstuart avala à peine une bouchée, mais Blake, comme une mère poule caquetante, le força à s'alimenter. Il y avait du pain et du *gour* : le sucre que, selon Sleeman, les thugs consommaient lors du rite d'intronisation. C'était un délice : sucré, dur, avec un goût de toffee brûlé. Blake récupéra tout ce qui pourrait nous être utile : la boîte à amadou de Mountstuart, deux couvertures, une outre qui fuyait un peu, un pot de *ghee* scellé, les reliefs de notre repas. Il fit tout cela avec conviction et concentration ; rien dans son attitude n'indiquait qu'il croyait notre situation désespérée.

Notre petite troupe se mit en route. Mountstuart, qui se révéla beaucoup moins grand que je ne l'aurais imaginé, portait notre flamme fragile dans son bol de *ghee* et, dans une pochette de cuir à son cou, le rapport qu'il avait rédigé à l'intention du gouverneur général. Blake avait la boîte à amadou et le pot de *ghee* ; je me chargeai de l'outre. Nous traversâmes une série de grottes plus sombres les unes que les autres, jusqu'à l'amas de terre qui bloquait le couloir. Le trou n'était guère plus large qu'un terrier de lapin. Mountstuart se débarrassa de sa cape de fortune, avança les bras sans lâcher la lampe et se faufila à l'intérieur. Blake le suivit, poussant les couvertures et le *ghee* devant lui. Je passai le dernier. L'orifice était étroit et la pression sur mes épaules extrêmement déplaisante, mais je parvins à m'en extraire sans encombre. Quelques minutes plus tard, nous débouchions dans une haute caverne obstruée par un mur d'éboulis presque vertical.

« J'ai fait un petit trou au sommet. J'ignore où il donne et un seul de nous trois peut creuser à la fois. »

Blake se lança le premier. Il grimpait lentement. Il n'y voyait pas grand-chose, mais il avait refusé de prendre la lampe de peur de la lâcher et de tous nous priver de lumière. Les pierres se délogeaient facilement et il fallait éviter les mouvements trop brusques. Néanmoins, il finit par atteindre le sommet.

Je fermai les yeux. Je voulais que le sommeil m'emporte. Mais je ne pensais qu'à l'après-midi où j'étais allé trouver Sleeman pour lui parler de Blake.

Au bureau du thuggisme, j'avais demandé à rencontrer Hogwood ou le commandant, curieux de voir si j'aurais enfin accès au saint des saints. Ce fut Hogwood qui apparut. Sans un mot, il m'invita à entrer. Dans la première pièce, une demi-douzaine d'employés indigènes impénétrables étaient assis devant des piles de papier. Les pales d'un large ventilateur tournaient au-dessus d'eux. Il faisait frais et il y régnait un silence et un ordre parfaits. Deux murs étaient tapissés de vitrines où s'entassaient des boîtes et des rouleaux attachés par des rubans de couleurs différentes. Le troisième était couvert de cartes et de dessins au crayon représentant des visages et des crânes d'indigènes sous des angles divers. Nous ressortîmes par une porte battante qui se referma brutalement derrière nous, grinçant sur ses gonds. Personne n'avait levé la tête.

À chaque pas, je me sentais plus mal à l'aise. Hogwood me donna une tape d'encouragement et me conduisit au bureau du commandant. Sleeman venait de ranger son *houka*. J'hésitai sur le seuil. La pièce était remplie jusqu'au plafond de papiers, de livres, de minéraux, d'objets artisanaux et de croquis, la plupart enfermés dans des vitrines ou empilés sur des étagères.

« Mon commandant, je me suis permis de vous amener le lieutenant. Il désire vous parler. »

Sleeman leva la tête et fronça les sourcils.

« Monsieur Avery, en quoi puis-je vous être utile ?

— Je suis confus si je tombe mal. Je peux revenir plus tard, dis-je, soudain convaincu que j'étais en train de commettre une erreur. C'est un sujet délicat que je préférerais ne pas avoir à aborder…

— Je vois.

— Je vous laisse », annonça Hogwood.

J'espérais qu'il resterait, mais il avait déjà fait demi-tour pour rejoindre son propre bureau, où je l'entendis donner des ordres à un employé invisible. Puis la porte se referma.

« Eh bien, lieutenant, racontez-moi ce qui vous préoccupe. »

Il ne m'avait pas invité à m'asseoir, je restai donc debout.

« Mon commandant, lorsque j'étais à Calcutta et que j'ai reçu l'ordre d'accompagner M. Blake, le colonel Buchanan...

— Patrick Buchanan, le chef de cabinet ?

— Lui-même, mon commandant. »

Sleeman parut un peu surpris.

« Continuez, je vous prie.

— Le colonel m'a dit que l'une de mes tâches serait de... de... c'est un sujet assez déplaisant. »

Il croisa les bras sans prononcer un mot.

« Il m'a dit que, bien que très doué, M. Blake n'était pas le plus fiable des hommes. »

La pièce et même tous les bureaux semblaient incroyablement silencieux. Je baissai la voix.

« Je ne pense pas qu'il sous-entendait qu'il était mentalement instable ni rien de la sorte, seulement qu'il pouvait se montrer imprévisible et avoir des opinions un peu particulières. Il m'a demandé d'observer M. Blake et de veiller à ce qu'il ne s'écarte pas de sa mission. S'il avait un comportement préoccupant, enfin, si j'avais l'impression qu'il se fourvoyait, j'étais censé le signaler à un officier supérieur. Il vous a mentionné, mon commandant.

— Continuez.

— C'est une tâche dont je me passerais bien. M. Blake est un homme remarquable. Il a de grandes qualités. »

Il eut un mouvement d'impatience.

« Je me rends compte que cela vous met mal à l'aise, lieutenant, mais venez-en au fait.

— Bien sûr, mon commandant, répondis-je, la voix un peu tremblante. Voilà, je crains que M. Blake n'ait perdu de vue l'objet de notre mission. Vous avez dû remarquer que le thuggisme l'obsède. Eh bien, croyez-moi, c'est pareil, voire pire, lorsqu'il se trouve seul avec moi. Il semble avoir oublié que notre tâche consiste à retrouver M. Mountstuart. Je sais qu'il se rend fréquemment dans le quartier indigène. J'ignore pourquoi : il refuse de me confier ses soupçons. Il lui arrive aussi de disparaître en pleine nuit. Je sais qu'il a fait des visites clandestines à la prison, qu'il y a même pénétré. Il n'a pas le projet insensé de libérer les détenus, mais il leur a parlé et je le soupçonne de croire qu'il se passe quelque chose… quelque chose qu'il désapprouve et qu'il doit exposer au grand jour. »

Le commandant Sleeman semblait abasourdi. Il posa son coude sur le bureau et logea son menton entre son index et son pouce.

« Bien, lieutenant. Vous avez pris la bonne décision, même si vous n'auriez pas dû autant tarder. Je comprends à quel point cela a dû vous être pénible. Mais je suis heureux que vous soyez venu me trouver. Je vais devoir écrire à Calcutta pour faire savoir aux autorités que nous avons affaire à un individu potentiellement dangereux. Soyez assuré que je ne manquerai pas de souligner votre sens du devoir. Votre loyauté a été mise à l'épreuve et vous n'avez pas failli.

— Je vous remercie, mon commandant.

— Je suppose que je pourrais l'incarcérer. »

Je blêmis.

« Je pensais que vous avertir suffirait.

— De tels actes ne sont pas sans conséquence, lieutenant. Bien que M. Blake soit manifestement un original, c'est aussi un homme mécontent et imprévisible qui professe des opinions dangereuses. D'un autre côté, le département du thuggisme n'a pas à rougir de quoi que ce soit. Nous avons toujours vaincu nos détracteurs. »

Il réfléchit un instant.

« Puis-je compter sur votre discrétion ? Je préférerais que vous ne mentionniez cette conversation à personne pour l'instant. De toute façon, je suppose que vous souhaitez vous aussi qu'elle reste confidentielle.

— Bien, mon commandant. »

Des pierres roulaient sur les côtés. Blake redescendit, les doigts en sang. Il annonça qu'il avait dégagé un espace assez large pour s'asseoir à deux et nous conseilla de nous emmailloter les mains avec des bandelettes de toile. Nous prîmes position au sommet du mur d'éboulis, le dos courbé, les bras tendus devant nous. Je palpai l'arête supérieure de l'ouverture obstruée, par laquelle s'insinuaient un léger souffle d'air tiède et une obscurité qui semblait moins opaque. Nous nous mîmes au travail, nous efforçant d'évacuer les cailloux et les blocs aussi vite que possible sans tout faire dégringoler. Quelques minutes plus tard, j'avais les mains à vif. De temps en temps, l'étrangeté de la situation me revenait dans toute son absurdité : j'étais assis à côté de mon idole, dans une grotte au fin fond de l'Inde, trop fatigué et inquiet pour lui exprimer mon admiration.

Les heures passèrent. Nous travaillions tour à tour. La poussière faisait tousser Mountstuart et sa carcasse tout entière tremblait. Le voir grimper était presque douloureux. De mon côté, l'effort me donnait le vertige, mes contusions me faisaient souffrir et j'avais le dos brisé. Nos doigts saignaient. Seul Blake semblait infatigable, prenant notre place sans hésiter quand nous glissions en bas de la pente, rompus. Le trou s'élargissait, mais on ne voyait toujours pas ce qui se trouvait de l'autre côté, et lorsque Blake jeta un caillou par l'ouverture, nous ne l'entendîmes pas retomber.

L'obscurité était d'un violet plus clair. L'aube approchait. L'orifice était à présent assez large pour que l'un de nous s'y faufile. Blake déchira l'une des couvertures de coton en bandes et Mountstuart en fit une corde. Cela ressemblait tellement à une scène d'évasion sortie d'un roman de Walter Scott que je faillis éclater de rire. Mountstuart se proposa de passer le premier, car il était le plus léger. Il mit la corde de fortune autour de sa poitrine, faisant un nœud qu'il pourrait aisément desserrer, et prit une partie de nos maigres bagages. Comme j'étais le plus grand et le plus lourd, je me portai volontaire pour l'assurer. Il glissa les pieds dans le trou et se tortilla jusqu'à ce que seuls dépassent sa tête, ses bras et son torse. Je ne distinguais plus que le contour flou de ses cheveux et de sa barbe.

« Mon jeune ami, pourriez-vous me propulser par l'ouverture ? C'est assez confortable, mais j'ai besoin d'un peu d'élan. »

Je le saisis par les épaules et poussai de toutes mes forces. Il laissa échapper un « Oh ! » soudain et disparut. Mes mains s'emparèrent juste à temps de la corde que j'avais entourée autour de ma jambe. Je faillis perdre l'équilibre. Par prudence, nous avions décidé de communiquer par signes tant que ce serait possible. Pendant quelques minutes, je laissai la corde se dévider, puis je la bloquai brusquement.

« Lâchez du mou », dit-il d'une voix rauque.

J'obéis, serrant les dents : le tissu brûlait mes mains déjà à vif.

« Voyez-vous le sol ? Avez-vous une prise ? » chuchotai-je aussi fort que je pus.

Au moment où je crus que j'allai lâcher, le poids s'allégea d'un coup. Un murmure s'éleva de l'autre côté.

« Je suis en bas. »

Je n'entendis rien d'autre.

Il faisait plus clair à présent. Blake escalada le monticule avec le reste de nos provisions.

« Je vais vous tenir la corde », déclarai-je.

Il n'y avait nulle part où l'attacher. Le dernier devrait se débrouiller seul pour se glisser par le trou et descendre de l'autre côté.

« Non.

— Je suis plus jeune que vous, ce sera plus facile pour moi. Vous devez rejoindre Mountstuart pour confirmer son rapport, dis-je, débitant le petit discours que j'avais préparé. Je ne suis pas indispensable. Je...

— Taisez-vous et allez-y. Ne vous inquiétez pas pour moi. Je suis agile comme un singe. Et vous serez en bas pour me rattraper.

— Blake, il faut que je vous dise quelque chose. À Calcutta, Buchanan m'a confié la mission de vous surveiller. Il prétendait que vous n'étiez pas toujours fiable et que vous risquiez de vous écarter de votre mission. Dans ce cas, je devais le signaler à un officier supérieur. La veille de notre départ de Jabalpour, votre attitude me paraissait tellement insensée et vous aviez mis le commandant dans une telle rage que je ne savais plus à quel saint me vouer. Je ne voyais pas le rapport avec Mountstuart et je m'inquiétais au sujet de la prison. Alors je suis allé trouver Sleeman. Je lui ai parlé de vos escapades nocturnes. Il m'a dit de ne répéter à personne ce que je lui avais révélé. Je vous ai trahi. »

Il accusa le coup. Puis, très vite, il se ressaisit.

« Ne vous tourmentez pas, Avery. Vous avez obéi aux ordres. De plus, nous ne sommes pas ici à cause de ce que vous avez fait à Jabalpour, mais parce que j'ai insisté pour suivre Xavier. »

Je ne bougeai pas.

« Arrêtez, Avery. Vous avez trop lu Xavier. En restant là, vous nous retardez. »

Il passa la corde sous mes bras.

« Si vous tirez sur cette extrémité, vous défaites le nœud. »

Je glissai mes pieds et il me poussa. L'air était soudain nettement plus chaud. Mes jambes se balancèrent et butèrent contre la roche de l'autre côté. J'extirpai mes bras du trou. Alors que je me rétablissais, ma tête heurta une saillie. À demi assommé, je distinguai à peine Mountstuart, une quarantaine de pieds plus bas. Il y avait de la lumière derrière moi. La paroi était irrégulière et bosselée. Je cherchai des prises pour voir s'il était possible de descendre sans corde. Mais mes doigts ne s'accrochaient à rien. Je me laissai donc porter. À dix pieds du sol, je m'arrêtai d'un coup de talon. Je tirai sur le nœud. Il se défit et je tombai par terre. Je grimaçai.

« Ah, rien ne vaut la terre ferme », dit Mountstuart.

La lumière grise du petit matin s'immisçait par une ouverture à une centaine de pas, à demi cachée par un épais feuillage.

Au-dessus de nous, j'aperçus la silhouette de Blake qui s'extrayait du trou sans difficulté, alors que je me targuais d'être plus mince que lui. Il se retrouva plaqué contre la paroi telle une araignée sur sa toile et il entama la descente. Ses pieds trouvaient des prises là où je croyais qu'il était impossible de prendre appui et ses doigts semblaient adhérer à la roche. Mountstuart l'applaudit sans bruit lorsqu'il arriva en bas.

« Mon cher Jem, n'importe quel cirque t'embaucherait. »

Blake fronça les sourcils et porta son index à ses lèvres. Il indiqua l'ouverture puis se désigna, avant de s'éloigner sans bruit.

À l'entrée de la grotte, il s'arrêta un instant, puis franchit le rideau de feuillage. Nous attendîmes quelques minutes. Il réapparut et nous fit signe de le rejoindre. De l'autre côté, je me rendis compte que nous étions en altitude et que la végétation se composait principalement de fourrés. Un peu plus bas, il y avait un bosquet. Au signal de Blake, je m'élançai dans cette direction. Dans l'herbe à ma gauche, j'aperçus un cadavre : un éclaireur ou un guetteur, supposai-je. Je n'ai guère de souvenirs de cette course. Nous foncions droit devant nous à travers des broussailles épineuses. Des oiseaux piaillaient et des singes hurlaient sur notre passage. Nous étions à bout de forces, mais nous continuions comme si nous étions poursuivis par une meute de chiens enragés. Enfin, j'entendis Mountstuart trébucher derrière moi et tomber sur le sol rouge humide. Je m'arrêtai. Il haletait et semblait exténué. Ma poitrine était prête à exploser. Blake s'adossa à un arbre, hors d'haleine, lui aussi. Nous étions couverts de poussière blanche et ressemblions à des fantômes blafards débraillés.

« Il ne faut pas rester là », dit-il.

Il prit l'outre et but. Puis il tira de sous son bras un ballot et un couteau dont il avait dû délester l'indigène que j'avais vu étendu par terre. Un couteau, des couvertures de coton, de l'eau et un peu de nourriture : c'était tout ce que nous avions. Je songeai un instant à mes livres et à tout ce que j'avais fait pour les préserver. À présent, je ne possédais littéralement plus rien. Blake sortit ce qui restait de sa boulette d'opium de la bourse de cuir humide qu'il portait autour du cou. Il en détacha trois morceaux de la taille d'un petit pois. Mountstuart se releva et surprit mon expression dubitative. En plein jour, je voyais enfin son fameux regard ténébreux. Ses yeux étaient enfoncés dans son visage décharné, mais ils étaient aussi impressionnants qu'on le disait.

« Prenez, jeune homme. Cela soulage la douleur, apaise la toux, calme les estomacs capricieux, efface la fatigue et ranime votre énergie quand vous pensiez être à bout. »

Donnant l'exemple, il fourra dans sa bouche le morceau que Blake lui tendait et se mit à mâcher. J'obéis. J'avais oublié l'étrangeté de l'opium : le goût amer et la texture cireuse.

« Mais où sommes-nous ? Où pouvons-nous aller ?

— Il n'y a qu'une solution. Fuir le plus loin possible, le plus vite possible, répondit Mountstuart.

— L'est se trouve dans cette direction », affirma Blake.

Je me demandai comment il le savait. Le ciel était couvert et j'étais incapable de me repérer, mais je voulais qu'il ait raison.

« C'est simple, Avery. Nous sommes en altitude. Nous devons être quelque part dans les monts Vindhya. Si nous marchons parallèlement aux montagnes, nous finirons par atteindre le Gange et Mirzapour. »

L'opium agissait déjà. Je sentais une boule de chaleur dans ma poitrine qui se diffusait dans tout mon corps, apaisant mes maux. Bientôt je retrouvai l'usage de mes jambes. Même Mountstuart avait repris des couleurs et respirait un peu plus facilement.

Pendant des heures, nous progressâmes en dépit du terrain difficile. La peur et l'opium nous donnaient des ailes. Nous dépassions des sals et les figuiers étrangleurs, des oiseaux piailleurs et des singes à l'expression énigmatique. Nous enjambions des racines tordues et des lianes cassées, traversions des nuages de paisibles papillons jaunes sur des pistes qui n'allaient nulle part, le sol tassé par les animaux. Blake revenait de temps en temps sur ses pas afin d'effacer nos traces avec une branche feuillue, mais il ne pouvait redresser l'herbe piétinée. Plusieurs fois, il nous fit franchir des ruisseaux et des mares. Nous en profitions pour remplir l'outre et pour boire. Les arbres formaient un épais rideau vert oppressant. Les figuiers étrangleurs évoquaient des nœuds coulants et les bruits de la jungle n'étaient qu'un long cri perçant. Les effets de l'opium se dissipaient et j'étais la proie d'une agitation anxieuse. Je ne cessais de penser à nos poursuivants et je m'attendais à entendre leurs hurlements à chaque instant. J'étais assailli de sombres pensées. Ils ne pouvaient pas se permettre de nous laisser en vie ; ils nous pourchasseraient jusqu'au bout du monde. Nous n'avions pas la moindre notion de l'endroit où nous nous trouvions ; nous allions mourir de faim dans cette jungle impénétrable. Nous étions à deux cents lieues de Calcutta. Ces pensées me taraudaient et derrière se tapissait une angoisse encore plus profonde. J'étais anéanti à l'idée qu'il pût exister une telle noirceur là où je n'avais vu que du bien et je ne me remettais pas d'avoir joué un rôle aussi méprisable dans nos mésaventures. Mes forces finirent par m'abandonner, alors que mes compagnons plus âgés persévéraient. J'avais honte, surtout en présence de Mountstuart, mais je ne pouvais plus poser un pied devant l'autre.

Blake me rejoignit.

« Venez, Avery. Il faut continuer.

— Je suis désolé, mais j'en suis incapable. Laissez-moi ici.

— Allons, William, dit-il, passant mon bras sur son épaule pour m'aider. Nous pouvons aller un peu plus loin. Vous devez rentrer à Calcutta, ne serait-ce que pour cette jeune fille. La blonde à la soirée. Vous lui plaisiez. Plus que les autres, en tout cas.

— Vous croyez ? demandai-je, sceptique.

— Je le sais. Écoutez, j'ai un plan imparable pour regagner Calcutta, mais il va falloir que vous jouiez une indigène muette. »

En dépit de moi-même, je laissai échapper un gloussement étouffé.

« Voilà. Encore un pas. Et un autre. Je ne plaisante pas, William. Xavier et moi avons réchappé de situations pires que celle-ci, n'est-ce pas ?

— Mais certainement », dit Mountstuart d'une voix hachée.

Blake lui avait trouvé un bâton et il en avait clairement besoin.

« Une fois… nous… nous… sommes… échappés… de Karachi, expliqua Blake, hors d'haleine. L'un déguisé en danseuse légère, l'autre jouant sa disgracieuse servante. La Compagnie voulait – veut toujours – une route jusqu'en Asie centrale. Nous devions effectuer un relèvement du port et de la ville. Mais les Talpours* n'aiment pas les espions européens. Mountstuart faisait une danseuse ravissante. Il est vrai qu'il était plus jeune et plus avenant à l'époque. J'ai dû lui épiler les sourcils. Il fallait l'entendre crier de douleur. Quant à moi, j'étais tout à fait crédible en servante revêche parlant couramment le pachtou. Nous avons fui à travers le Sindh pendant une semaine, sans rien à manger sinon ce que je parvenais à voler. »

Je laissai échapper un autre rire.

« C'est ça, William. Encore un peu. Vous devez savoir que les livres de votre idole ne sont qu'un ramassis de mensonges et d'inventions. »

Outré, Mountstuart poussa un « Oh ! » étranglé.

« Une montagne d'inventions. Cet homme n'est pas l'être pur et désintéressé que vous imaginez, Avery. Mais, soyons honnêtes, personne ne l'est. Comme disait Montaigne, ajouta-t-il en lançant un coup d'œil à Mountstuart qui laissa échapper un grognement irrité, même sur le plus haut trône du monde, on n'est jamais assis que sur son cul. C'est une maxime que j'ai toujours trouvée fort utile. Mais pour revenir à ce que je disais, toutes ces évasions spectaculaires, où l'on voit un homme et son fier destrier poursuivis par trente barbares en colère : n'importe quoi. Chaque fois, il s'est échappé déguisé en femme. Et j'étais là pour arranger ses jupes. J'étais à pied, lui sur un baudet. Pendant trois ans, j'ai eu des ampoules et lui s'est promené sans sourcils. Encore un peu et vous saurez toute la vérité. Plus jamais vous ne verrez Xavier sous le même jour. »

Alors que nous poursuivions notre route, Blake me raconta que Mountstuart avait pénétré dans le harem d'un *nabab** et n'avait été sauvé que grâce à son intervention et à celle d'un éléphant. Mountstuart répliqua que c'était un odieux mensonge, même s'il était vrai que les dames mahométanes étaient fort voluptueuses, en dépit de la lassitude due à l'opium. Je me rendis soudain compte que j'avais déjà parcouru presque deux lieues, absorbé par leurs chamailleries.

Le jour tombait. Il nous fallait un endroit où passer la nuit. Nous arrêtâmes notre choix sur les broussailles les plus hautes que nous pûmes trouver.

« Ils ne pourront pas suivre nos traces dans l'obscurité », déclara Blake.

Je n'en étais pas si sûr, mais je me tus. Harassé, Mountstuart parvint tout juste à articuler un « Ah ! » sceptique.

Blake sortit ce qu'il restait de nos provisions et les partagea entre nous. Il ouvrit le petit pot de *ghee* que nous frottâmes sur nos mains et sous nos pieds cloqués. Ainsi ragaillardis, nous nous étendîmes pour dormir.

Je m'attendais à sombrer aussitôt dans un profond sommeil, mais, en dépit de mon extrême fatigue, des pensées morbides me tourmentaient. Macpherson : mort. Nungoo : mort. Mir Aziz : mort. La Compagnie grouillait de secrets sordides.

À mon réveil, j'avais le cerveau embrumé et une migraine lancinante. Mes pieds et mes paumes étaient à vif, mon ventre douloureusement vide et le tintamarre de l'aube me vrillait les tympans. Pour couronner le tout, le sentiment que les brigands n'étaient peut-être pas loin m'obsédait. Blake était penché sur Mountstuart endormi, sa main glissée dans le col de sa chemise. Il en tira une bourse très semblable à la sienne dont il sortit une autre boulette brune d'opium qu'il subtilisa.

Puis il brisa une brindille de margousier et me la tendit.

« Allez vous débarbouiller et brossez-vous les dents avec ça. Vous vous sentirez mieux après. Il y a un cours d'eau tout proche, on l'entend. Nous devons reprendre la route sans tarder. »

À mon retour, Mountstuart était debout et s'époussetait. Il avait l'air épuisé. Il répondit à mes salutations matinales d'une inclinaison de tête royale, avant de se diriger sans un mot vers le ruisseau. Il n'en revint pas de meilleure humeur. Blake nous donna un petit morceau d'opium chacun.

« Cela nous permettra de tenir quelques jours si nous ne trouvons rien à manger. »

J'avais l'impression qu'une vrille me transperçait la tête.

« Où allons-nous ?

— Nous ne pouvons pas retourner à Doora. Ils ont peut-être des hommes qui surveillent les routes.

— Mais nous sommes à deux cents lieues de Calcutta.

— Il suffit d'aller assez loin pour que nos poursuivants renoncent, dit-il, évitant de prononcer le mot thug. Nous irons à Mirzapour, ajouta-t-il fermement. Il n'y a pas dix jours, Mme Parkes nous a dit qu'elle devait y retrouver la suite du gouverneur en route vers le nord. Nous lui présenterons le rapport de Mountstuart. Et le mien. J'évalue la distance à un peu moins de trente lieues. C'est faisable.

— Trente lieues ? Une bagatelle, répliquai-je. Et dans quelle direction ?

— Par là. »

Il s'éloignait déjà. Mountstuart ramassa son bâton avec un soupir et le suivit.

L'opium fit son effet. Nous traversions des zones de végétation plus ou moins touffues, avec dans le meilleur des cas une piste animale pour nous guider. Il y avait des cours d'eau partout et nous buvions souvent pour nous remplir le ventre. Peu à peu, la peur d'être capturé diminua. En revanche, j'étais hanté à l'idée de tourner en rond dans cette jungle pendant des siècles, sans croiser âme qui vive. Mais chaque fois que je ralentissais, Blake m'attendait et marchait à mes côtés. De temps en temps, il me racontait des histoires : comment ils avaient livré des chevaux à un seigneur du Pendjab, tout en accomplissant une mission secrète. Ou bien il me décrivait la vue des montagnes près de la frontière tibétaine. D'autres fois encore, il me demandait de lui parler de ma famille, de lui dire ce que j'admirais chez ma sœur, ce que je me rappelais de ma mère. J'évoquai même mon père. Mes souvenirs me semblaient bien ternes à côté des siens, malgré tout, ses paroles me distrayaient et chassaient mes angoisses, et bientôt je ne pensais plus qu'à mettre un pied devant l'autre. Mais le rythme se révéla vite trop éprouvant pour Mountstuart. Il avait l'air pâle et malade et ne prononçait pas un mot. En fin d'après-midi, alors que nous étions une fois de plus à bout de forces, Blake évoqua de nouveau leurs exploits.

« Ce que nous n'avons pas fait pour la Compagnie… Tu te souviens de la Birmanie ? demanda-t-il à Mountstuart, qui avait ralenti, le visage pâle et ruisselant de transpiration.

— La Birmanie ? répéta celui-ci, faisant un effort visible. Comment pourrais-je avoir oublié la Birmanie ? »

Quelques minutes s'écoulèrent.

« Un épisode absurde, risible. Grotesque », ajouta-t-il enfin.

Blake accéléra le pas. Nous faisions de notre mieux pour le suivre.

« C'était en 1824, jeune homme. La Compagnie s'intéressait à la Birmanie. Une campagne désastreuse, même si elle a fini par gagner l'Assam, le Manipour et que sais-je encore. On nous avait envoyés dans la jungle en éclaireurs. Quelqu'un du renseignement avait entendu que les Birmans prenaient très au sérieux une légende au sujet d'un éléphant blanc dont la venue était censée annoncer le retour du Bouddha. Si nous trouvions cet animal, en avait-on conclu, la population se rangerait derrière notre armée. C'est ainsi que nous fûmes chargés de mettre la main dessus.

— Un éléphant blanc mythique ?

— Exactement, jeune homme. Nous n'avons pas ménagé notre peine, mais curieusement nous ne l'avons jamais trouvé, n'est-ce pas, Jem ? Au moins en avons-nous profité pour apprendre les dialectes des tribus de la forêt, les Karènes et les Môns, qui ne portaient pas leurs dirigeants dans leur cœur. Ils nous ont cachés des Birmans, qui auraient été ravis de nous éviscérer. Nous avons signalé à nos supérieurs que les tribus se battraient pour nous si nous pouvions leur promettre un petit État indépendant sous la tutelle de la Compagnie. Naturellement, on a refusé de nous écouter. Toujours la même histoire. Les tribus se sont soulevées toutes seules et les Birmans les ont massacrées.

« C'était au début de notre collaboration. En ce temps-là, Jem n'était qu'un moustique. La première fois que je l'ai vu, j'ai su que je pourrais utiliser ses talents particuliers. Il pouvait se faire passer pour n'importe qui : un gamin des rues bengali, un gardien de chèvres pachtoune. Il était petit, ce qui n'est pas un avantage négligeable, et il grimpait comme un singe. Je l'ai formé et, lorsqu'il a été prêt, je l'ai emmené au Pendjab et au Cachemire. Quel dommage qu'il ait grandi. »

Mountstuart s'arrêta et prit plusieurs respirations saccadées.

« Maintenant, Jem, ai-je assez chanté pour obtenir ma pitance ? J'en ai besoin. Je ne peux pas continuer sans. »

Lentement, Blake sortit de sa chemise la bourse qu'il portait au cou et lui tendit un petit bout d'opium.

« C'est tout ?

— Il faut tenir jusqu'à Mirzapour. Tu le sais.

— Espérons seulement que l'on y arrivera un jour », maugréa Mountstuart en prenant ce qu'on lui offrait.

Nous marchâmes en silence jusqu'à la tombée de la nuit. Je m'endormis à l'endroit où je m'écroulai.

Le lendemain matin, Mountstuart se plaignit de douleurs à l'estomac, mais Blake le rassura et nous donna à chacun un petit bout d'opium. J'hésitai.

« Prenez-le, dit Mountstuart avec un sourire forcé. Il m'a fallu des années pour en arriver là. »

Je fis semblant de ne pas avoir entendu et je mis le morceau dans ma bouche, remarquant non sans inquiétude que le goût me paraissait de moins en moins déplaisant.

Nous repartîmes. Blake et moi portions nos maigres bagages, mais Mountstuart peinait. Il marmonnait que ses membres étaient douloureux. Il refusa d'abord nos offres d'aide, puis finit par nous laisser le soutenir tour à tour. Nous avancions à un rythme plus mesuré.

Je constatai que Blake utilisait tous les repères à sa disposition, observant le soleil et cherchant des signes d'habitation. En début d'après-midi, la forêt devint moins touffue. Il s'arrêta près d'un ruisseau et sourit.

« Il y a un village un peu plus loin », annonça-t-il.

Je sentis le soulagement me gonfler la poitrine. Emporté par mon enthousiasme, je trébuchai et manquai d'entraîner Mountstuart avec moi.

« Comment le savez-vous ?

— Regardez : les broussailles ont été piétinées et mangées par les chèvres. Et on a récolté l'écorce des troncs. De plus, on voit que la végétation s'éclaircit devant nous. Il doit y avoir des champs. Je vais aller jeter un coup d'œil. Attendez-moi ici. Tâchez de grimper à un arbre pour vous cacher si quelqu'un vient. »

J'allai protester, mais Mountstuart se laissa tomber par terre. Je me rendais bien compte qu'il ne pouvait faire un pas de plus ni être abandonné seul ici. En vérité, j'étais moi aussi exténué. Je regardai donc Blake se préparer. D'abord il se confectionna un turban, puis il enroula autour de ses jambes et de ses bras les bandelettes de notre corde de fortune. Ensuite, il s'approcha du ruisseau et se couvrit les pieds de boue, ne se déclarant satisfait qu'une fois qu'ils furent assez sales et gris pour ressembler à ceux d'un éléphant ou d'un indigène qui avait beaucoup voyagé. Il prit les sandales de Mountstuart et déchira sa *kurta* en plusieurs morceaux. Dans l'un d'eux, il fit des trous à la place des yeux et de la bouche, et s'en enveloppa le visage. Je l'aidai à attacher les autres autour de ses mains. Il se drapa alors dans une couverture de coton. On ne voyait plus que ses pieds. Enfin, il tailla en pointe le bâton sur lequel Mountstuart s'appuyait pour marcher et se courba dessus. En un instant, il s'était ratatiné et paraissait avoir vieilli de plusieurs décennies.

Mountstuart se redressa, retrouvant sa bonne humeur.

« Et voilà. Le lépreux. »

Le sol était couvert de feuilles mortes et de brindilles, mais il y avait peu d'arbustes et de broussailles sous lesquels s'abriter.

« Le mieux serait de grimper dans un arbre, déclara Blake. Vous seriez tous les deux plus en sécurité. »

Je regardai Mountstuart.

« Cela me semble impossible. »

Nous nous aventurâmes au-delà de la forêt, jusqu'à un ancien canal d'irrigation au bord d'un champ en jachère. Mountstuart et moi nous assîmes à l'ombre. Blake s'efforça sans grand succès de dissimuler nos traces, puis il repartit en direction du cours d'eau, le traversa et continua vers l'est, disparaissant entre les arbres sur l'autre rive. Mountstuart s'endormit presque aussitôt. J'étais soulagé. Je m'allongeai et m'absorbai dans la contemplation des feuilles tachetées de lumière, m'efforçant de chasser les inquiétudes qui m'assaillaient : reverrais-je Blake ? Mountstuart était-il capable de continuer ? Je finis par m'assoupir.

Mountstuart se redressa à côté de moi.

« Sans un semblant de conversation, je vais périr d'ennui », affirma-t-il.

Il paraissait étonnamment enjoué.

« Jeune homme, vous disiez que vous étiez venu en Inde à cause de moi. Je serais ravi de connaître lesquels de mes ouvrages vous admirez plus particulièrement, mais d'abord, comment vous êtes-vous retrouvé associé à Blake ?

— J'ai encore du mal à y croire. On m'a envoyé dans le quartier indigène pour lui transmettre une convocation du palais du gouvernement.

— Vous l'avez donc délogé de son trou à rats ?

— Si l'on veut. Je pense que je l'ai tellement exaspéré qu'il n'a pas pu résister. »

Il m'adressa un sourire amusé, à la fois las et charmant.

« Puis j'ai été chargé de l'accompagner, car il n'y avait personne de disponible.

— Comme c'est flatteur.

— Oh, mais ils ignoraient que j'étais l'un de vos plus grands admirateurs. On m'a offert *Le Courage de Robert Bruce* quand j'avais quatorze ans. Cet ouvrage et tous les autres livres de vous que je possède m'ont suivi de Calcutta à Doora. Je ne les ai plus, à présent, bien sûr.

— Je suis honoré. »

Je lui citai mes vers préférés, ce qui parut lui faire plaisir, et il me parla des endroits où il se trouvait lorsqu'il les avait écrits. Il me décrivit Ranjît Singh, le lion du Pendjab, sa rencontre avec Byron et ses premières années en Inde. Il évoqua le rao et d'autres princes indigènes qu'il connaissait, Sleeman et les nouveaux missionnaires anglais qu'il exécrait, les changements dans le pays, son rapport sur le département du thuggisme et le poème qu'il voulait écrire. Il était animé et spirituel. Les mots se déversaient presque trop vite de sa bouche ; ses yeux semblaient immenses et ses pupilles minuscules. Il m'interrogea sur mon séjour à Calcutta et rit bruyamment à mes réponses, puis s'enquit de ma famille et de ma vie en Angleterre, qu'il trouva manifestement moins captivantes. Enfin, il s'interrompit et le silence revint. Et avec lui, la peur de ne pas revoir Blake et l'angoisse à présent familière.

À l'approche du crépuscule, un bruit de feuilles froissées et de pas légers nous parvint. Je poussai Mountstuart dans l'herbe et m'aplatis comme je pus. Une silhouette emmaillotée apparut. Le nouvel arrivant siffla, un son que j'avais l'impression de ne pas avoir entendu depuis l'Angleterre.

« Blake ?

— Chut ! »

J'avais beau l'avoir vu se déguiser le matin même, j'étais impressionné. C'était véritablement un autre homme, plus âgé, plus petit, tordu, les mains griffues, et, ô prodige, tirant un âne chargé de plusieurs ballots et d'une grande casserole. Il se redressa, retira sa capuche et son masque.

« J'ai des *rotis*, du riz, du lait de chamelle, des noix, du tissu et des sandales.

— Des noix ?

— Nous avons de la chance, c'est la fin de la saison. Nous les mangerons et ferons bouillir les coques pour noircir notre peau. »

Mountstuart se leva.

« Saluez le retour du héros ! Sonnez les trompettes, battez les tambours ! »

Blake le dévisagea, puis lentement attacha l'âne. La nourriture était une manne du ciel. Un nectar. Même le lait de chamelle, en dépit de son étrange goût salé, me parut délicieux. À l'abri des arbres, Blake alluma un petit feu, remplit sa casserole d'eau et nous cassâmes les noix tandis qu'il nous racontait son expédition. Le village se nommait Seetabad. Il avait mendié un peu et volé le reste. Il s'était fait confirmer que la route qui le traversait menait vers le nord et Mirzapour. Je n'avais pas éprouvé une telle joie depuis Doora, pourtant, il semblait préoccupé.

« Comment vous êtes-vous débrouillé pour prendre l'âne ?

— Je n'en suis pas fier. C'est le moyen de subsistance d'un pauvre paysan et on ne va pas tarder à remarquer sa disparition. Il faut repartir. Ce n'est pas tout, j'ai de mauvaises nouvelles, ajouta-t-il avec un soupir. Je pensais que nous avions mis suffisamment de distance entre eux et nous, mais ils sont toujours à nos trousses et ils ne sont pas loin. Deux groupes de voyageurs ont traversé Seetabad ce matin : l'un était composé de musiciens. Le second, j'imagine, était le reste de la bande. L'un des hommes portait un beau fourreau noir incrusté d'argent. Très reconnaissable.

— Le fourreau de Mir Aziz ! m'écriai-je.

— Précisément. Ils devaient être une quinzaine en tout. J'ignore où ils sont allés. Mais ils sont plus déterminés que je ne l'imaginais. Ils auraient dû repartir dans la forêt depuis longtemps. Ils semblent avoir décidé qu'ils ne pouvaient nous laisser en liberté. S'ils reviennent sur leurs pas, ils entendront parler des vols. Dans un petit village, rien ne passe inaperçu. Nous ne pouvons pas nous attarder. Nous devons nous remettre en route pour Mirzapour dès que possible. Nous voyagerons de nuit.

Il se peut que nous tombions sur un fonctionnaire de la Compagnie dans l'un des villages suivants.

— Mais vous ne vous êtes pas reposé. Et je ne sais pas si Mountstuart ira bien loin.

— Je tiendrai le coup. L'âne est pour lui. »

Nous jetâmes les coques de noix dans l'eau bouillante, qui prit une teinte boueuse. Une fois le liquide refroidi, Blake trempa dedans un chiffon de mousseline et se frotta le visage, le cou, les bras, les jambes et les pieds. Le résultat était étonnant. Mountstuart et moi l'imitâmes, et pour finir nous plongeâmes nos cheveux dans la mixture. J'étais satisfait, cependant, Blake secoua la tête.

« Vos yeux sont trop clairs et vous n'êtes pas bâti comme un indigène, vos pieds sont trop lisses. En plus, vous vous trahissez chaque fois que vous ouvrez la bouche. Si vous aviez une barbe et possédiez des rudiments de la langue, vous pourriez passer pour un Pachtoune. Mais ce n'est pas le cas et nous ne pouvons pas nous faire remarquer. Avery, vous serez une indigène muette.

— Cela dit, on ne voit pas tous les jours des Indiennes de six pieds de haut », intervint Mountstuart.

J'étais atterré.

« Vous plaisantez !

— Je n'ai jamais été aussi sérieux de ma vie, Avery. »

Je protestai. J'avais accompli de grands progrès en hindoustani. Mon déguisement m'entraverait si nous devions nous battre. Sans compter que Mountstuart avait plus l'habitude que moi de se travestir en femme. Pourquoi ne serais-je pas un homme muet portant une capuche ? Blake se montra intraitable.

« Ne faites pas cette tête, Avery. Après toutes ces années passées à lire la poésie de Xavier, vous allez pouvoir raconter à votre tour comment vous avez échappé aux thugs déguisé en femme du pays. Vous ferez fureur à Calcutta. Et ce n'est pas si rare. Dans ce pays, à chaque instant, des centaines de jeunes gens travestis en femme s'évadent de prison ou se glissent dans des zénanas pour rendre visite à l'objet de leur flamme. »

Il ne plaisantait qu'à moitié.

Je n'avais pas le choix. Blake tira des étoffes de ses ballots. Mountstuart et lui s'enroulèrent un *pugri* autour de la tête, attachèrent leurs pantalons pour en faire des *dhotis* et s'enveloppèrent de cotonnades. Quant à moi, on m'emmaillota des pieds à la tête. Je me résolus à chausser des sandales, mais refusai tout net quand Blake prétendit enfouir mes bottes sur place. Mountstuart me demanda de marcher et décréta que j'avais trop d'assurance. Il me fit une démonstration de sa « démarche de la *bégum* ».

« Jeune homme, c'est une technique éprouvée qui m'a tiré de plus d'un mauvais pas », déclara-t-il, insistant pour que je m'entraîne sous les yeux de Blake.

La nuit était claire et la lune haut dans le ciel lorsque notre étrange caravane se mit en branle : Mountstuart sur l'âne, Blake boitillant à côté de lui, la tête dissimulée sous sa couverture, et moi, empêtré dans mes robes. Blake avait décidé que nous suivrions la route en restant à l'abri des arbres et que nous avancerions aussi vite que possible jusqu'à l'aube. Au début, gêné par mes sandales, je trébuchai sur chaque liane et chaque racine. Bien qu'on m'eût autorisé à découvrir mon visage, je me faisais régulièrement rappeler à l'ordre, car je levais mes jupes trop haut en marchant. Par chance, la nuit était fraîche, ma tenue me protégeait en partie des piqûres d'insecte et je me répétais que chaque pas nous rapprochait de Mirzapour, si bien que c'était presque agréable. On entendait le bavardage des animaux nocturnes et des cris occasionnels : le trille des engoulevents, le hululement de la chouette, le grognement sinistre d'un animal en chasse. Nous passâmes sur la pointe des pieds devant un vieux temple en ruine, de peur de réveiller un saint homme qui aurait élu domicile à l'intérieur.

Juste avant le lever du soleil, la forêt céda la place à des champs cultivés, aux abords d'un village. Plusieurs étaient dotés de petites plates-formes couvertes, d'où les paysans pouvaient repérer les nuisibles qui s'en prenaient aux récoltes. À cette époque de l'année, nous ne nous attendions pas à trouver de guetteurs, mais il valait mieux être prudent. Nous avions décidé d'éviter ces petits hameaux pour continuer jusqu'à une ville plus importante avec un bazar de taille raisonnable où nous serions moins repérables. Nous nous enfonçâmes dans la forêt. Sous un grand arbre entouré de hautes herbes, nous trouvâmes un creux pour dormir.

À mon réveil, Blake était parti inspecter le village. J'attendis, le ventre presque douloureux tant j'avais faim. Mountstuart ouvrit les yeux et regarda autour de lui, l'air maussade. Il ne répondit pas à mon bonjour. Blake revint avec du pain.

Il y en avait à peine de quoi nous nourrir tous les trois. Il était solennel et semblait encore une fois préoccupé.

« Assez de bons sentiments, Jem, dit Mountstuart d'un ton acerbe. Je suis désolé si nous mangeons le repas d'un pauvre indigène, mais notre survie en dépend.

— Il ne s'agit pas de cela, répondit sombrement Blake. Ils sont toujours sur nos traces. Ils se sont enquis de trois Européens. Ou d'un groupe de trois voyageurs, quels qu'ils soient. Et nous ne pouvons pas attendre qu'ils soient loin d'ici ; le village est trop petit pour voler sans attirer l'attention. Nous devons te conduire à Mirzapour aussi vite que possible. Je pense que c'est encore à une douzaine de lieues. Il va falloir se fier à nos déguisements et poursuivre sur la route. Il y a assez de monde, à présent.

— Mais vous avez à peine dormi ! m'écriai-je.

— Et vous n'avez pas à vous hâter à cause de moi, ajouta Mountstuart, presque hautain.

— Xavier, tu as pillé notre réserve d'opium. Tu as tout pris. Il ne reste rien.

— Je n'avais pas le choix, Jem. En outre, c'était le mien. Et je suis sûr que tu en as caché un peu quelque part.

— Non.

— Oh ! épargnez-moi ce regard accusateur, jeune homme, ajouta Mountstuart en se tournant vers moi. Vous ne comprenez rien !

— Je ne vous regardais pas d'un air accusateur ! protestai-je, indigné. Et si vous m'appeliez par mon nom, pour changer ? J'en ai un, figurez-vous !

— Xavier ne se souvient d'aucun nom. Il n'en a jamais été capable. C'est trop d'efforts.

— Il connaît bien le vôtre. »

Blake ne prit pas la peine de répondre.

Nous marchions à présent sur une large route de terre battue, pas si différente de celle de Punvadi que nous avions empruntée au sud, bien qu'elle fût plus fréquentée la plupart du temps. Nous croisions des troupeaux de chèvres, des groupes de pèlerins qui chantaient, plusieurs caravanes de chameaux, des mendiants et des *sadhous*. Mais il y avait aussi de longues périodes où nous ne voyions personne. Je ne savais ce qui était pire. Quand il y avait du monde, on me regardait avec curiosité, car j'étais beaucoup plus grand que les autres femmes. Alors je me recroquevillais et m'abritais sous mes voiles, me retrouvant presque aveugle. Et quand nous étions seuls, je m'attendais à voir surgir à chaque instant un petit groupe de musiciens avec un âne. J'aurais été plus tranquille si je n'avais pas été gêné par mes jupes ou si j'avais été armé, mais c'était Blake qui avait notre unique couteau. Nous ne progressions pas vite, à cause de ma tenue et de Mountstuart, que je devais maintenir sur l'âne, car il menaçait constamment de tomber. Son humeur ne s'arrangeait pas. Il s'affaissait, oscillait, marmonnait en anglais que ses membres le faisaient souffrir et qu'il avait besoin de repos. Nous avions beau le fusiller du regard et Blake le morigéner dans un dialecte inconnu, il nous ignorait. Blake ne cessait de faire des allers et retours, tantôt partant en éclaireur pour voir si on nous attendait un peu plus loin, tantôt revenant en arrière pour s'assurer que nous n'étions pas suivis.

En début d'après-midi, alors que la route était déserte, il nous rejoignit.

« Ils sont derrière nous. À quelques minutes. Nous n'allons pas assez vite, ils vont nous rattraper. »

15

Nous étions devant un petit temple hindou délabré avec une tour sculptée et un réservoir. À côté, sous un grand margousier, était assis un vieil homme revêche à l'aspect négligé. L'un de ces *sadhous* qui s'attachaient aux anciens sanctuaires et vivaient de la charité. Il avait une barbe blanche à laquelle il avait fait un nœud. Ses côtes et son front peints étaient d'un blanc crayeux. Il ne portait qu'un *dhoti* jaune élimé et un bol en bois usé était posé devant lui. Il ne faisait aucun doute qu'il nous avait vus. De toute manière, la végétation était plus rare et la jungle se trouvait à présent assez loin, vers les collines. Autour de nous, il n'y avait que des broussailles parmi lesquelles il serait malaisé de se cacher. Dans l'état où était Mountstuart, nous n'avions aucune chance de gagner l'abri des arbres à temps.

Blake s'approcha du vieil homme. D'abord, celui-ci refusa de le regarder et secoua la tête. Puis il se mit à parler d'une voix grincheuse aiguë.

« Il dit que s'il ment à notre sujet et qu'ils nous trouvent quand même, ils reviendront le tuer. S'il nous aide et qu'ils l'apprennent, ils nous tueront, puis ils le tueront », expliqua Blake.

Il ne renonça pas. Il s'assit à côté de lui et se mit à parlementer, nous montrant du doigt. Plusieurs minutes s'écoulèrent. Je sentais l'impatience me gagner – bientôt, ils nous verraient et nous ne pourrions plus nous échapper –, mais je craignais de tout gâcher en intervenant. Laissant Mountstuart s'affaler doucement sur son âne, je m'approchai de Blake et lui tapai l'épaule. Je distinguai les accents suppliants dans sa voix. Il se tourna vers moi et retira le tissu qui me couvrait la tête, sans cesser de parler.

Lorsqu'il eut terminé, le *sadhou* nous examina un moment. L'inquiétude se lisait sur son visage. Néanmoins, Blake était parvenu à l'apitoyer. Il se leva et nous indiqua le petit temple. J'aidai Mountstuart à descendre de sa monture. L'homme nous montra un endroit invisible de la route où Blake attacha l'âne avant de nous rejoindre. À l'intérieur, il y avait à peine assez de place pour nous trois. Blake et moi restâmes debout, laissant Mountstuart s'asseoir. Le vieillard appuya la planche de bois pourrie et fendue qui tenait lieu de porte contre le linteau, et reprit son poste sous l'arbre.

Il n'y eut pas à attendre longtemps. On entendait déjà les voix des brigands et les grelots de l'âne. Ils s'arrêtèrent et hélèrent le *sadhou*. Je retins mon souffle et regardai Blake, priant pour que Mountstuart se taise. L'échange dura un moment. Blake écoutait avec attention. Quelqu'un fit le tour du petit bâtiment, puis le groupe parut s'installer. Je supposai qu'ils prenaient de l'eau au réservoir. Pendant plusieurs minutes, personne ne parla. Alors quelqu'un gravit la volée de marches menant au temple. Blake ferma les yeux. On frappa vigoureusement. La porte trembla, mais resta en place. Si elle s'ouvrait, nous étions perdus. Tout proche de nous, l'un de nos poursuivants aboya des mots incompréhensibles. Le *sadhou* lui répondit d'une voix flûtée, calme et insistante. L'homme redescendit les marches. On les entendit charger leurs bagages, puis des grelots retentirent. Ils partaient.

Nous attendîmes dans cet espace confiné pendant une éternité. À présent, ils devaient être trop loin pour qu'on les entende, mais les clochettes de l'âne résonnaient toujours dans mes oreilles. Enfin, le *sadhou* vint nous libérer. Il poussa la porte avec difficulté et nous nous précipitâmes à l'air libre. Blake aida Mountstuart à se remettre en selle aussi précautionneusement que possible, remercia le vieil homme et lui expliqua qu'à notre plus grande honte nous n'avions rien à lui offrir. Il secoua la tête, nous regarda d'un air rusé et leva les paumes vers le ciel. Je compris qu'il nous donnait sa bénédiction.

« Il dit que nous devrions regagner l'abri des arbres, au cas où ils feraient demi-tour. Si nous ne nous enfonçons pas trop dans la forêt, nous ne serons jamais loin de la route. Il y a une ville à trois ou quatre lieues qui possède un bazar de bonne taille. Il y a également un *dak-bungalow*, d'après lui. »

Nous traversâmes une étendue de broussailles pour nous reposer à l'abri des arbres. Nous ne repartîmes qu'à la nuit tombée. Le paysage n'était plus aussi plat. Au loin, plus sombres que le ciel, on distinguait les flancs des monts Vindhya. Mountstuart grogna un peu et fut pris de tremblements. Blake ôta sa couverture et l'en enveloppa. Pendant des heures, notre petite caravane progressa dans un silence presque total. Puis Mountstuart se mit à parler d'une voix basse et éraillée.

« Jem, je ne me souviens plus de mes propres vers. Je les avais tous en tête, mais j'ai tout oublié. »

Il se tut pendant quelques minutes, puis reprit :

« Je suis désolé, Jem. Sincèrement. Je ne suis plus que l'ombre de moi-même. Je n'aurais jamais dû revenir. Et tu aurais dû rentrer en Angleterre avec moi. Nous aurions tous deux été mieux là-bas.

— Je n'avais rien à faire en Angleterre, Xavier.

— Tu te serais épargné ce calvaire. Tu ne servirais plus ces ordures.

— Tu es bien revenu.

— La Commission insistait. J'étais l'homme providentiel. Comment aurais-je pu refuser ? Tout allait bien jusqu'à Jabalpour. Il ne m'en faut pas beaucoup, mais il m'en faut régulièrement. Alors je redeviens presque celui que j'étais. Si Sleeman, cet insipide puritain, n'avait pas interdit la vente d'opium au bazar… J'avais du mal à m'en procurer et cela m'a rendu un peu… imprévisible. Puis dans la grotte, dans le noir, seul, j'étais incapable de penser. Les vers ne venaient pas. Et mes ravisseurs, eux, me fournissaient généreusement. »

Il laissa échapper un rire sans joie qui se transforma en quinte de toux.

« Tout est alors devenu plus facile. Les idées se bousculaient dans mon esprit. »

Un peu plus tard, il ajouta :

« Jeune homme, permettez-moi de vous raconter ma première rencontre avec Jem. »

Il parlait d'un ton plus ferme et semblait avoir retrouvé des forces.

« C'était au bazar de Calcutta. Alors que je flânais entre les étals, j'entendis une dispute, des cris d'adultes, et au milieu une petite voix pointue de singe, qui jurait couramment en anglais et en hindoustani, et dans une autre langue qui se révéla être de l'irlandais. Je me dirigeai vers le bruit et tombai sur une foule de marchands en colère qui cernaient un petit vaurien dont le visage blafard était sans conteste celui d'un jeune Anglais de basse condition. Il leur répondait avec virulence dans un hindoustani parfait, bien que très familier. Je lui donnai onze ans, mais je devais apprendre plus tard qu'il en avait quatorze. »

La voix de Mountstuart tremblait de colère et de tendresse. Blake ne disait rien.

« Il ne valait guère mieux qu'un voleur. Ce n'était qu'un vulgaire voleur, en fait. Ses parents avaient été pendus ou déportés, je ne l'ai jamais su, et il avait été envoyé ici aux frais de la Compagnie pour être tambour. Et on venait de le prendre la main dans le sac. La scène était divertissante, mais ce chenapan avait éveillé ma curiosité. Je fendis donc la foule et j'offris de payer les marchands, ce qui me coûta une petite fortune, puis je l'attrapai par l'oreille avant qu'il ne détale. Il était à Calcutta depuis six mois, pendant lesquels il avait acquis seul le dialecte du bazar et des rudiments d'irlandais auprès des soldats de son unité.

« Il était insupportable, tout bonnement insupportable, désobéissant et insolent. Mais il possédait un talent remarquable pour la rapine et toute forme de canaillerie. Et il avait un esprit de pie, toujours sur le qui-vive, à s'approprier des absurdités et des bribes de faits étranges et scintillants. Je me suis mis en tête de faire usage de ses talents particuliers. Son unité n'a pas pleuré son départ. J'ai trouvé un *moonshee* de la Compagnie pour l'instruire : apprendre à écrire l'anglais d'abord, puis l'hindoustani, le sanskrit et le persan. Mais c'était un petit animal, une graine de gibier de potence. »

Il parlait tout bas, à présent, comme s'il avait épuisé toutes ses forces.

« Il préservait sa ration quotidienne de grog dans une outre afin de la revendre aux soldats plus assoiffés que lui. Cependant, à force de corrections, il a fini par perdre cette déplorable habitude. »

Au bout d'un moment, il ajouta :

« Je vieillis, Jem. »

Il tremblait toujours. Blake s'arrêta, remit en place les couvertures de son compagnon, ouvrit la gourde, en versa un peu dans le bouchon et lui donna à boire.

À l'aube, nous étions au pied d'une ville fortifiée à l'aspect prometteur. Il n'y avait pas à discuter, cette fois. Nous irions tous. Nous étions harassés. Si nous ne trouvions pas à manger et des secours ici, nous ne pourrions pas continuer longtemps. Blake déclara que le bazar devait être de taille respectable. Si le relais de poste fonctionnait, nous pourrions échanger l'âne contre le gîte et le couvert, et envoyer un courrier par porteur à Mirzapour. Il arriverait dans la journée et, si tout allait bien, les secours seraient là le lendemain.

« Il vaut mieux que nous n'entrions pas tous ensemble, au cas où on nous guetterait. Vous accompagnerez Mountstuart. Je vous retrouverai au bazar. »

Les hautes murailles étaient rouge sombre, comme la terre. *Voilà qui est encourageant*, pensai-je. Hélas, je déchantai vite lorsque je découvris les huttes misérables de l'autre côté des portes. Nous avançâmes un peu. La ville avait manifestement connu des périodes plus prospères. Des demeures autrefois majestueuses étaient envahies par la végétation. Il y avait peu de signes de commerce et d'agitation. Nous prîmes la direction du bazar, pleins d'espoir malgré tout. Mais il fallut se rendre à l'évidence. Une place presque à l'abandon, quelques étals misérables et un réservoir où les indigènes venaient abreuver leur bétail. Je m'en approchai pour permettre à l'âne de boire, m'efforçant de ne pas céder au découragement, et je fis asseoir Mountstuart sur les marches, car il n'y avait nulle part où le laisser. Il avait beau essayer de faire bonne figure, il était évident qu'il n'allait pas bien. L'aisance avec laquelle je l'avais aidé à descendre de sa monture avait attiré les regards. Par chance, il avait l'air si malade que les curieux préféraient garder leur distance. Prenant garde à ne pas découvrir mon visage et à dissimuler mes yeux, j'examinai les lieux. Il n'y avait pas grand-chose à voir. Un marchand dans un coin, des chiens qui reniflaient les ordures. Aucune trace de nos poursuivants ni de Blake. Je portai de l'eau à Mountstuart et nous attendîmes là. Je me demandai si je pourrais essayer de vendre l'âne, mais je renonçai vite. Je n'en avais pas l'énergie.

Enfin, j'aperçus notre compagnon. Il traversait le marché vide d'un pas déterminé, boitant un peu, la tête couverte pour dissimuler ses traits. Il nous salua dans un dialecte incompréhensible, puis se plaça de l'autre côté de Mountstuart et murmura :

« Il faut le remettre en selle. Nous devons partir sans tarder. »

Je ne me le fis pas dire deux fois. Alors que nous nous éloignions rapidement, un groupe de cavaliers apparut sur la place, se dirigeant vers le réservoir : un officier européen escorté de huit cipayes vêtus de l'uniforme de la Compagnie. J'éprouvai un tel soulagement que j'en eus presque le souffle coupé.

« Dieu soit loué ! m'écriai-je, ne parvenant à émettre qu'un croassement indistinct. Dieu soit loué ! Vous nous sauvez la vie ! »

L'Européen se retourna, cherchant la provenance de la voix. Je retirai mon voile, ignorant les regards sidérés des indigènes autour de nous.

« Qui est-ce ? » demanda l'Européen, se redressant sur sa selle, interloqué.

Il faut dire que je devais offrir un spectacle surprenant. Il ôta son casque et examina les paysans autour de lui.

C'était Hogwood.

« Mon Dieu, Avery ? »

Il semblait plus frêle et plus petit sans son casque. Il fit tourner son cheval et s'approcha de nous en plissant les yeux.

« Avery ! Le héros du jour ! Mais d'où sortez-vous cet accoutrement ? »

J'étais dérouté par sa présence, mais nous étions dans une situation désespérée. J'écartai les questions qui se bousculaient dans mon esprit.

« Nous avons marché cinq jours sans rien manger ou presque. Nous sommes à bout de forces.

— Je veux bien le croire », dit-il, abasourdi.

Il examina notre petit groupe.

« Est-ce… Est-ce M. Mountstuart ? Seigneur ! »

Il descendit de son cheval. Le poète leva faiblement la main, mais ne répondit pas.

« M. Mountstuart ne va pas bien du tout. Il était prisonnier d'une bande de thugs… ou de *dacoïts* plutôt, lorsque nous l'avons secouru.

— Seigneur, répéta Hogwood. Voilà qui est prodigieux ! »

Ses yeux se posèrent sur l'individu crasseux à côté de Mountstuart.

« Monsieur Blake, c'est bien vous ? Je ne vous aurais jamais reconnu ! »

Blake hocha la tête.

« J'ai entendu qu'il y avait un membre de la Compagnie en ville.

— Pardonnez-moi d'insister, Avery, mais votre apparence est tout à fait singulière.

— Les thugs, les *dacoïts*, nous pourchassent depuis plusieurs jours. Nous avons été obligés de nous déguiser.

— Je vois. »

Hogwood nous étudia encore, l'air incrédule. Il semblait sur le point d'éclater de rire, puis il se reprit.

« Mon Dieu, mon Dieu, je manque à tous mes devoirs. Que voulez-vous ? De l'eau et de la nourriture pour commencer, je suppose.

— De l'eau, de la nourriture et du repos.

— M. Mountstuart est exténué, ajoutai-je. Et il aura sans doute besoin de… rafraîchissements d'un autre genre. Nous devons gagner Mirzapour au plus vite. Si vous pouvez nous aider à soigner

M. Mountstuart, nous donner à manger et nous trouver des chevaux, nous repartirons.

— Bien sûr, répondit Hogwood, ses yeux revenant vers le poète. Et vos deux serviteurs ?

— Mir Aziz a été tué. Samir est à Mirzapour.

— Toutes mes condoléances. Ma foi, il se trouve que je suis moi-même en route pour Mirzapour. Peut-être pourrions-nous voyager ensemble ? Il paraît qu'il y a un monde fou, entre la suite du gouverneur et l'armée. Vraiment, c'est une coïncidence extraordinaire. Je contrôle les nouveaux relais de poste et je ne suis ici que pour la journée. La ville, comme avez pu le constater, est très délabrée et il a été décidé récemment qu'elle serait reconstruite. Elle ne verra sans doute pas d'autres Européens avant plusieurs mois. »

Il secoua la tête, l'air toujours aussi sidéré de nous voir ici.

« Monsieur Hogwood, intervint Blake. M. Mountstuart a besoin de médicaments. Je dois trouver un vendeur de *paan* et je n'ai pas d'argent pour le payer. Je peux vous assurer que la Compagnie vous remboursera, mais nous n'avons aucun objet de valeur avec nous...

— Je vous en prie ! Attendez, je dois avoir de la monnaie. »

J'avais beau être épuisé et affamé, et savoir qu'il n'y avait pas d'autre solution, je ne pus m'empêcher de détourner les yeux lorsque Hogwood tira quelques roupies noircies de ses poches.

« Tenez. Mon cipaye connaît la ville. Il pourra vous aider.

— Je vous remercie », dit Blake.

Il se tourna vers le soldat et lui parla à l'oreille.

« Nous avons planté nos tentes près des remparts, Avery. Si vous-même et M. Mountstuart voulez bien m'accompagner, nous allons voir quel est le meilleur moyen pour vous faire rejoindre Mirzapour rapidement, et si vous êtes en état de parler, je veux tout savoir sur ces thugs. »

Il donna des ordres aux *sowars*. Deux d'entre eux descendirent afin de nous offrir leurs montures, mais je craignais que Mountstuart ne soit pas capable de tenir sur une selle sans mon aide et j'écartai les hommes.

« Avery, mes *sowars* peuvent s'en charger. Reposez-vous. »

J'acceptai avec gratitude le cheval que l'on m'offrait.

Hogwood avait établi son campement sur le domaine envahi par la végétation d'une villa indigène autrefois luxueuse. Il était somptueusement installé – je me demandai un instant si c'était sous cette même tente que j'avais vu des corps exhumés près de Jabalpour, mais je chassai vite cette pensée –, avec de beaux tapis et un rideau, derrière lequel se trouvaient un *charpai*, une baignoire en bois, une bassine de cuivre et un pied semblable à celui que j'avais abandonné à Calcutta. Après avoir assis Mountstuart dans un confortable siège inclinable garni de coussins moelleux, Hogwood nous laissa afin de régler quelques affaires. Des serviteurs ne tardèrent pas à nous apporter de la nourriture : du riz, des galettes de blé, des œufs durs et de l'eau fraîche pour commencer. Lorsque Blake nous rejoignit, nous étions attablés devant une fricassée de poulet, des omelettes, de la crème anglaise, des bananes, des cachimans, et une bouteille de bordeaux. Une telle abondance de mets, en fait, que j'avais un peu la nausée à leur simple vue.

« J'ai envoyé un *sowar* à Mirzapour pour annoncer votre arrivée, dit Hogwood à son retour. À mon humble avis, vous devriez vous reposer un peu, peut-être prendre un bain pour vous préparer à retrouver la civilisation et repartir demain matin. »

Blake encourageait Mountstuart à manger une modeste portion de riz et d'œufs. Je crus le voir lui glisser une boulette d'opium. C'était une scène à la fois touchante et dérangeante.

« Je crains que nous ne puissions attendre, dit Blake en se redressant. Nous prendrons seulement un bref repos. Cela peut paraître absurde, mais nous avons nos raisons.

— M. Mountstuart semble très faible. Si vous repartez demain, nous pourrons le transporter en charrette à bœufs. »

Ce fut Mountstuart lui-même qui répondit.

« Mon cher ami, je vous suis reconnaissant pour votre hospitalité et votre inquiétude me touche, d'autant plus que notre dernière rencontre n'a pas été très plaisante. Cependant, il est impératif que je sois à Mirzapour aussi vite que possible. »

Sa voix n'était qu'un murmure rauque. Il parvint malgré tout à donner à ses paroles une dimension théâtrale et une arrogance dont je me serais volontiers passé.

« Bien sûr, répondit Hogwood, déconfit. Mais si votre hâte est en quoi que ce soit liée à nos différends pendant vos séjours respectifs à Jabalpour, ou au départ précipité de M. Mountstuart, alors, je vous en prie, oublions tout cela. Nous ne sommes peut-être pas du même avis concernant…

euh… certains sujets, néanmoins, je souhaite sincèrement vous aider dans la mesure de mes moyens. Ces thugs ou ces *dacoïts* qui ont retenu prisonnier M. Mountstuart, vous dites qu'ils vous ont poursuivis ? C'est très troublant. Si vous pouvez prendre le temps de m'expliquer ce qui s'est passé, je vous en serai très reconnaissant.

— J'ai un rendez-vous avec le gouverneur général que je ne peux différer, déclara Mountstuart. J'ai des documents à lui remettre. »

Je crus voir Hogwood pâlir légèrement.

« En ce qui concerne mon histoire, vous vous souvenez que j'ai quitté Jabalpour un peu brusquement. Alors que je traversais une forêt, j'ai été capturé par des brigands qui ont décidé de me garder en vie. C'était, je dois le dire, un groupe fascinant. J'espère écrire quelque chose à leur sujet un jour. Ils prétendent être les derniers véritables thugs et se font appeler la bande de Kitree. Leur chef est un homme du nom de Rada Kishin. »

Hogwood poussa une exclamation.

« Je ne sais que dire. Lieutenant, vous vous souvenez ? Ce sont les brigands soupçonnés d'avoir assassiné cette pauvre famille que nous avons exhumée pendant votre séjour chez nous. Il semblerait qu'ils soient soudain devenus excessivement et dangereusement hardis. »

Mountstuart, manifestement sous l'effet de l'opium, ignora son intervention et poursuivit.

« Il se trouve que M. Blake et ce jeune homme sont tombés par hasard sur mes ravisseurs. Ils ont également été faits prisonniers. Nos hôtes ont alors décidé qu'ils avaient trop d'invités européens et s'apprêtaient à y remédier de manière définitive.

Nous en avons donc conclu qu'il nous fallait nous évader sans plus tarder, ce que nous avons fait. Nous nous sommes enfoncés dans la jungle pour échapper à nos poursuivants. Quand nous avons rejoint la route il y a quelques jours, nous avons découvert qu'ils nous pourchassaient toujours. En fait, nous craignons qu'ils ne nous aient suivis jusqu'ici. Notre fuite m'a durement éprouvé, mais je suis déterminé à me rendre à Mirzapour toutes affaires cessantes. Voilà, je pense, un résumé de nos aventures. »

Il laissa retomber sa tête sur les coussins.

Je songeai à tout ce qu'il avait omis, dont le rôle de Blake. Je fronçai les sourcils. Il pinça les lèvres discrètement, m'enjoignant de me taire.

Hogwood bondit sur ses pieds. Je ne l'avais jamais vu aussi excité.

« Vous pensez qu'ils sont à proximité ? C'est une occasion que nous ne pouvons pas laisser passer. Je vais envoyer deux de mes hommes pour enquêter sur la route que vous avez prise. Si je vous accompagne à Mirzapour aujourd'hui, je peux revenir dès demain avec une unité de cavalerie.

— Une unité entière ? s'enquit Blake.

— Les pouvoirs du commandant Sleeman s'étendent jusqu'ici, monsieur Blake, rétorqua Hogwood avec un léger sourire. Ah, il faut que j'envoie un message à Jabalpour. Pouvez-vous me dire où vous les avez trouvés ? Je pense que nous allons enfin pouvoir arrêter toute la bande. »

Il s'interrompit un instant.

« Vous devez finir de manger et vous reposer. Je vais m'occuper de vous procurer des chevaux frais. Si vous pouvez attendre quelques heures de plus, reprit-il avec un regard dubitatif en direction de Mountstuart, vous aurez retrouvé le confort de la civilisation d'ici la fin de la journée. »

Je me tournai vers Blake. Il était évident que Mountstuart ne pouvait repartir sur-le-champ. Nous n'avions pas le choix. Blake acquiesça.

« Vous m'en voyez ravi, déclara Hogwood. Si voulez bien m'excuser, je m'occupe de tout. »

Alors il se tapa sur la tête et éclata de rire.

« Mon Dieu, Avery ! Cette histoire m'a troublé l'esprit. Je dois vous féliciter pour vos autres exploits ! De Punvadi à Bénarès, tout le monde a dû entendre parler de la manière dont vous avez abattu un tigre et sauvé la vie du rao de Doora. Vous êtes un héros ! »

Je ne pensais pas dormir, mais je sombrai très vite dans le sommeil. Je me réveillai inquiet, le corps engourdi, regrettant de ne pas me sentir en meilleure forme. Selon Hogwood, avec des chevaux frais, nous serions à Mirzapour en trois heures, malgré Mountstuart. Il avait envoyé deux *sowars* en éclaireurs pour annoncer notre arrivée et vérifier que la voie était libre. Deux autres nous accompagneraient. Deux resteraient en arrière avec les bagages et les serviteurs et nous rejoindraient le lendemain. C'était une pratique qui n'avait rien d'exceptionnel.

Il était un peu plus de midi. Le soleil était haut dans le ciel, mais la température agréable. Nous progressions rapidement. Blake était silencieux, à son habitude, pourtant, je le sentais mal à l'aise. Mountstuart se débrouillait mieux que je ne l'aurais imaginé : ce que Blake lui avait donné l'avait requinqué, au moins provisoirement. Cependant, je ne voyais pas comment il pouvait être sauvé, songeai-je en lui jetant un coup d'œil.

Nous chevauchions depuis environ une demi-heure lorsque Hogwood s'arrêta devant nous. Il défit la gourde qu'il portait sur le côté et but une gorgée. Tout le monde en profita pour l'imiter. La route était large. Quatre ou cinq chevaux auraient pu aller de front, mais une jungle touffue avait remplacé les broussailles. Les feuilles frémissaient sous la brise.

Sans un bruit, un indigène surgit des arbres à notre gauche. Puis un autre. Et un autre. Des hommes au visage sombre, tous armés de poignards ou de couteaux. Alors apparut une silhouette familière : Rada Kishin, un pistolet dans chaque main. L'un était un Collier à répétition. J'étais certain qu'il s'agissait du mien.

Les deux cipayes dégainèrent leurs épées, prêts à se battre. Kishin en abattit un, qui bascula de son cheval ; les *dacoïts* s'emparèrent de la monture du second et le tirèrent à terre, le poignardant lorsqu'il tomba.

« Monsieur Mountstuart, cria Hogwood en brandissant son arme, venez derrière moi ! »

Un fantôme émergea alors de la forêt. Sauf qu'il était bien réel. Il passa parmi les bandits et vint se placer à côté de Rada Kishin, qui rechargeait soigneusement son arme.

« Mir Aziz ! m'écriai-je.

— Chote sahib, Blake sahib, Hogwood sahib », dit-il, nous saluant d'un signe de tête.

Son fourreau noir et argent à sa ceinture, il paraissait parfaitement calme. Il s'inclina plus profondément devant Mountstuart.

« Le *malik-al-shuara*. C'est un honneur de vous rencontrer.

— Mir Aziz, murmurai-je. Que se passe-t-il ?

— Chote sahib, vous auriez dû écouter mes conseils. Pourquoi est-ce que vous n'êtes pas allé à Mirzapour ? »

Je jetai un coup d'œil à Blake. Il dévisageait Mir Aziz. *Ils sont nombreux*, songeai-je. *Beaucoup sont armés et nous n'avons rien, hormis le pistolet de Hogwood*. Puis une terrible pensée me traversa l'esprit : Hogwood était-il avec nous ?

Blake secoua la tête.

« J'aurais dû m'en douter. Buchanan ne nous a pas envoyés chercher Xavier pour le ramener, Avery. Il voulait que nous conduisions Mir Aziz à Xavier. Son rôle était de le faire disparaître et de se débarrasser de nous par la même occasion. Est-ce que je me trompe, Mir Aziz ?

— Nous les emmenons tous les trois », dit celui-ci à Hogwood.

J'étais incapable de déchiffrer le visage du magistrat assistant. Son pistolet était armé. Mir Aziz s'approcha de mon cheval et le prit par la bride. Il la tendit à l'un de ses hommes et m'adressa un sourire rassurant.

« Vous vous êtes battu courageusement, chote sahib. Je suis fier de vous. Mais vous ne pouvez plus vous échapper. »

Je ne savais que répondre. J'étais assommé par une telle trahison. Mir Aziz se dirigea alors vers Mountstuart, inclina encore la tête et s'empara de ses rênes. Ce dernier poussa un soupir las.

Nous avions sans nul doute tous l'air épuisés et vaincus. Peut-être est-ce pour cette raison que Rada

Kishin ne prit pas de précaution lorsqu'il s'approcha de Blake et tenta de s'emparer de ses rênes. Il avait tort. Au moment où il tendit la main, Blake se laissa glisser de sa selle avec une rapidité presque surnaturelle et atterrit derrière lui. Il l'attrapa par le cou et lui mit le couteau sous la gorge. Le chef des bandits se débattit, puis se résolut à lâcher ses armes.

« Avery ! » cria Blake.

Les *dacoïts* hésitèrent. J'en profitai pour flanquer un coup de pied dans le dos de celui qui tenait mes rênes. Il tomba en avant. Je sautai de mon cheval et me précipitai vers Blake, ramassant au passage les pistolets de Rada Kishin.

« Monsieur Hogwood ? » dis-je.

L'un des bandits avança, son épée à la main. Sans un mot, Blake tira violemment la tête de son prisonnier en arrière et appuya à peine la lame contre son cou. Un mince filet de sang coula de la blessure. Le chef des thugs cria et l'homme recula aussitôt.

« Ils sont huit et nous sommes quatre ! lançai-je à Hogwood. Nous avons tous les deux des armes à feu. Nous pouvons gagner.

— Je suis désolé, Avery, répondit-il en se frottant le front de ce geste las qui lui était habituel. J'ai des ordres. Monsieur Blake, je ne peux vous laisser rejoindre Mirzapour. Je dois vous remercier, cela dit. Je n'imaginais pas avoir la chance de rencontrer un jour Rada Kishin en personne.

— Je ne voulais pas y croire, mais je dois me rendre à l'évidence. Vous savez ce qu'ils vont faire de nous. Et pourquoi ? Pour quelque chose qui salit le nom de la Compagnie. Je pensais que vous étiez un homme honorable.

— Il y a des enjeux plus importants, Avery. Je m'excuse, je n'ai rien contre vous, mais j'ai des ordres.

— Du colonel Buchanan ? » demanda Blake, replaçant la pointe de son couteau contre la gorge de Rada Kishin.

Hogwood se rembrunit.

« Allons, monsieur Hogwood, insista Blake. Disons que c'est mon dernier souhait.

— De Buchanan, oui. Il faut maintenir l'ordre à tout prix, déclara-t-il avec un demi-sourire. On ne peut pas vous laisser rentrer. Monsieur Blake, à présent, je vous prie de lâcher ce couteau.

— Et votre promotion dépend de Buchanan.

— En effet. Je suis un homme compétent et je ne vais pas passer les dix prochaines années à mourir à petit feu dans un trou perdu.

— L'attaque près de Doora. C'était vous.

— Lorsque j'ai appris ce que vous comptiez faire – merci, au fait, lieutenant –, j'en ai conclu, à tort manifestement, qu'il fallait vous arrêter.

— Et les hommes qui attendaient Mountstuart au bungalow, c'était vous également ?

— M. Mountstuart s'est révélé un piètre agent : la raison de sa présence à Jabalpour était évidente. En outre, il était très exalté. S'il était mort à ce moment-là, vous-même et le lieutenant Avery n'auriez pas eu à endurer tout cela.

— Et à Doora. Vous envoyez de l'argent et des armes aux adversaires du rao.

— On ne peut pas faire confiance au rao. Il n'a pas sa place dans l'Inde de la Compagnie, en dépit des actes héroïques du lieutenant, dit-il avec impatience.

— Sleeman ?

— Le commandant est un policier très efficace. Il arrête ceux qu'on lui dit d'arrêter, répondit-il, non sans un certain dédain.

— Et à présent, sur les ordres de Buchanan, vous allez charger ces hommes, ces thugs, de nous tuer.

— Assez. Vous venez avec nous », intervint Mir Aziz.

Il tira sur les rênes de Mountstuart ; le cheval avança brusquement et son cavalier oscilla, s'accrochant à la selle. Il était très pâle. Blake rapprocha son couteau de la gorge de Kishin et je braquai mon pistolet sur Mir Aziz.

« Si tu touches à un de ses cheveux, je tire sans hésiter, Mir Aziz, lançai-je. Tu obéis donc aux ordres de Buchanan, toi aussi ? »

Mir Aziz calma le cheval de Mountstuart.

« Est-ce vraiment important, chote sahib ?

— Pour moi, oui.

— Je travaille pour la division politique. Autrefois, Blake sahib aussi. Est-ce que vous pensez réellement qu'un simple indigène devrait mieux se conduire que vos compatriotes ?

— Oui, répliqua Blake. Je pensais que oui. Ou qu'au moins tu te battrais pour toi, pas pour les sordides manigances de la Compagnie.

— Chacun fait ce qu'il a à faire, Jeremiah Blake. Assez de discours.

— Tout à fait », dit Hogwood.

Alors il visa et abattit Mountstuart.

Celui-ci laissa échapper un cri étouffé, leva les bras et tomba sur le côté. Ou plutôt s'affala sur Mir Aziz. Ses jambes s'emmêlèrent dans ses étriers et il entraîna son cheval dans sa chute. Mir Aziz se retrouva à terre.

Blake poussa un rugissement et trancha la gorge de Rada Kishin. Je vis le sang jaillir alors que je faisais le tour de son cheval, avant que les bandits ne se ressaisissent. Deux d'entre eux arrivaient déjà sur nous, s'abritant derrière nos montures sans cavalier. Un autre qui était passé par le côté se dirigeait vers Blake, brandissant un *tulwar*. Hogwood, lui, était toujours en retrait. Il pensait sans doute qu'il pourrait se débarrasser de nous sans se salir les mains. Il rechargea nerveusement son arme, tandis que Mir Aziz s'efforçait de se dégager de sous le cheval de Mountstuart.

J'étais tellement absorbé par la scène que je ne vis pas le *dacoït* se rapprocher par ma gauche. Il s'élança et tenta de me poignarder avec le couteau qu'il tenait dans sa main droite. Par chance, il avait mal évalué les distances et la lame rebondit contre mon épaule. Je fis volte-face et tirai. Le coup de feu lui emporta le visage. Il tomba. Ce pistolet déchargé, il ne me restait que le Collier.

Nos chevaux affolés ruaient et caracolaient, ce qui empêchait nos ennemis d'attaquer. Deux autres se dirigeaient vers moi. Ils louvoyaient sans cesse et se baissaient, si bien que je ne pouvais pas viser. L'un d'eux parvint à me porter un coup de gourdin qui manqua de m'assommer. Je chancelai, mais ne tombai pas. Je me battais pour ma vie et cela me donnait un avantage sur mes adversaires. Le second tenta de me transpercer de son couteau. Je l'esquivai et la lame ne réussit qu'à m'entailler le bras. J'en abattis un, puis l'autre. Ils ne moururent pas sur-le-champ. Tous deux s'affaissèrent dans une mare de sang, râlant et se tordant de douleur.

Derrière moi, Blake était cerné. Il se défendait vaillamment, mais l'un des bandits l'avait attrapé par-derrière et un autre s'apprêtait à l'achever. Le Collier était brûlant et peu précis, même pour un pistolet, cependant, je parvins à loger une balle dans l'un des assaillants de Blake et une autre dans celui qui s'agrippait à son dos. C'étaient mes dernières munitions. Je vis Blake planter sa lame deux fois dans chacun des blessés. Il ne restait qu'un *dacoït*, Mir Aziz et Hogwood. C'était encore trop. Le bandit se jeta sur Blake, qui était hors d'haleine et couvert de sang, du sien surtout.

Hogwood nous tournait autour sur son cheval, rechignant toujours à se mêler à la bataille. Je ramassai une épée. Mir Aziz se dirigea vers moi. Sa lame était hors de son beau fourreau noir et argent, et il tenait un pistolet dans l'autre main. Il souriait, propre, sans une goutte de sang. Lui aussi pensait ne pas avoir à se salir. Alors qu'il approchait, Hogwood leva son fusil rechargé, hésitant entre Blake et moi. Il décida de commencer par moi. Je n'étais pas loin et j'étais une cible facile, mais Blake ne lui en laissa pas le temps. Il brandit son court poignard, celui-là même avec lequel il avait tué Rada Kishin, et le lança de toutes ses forces dans l'œil d'Hogwood. Ce dernier poussa un cri et chuta lourdement de son cheval. Le *dacoït* contre lequel Blake se battait en profita pour lui plonger dessus. Blake dévia l'attaque de sa main gauche, néanmoins, cela le déstabilisa. Il trébucha et, en tombant, planta l'épée qu'il avait ramassée dans la cuisse du bandit qui poussa un hurlement de goret qu'on égorge.

Il ne restait que Mir Aziz et moi.

Je levai mon épée et fis un pas vers la droite pour l'éviter. Il glissa rapidement son pistolet dans sa ceinture. Je savais qu'il était une fine lame, bien plus adroit que moi et plus fort. Il s'approcha encore et nous ferraillâmes un peu. Je parai ses deux premiers coups avec peine. J'étais épuisé.

Il fit un pas en arrière.

« Vous ne pouvez pas gagner, Avery sahib. Mais je ferai en sorte que ce soit rapide et propre. »

Je secouai la tête et reculai maladroitement. Mir Aziz avança. Je continuai de me dérober, tandis qu'il fouettait l'air entre nous. Je manquai de trébucher sur une pierre. Il tenta de me porter un coup vers le bas, que je parai. Alors il me poussa de tout son poids pour me faire tomber. Je me traînai sur le dos à reculons. Il avançait, le souffle court, déterminé à m'achever. Je butai contre une racine d'arbre. Je ne pouvais plus l'esquiver. J'étais à sa merci. Il se dressa au-dessus de moi, prêt à me porter le coup de grâce. Je ne tentai pas de lui opposer mon épée, mais, avec l'énergie du désespoir, je me jetai en avant, me détendant comme un canif, et m'emparai du pistolet à sa ceinture. Je le déchargeai dans son ventre. Il tomba sur les fesses en rugissant.

Je me relevai et m'éloignai en titubant.

« Non », râla-t-il.

Je me retournai. Il était appuyé sur le coude et levait péniblement la main vers moi. Une tache de sang s'élargissait déjà sur sa *kurta*. Il me regarda sans ciller, la respiration saccadée. Nous savions tous deux que l'agonie serait lente. Je ramassai son épée. Il hocha la tête et ferma les yeux. Je réalisai que les miens étaient humides, mais je plantai la lame entre ses côtes, en plein cœur.

Blake était en piteux état. Il avait la cuisse entaillée, le côté déchiré et la main en sang, mais il était vivant. Mountstuart gisait dans la poussière, à l'endroit où Mir Aziz l'avait poussé. Les taches rouges sur son flanc me rappelèrent la peau du tigre : un souvenir qui semblait appartenir à la vie d'un autre homme. J'étais heureux que son visage ne soit pas souillé. Je parvins à récupérer trois chevaux. Lorsque je revins, Blake avait rampé jusqu'à Mountstuart. Il marmonnait.

« J'avais tort. Totalement tort. Ce n'était pas Sleeman. Ça n'a jamais été Sleeman. Vous aviez raison, Avery. Vous disiez qu'il était malavisé. Il y croyait. C'est Buchanan qui connaît la véritable nature du thuggisme et qui ne veut pas qu'elle soit révélée. C'est Buchanan depuis le début. Il voulait que je trouve Xavier pour que Mir Aziz le tue.

— Mais le colonel Buchanan est le chef de cabinet », protestai-je.

Blake m'inquiétait. Je ne l'avais jamais vu ainsi et il perdait beaucoup de sang.

« Il travaille aussi pour la division renseignement et politique, comme Mountstuart et moi autrefois. Il a toujours été un homme de cabale. Une fripouille. »

Il était très pâle. Je lui pris le bras avec douceur. Un de ses doigts pendouillait.

« Vous reste-t-il de l'opium, Jeremiah ? »

Me regarder lui coûtait un effort énorme. Ses yeux étaient vitreux.

« Je n'en avais pas. Il n'y en avait pas au bazar. J'ai donné de la cire à Xavier. Il en était conscient, mais il a joué le jeu. »

Sa mâchoire se crispa.

« Buchanan s'est bien moqué de moi. Il savait que j'étais capable de retrouver Xavier et que si je disparaissais, personne ne serait ni très surpris ni très triste. Il m'a donné un indigène intelligent, pensant que je me fierais à lui. Et un innocent, supposant que je me laisserai amadouer et que je le prendrais sous mon aile. Et dans les deux cas, il avait raison. »

Après, il cessa de parler. Je découpai des bandelettes dans la couverture de Mountstuart et pansai toutes ses blessures, en particulier sa main, aussi étroitement que possible. Je hissai le corps du poète sur un cheval, avec plus de peine que je ne voulais l'admettre. Je revis avec mélancolie Nungoo dans son linceul en travers d'une selle, exactement comme Mountstuart à présent. Je dus l'attacher. Bien que tenant à peine debout, Blake me fit sortir le rapport de Mountstuart de la mince pochette qu'il portait autour du cou. Je ne pensais pas qu'il pourrait rester à cheval. Je dus presque le soulever et l'asseoir. Il s'affaissait, mais il refusa que je monte derrière lui. Ce fut ainsi que nous arrivâmes aux baraquements de Mirzapour : deux cavaliers, dont un presque inconscient, et le corps de l'homme le plus célèbre de l'Inde. Blake ne pouvait pas marcher. Je le portai à l'intérieur.

16

Il me semble que les histoires – les mythes – se répandirent à l'instant de notre arrivée. Blake s'était évanoui. J'étais sale, ensanglanté et très affaibli. Un cipaye nous attendait à l'entrée de la ville, près du cantonnement. J'apprendrais plus tard que les hommes de Hogwood avaient déjà annoncé la découverte, le sauvetage et l'arrivée imminente de Mountstuart. Je supposai que lui-même et Mir Aziz comptaient se présenter comme les seuls survivants de l'embuscade qui était censée nous coûter la vie.

À notre vue, le soldat fit demi-tour et se précipita vers les baraques. Je me rappelle être descendu de cheval, chancelant. Je tirai Blake de sa selle pour le porter. Il me tomba dessus comme un poids mort, manquant de me renverser. Je nouai ses rênes à mon bras et passai sous une voûte qui débouchait sur un terrain de manœuvres. Des officiers marchaient vers nous. À notre vue, ils se mirent à courir. Il y avait de nombreux cipayes.

« Je suis le lieutenant William Avery, bredouillai-je, essoufflé. Xavier Mountstuart est mort. Le corps est là dehors. Nous avons été attaqués à quelques lieues d'ici. Mon compagnon Jeremiah Blake est grièvement blessé et doit recevoir des soins de toute urgence. »

C'était la cohue. Le nombre de soldats autour de nous ne cessait de grossir et tout le monde parlait en même temps. Encore une fois, je tentai d'expliquer ce qui s'était passé. Mountstuart avait été assassiné ; nous avions dû nous battre et en avions réchappé de justesse. C'est tout ce qu'ils comprirent. Le reste – Hogwood, les thugs, les *dacoïts* –, personne ne semblait écouter. Ou peut-être n'étais-je pas suffisamment clair. J'entendais les différentes versions éclore autour de moi. Je tâchai de les corriger, mais j'avais du mal à respirer. Je me rappelle avoir pensé que les bribes de phrase étaient comme de petits oiseaux qui s'éloignaient en sautillant, malgré mes efforts pour les rassembler. De toute manière, Blake m'inquiétait plus que les rumeurs nous concernant.

« Il nous faut un médecin ! » criai-je.

Lorsque quelqu'un essaya de prendre Blake, je le repoussai.

« Bon Dieu, laissez-vous faire ! Vous ne voyez pas que vous avez une sale blessure ? » lança un soldat.

Je me rendis compte qu'il avait raison. La profonde coupure qui lardait mon bras saignait. Je me souvins de l'attaque sur la route près de Jabalpour. Déjà, cette fois-là, j'étais tellement abasourdi que je n'avais pas remarqué que j'étais blessé, puis la douleur s'était réveillée d'un coup.

« Lieutenant ! » lança une voix autoritaire qui me ramena à la réalité.

Deux hommes étaient arrivés avec un brancard et on m'ordonna d'allonger Blake dessus. Je les suivis jusqu'à une salle silencieuse où se trouvaient deux lits blancs immaculés, à côté du terrain de manœuvres. Je ne demandai qu'à me coucher. J'appris plus tard que l'hôpital militaire était en travaux et qu'on avait préféré nous épargner les risques de la contamination dans un dortoir bondé. Un médecin brusque et des aides-soignants indigènes entreprirent de nettoyer mes plaies et de s'occuper de Blake. Je lui demandai de soigner nos blessures avec du *ghee* et des herbes, ainsi que Blake procédait. Le médecin me regarda comme si j'étais fou, et déclara que Blake risquait d'y rester et qu'il faudrait sans doute lui couper la main. À ces mots, je me levai et criai qu'il devrait d'abord me passer sur le corps. Les aides-soignants se massèrent autour de nous et me rassirent sans douceur. Le médecin, devant mon agitation, promit à contrecœur qu'il ferait de son mieux et admit qu'il avait été témoin de l'efficacité du *ghee*. Un commandant se présenta. Il apparut qu'on nous attendait – sans grand optimisme – depuis quelque temps déjà, Samir ayant annoncé que nous étions partis délivrer Mountstuart des thugs lorsqu'il était arrivé à Mirzapour. L'officier voulait que je lui raconte tout. Le médecin intervint. Il fallait d'abord s'occuper de ma blessure. L'autre insista. Le médecin haussa le ton et le commandant finit par céder, non sans avoir promis qu'il repasserait.

On me dit que j'avais de la chance. Le muscle était déchiré, mais l'os n'était pas brisé. On voulut me déshabiller, mais je refusai, car j'avais glissé le rapport de Mountstuart dans ma chemise. Il fallut donc découper ma manche. On me banda et me coucha. Je m'efforçai de garder les yeux ouverts afin de veiller Blake – qui n'avait pas repris connaissance –, mais je ne tardai pas à succomber au sommeil.

À mon réveil, je trouvai Samir assis en tailleur sur le sol, à côté du lit de Blake. Il se leva et me prit la main, puis débita un flot de paroles inintelligibles. Je finis par comprendre qu'il disait : « J'ai envoyé vos livres. » Après cela, il retourna à son poste au chevet de Blake, d'où on ne put plus le déloger. Blake n'avait pas repris connaissance. Le commandant reparut, escorté d'un jeune officier pour prendre des notes. Il fit remarquer que j'avais le don de me mettre dans des situations spectaculaires. À Mirzapour, tout le monde ne parlait que de la chasse au tigre du rao. Il ajouta que Mountstuart serait enterré avec les honneurs et me demanda de lui raconter comment il était mort. Je fis le récit de notre capture par Rada Kishin et de notre évasion organisée par Blake, sans m'étendre sur l'état dans lequel nous avions trouvé Mountstuart. Quant à leurs conclusions à tous deux concernant le thuggisme et Jabalpour, je préférai ne pas les aborder. Lorsque j'en vins à notre rencontre avec Hogwood, je me mis à transpirer.

« M. Hogwood était un excellent élément de la Compagnie, déclara le commandant. Il allait être promu. C'est une grande perte. Le commandant Sleeman sera très affecté. »

Je m'armai de courage.

« C'est M. Hogwood qui a tiré sur Mountstuart. »

Les deux hommes écarquillèrent les yeux.

« Vous n'avez pas toutes vos facultés, lieutenant. »

Je le regardai sans ciller.

« Je vous le jure, mon commandant. J'ai vu Hogwood abattre Mountstuart de sang-froid. »

Je décrivis l'embuscade, l'arrivée de Mir Aziz et la bataille qui avait suivi, ignorant l'expression abasourdie, pour ne pas dire incrédule, de mes interlocuteurs. Lorsque j'eus achevé mon récit, le commandant était atterré.

« En outre, j'ai en ma possession un document écrit de la main de M. Mountstuart concernant le travail qu'il effectuait au moment de sa mort. Une mission de la plus haute importance dont l'avait chargé la Commission de contrôle à Londres. Il l'avait confié à M. Blake qui à son tour me l'a donné. »

Nous nous tournâmes tous deux vers la silhouette allongée de Blake. *Le commandant ne croit pas qu'il va s'en sortir*, songeai-je. Je poursuivis rapidement.

« M. Mountstuart devait le remettre en main propre au gouverneur général. Je suppose que cette tâche m'échoit à présent. Oh ! Mon Dieu, est-ce qu'il est encore ici ? »

Je tentai de me redresser sur le lit, mais je fus pris de vertiges.

Je glissai ma main valide dans ma chemise et en tirai l'enveloppe de Mountstuart. Le commandant la regarda avec des yeux ronds, ce qui n'avait rien d'étonnant, car les taches noires à la surface ne pouvaient être que du sang. Lorsqu'il fit mine de la prendre, je la rangeai aussitôt.

« Veuillez m'excuser, mon commandant. Je ne peux la remettre qu'au gouverneur général en personne.

— Je doute que le gouverneur général ait l'habitude d'accorder des audiences aux lieutenants, répliqua-t-il d'un ton pincé. Par ailleurs, je dois ajouter que je ne comprends pas comment vous

vous êtes retrouvés dans la jungle de Doora à la recherche de M. Mountstuart.

— M. Blake et moi-même avons été chargés d'enquêter sur sa disparition par le colonel Patrick Buchanan, au palais du gouvernement, à Calcutta, fin septembre. »

La mention de Buchanan fit son effet. Je préférai ne pas en dire plus à son sujet.

« M. Mountstuart a payé de sa vie pour acheminer ce rapport jusqu'ici. Avec tout le respect que je vous dois, mon commandant, je ne peux vous le confier. »

L'officier réfléchit quelques instants.

« Le gouverneur général a décidé de rester à Mirzapour pour assister à l'enterrement de Mountstuart. Vous étiez à ses côtés lorsqu'il est mort et, bien sûr, il y a l'affaire de Doora. Je suppose que cela peut s'arranger. »

Épuisé par l'entretien, je m'endormis peu après.

Lorsque j'ouvris les yeux, quatre personnes entouraient mon lit. Deux fonctionnaires et deux officiers supérieurs. J'avais la vue trouble et j'étais incapable de distinguer leurs traits, hormis ceux du petit homme rondouillard à lunettes qui se tenait le plus près.

« Ah, lieutenant. Vous êtes réveillé. Sir William Macnaghten, secrétaire politique du gouverneur général. Je crois que vous avez un document qui lui est destiné. Si vous me le remettez, je veillerai personnellement à ce qu'il lui parvienne. »

Il avait une étrange petite moustache en brosse qui lui mangeait la lèvre supérieure.

« Mais le document ne signifie rien sans M. Blake. Le gouverneur général doit le voir. Il sait tout, monsieur, et plus encore. Vous devez entendre toute l'histoire. »

Sir William Macnaghten fronça les sourcils, jetant un regard vers le corps immobile sur l'autre lit.

« Le gouverneur général prononcera l'oraison à l'enterrement de Mountstuart dans quelques jours et après il partira pour Allahabad. Je suis sûr qu'il souhaitera rencontrer les hommes qui étaient auprès du grand poète au moment de ses derniers instants. Nous ferons de notre mieux pour vous obtenir une audience. D'ici là, je suis le plus proche collaborateur du gouverneur général, monsieur Avery. Je me vois dans l'obligation d'insister. Le document, je vous prie. »

J'étais soulagé d'en être débarrassé.

À mon réveil, le lendemain matin, je me sentais beaucoup mieux. Blake était toujours dans un état précaire, très faible. On nous avait installés dans des chambres différentes et Samir avait été expulsé sans ménagement. Le médecin me rapporta que les officiers ne savaient pas quoi faire de lui, dans la mesure où il n'était rattaché à aucun régiment, bien qu'il déclarât être au service de la Compagnie depuis plusieurs années. J'affirmai que je pouvais me porter garant de lui. Sa conduite ne méritait que des louanges. Mais on ne l'autorisa pas à nous voir et quand je tentai de me lever pour aller faire un tour dehors, un officier vient me trouver : je devais garder la chambre et me reposer jusqu'à notre entrevue avec le gouverneur général.

« Et si je puis me permettre, je veux être le premier à vous féliciter », dit-il, soudain très chaleureux.

Il m'avait pris la main, mais il la relâcha presque aussitôt, de peur que ce geste impulsif ne me soit douloureux, car j'étais couvert d'hématomes et de bandages.

« Lieutenant ! Tout le monde ne parle que de vos exploits. La chasse au tigre à Doora et maintenant le baroud d'honneur de Mountstuart ! Quelle histoire ! Je ne dirai rien d'autre, si ce n'est que le camp est en effervescence. Nous espérons tous bientôt trinquer avec vous, trinquer à votre santé à tous les deux ! »

Je passai plusieurs heures au lit, curieusement mal à l'aise. Puis je me rendis au chevet de Blake, en dépit des réticences des aides-soignants. Il s'était réveillé, mais avait à peine prononcé un mot. Je savais qu'on avait dû lui couper deux doigts et on n'était toujours pas sûr de le sauver. Pendant des heures, il était resté prostré, puis, en début de soirée, il avait suffisamment repris ses esprits pour boire de l'eau et s'alimenter un peu. Pendant qu'il mangeait, je lui racontai mon entrevue avec le commandant et le secrétaire du gouverneur général. Il ne répondit pas tout de suite. Enfin, il réclama du papier et un crayon et se rallongea, serrant son bras contre lui.

« Il faut que je vous explique tout, murmura-t-il d'une voix rauque. Au cas où je ne serais pas en état de rencontrer le gouverneur général. Vous devez m'écouter attentivement et prendre des notes.

— Je suis sûr que vous irez mieux d'ici là.

— Il n'empêche. »

Il prit une inspiration, avala sa salive, voulut se rasseoir et grimaça.

« J'avais tort au sujet de Sleeman. Il ne supporte pas la contradiction, mais il n'est pas corrompu. Il a trop besoin d'être admiré. Il aspirait à combattre un ennemi secret pour sauver l'âme de l'Inde et il s'est persuadé qu'il l'avait trouvé. Tout est là, dans son livre. Ses constantes questions au sujet de Kali, à côté des réponses des thugs, toutes différentes, toutes contradictoires.

— Et les victimes innocentes dont vous parliez ? Les indigènes pendus ?

— Oh ! c'est une réalité. À Jabalpour, on a cessé depuis longtemps d'écouter ce que disaient les prisonniers. Le thuggisme et le banditisme sont le cadre dans lequel tout doit rentrer. C'est condamnable, mais c'est autre chose.

— Hogwood, alors ?

— Vous savez déjà presque tout. Il était l'âme damnée de Buchanan, l'homme de la division renseignement et politique à Jabalpour. Il avait deux courriers du *dak** à ses ordres. C'était ainsi que je travaillais à l'époque. L'un pour les plis réguliers, l'autre pour les communications secrètes. J'étais tellement obsédé par Sleeman que je suis passé à côté. C'est lui qui a alerté Buchanan du véritable objet de la visite de Xavier et de sa disparition. Au bazar, le bruit courait que le petit magistrat avait envoyé des hommes tuer Mountstuart. Je pensais qu'il s'agissait de Sleeman, à cause de sa taille, puis, comme Xavier avait quitté Jabalpour vivant, j'ai mis cette information de côté. Mais ils parlaient du magistrat assistant : Hogwood. Rappelez-vous, le jour de l'exhumation, il se tenait près de l'arbre quand ils ont découvert la tombe. Il avait repéré la marque. C'est lui qui a indiqué à Mauwle l'endroit où il fallait creuser. Ce ne doit pas être très difficile de l'influencer : le lieutenant adore avoir raison. »

Je revis Hogwood près d'un arbre, passant son doigt sur l'écorce et Mauwle examinant le sol autour. Et je me souvins que le jour où j'étais allé lui parler, il avait donné des lettres à deux courriers.

« Hogwood connaissait l'existence de la bande de Rada Kishin et savait qu'on les laissait en paix pour entretenir la peur du thuggisme. Il savait également que Vishwanath Singh était soupçonné de protéger les thugs. Mais il n'a jamais été en contact avec eux. C'était trop dangereux. Même si Buchanan ignorait où était Mountstuart, il se doutait qu'il avait été capturé. Peut-être Hogwood avait-il entendu des rumeurs venant de Doora.

— De Doora ?

— Il a admis qu'il finançait les ennemis du rao. Dans son bungalow, j'ai trouvé un registre mystérieux. Je ne voyais pas à quoi correspondaient les informations consignées. Je pense qu'il s'agissait de l'argent et des messages envoyés aux rivaux du prince. Buchanan adore toutes ces manigances. Affaiblir un État par la corruption, en faisant à l'une des factions des promesses qui n'engagent à rien.

— Buchanan et Hogwood auraient donc encouragé les tentatives de meurtre contre le rao ?

— Indirectement. Cela n'a rien d'exceptionnel. C'est le genre de chose que je faisais avec Mountstuart. Mais j'étais plus discret. Et jamais je n'aurais laissé de traces écrites. »

Il avait du mal à garder les yeux ouverts.

« Ce n'est pas tout. Votre ami Macpherson. Sa mort. Puis sa réputation salie. Ce n'est pas un hasard.

— Macpherson n'a jamais joué de sa vie et buvait très peu. Je ne l'imagine pas voler des papiers, dis-je. Et la dernière chose qu'il m'a dite, c'est qu'il m'avait entraîné dans une histoire à laquelle je n'avais jamais demandé à être mêlé. J'y pense beaucoup depuis deux jours.

— Tué et discrédité. Ça se pratiquait de mon temps aussi. Mais les victimes de nos agissements étaient des indigènes influents des États indépendants. Au début, j'étais convaincu que c'était justifié. Puis je me suis rendu compte que ce n'était pas si simple. »

Il bâilla et grimaça de nouveau.

« Je pense que votre ami s'inquiétait de l'étrangeté de notre expédition. Je serais prêt à parier qu'il a découvert quelque chose, probablement au sujet de Mir Aziz. Buchanan ne voulait surtout pas que cela s'ébruite. Si j'en réchappe, je retrouverai l'homme qui prétend lui avoir prêté de l'argent et nous tirerons cette affaire au clair.

— Tant de laideur, soupirai-je avec amertume. Tant de corruption. Je ne cesse de me demander si je dois quitter le service de la Compagnie. Je ne sais plus quoi faire.

— La Compagnie est une créature qui possède beaucoup de têtes et de bras. Tous ne sont pas pourris. Ou du moins, je ne suis pas certain qu'ils le soient tous.

— Mais vous pensez qu'ils le sont.

— Je suis un dangereux extrémiste, dit-il avec un mince sourire. Je pense que la Compagnie est une machine dont le but est la domination d'un peuple par un autre, et l'enrichissement de ce dernier. Et j'ignore par quoi il faudrait la remplacer.

— Je ne peux croire à une telle dépravation. »

Je ne tenais pas à débattre avec lui. Mais il y avait encore un sujet qui me préoccupait.

« Et Mir Aziz ? Était-il un thug ? Comment est-ce possible, s'il était mahométan ? »

Blake ne répondit pas tout de suite.

« La division entre mahométans et hindous n'est pas aussi stricte que la Compagnie veut bien l'admettre. En particulier chez les *dacoïts*. On trouve beaucoup de thugs mahométans dans les ouvrages de Sleeman. Encore une incohérence dans sa vision romanesque de l'Inde. »

Il fut pris d'une brève quinte de toux.

« La Compagnie a déjà employé des thugs. Feringhea a dirigé le service secret d'Ochterlony. Bien sûr, on ignorait alors qui il était. Peut-être Buchanan avait-il besoin d'un thug. Vous vous souvenez des mots de Feringhea ? Si le gouvernement me paie, je ferai son travail. »

Puis il secoua la tête.

« À vrai dire, je ne pense pas que Mir Aziz ait jamais été un thug. C'était un agent très efficace et un assassin occasionnel. »

Ses yeux se fermèrent.

« Je dois dormir à présent. »

La tente du gouverneur général était composée de quatre unités, reliées par des couloirs pour former un vaste carré. Tout autour, telle une cloison écarlate ondulante, était tendu un rideau rouge de près de dix pieds de haut. De l'autre côté se trouvait une grande ménagerie : des chameaux de parade et leurs chameliers, deux éléphants, des cages à poules, des moutons et toutes sortes d'animaux. Puis venaient les palanquins, les chevaux, les serviteurs, les conseillers du gouverneur, ses secrétaires et leur famille. Plus loin encore un champ entier de chameaux de bât, une cohorte de charrettes à bœufs et d'autres éléphants. Et ce n'était qu'une petite partie de la procession. J'avais entendu dire qu'elle comptait douze mille personnes et autant d'animaux, voire plus.

Nous nous rendîmes de nos chambres à l'enceinte de toile – moi sur mes deux pieds, Blake dans une chaise à porteurs, car il n'était pas assez fort pour marcher – sous les regards et les murmures de passants. Ce fut avec un vif soulagement que je franchis le rideau rouge et pénétrai dans l'une des tentes, elle-même divisée en deux par un long pan de mousseline blanche. On nous fit patienter un certain temps dans cette antichambre. À travers la cloison de tissu, on distinguait les bruits d'une conversation étouffée. Blake était très silencieux. J'espérais qu'il se concentrait sur ce qu'il allait dire, mais je me demandais s'il n'avait pas simplement du mal à garder les yeux ouverts. Il avait refusé de prendre l'opium que j'avais chargé Samir de lui trouver et je le connaissais à présent suffisamment pour ne pas me risquer à lui demander comment il se sentait. Enfin, un homme aux traits insignifiants apparut. C'était le portrait type du respectable bureaucrate de la Compagnie, au point où il semblait sorti d'un moule. Il s'adressa à nous d'une voix basse et confidentielle, comme s'il nous livrait généreusement un grand secret.

« Lord Auckland va vous recevoir. »

J'écartai le rideau, tandis que les porteurs soulevaient Blake pour pénétrer dans un large espace fermé baigné par la lumière jaune que laissaient filtrer les pans de la tente. Il y avait plusieurs chaises rembourrées à hauts dossiers, quelques petites tables et un magnifique bureau en bois ciré sur lequel se trouvaient un coffret de métal et un plateau d'argent. À notre entrée, les serviteurs et les porteurs sortirent par le rideau opposé.

Lord Auckland, le gouverneur général, se tenait à son bureau. Jamais je n'avais été présenté à un personnage de si haut rang et j'étais intimidé. C'était un homme long et délié, élégant, avec l'assurance de gens de sa classe. Son expression était bienveillante. Derrière lui, je reconnus le petit secrétaire rondelet à qui j'avais confié le rapport de Mountstuart. Un peu à l'écart, dans un grand fauteuil en rotin, se trouvait un troisième personnage : imposant, pansu, le menton gras. Son visage me disait quelque chose, mais j'étais incapable de mettre un nom dessus. Je jetai un coup d'œil à Blake. Il regarda l'autre homme d'un air impassible, et cette impassibilité même me convainquit qu'il le connaissait.

« Bienvenue, messieurs. Les derniers compagnons et les sauveteurs du grand poète du sous-continent ! Quelle perte immense pour la littérature et pour l'Inde ! »

Sa voix était curieusement aiguë et éraillée.

« Monsieur Blake, j'espère que votre blessure ne vous fait pas trop souffrir. »

Blake inclina tête, puis la secoua sans rien dire. Son silence surprit le gouverneur, qui le regarda avec perplexité. Je m'étais tellement accoutumé à cette opacité que je réprimai un sourire.

« Et vous devez être le lieutenant qui a sauvé le rao d'un tigre ! D'un coup de feu, vous avez changé nos relations avec Doora. Bravo ! Une histoire remarquable, jeune homme. Extraordinaire ! Nous sommes très contents de vous. Je crois savoir que certaines récompenses et accolades vous attendent. Mes sœurs ont hâte de vous rencontrer. Messieurs, vous allez devenir la coqueluche de l'Inde.

— J'ai eu de la chance, Votre Excellence », bredouillai-je.

Lord Auckland regarda le petit homme derrière lui, l'invitant à intervenir.

« Le gouverneur général est ravi de faire votre connaissance, mais il dispose de très peu de temps, dit celui-ci.

— Mon secrétaire politique, sir William Macnaghten », précisa Lord Auckland.

Blake se redressa sur sa chaise et prit une inspiration. En dépit de son état de faiblesse flagrant, il parvint à parler avec une force qui me surprit.

« Dans ce cas, je serai aussi bref que possible, Votre Excellence. Vous connaissez déjà les grandes lignes de notre histoire, néanmoins, pour couper court aux rumeurs et aux inventions : Xavier Mountstuart a été assassiné à quatre lieues de Mirzapour, non pas par des *dacoïts* ni par des thugs, comme je l'ai entendu dire, mais pas un homme de la Compagnie, M. Edward Hogwood, sur les ordres directs du chef de cabinet, qui dirige la division renseignement et politique, le colonel… »

Sir William Macnaghten se racla la gorge bruyamment ; le gouverneur général tressaillit discrètement et examina ses mains.

« … Buchanan, poursuivit Blake sans se laisser émouvoir. Le colonel nous a envoyés à la recherche de Xavier Mountstuart, le lieutenant Avery et moi-même, comptant sur le fait que nous ne reviendrions pas…

— Monsieur Blake, ce sont des accusations très, très graves, intervint le secrétaire politique.

— J'en suis conscient, monsieur, et je ne les porte pas à la légère. Le but était d'empêcher M. Mountstuart de vous remettre, à vous et à la Commission de contrôle à Londres, ce rapport qui prouve que le thuggisme n'est pas ce que William Sleeman prétend qu'il est, que le département du thuggisme a pris une ampleur démesurée, que des centaines d'indigènes ont été condamnés à tort et qu'un grand nombre sont morts de faim et de maladie dans les geôles des territoires. »

Lord Auckland avait détourné la tête, comme s'il voulait mettre le plus de distance possible entre lui et Blake.

« Je pense que le gouverneur général a entendu tout…

— Il s'agissait aussi de dissimuler deux autres délits, poursuivit Blake fiévreusement. Nous savons qu'au moins un autre meurtre a été commis pour protéger ce mythe et que le colonel Buchanan cherchait à exploiter la prétendue menace du thuggisme pour justifier la destitution du rao de Doora. Plus grave encore, il finançait ses rivaux pour…

— Monsieur Blake, c'est assez ! s'emporta sir William. Pouvons-nous nous interrompre un instant ?

— Permettez-moi seulement d'ajouter que j'en suis arrivé à la conclusion que le commandant Sleeman n'a pris aucune part à ces machinations. En revanche, le colonel et son agent Hogwood, si. J'accuse également le colonel Buchanan d'être responsable du meurtre de l'ami du lieutenant Avery, Frank Macpherson, qui avait très certainement découvert l'objectif réel de notre expédition. »

Lord Auckland pinça les lèvres. Sir William était hors de lui.

« Cette histoire est scandaleuse. Je ne peux y croire », déclara enfin le gouverneur de sa drôle de voix aiguë et éraillée.

Je remarquai que son très long cou était entouré d'une cravate blanche qui lui donnait vaguement l'air d'un invalide. En même temps, son visage avait quelque chose d'enfantin et de mal défini, une caractéristique déconcertante chez un homme d'une cinquantaine d'années. Il avait de grands yeux doux, des cheveux raides et soyeux d'écolier, et sa peau était pâle et ridée comme s'il ne prenait pas assez l'air. La lumière de la tente revêtait son teint d'une couleur maladive.

« Sir William doit se souvenir qu'il avait de bonnes raisons de lire mes rapports il y a quelques années. Il sait que je ne suis pas enclin à l'exagération.

— Des accusations très graves, très désagréables, déclara le gouverneur général. Il faudra prendre le temps d'y réfléchir. »

Il posa l'une de ses mains blanches sur l'autre et regarda son secrétaire politique.

« Ce sont plus que des accusations, Votre Excellence. Les preuves sont dans le rapport de M. Mountstuart, recueillies à la requête de la Commission de contrôle à Londres, et ne peuvent rester impunies. »

Les deux hommes le fixèrent sévèrement.

« J'espère que vous n'êtes pas en train de dire au gouverneur général ce qu'il devrait faire ?

— Certainement pas. »

Blake regarda tour à tour les deux hommes et sa bouche se durcit.

« Votre Excellence, sir William, intervins-je nerveusement. Je peux attester que tout ce que M. Blake a dit est vrai. Mais vous devriez également savoir que c'est lui qui a découvert M. Mountstuart, a organisé notre évasion, assuré notre survie dans la jungle et nous a redonné l'espoir quand tout semblait perdu. Il m'a sauvé la vie à plusieurs reprises. »

Sir William me lança un regard signifiant que mon intervention ne faisait qu'aggraver notre situation.

« Je pense que le gouverneur général a entendu tout ce qu'il devait entendre. »

Lord Auckland se leva, ce qui parut lui coûter un effort considérable.

« Monsieur Blake, monsieur Avery, dit-il d'un air absent, comme si son esprit était déjà ailleurs. Vous avez réalisé de grands exploits, vous avez accompli des prodiges et effectué un travail extraordinaire. L'Angleterre sera fière de vous. La Compagnie souhaite vous récompenser. Hélas, j'ai de nombreuses affaires à régler. Nous avons plusieurs jours de retard sur notre programme. Mais j'ai toute confiance en sir William, qui prendra toutes les mesures nécessaires concernant… euh… ces… cette… Eh bien, tous mes vœux vous accompagnent. Des actes courageux, oui, très courageux. Au fait, messieurs, savez-vous que nous avons un nouveau souverain ? Le roi Guillaume est décédé en juin. La jeune Victoria est reine. »

Sir William nous regardait. Je m'inclinai profondément, ainsi que l'exigeait l'étiquette, comme devant un potentat indigène. Blake toussa et se recroquevilla, pour éviter d'avoir à témoigner de son allégeance, présumai-je. Le secrétaire politique frappa dans ses mains et une petite procession de porteurs et de serviteurs surgit de derrière le rideau afin d'escorter le gouverneur général.

Lorsqu'il eut quitté la tente, sir William déclara :

« Monsieur Avery, asseyez-vous, je vous prie. Je ne devrais pas avoir à vous dire que le gouverneur général ne peut pas entendre ce genre de détails.

— Je suis désolé, dit Blake en se laissant retomber sur sa chaise. Je ne comprends pas. »

Son visage blême ruisselait de transpiration.

« Je pense au contraire que vous comprenez très bien. C'est une affaire extrêmement sensible. Si le gouverneur était associé de près ou de loin à cette histoire… »

Blake fit un nouvel effort pour parler.

« Mais il est en poste depuis à peine un an. L'opprobre ne risque pas de rejaillir sur lui. Sir William, le département du thuggisme est une machine qui s'est emballée. Il doit être fermé : c'est pour cette raison que la Commission de Londres a chargé Mountstuart de cette mission. On lui avait laissé entendre que le gouverneur serait averti. Le colonel Buchanan doit…

— Doit ? Doit ? Insinueriez-vous que nous fuyons nos responsabilités, monsieur Blake ? Mettriez-vous en doute ma probité ? Votre attitude frôle l'insubordination. Si je m'en souviens bien, ce ne serait pas la première fois. Et nous savons tous ce que cela vous a coûté. Cette affaire sera réglée. Vos efforts seront récompensés. Mais nous comptons sur une discrétion absolue. Je vais être plus clair. »

De la poche de son habit, il sortit une liasse de papiers : une enveloppe pliée et froissée, maculée de taches noires, et une feuille plus propre. Le rapport de Mountstuart et mes notes relatives aux explications de Blake. Il les plaça sur un plateau d'argent. Du coffret de métal, il sortit une allumette au phosphore et une petite fiole. Il en versa le contenu sur les documents et frotta l'allumette contre le coffret. Une flamme orange jaillit. Il prit les papiers du bout des doigts et les approcha du feu. Ils s'embrasèrent aussitôt.

« Non ! »

Je m'étais levé sans m'en rendre compte. Sir William me lança un regard froid et impérieux, puis lâcha les documents sur le plateau où brûlait à présent un petit feu de joie. Je me sentais glacé et nauséeux. Parfaitement immobile, Blake attendit que l'enveloppe eût fini de se consumer, puis il posa sur sir William ce lent regard dur dont il avait le secret. Le secrétaire politique détourna les yeux.

« Très bien, je n'irai pas par quatre chemins, déclara-t-il enfin d'une voix pincée. Lieutenant, voulez-vous vous rasseoir ? Messieurs, la Compagnie exige qu'il en soit ainsi. »

Il s'interrompit, comme s'il attendait une réponse.

« Avez-vous une idée du nombre d'Européens en Inde ? » reprit-il devant notre silence.

Je secouai la tête. Blake regardait droit devant lui.

« Quelques milliers. Et combien d'entre *eux* ? Une multitude grouillante, des millions. Quelques milliers d'hommes de la Compagnie qui gouvernent des millions et apportent l'ordre, la paix et la prospérité, là où régnaient le chaos, la guerre, les rivalités.

C'est un équilibre précieux et fragile ; il exige de l'unité et, parfois, un mythe nécessaire.

— Êtes-vous en train de dire que les thugs sont un mythe nécessaire ? demandai-je.

— Même si toutes les personnes arrêtées n'étaient pas des thugs à proprement parler, le commandant Sleeman a rendu les routes indiennes plus sûres. La campagne contre les thugs montre aux indigènes que nous sommes déterminés et impitoyables quand il s'agit d'éradiquer une caste meurtrière vieille de plusieurs milliers d'années, un mal constitutif de l'Inde. Elle montre que la Compagnie se préoccupe du bien-être des habitants. Elle montre que nous sommes plus aptes à gouverner que les princes indigènes égoïstes qui passent leur temps à batifoler avec leurs concubines ou à compter leurs joyaux. Sleeman nous a rendu un immense service. Voudriez-vous détruire tout cela ? L'ordre doit régner en Inde ; sinon, c'est le chaos, et nous sommes tous, Européens et indigènes, en danger.

— Sauf que les routes ne sont pas sûres, répliqua Blake. Des centaines d'hommes innocents ont été tués pour prouver que l'Inde était un pays dégénéré et que notre présence était nécessaire. Sleeman a propagé un mensonge. Il a créé un ennemi imaginaire, une fausse panique et ce n'est pas sans conséquence. Son invention renforce les préjugés des Européens au sujet des hindous. Elle justifie leur dégoût et alimente les malentendus, leur permet de ridiculiser les coutumes et les habitudes du pays, et de clamer leur supériorité. Et cela procure à la Compagnie un prétexte facile et malhonnête pour envahir n'importe quel État indépendant.

— Votre passion pour les indigènes est à la fois touchante et déplacée. Soyez sensé, monsieur Blake. Songez à l'issue dont vous rêvez. La vérité sur le thuggisme dévoilée ? Cela signifierait des soulèvements, des révoltes, des mutineries. Il y a déjà des émeutes et la famine.

— Et ce ne sont certainement pas les douze mille hommes avec lesquels le gouverneur général compte traverser le pays qui vont arranger quoi que ce soit.

— Réfléchissez aux conséquences. Des millions contre quelques milliers, monsieur Blake. Pensez aux femmes et aux enfants assassinés. Et n'allez pas croire que les indigènes auraient la moindre chance de gagner. Ce serait un tel tollé que, même si la Compagnie ne parvenait pas à mater la rébellion, l'Angleterre enverrait ses troupes. Imaginez les représailles. Des milliers de morts supplémentaires. Vous devriez méditer là-dessus. Le scandale à Londres, les carrières brisées, peut-être la destruction et le démantèlement de la Compagnie. Est-ce réellement ce que vous désirez ?

— N'essayez pas de me faire peur. La Compagnie est corrompue. Préserver ce mensonge ne la sauvera pas. Elle échouera, avec ou sans moi. La révolte viendra et la Compagnie disparaîtra. »

Sir William soupira et regarda Blake derrière ses lunettes comme un maître d'école exaspéré par un élève récalcitrant.

« Mon Dieu, monsieur Blake, en voilà des propos radicaux ! Vous ne pensez pas sérieusement que l'Inde vivrait mieux sans nous ? Nous lui apportons l'ordre, la discipline, la culture, la raison, le progrès, la religion, la paix et la stabilité. Ce pays ne peut se gouverner seul. Il a besoin de nous et nous ne sommes pas nombreux. Si nous laissions les indigènes livrés à eux-mêmes, ils ne tarderaient pas à s'entre-tuer. Sans parler du sort qu'ils nous réserveraient. Il ne s'écoule pas un instant sans qu'un rajah opprime son peuple, quand il n'est pas assassiné par sa propre famille. Le choix est simple : votre silence assure la paix et l'ordre, et rien n'est plus important que cela.

— Je ne donne pas plus de vingt ans à la Compagnie.

— Monsieur Blake !

— Je comprends. Vous voulez être discret ? Dans ce cas, vous pouvez démanteler le département du thuggisme discrètement. Buchanan peut être démis sans bruit et poursuivi pour meurtre.

— Monsieur Blake, vous m'obligez à être encore plus direct. Il n'y a pas de rapport sur le département du thuggisme et il n'y en a jamais eu. Nous réclamons… non, nous exigeons votre silence à tous les deux. Cependant, nous reconnaissons votre talent et le travail considérable que vous avez accompli. L'Inde les reconnaîtra. Ils seront récompensés. Monsieur Avery, vous espériez une affectation ? Cela peut être arrangé. Nous confirmerons votre grade de lieutenant dans un régiment régulier. Et vous aurez, je le garantis, de sérieuses perspectives de promotion. Il faudrait peut-être que vous ayez un peu d'expérience, mais il devrait y avoir de l'action sous peu à la frontière afghane. Cela pourrait vous intéresser. Ou si vous le préférez, nous pourrions vous transférer à la division politique. Vous aurez vos entrées dans les plus hauts cercles de la Compagnie. Vous avez déjà reçu pour ainsi dire une invitation des sœurs du gouverneur général. Votre carrière est faite. En ce qui concerne vos dettes, cela peut s'arranger. Y a-t-il autre chose ?

— Le colonel Buchanan m'a promis que je pourrais rentrer en Angleterre si nous réussissions, balbutiai-je. Et encore une chose. Mon ami Macpherson a été tué. J'ignore ce qui s'est passé, mais je suis certain que sa réputation a été injustement salie. Je pense que les accusations contre lui étaient infondées. Son honneur doit être rétabli. Mon silence en dépend.

— Je vois, dit sir William, déconcerté. Ma foi, je suppose que c'est envisageable. Il semble que vous deviez maintenant réfléchir à votre avenir, monsieur Avery. Quant à vous, monsieur Blake, que voulez-vous ? Je vous écoute. Vous êtes sur le point de devenir un héros. Il y a une place pour vous ici. Que diriez-vous d'un poste de résident assistant ? On vous enverra où vous le souhaitez, là où vous pourrez utiliser vos connaissances linguistiques et frayer à loisir avec les indigènes. »

Blake ne répondit pas. Je me demandai s'il lui restait des forces.

« Il fut un temps, reprit sir William, remontant ses lunettes sur son nez, où l'on vous prédisait de grandes choses. Aujourd'hui, vous avez l'occasion de faire que ces prédictions se réalisent. Voulez-vous récupérer votre grade de capitaine ? Bien entendu, en échange, nous comptons sur votre silence. Personne ne doit entendre parler de meurtres, de manigances et de complots au sein de la Compagnie hors de cette tente. Pas de critiques concernant Sleeman et le département du thuggisme. »

Je n'imaginais pas Blake accepter l'offre de Macnaghten, mais je ne voyais pas comment il pouvait la refuser.

« Quelle sera la version officielle concernant la mort de Xavier ?

— Un grand poète anglais au sommet de sa carrière, assassiné par des thugs, répondit aussitôt sir William. Un héros de la Couronne. Vous deux, ses fidèles compagnons, qui l'avez défendu jusqu'au bout. On lui élèvera un monument à Mirzapour. Il y aura des odes et des tableaux, à n'en pas douter. Sa mémoire ne sera pas souillée.

— Et Hogwood mort lors d'une courageuse tentative pour organiser son sauvetage.

— Bien entendu. »

Blake dévisagea sir William. Ses yeux étincelaient.

« Je n'aime pas vos méthodes. Et je me rends compte que j'abhorre votre vision de ce pays. Je ne veux rien de vous.

— Prenez garde, monsieur Blake. Ne creusez pas votre propre tombe deux fois. Vous appartenez encore à la Compagnie. Nous pouvons donner et nous pouvons reprendre.

— Ne me menacez pas, espèce d'ordure, siffla-t-il entre ses dents.

— Jeremiah ! » soupirai-je.

Sir William poussa un jappement irrité. S'il avait été du genre à se battre, il se serait sans doute jeté sur Blake.

« Je vous l'avais dit ! s'écria-t-il avec excitation, regardant pour la première fois le gros homme dans le fauteuil qui s'était tenu si tranquille que je l'avais oublié. Je vous l'avais dit ! Il est irrécupérable. C'est une perte de temps d'essayer de le raisonner. Il sort du caniveau et il en a les manières ! Monsieur Blake ! Laissez-moi être franc : vous avez une fois de plus gâché votre avenir dans la Compagnie des Indes orientales, et définitivement ! Je vais vous faire traduire en cour martiale. Vos gens seront dispersés et vos biens vendus…

— Sir William, ne pensez-vous pas que ces menaces soient un tantinet excessives ? dit l'inconnu, se levant et se dirigeant vers nous. Pour l'instant, Jeremiah Blake me fait l'effet d'un homme qui ne vivra pas jusqu'à la semaine prochaine. Auquel cas vous n'aurez rien à craindre. Cela dit, il est déterminé et, le connaissant, il serait capable de survivre uniquement par entêtement. Par ailleurs, même si je suis sûr qu'il va trouver la situation détestable, il ne va pas tarder à devenir célèbre, que cela vous plaise ou non. Une cour martiale ? Je doute que vous souhaitiez qu'il répète ses accusations sous serment. Ce serait très fâcheux.

— Je n'ai pas de temps à perdre avec de telles bêtises, rétorqua sir William.

— Si vous voulez mon avis, monsieur Blake, cédez. La Compagnie obtiendra votre silence d'une manière ou d'une autre. »

J'examinai l'homme, de plus en plus convaincu de l'avoir déjà vu : un long nez arrondi, un double menton fuyant, de courts sourcils incurvés et des petits yeux marron.

« Je ne vous demande pas votre avis, Collinson ! lança Blake.

— Vous devriez quand même en tenir compte, Jem. Et je vous prie de m'appeler sir Theo, répondit-il sans hausser le ton. Macnaghten, vous avez raison. Vous n'avez pas le temps de vous en occuper. Permettez-moi de prendre la relève. M. Blake et moi-même sommes de vieilles connaissances et je suis certain de pouvoir le convaincre de surmonter ses réserves. »

Il adressa à sir William un sourire qui aurait pu sembler parfaitement inoffensif, s'il n'avait dévoilé de petites dents pointues. Elles lui donnaient un air de renard bien nourri.

Sir William avait très envie de partir, mais il n'était pas sûr que ce fût raisonnable.

« Vous feriez mieux de parvenir à un accord, sinon la Compagnie devra prendre des mesures, déclara-t-il pompeusement. Je vous souhaite le bonjour, monsieur Avery. À votre place, je réfléchirais sérieusement à mon association avec cet individu. »

Après un bref hochement de tête, il écarta le rideau et s'en fut.

Le nouveau venu s'installa sur la chaise derrière le bureau du gouverneur général.

« Monsieur Avery, permettez-moi de me présenter : sir Theophilus Collinson. Il fut un temps où M. Blake travaillait pour moi.

— L'homme qui réglait tous les problèmes de la Compagnie, le meilleur, dit Blake avec un petit grognement, s'asseyant plus confortablement. Un doigt dans chaque curry, avait-on l'habitude de dire. Mais j'avais cru comprendre que la Compagnie ne voulait plus entendre parler de vous et vous avait renvoyé en Angleterre ?

— Oh ! Blake, soyez pragmatique pour une fois. C'est peut-être dur à avaler, mais Macnaghten n'a pas tort concernant le maintien de l'ordre. Et votre jeune ami est d'accord, je le vois bien. »

Je détournai les yeux.

« En outre, sir William et le gouverneur général ont des ambitions dans le Nord. Ils ne peuvent pas laisser circuler de rumeurs sur le bien-fondé de la lutte contre le thuggisme ici et encore moins à Londres. Buchanan est en route pour négocier avec Ranjît Singh au nom de sir William. Ils ne se débarrasseront pas de lui, pas maintenant en tout cas, il leur est trop utile, même s'il joue avec le feu. Et ainsi que vous l'avez dit, le thuggisme est un mythe trop puissant. Mais je peux vous assurer que l'an prochain, Sleeman sera chargé d'une nouvelle campagne contre les *dacoïts* badhaks dans le Nord.

— Alors ils visent l'Afghanistan, maintenant ? Voilà qui en dit long sur le désir de paix de Macnaghten. Et ces malheureux Badhaks ne sont pas des *dacoïts*, juste une tribu nomade ni pire ni meilleure que les autres.

— Sincèrement, Blake, votre sympathie pour les pauvres vagabonds est épuisante. À présent, veuillez m'écouter. Si vous essayez de révéler ce que vous savez, on va vous traiter de fou ou de criminel. Vous pourriez fort bien finir devant une cour martiale. Et ils n'épargneront pas votre jeune ami ici présent. Vous connaissez leurs méthodes. Cédez, laissez-les vous récompenser. Vous serez l'homme qui a retrouvé Mountstuart et qui a su garder leurs secrets. Beaucoup de gens ne vous en respecteront que davantage. C'est parce que je vous estime que je vous parle ainsi, et parce que j'aimais et admirais Xavier, tout en étant conscient de ses faiblesses. »

Blake ignora sa tirade. Je trouvais sa pâleur alarmante. Il y eut un long silence.

« Je considérais Xavier Mountstuart comme un ami, ajouta enfin Collinson. Faites-moi confiance : je peux vous assurer… non, je vous jure que Patrick Buchanan ne reverra pas l'Irlande de son vivant. Il paiera pour ses actes. Et vous savez que je n'ai pas l'habitude de parler à la légère. »

Blake le regarda.

« Mais je dois avoir votre parole et la vôtre également, monsieur Avery.

— Sir Theophilus, je vous la donne volontiers, mais j'ai déjà dit à au moins deux personnes que Hogwood avait tué Mountstuart.

— La Compagnie a beau avoir le bras long, elle ne peut faire taire toutes les rumeurs. Elle devra faire avec. Et c'est bien mérité. Je vous demande seulement de ne plus jamais le mentionner, ou ce serait pour vous la fin d'une carrière prometteuse.

— Vous pouvez compter sur moi, monsieur. Et la réputation de mon ami Macpherson ? »

Collinson ne cilla pas.

« Cela peut s'arranger.

— Vous aurez mon silence contre Buchanan, dit Blake, le visage ruisselant de sueur. Si je survis. Si je meurs d'ici une semaine, j'ai pris des dispositions. Des lettres qui sont déjà parties pour Calcutta.

— Alors il faudra faire en sorte que vous viviez, répondit l'autre homme avec humeur.

— Je ne veux rien devoir à la Compagnie, reprit Blake. J'en ai mon content. J'ignore pourquoi vous la défendez. Elle s'est pourtant empressée de se débarrasser de vous dès qu'elle a décidé que vous ne lui serviez plus à rien.

— Ah ! Jeremiah, je suis le réaliste et vous l'idéaliste. Je vous ai toujours apprécié pour cela et pour votre inextinguible curiosité. Mais ce que je n'ai jamais aimé, c'est votre arrogance. Vous êtes convaincu d'avoir raison, vous pensez que votre intelligence et cette probité dont vous êtes si fier font de vous un homme supérieur aux autres. Dans ce monde, elles font surtout de vous un homme plus amer. »

L'esprit de Blake semblait ailleurs.

« Je vous l'accorde, dit-il enfin. Si je n'avais pas été si sûr de moi, j'aurais peut-être sauvé la vie de mon ami. Vous aurez mon silence. Et mon grade. Je démissionne. Je refuse de regarder passivement la Compagnie détruire tout ce qu'elle touche. Je vais rentrer en Angleterre.

— Je comprends mieux, maintenant, fit sir Theophilus, d'un air songeur. C'était un test. Vous vouliez donner une dernière chance à la Compagnie. Sir William vous traite de naïf et il a raison. Les temps ont changé. Il n'est pas possible de revenir en arrière. Même si cela vous déplaît – et, pour être honnête, cela ne me convient guère non plus –, il n'y a rien à faire. Cette dernière aventure dans le Nord que Macnaghten a organisée sera une catastrophe coûteuse, croyez-moi. Mais personne ne souhaite m'écouter. Alors je souris, je note mes objections et je laisse faire.

« Nos vues ne sont pas si différentes, Jeremiah Blake. La Compagnie n'a jamais été un modèle d'altruisme ; n'essayons pas de prétendre le contraire. Le profit et le pouvoir ont toujours été ses objectifs. Cependant, vous avez raison : elle a changé et continue de changer. Lorsque je suis arrivé ici, nous étions capables de reconnaître les qualités de ce pays. Nous admirions sa littérature, son architecture, sa musique, la candeur de ses habitants. Je comptais parmi mes amis les plus grandes familles de Calcutta et j'étais heureux d'être invité chez elles. Je suis tombé amoureux d'une femme issue de la noblesse indienne et elle m'a donné quatre fils. Le temps a passé, la Compagnie a grossi, son pouvoir s'est étendu et, soyons honnêtes, vous et moi n'y sommes pas totalement étrangers. En même temps, elle a pris ses distances avec ses anciens hôtes, devenus ses sujets. Elle exige d'eux qu'ils apprennent l'anglais et elle méprise l'hindoustani. Elle a toujours été attirée par le pouvoir, mais elle a revêtu sa rapacité des habits de la vertu. La mesquinerie et la cruauté se sont insinuées dans ses relations avec les indigènes. Je ne pense pas que l'Inde et son peuple aient gagné au change, et nous non plus. En revanche, la Compagnie, si. Je désapprouve les hommes qui prennent des décisions au palais du gouvernement ; mes fils sont de moins en moins bien accueillis dans la société européenne, sauf s'ils consentent à se présenter comme des subordonnés. C'est pourtant ce qu'on appelle le progrès. Et nous n'avons encore rien vu, aussi bien ici qu'en Angleterre. Cependant, je ne pense pas que l'on puisse faire quoi que ce soit pour l'arrêter ou le ralentir.

« Mais là n'est pas la question. Si vous survivez plus de quelques jours, ce dont je doute, sachez que je vais regagner l'Angleterre au début de l'année prochaine. On m'a fait des propositions intéressantes. Si vous décidez vous aussi de rentrer, ma foi, vous avez des talents très particuliers que vous pourriez exploiter, Blake.

— Je ne veux pas de votre aide.

— Arrêtez de faire l'enfant. Pourquoi rentrer en Angleterre si c'est pour y vivre comme un indigent ? Il faudra bien que vous gagniez votre vie. Il vous faudra un protecteur. »

Blake s'affala sur sa chaise. Il avait l'air au plus mal. Sir Theophilus appela les porteurs. Je m'apprêtais à le suivre, lorsqu'il s'adressa à moi.

« Attendez, monsieur Avery. Je veux que vous me racontiez tout depuis le début. »

17

Février 1838

C'était l'une de ces journées chaudes et sèches de février qui annonçait la fournaise à venir. Le ciel était d'un bleu délavé et la rivière sombre scintillait. Sur l'autre rive, on distinguait les somptueuses demeures de Garden Reach. Comme de coutume, les *ghats* étaient chaotiques, sales et bondés, néanmoins, l'odeur de poisson était moins prégnante que d'habitude et il soufflait un vent agréable sur l'Hooghly. Le canot était venu chercher les passagers sur le quai pour les emmener vers les eaux plus profondes au large de l'île de Sagar, où était mouillée la *Marquise de Blandford*, un navire de la Compagnie de neuf cents tonneaux. Le timonier s'affairait, pressé de partir, mais certains passagers manquaient encore à l'appel. Nous attendions donc sur les marches, profitant de ces derniers instants. Les malles ayant été chargées plus tôt dans la matinée, il n'y avait rien à porter. On comptait quelques messieurs grisonnants, sans doute à la retraite, et deux jeunes gens qui rentraient chez eux en congé. Quatre ou cinq dames en robes à volants et manches ballons attendaient jusqu'au dernier moment dans leur voiture. Des enfants couraient partout, poursuivis par des *ayahs** et des porteurs hors d'haleine.

Le lendemain de notre entrevue avec le gouverneur général, j'avais assisté aux funérailles de Mountstuart. Sur les centaines de personnes présentes, il n'y en avait sans doute pas plus de trois ou quatre à l'avoir rencontré de son vivant. Je ne reconnus ni l'homme décrit par le gouverneur dans son oraison, ni le récit de sa mort. À contrecœur, j'avais fini par admettre que Macnaghten et Collinson avaient raison : que cela me plaise ou non, le secret devait être gardé, l'ordre préservé.

J'éprouvai néanmoins une bouffée de colère en écoutant le gouverneur, sachant qu'il mentait sciemment. J'avais donc décidé que, quoi qu'il arrive, je quitterais la Compagnie et je rentrerais avec Blake. Nous devions remonter le Gange pour rejoindre Calcutta en bateau, un voyage qui serait beaucoup moins fatigant que par la route. Puis nous regagnerions l'Angleterre à bord d'un navire de la Compagnie.

Même si je ne partageais pas ses opinions radicales, il m'inspirait une forme de loyauté que j'avais du mal à expliquer. Et, chaque fois que je songeais à Mountstuart, je sentais monter une rage qui me donnait envie de rompre avec toutes mes habitudes de bonne conduite et d'obéissance. C'était particulièrement difficile lorsque l'on m'interrogeait au sujet du temps passé en compagnie du poète, c'est-à-dire souvent, car j'étais constamment abordé par des officiers et des fonctionnaires qui souhaitaient me serrer la main, boire à ma santé ou m'inviter à dîner. De charmantes jeunes femmes surgissaient de nulle part pour me féliciter. Elles voulaient que je leur raconte la chasse au tigre et les derniers moments de Mountstuart. Je dois avouer que, malgré mon embarras, ce n'était pas désagréable de recevoir toutes ces marques d'attention. Cependant, mon plaisir se trouva vite assombri par l'état de santé de Blake, qui était encore très faible.

Dans les journées qui suivirent l'entrevue, Blake parut d'abord se rétablir. Ses blessures cicatrisaient et il reprenait des forces. Cependant, il était très silencieux. J'étais sûr qu'il se reprochait la mort de Mountstuart et sans doute beaucoup d'autres choses. J'aurais voulu lui dire qu'il avait tort, mais il était difficile de lui parler. À la fin de la semaine, la fièvre se déclara. J'espérais qu'il s'agissait de l'une de ces crises auxquelles étaient sujets les Européens en Inde, mais le médecin affirma que la main de Blake était infectée et qu'il fallait la couper. Le patient refusa tout net, ignorant mes supplications, au point où je me demandai s'il ne désirait pas mourir. Je le voyais s'affaiblir à vue d'œil malgré nos soins. Nous lavions la plaie trois fois par jour avec du *ghee*, et Samir trouva au bazar de l'armoise séchée contre la fièvre. J'étais un héros désormais et les médecins accédèrent à mes demandes, en dépit de leur scepticisme flagrant. Blake finit par perdre connaissance. Cela dura une journée entière. Puis il revint à lui, très faible. Il me convoqua à son chevet et me dit que, quoi qu'il lui arrive, je ferais mieux de rester en Inde.

« Ne prenez pas exemple sur moi, Avery, répondit-il, coupant court à mes protestations. Le monde est tel qu'il est, et si vous ne pouvez pas l'améliorer, aménagez-vous un havre confortable à l'écart. Ne gâchez pas vos chances avant même d'en avoir profité. Je suis sûr que vous ne regretterez pas d'avoir passé un peu plus de temps en Inde. De toute manière, vous n'avez pas d'avenir en Angleterre. »

Je décrétai que je ne voulais pas le savoir.

Il était encore très frêle, cependant au bout de quelques jours sa santé s'améliora. Nous prîmes le bateau pour Calcutta quelques semaines plus tard, après avoir fait nos adieux à Samir qui, grâce à notre intervention, avait obtenu un congé prolongé pour se rendre dans son village et une place dans son ancien régiment, où servaient encore certains membres de sa famille.

À Calcutta, Blake prépara son départ, esquivant toutes les tentatives de ceux qui voulaient faire de lui un héros. Il se débrouilla pour que son rôle dans notre aventure disparaisse presque entièrement, mais ne me reprocha jamais d'apprécier notre célébrité. Lorsqu'on lui demandait de raconter le sauvetage du rao, la découverte de Mountstuart, notre fuite ou notre rencontre avec le dernier chef thug, il souriait d'un air entendu et se réfugiait dans le silence. De toute manière, notre répugnance à en parler ne faisait aucune différence. Ainsi que l'avait prédit Theophilus Collinson, la mort de Mountstuart suscita son cortège de rumeurs et de mythes, en dépit du récit officiel.

Quelques jours après notre arrivée à Calcutta, je me rendis à un dîner où un vieux monsieur vint me trouver. Il prit ma main, me regarda dans les yeux et déclara : « Je connais la vérité sur la mort de Mountstuart. Je sais ce contre quoi vous avez dû vous battre. » Voyant mon expression inquiète, il m'attira plus près et me chuchota à l'oreille : « Les francs-maçons ! »

Je passai beaucoup de temps chez Blake à Blacktown. Je me racontais que c'était pour veiller sur sa convalescence mais, en vérité, il était la seule personne à Calcutta avec qui je me sentisse réellement à l'aise. Il voulait s'assurer que ses domestiques toucheraient une pension après son départ et avait quelques vieilles affaires à régler. Je surprenais de temps en temps une scène d'adieux étonnante : une veuve métisse de bonne famille suivie d'une kyrielle d'orphelins, un cordier irlandais en larmes, un capitaine rougeaud fiévreux qui serrait sa main avec une intensité un peu excessive, un prêteur indigène qui tenait à me faire savoir qu'il partageait l'amour de Blake pour la poésie persane.

Pendant tout ce temps, je réfléchis au conseil de Blake. À vrai dire, en dépit de ce que j'avais vécu, une part de moi souhaitait rester en Inde pour en voir plus et en faire plus. Mon mal du pays, en outre, appartenait au passé. Je pensais toujours à Louisa et à tous les lieux que j'aimais, cependant, de plus en plus souvent, je me souvenais de mes relations difficiles avec mon père. Et je savais que mes parents plus éloignés considéreraient comme un échec un retour précipité. Sans compter que j'ignorais comment je gagnerais ma vie. Dans mes rêves les plus extravagants, je m'imaginais avec Blake à Londres. Mais je n'avais qu'à songer à l'impossible duo que nous formerions pour me rendre compte que ce n'était qu'une fantaisie. Blake aurait assez de mal à se bâtir une vie à Londres sans moi. Et, de toute manière, je n'étais pas un citadin dans l'âme.

Et il y avait autre chose. Parmi tous les messages et les lettres que j'avais reçus à mon retour à Calcutta se trouvait une missive d'Helen Larkbridge.

Mon cher William,

Permettez à quelqu'un qui a gardé de vous les souvenirs les plus chaleureux et les plus vifs de vous écrire que nous avons appris vos aventures extraordinaires avec beaucoup d'enthousiasme et de plaisir, et de vous féliciter pour votre bravoure encore plus extraordinaire. Quand je songe à votre départ de Calcutta, il me semble que c'était il y a une éternité. Vous étiez si déterminé, si sombre, si accablé par la perte de votre plus cher ami. Oh, comme je m'en veux de ne pas avoir surmonté ma faiblesse féminine, de ne pas avoir bravé votre froideur et votre sévérité, de ne pas avoir bousculé les conventions stériles pour vous offrir les mots de réconfort et de tendresse qui emplissaient mon cœur. Vous ne pouvez savoir à quel point je le regrette.

Si vous trouvez un instant, parmi toutes les exigences bien plus importantes que le monde vous impose désormais, peut-être envisagerez-vous de me rendre visite ? Je serais très heureuse de vous revoir.

Votre amie dévouée,
Helen Larkbridge

J'avais appris qu'Helen et le lieutenant Keay s'étaient « mis d'accord ». Autant dire qu'ils étaient tout comme fiancés, bien qu'il fût reparti pour Bénarès. Je ne pus néanmoins résister au désir de la voir.

Elle séjournait chez une riche famille de commerçants, qui passait beaucoup de temps dans son domaine près de la résidence du gouverneur général, à Barrackpore, lui laissant leur demeure de Calcutta. Lorsque je me présentai par un après-midi où la température était assez fraîche, je la trouvai seule avec les serviteurs.

« William ! »

Elle sourit, mais prudemment, et me tendit sa main gantée. J'y déposai un baiser et la regardai. Elle était plus ravissante que jamais. Elle portait une souple robe de mousseline à ramages et un parfum de jasmin flottait autour de sa chevelure.

« Je n'arrive pas à croire que vous êtes devant moi !

— Moi non plus. »

Nous échangeâmes quelques phrases empruntées. Je lui posai des questions sans intérêt sur des connaissances communes, auxquelles elle répondit avec un entrain forcé. La conversation s'enlisait.

« Je devrais peut-être prendre congé, dis-je.

— Non ! s'écria-t-elle en joignant les mains. William, j'ai l'impression de ne plus savoir comment vous parler. Vous semblez si… endurci, si loin des bêtises superficielles de Calcutta. Mais, je vous en prie, j'ai un aveu à vous faire. Je crains de vous paraître très cavalière. Et vous n'ignorez sans doute pas que le lieutenant Keay et moi avons parlé mariage, malgré tout, je voulais avoir une conversation franche avec vous et j'ai pensé que je n'y parviendrais jamais sans quelque manigance. »

Elle me regarda avec gravité.

« J'ai prétendu que je ne recevais personne aujourd'hui et j'ai envoyé mon chaperon à l'autre bout de la ville pour m'acheter un remède contre le mal de tête. Et à présent je me sens idiote. »

Je ris, sidéré. Je réfléchis un instant.

« Reprenons du début, dis-je enfin.

— Je vais demander du thé », déclara-t-elle en frappant dans ses mains.

Elle m'ordonna alors de lui faire le récit de mes aventures et je lui racontai la version que j'avais pris l'habitude de réciter. Elle hocha la tête, rit et poussa des cris. Pendant ce temps, je songeais qu'il était fort agréable d'être écouté par une charmante jeune fille qui me connaissait un tout petit peu. Lorsqu'elle sentit que j'étais las de mon histoire, elle m'interrogea au sujet de Blake.

« Vous êtes donc partagé entre le désir de partir et celui de rester ?

— Oui, j'ai l'impression que le devoir me tire dans deux directions opposées. Je ne sais que faire.

— Si cela ne tenait qu'à moi, William, répondit-elle en baissant la tête, les joues rouges, bien que je n'aie aucunement le droit de le dire, je préférerais que vous restiez. »

Je la quittai, plus ensorcelé que jamais.

Deux semaines après notre retour à Calcutta, Collinson tint la première partie de sa promesse, en ce qui concernait la réputation de Frank Macpherson. Soudain, tout Calcutta savait qu'il y avait eu un effroyable malentendu, qu'il avait été confondu avec un ancien officier de la Compagnie décédé peu de temps auparavant : un certain Francis McFierson, un homme à la réputation douteuse, qui, non content d'être criblé de dettes, avait été renvoyé pour vol et détournement, et avait trouvé la mort quelque part au nord de Delhi. Les papiers que Frank était accusé d'avoir dérobés avaient été accidentellement égarés dans son service. L'histoire me parut ridicule et peu convaincante – et elle n'expliquait pas le meurtre –, pourtant, tout le monde semblait la trouver parfaitement plausible. Entre-temps, Blake avait réussi à dénicher le prêteur à qui Frank devait tant d'argent. D'abord, l'homme prétendit n'être au courant de rien. Mais, à force d'insistance, Blake parvint à lui faire avouer qu'un émissaire de la division renseignement et politique avait offert de passer l'éponge sur quelques irrégularités dans ses affaires s'il affirmait, documents à l'appui, que Frank Macpherson – un parfait inconnu pour lui – lui devait des sommes très importantes. Le prêteur nous supplia de ne pas révéler son rôle dans cette histoire, car il risquait la prison et la ruine. En tout cas, il ressortait de tout cela que Buchanan n'était certainement pas étranger à la mort de mon ami. Blake pensait qu'il avait appris par hasard la raison de notre mission et que Buchanan l'avait fait supprimer, car il craignait que Frank ne s'en ouvrît à moi. De Buchanan lui-même, nous n'avions aucune nouvelle.

Pendant ce temps, les offres pleuvaient sur moi. On confirma mon grade de lieutenant et on me proposa deux postes : l'un dans un régiment de cavalerie qui accompagnait le gouverneur général au Nord, et l'autre avec une unité chargée de surveiller l'État indépendant de Gwalior. Je commençai par les refuser tous les deux. Par ailleurs, j'avais appris à mon arrivée à Calcutta que le lieutenant

O'Keefe, à qui je devais une fortune, avait succombé au choléra seulement quelques semaines après la mort de Macpherson. Il n'avait pas de descendant et ne laissait qu'une pile de reconnaissances de dette – jugées invalides –, ainsi qu'un tas d'objets de valeur dont il avait délesté des imbéciles dans mon genre. Il n'était guère apprécié et nos compagnons de mess s'étaient fait un devoir de restituer ses gains à leurs propriétaires. Ainsi, je récupérai la montre et la chevalière de mon père.

Quelques jours plus tard, ma peau de tigre arriva, avec deux colis soigneusement empaquetés que Samir avait envoyés de Mirzapour. Je ne m'attendais pas à les revoir. À l'intérieur se trouvaient mes livres fort abîmés, certaines pages illisibles, et les pierres précieuses du rao, que j'avais oubliées. Je savais que j'étais censé les remettre à la Compagnie, pourtant, je ne pouvais m'y résoudre. Appelez cela de la malhonnêteté, de la cupidité si vous le souhaitez, mais je rechignais à me dépouiller ainsi. Je demandai conseil à Blake.

« Gardez-les. Considérez que c'est la moindre des choses. Pour Macpherson, pour Xavier, pour le rao. Ou jetez-les si vous voulez, mais pour l'amour du ciel n'en faites pas cadeau à la Compagnie. Vous lui avez suffisamment donné. »

Discrètement, Blake vendit deux de mes pierres. Je réglai mes dernières dettes, j'achetai trois châles de belle qualité et un collier de perles que j'envoyai avec une lettre à ma sœur. Je commandai en outre les œuvres complètes de Mountstuart en Angleterre, ainsi que tous les numéros précédents des *Aventures de M. Pickwick*, de M. Boz, et décidai de me considérer désormais comme un homme riche.

Quand j'annonçai à Blake que j'envisageai de rester, il hocha la tête. Il déclara que j'avais raison. Pourtant, je n'arrivais pas à me départir du sentiment que je le trahissais et que, lorsqu'il serait loin, il n'y aurait plus personne, hormis Helen Larkbridge, dont je me soucierais ou à qui je pourrais faire confiance dans cette partie du monde.

Une semaine après, Helen et moi étions fiancés, et je choisis de rejoindre le régiment en route vers le nord. Nous décidâmes de nous marier sans tarder pour qu'elle puisse m'accompagner. Ma cour avait été une affaire rondement menée. Malgré tout, nous avions passé beaucoup de temps ensemble pendant les semaines précédentes. Elle m'avoua que, bien que n'étant pas le mieux placé de ses prétendants, j'avais toujours eu sa préférence, mais que, n'ayant que sa beauté et quelques relations familiales, elle s'était résignée à faire un mariage de raison. Avant mon départ pour Jabalpour, j'avais l'air tellement grave et préoccupé qu'elle s'était convaincue que rien n'était possible entre nous.

« J'ai pleuré pendant des jours, dit-elle. Puis je me suis ressaisie et j'ai dit oui à Keay. »

Son honnêteté m'impressionna. Nous écrivîmes chacun de notre côté au lieutenant Keay, qui, après des plaintes justifiées, accepta gracieusement de se retirer.

Helen était le seul sujet dont j'hésitais à discuter avec Blake. La mort de son épouse me mettait mal à l'aise et je pensais qu'il désapprouverait notre hâte.

La veille de son départ, je le retrouvai au sud des *ghats* de l'Hooghly. Nous contemplâmes la rivière pendant un moment.

« Vous êtes venu m'annoncer quelque chose, dit-il enfin.

— Oui. Je vais épouser Helen Larkbridge. »

Son hésitation fut brève, mais je la sentis.

« Félicitations. Félicitations, répéta-t-il, comme pour faire oublier ce flottement.

— Vous pensez que je commets une erreur.

— Non… c'est juste un peu prématuré. Vous pourriez prendre votre temps. Vous vous connaissez très peu et elle ne sait presque rien de l'Inde. »

Je me rendais compte qu'il s'efforçait d'être diplomate.

« Vous avez vu des choses qui vous ont transformé. Elle aura peut-être du mal à le comprendre.

— Je ne pense pas pouvoir vivre sans elle. »

Il soupira. Nous nous tournâmes vers la rivière.

« Je suis venu ici pour dire adieu à ma femme. Elle se nommait Anwesha. Elle était hindoue. Avant de mourir, elle m'a fait promettre que je brûlerais leurs corps et disperserais leurs cendres ici.

— Leurs cendres ?

— Les siennes et celles de notre fils. Elle est décédée des suites de l'accouchement. Il était mort-né. Elle s'est éteinte le lendemain. Le matin quand je me réveille et le soir avant de m'endormir, ma première et ma dernière pensée sont pour elle. »

À présent, Blake et moi nous trouvions sur le quai et nous regardions le canot qui dansait sur l'eau. Helen m'attendait dans une voiture un peu plus loin.

Blake était vêtu à l'européenne. Son habit plié sur son bras cachait ses doigts manquants. Je me demandai s'il aurait encore l'occasion de porter un costume indigène. Plusieurs dames lui jetèrent des regards curieux. Il avait beaucoup maigri et courbait les épaules sous la brise tiède. Je dus faire un effort pour me remémorer qu'il était incroyablement résistant.

« Avez-vous suffisamment d'argent ? » demandai-je.

Pas plus que le reste, il n'avait voulu accepter la pension que la Compagnie lui avait offerte. J'ignore comment il avait payé la traversée.

« C'est le béjaune endetté jusqu'au cou qui me pose cette question ?

— Vous n'êtes pas sans savoir que je suis en fonds, désormais. »

Je tirai de ma poche le cadeau du rao, dans l'intention de le lui donner.

« Je ne me débrouille pas trop mal moi-même, William », répondit Blake en le repoussant.

Il sortit un sachet noir identique au mien, qui émettait un cliquetis satisfaisant quand on le secouait.

« Deux gros saphirs et un diamant. Largement assez pour payer mon voyage et pour voir venir lorsque je serai à Londres. Je dois vous avouer que j'ai écrit au rao – j'ai toujours les moyens d'envoyer un message confidentiel à l'autre bout de ce pays – pour lui dire la vérité au sujet de Sleeman et Hogwood. Je pensais qu'il méritait de savoir. »

Je hochai la tête.

« Collinson tiendra-t-il sa promesse ?

— On peut compter sur lui. »

Les femmes et les enfants montaient dans le canot ; les vieux messieurs les suivirent.

« Adieu, Jeremiah. Portez-vous bien. Mieux que bien.

— Adieu, William. Prenez soin de vous. Adressez mes meilleurs vœux à Mlle Larkbridge. »

Il hésita.

« Ne vous précipitez pas. Vous n'avez pas besoin de prendre de décision hâtive. »

Il évitait mon regard, ce qui ne lui ressemblait pas.

« J'ai ceci pour vous, dis-je.

— De quoi s'agit-il ?

— Des lettres de Collinson. Des lettres de recommandation pour Londres.

— Je n'en veux pas.

— Je vous en prie, Jeremiah. Prenez-les. Il est venu vous voir lorsque vous étiez malade à Mirzapour et il me les a confiées. Il a dit qu'il aurait du travail pour vous à Londres. »

Je lui tendis les enveloppes.

« Quel travail pourrais-je faire à Londres ? » fit-il, le visage crispé par l'exaspération.

Cependant, il les accepta et les glissa dans sa poche. Je pris sa main droite et la serrai vigoureusement, ne pouvant me résoudre à la lâcher.

« Je ne vous oublierai jamais, Jeremiah, aussi longtemps que je vivrai. Pardonnez-moi, ajoutai-je en baissant les yeux.

— Pourquoi ?

— Parce que je reste.

— Vous n'avez pas à vous excuser. J'ai passé la moitié de ma vie ici. Pourquoi vous reprocherais-je de vouloir rester ?

— J'espère que nous nous reverrons un jour. »

Il me sourit de nouveau, à la fois rassurant et un peu irrité.

« Ne vous inquiétez pas pour moi, William. Je suis tout à fait capable de prendre soin de moi. Je m'en suis très bien sorti toutes ces années avant de vous rencontrer. »

Il dégagea sa main et m'effleura l'épaule. Il se tourna une dernière fois vers la cohue humaine et le désordre sur le quai. Il s'approcha du canot. Lorsqu'il grimpa, il chancela et dut s'accrocher au bord. Je dus résister à l'impulsion de me précipiter à son secours.

Immobile, je regardai les marins pousser sur les rames et l'embarcation s'éloigner. Je restai là jusqu'à ce que ses traits se troublent, que sa tête ne soit plus qu'une tache brune et son corps une forme blanche. Autour de moi, les indigènes s'affairaient, faisant rouler des tonneaux et soulevant des sacs. L'odeur de poisson séché qui enveloppait les *ghats* me piquait les narines. Comme je m'apprêtais à faire demi-tour, je crus voir un jet de confettis s'envoler, avant de retomber dans l'eau.

POSTFACE

En 1857, vingt ans après les événements fictifs racontés dans ce roman, éclatait la révolte des cipayes, ou la « grande rébellion », comme on l'appelle en Inde. L'une des causes du soulèvement était l'annexion par la Compagnie britannique des Indes orientales du vaste État indépendant d'Oudh[1] l'année précédente. La répression de cette révolte fut le dernier acte de la Compagnie : le gouvernement britannique décida alors qu'elle n'était plus apte à administrer l'Inde. Elle fut abolie et ses pouvoirs transférés à la Couronne. Il existe, incidemment, un certain nombre de récits racontant comment des officiers britanniques échappèrent aux cipayes en se déguisant en femme.

William Sleeman (1788-1856) était un victorien énergique doué d'une immense capacité de travail. Il fut le premier en Inde à identifier des fossiles de dinosaures et à recueillir des récits au sujet d'« enfants-loups » – récits qui devaient

1. Ancien État qui correspond aujourd'hui à la région de l'Awadh. (*N.d.T.*)

plus tard inspirer à Rudyard Kipling le personnage de Mowgli dans *Le Livre de la jungle.* Il écrivit avec enthousiasme et pertinence sur l'horticulture et introduisit de nouvelles méthodes agricoles et de nouvelles variétés, plus productives. C'était en outre un linguiste brillant qui adorait les paysages de l'Inde, était curieux de sa culture et possédait un désir authentique – quoique sentimental et paternaliste – d'améliorer le sort des paysans indiens.

S'il est entré dans l'histoire, cependant, c'est en raison de la campagne implacable qu'il mena de la fin des années 1820 à la fin des années 1830 contre les thugs, ces bandits de grand chemin qui se liaient avec leurs victimes, avant de les étrangler et de les piller, en l'honneur de la déesse hindoue de la mort, Kali. Ses cartes et ses listes détaillant les noms d'emprunt des criminels, leurs signes particuliers et leur arbre généalogique préfiguraient les outils de la police moderne. Il avait déjà la réputation d'être un administrateur efficace, mais ce fut le thuggisme qui assura sa promotion. Il fut placé à la tête d'un nouveau service chargé d'éradiquer les thugs et les *dacoïts* à travers toute l'Inde. Il termina sa carrière avec le titre de résident – nom donné au représentant de la Compagnie dans un État indépendant – d'Oudh. Il s'opposa en vain à son annexion par la Compagnie en 1856.

Sleeman est l'auteur d'une série d'articles et de livres sur les thugs, dépeignant un réseau de malfaiteurs organisé à travers tout le pays, se mariant entre eux et exerçant de père en fils. Il décrivit leurs coutumes, leurs rites et leur langue. Ses écrits captivèrent les Anglais en Inde, puis en Grande-Bretagne. Dans les années 1835, les thugs incarnaient tous les maux de l'Orient sombre et mystérieux, source d'horreur et de fascination. En 1839 parut *Confessions of a Thug*[1], un roman gothique de Philip Meadows Taylor, très daté aujourd'hui, qui devint rapidement un best-seller en Angleterre. L'auteur, qui avait été militaire et administrateur en Inde, affirmait avoir participé à la campagne contre les thugs (en fait, il s'inspira largement des écrits de Sleeman). On vit alors fleurir les romans comme *La Pierre de lune* de Wilkie Collins, mettant en scène des thugs ou de sinistres criminels orientaux. Selon certaines sources, Charles Dickens lui-même aurait eu l'intention de les utiliser dans son roman inachevé, *Le Mystère d'Edwin Drood*. Dans les années 1850, une série d'agressions à Londres provoqua une panique générale et totalement injustifiée parmi la population, persuadée que les thugs avaient débarqué.

Depuis 1960, cependant, les thugs et la personnalité de Sleeman font débat parmi les historiens indiens et anglais. Certains remettent même en question l'existence des thugs tels que Sleeman les a décrits. Le sujet demeure controversé. Il est néanmoins probable que le thuggisme soit un amalgame de faits et de légendes, le produit des peurs coloniales, des inquiétudes morales de l'époque et de l'imagination de Sleeman. Il se serait apparemment intéressé à la question après avoir lu des rapports rédigés en 1815 par un magistrat de la Compagnie nommé Thomas Perry, qui avait usé de la manière forte pour soutirer des aveux à un jeune bandit appelé Ghulam Hussein, « aveux » qui devenaient de plus en plus détaillés au

1. *Confessions d'un Thug* ou *Les Mémoires d'un Thug*, selon les traductions. (*N.d.T.*)

fur et à mesure de l'interrogatoire. Hussein se décrivait lui-même comme un thug, un mot signifiant à la fois charlatan, escroc et menteur en hindoustani. Sommé d'expliquer une augmentation des meurtres de voyageurs, Perry mit en avant un groupe de criminels organisés formant un genre de caste, les thugs. Il n'était cependant question ni de Kali, ni d'étranglement, ni d'une langue spécifique. En outre, ses thugs étaient plus enclins à abandonner les cadavres de leurs victimes au bord de la route qu'à les enterrer. Sleeman semble, sans vraiment l'avoir compris, avoir recueilli une série de légendes et de coutumes propres aux cultures paysannes, nomades et criminelles indiennes, un peu à la manière des écrivains en Grande-Bretagne qui commençaient à s'intéresser aux classes populaires.

Dans les ouvrages historiques classiques consacrés à l'Empire britannique, on impute le succès de Sleeman à son génial système de cartes, d'index et d'arbres généalogiques. En revanche, dans la mémoire populaire indienne, il apparaît comme un personnage brutal et peu subtil. Dans *Thug. The True Story of India's Murderous Religion*, un livre sur la campagne de Sleeman, Mike Dash cite des bandits arrêtés évoquant avec angoisse une « machine à torturer les thugs ». Dans *Children of Kali*, de Kevin Rushby, un ouvrage consacré à la criminalité en Inde, des habitants de Jabalpur (l'orthographe contemporaine de Jabalpour) racontent cent cinquante ans après les événements que Sleeman pendait les thugs aux arbres le long de la route entre Jabalpur et Mirzapur (le nom actuel de Mirzapour). Ma propre belle-mère, qui a vécu pendant des années à Chennai (anciennement Madras), dans le sud de l'Inde, évoque un Sleeman impitoyable, connu pour son utilisation de la torture.

À l'époque, les Britanniques acceptèrent l'existence du thuggisme sans se poser de question. La « découverte » de Sleeman survint à un moment où le caractère de l'occupation britannique subissait un profond changement. Jusque-là, les employés de la Compagnie portaient un regard relativement tolérant et respectueux – même si la raison de leur présence était clairement de s'enrichir – sur la culture du pays qui les accueillait. Beaucoup entretenaient des relations avec des Indiennes qui leur donnèrent des enfants. Ils étudiaient les langues et la littérature de l'Inde, admiraient ses traditions, adoptaient son mode de vie. Des érudits britanniques s'initièrent au sanskrit, une langue morte, et découvrirent qu'il était à la source de nombreuses langues européennes.

Cependant, alors que la Compagnie étendait son autorité et annexait toujours plus de territoires au cours des années 1820 et 1830, on vit se répandre des attitudes plus sévères et méprisantes. Les nouveaux arrivants répugnaient à côtoyer les Indiens et à apprendre les langues du pays. Ils avaient tendance à penser que les coutumes et les religions locales étaient dégénérées, voire diaboliques, et ne manquaient pas une occasion d'établir leur supériorité sur le peuple qu'ils gouvernaient. Les raisons de ce changement sont diverses et complexes. L'augmentation de la population féminine venue d'Angleterre a contribué à jeter l'opprobre sur les relations entre les colonisateurs et les Indiennes. À cela s'ajoutait l'arrivée de missionnaires évangéliques et de fonctionnaires du gouvernement, pour qui l'hindouisme était synonyme d'idolâtrie.

Par ailleurs, il fallait justifier une présence de plus en plus autoritaire de la Compagnie en Inde. La supposée supériorité morale des Européens et leur rôle civilisateur étaient des arguments simplistes, mais efficaces. Au cours des années 1820 et 1830, la Compagnie déclara la guerre à la Birmanie, annexa des États comme Coorg et Mysore et s'implanta à Jaipur, sous prétexte que les dirigeants locaux étaient incapables, imprévisibles ou tout simplement malfaisants. (Cette stratégie serait officialisée à la fin des années 1840 par la « *doctrine of lapse* » du gouverneur général Dalhousie, qui autorisait la Compagnie à prendre les rênes d'un État si le dirigeant était « manifestement incompétent » ou s'il mourait « sans héritier direct ».) Les thugs étaient l'illustration parfaite des raisons pour lesquelles l'Inde avait besoin des Anglais et de leur influence civilisatrice. La campagne de Sleeman, par ailleurs, prouvait que la gestion de la Compagnie était à la fois efficace et salutaire.

Sleeman contribua également à introduire – et certainement à établir – dans l'esprit des colonisateurs britanniques la croyance en l'hérédité criminelle. Lorsque l'on estima que le thuggisme avait été éradiqué, vers 1845, Sleeman et ses successeurs au département de la lutte contre les thugs et les *dacoïts* se mirent en quête d'autres groupes correspondant à ce modèle et, peu à peu, la perception d'une « caste criminelle » évolua. Le sujet devint une forme de pseudoscience en Inde, si répandue que les ouvrages anglais de la fin du XIXe siècle consacré au système de castes indien incluaient fréquemment des chapitres sur les castes criminelles héréditaires : les Pardaso – des vagabonds et brigands musulmans –, les Lambani – bandits de grand chemin qui étaient censés enlever les enfants –, les Rasmusi, qui se déguisaient en sentinelles, et les Bhils. Il s'agissait rarement de castes à proprement parler. Comme les Gitans en Europe, c'étaient des populations pauvres nomades, difficiles à gouverner et à contrôler, autrement dit de parfaits boucs émissaires. Aujourd'hui, on parlerait plutôt de groupes tribaux.

Sleeman décéda en 1856, juste avant la révolte des cipayes, sur un navire qui le ramenait en Angleterre où il devait passer sa convalescence.

Fanny Parkes (1794-1875) vécut en Inde de 1822 à 1845, principalement à Allahabad, une ville située sur la Grand Trunk Road entre Calcutta et Delhi, où son époux était responsable de la fabrication de la glace pour la Compagnie. À la saison fraîche, elle voyageait sans son mari, qui, disait-on, devenait fou en hiver. À la différence de nombreuses épouses anglaises, elle se prit de passion pour l'Inde, dont la beauté et la diversité la fascinaient. Elle apprit l'hindoustani et le sitar. Ses journaux intimes, publiés en 1850, et désormais disponibles en version abrégée sous le titre *Begums, Thugs and White Mughals* (Eland Books), décrivent les rituels indiens, les paysages, les procès des thugs, les excursions en bateau sur le Gange et la vie des dames de haute naissance dans les zénanas (les gynécées des musulmans indiens). Elle y critique aussi la condition des femmes mariées en Angleterre et le manque de respect des colonisateurs pour la culture indienne. Un récit captivant pour les lecteurs du XXIe siècle.

Henry Derozio (1809-1831) était un jeune enseignant métis radical. Après sa mort, il exerça une profonde influence sur le mouvement dit de la Renaissance bengali, le formidable élan créateur que connut Calcutta au XIXe siècle et au début du XXe, dont la figure la plus célèbre demeure le grand écrivain et poète indien Rabindranath Tagore.

Sir William Macnaghten (1793-1841) était un administrateur de la Compagnie anglaise des Indes orientales, qui travailla à la division renseignement et politique (Secret and Political Department) avant de devenir l'un des secrétaires du gouverneur général sir William Bentinck, puis le secrétaire politique de son successeur, Lord Auckland (1784-1849). Il est surtout connu pour être l'un des principaux instigateurs de la première guerre afghane (1839-1841), l'un des épisodes les plus honteux et les plus désastreux de la colonisation britannique en Inde. En 1837 et 1838, Lord Auckland et une armée de près de dix mille hommes passèrent sept mois sur la Grand Trunk Road pour se rendre de Calcutta à Simla (aujourd'hui Shimla), une ville dans les collines au nord du pays. À cette même période, la région d'Agra subissait une terrible famine qui fit huit cent mille morts. Cette longue procession de bouches affamées ne réussit qu'à empirer les choses, en dépit des efforts du gouverneur pour venir en aide à la population. Sur le trajet, Macnaghten, un russophobe convaincu, persuada Lord Auckland que le dirigeant de l'Afghanistan, Dost Mohammad Khan, encourageait les Russes à envahir le nord de l'Inde et qu'il devait être déposé. En fait, Macnaghten et ses alliés exagéraient le danger russe, ignorant les tentatives de Dost Mohammad pour négocier avec les Britanniques. Malgré tout, Auckland décida d'envoyer son secrétaire politique avec l'armée dite « de l'Indus » en Afghanistan à la fin de l'année 1838. La campagne tourna au désastre et Macnaghten fut assassiné par le fils de Dost Mohammad en 1841. L'armée de l'Indus entama une retraite chaotique de Kaboul début 1842. Un seul survivant atteignit l'avant-poste de Jalalabad quelques semaines plus tard. Dost Mohammad retrouva son trône et gouverna l'Afghanistan jusqu'à sa mort, en 1863.

Auckland fut démis de ses fonctions et rappelé en Angleterre en 1843.

GLOSSAIRE

Afeem : pavot à opium.
Akhbarat : journal, gazette.
Attar : huile essentielle de fleurs, notamment de rose, utilisée comme parfum.
Ayah : nourrice, bonne d'enfants.
Babu : riche Indien de Calcutta ; à l'origine, un terme de respect, qui sous le règne britannique prit des connotations un peu péjoratives.
Compagnie Bahadur : nom familier donné à la Compagnie britannique des Indes orientales.
Bégum : titre honorifique donné aux femmes de haut rang en Inde.
Bele : tombe où sont enterrées les victimes des thugs.
Bhisti : porteur d'eau.
Bhurtote : étrangleur dans un gang thug.
Bibi : maîtresse indigène.
Bundelkhand : région au nord des monts Vindhya.
Chakla : bordel.
Charpai : lit bas traditionnel fait de cordes ou de sangles.
Chote sahib : jeune monsieur.
Churidar : pantalon étroit porté par les hommes et les femmes.

Cipaye : soldat indien au service d'une armée européenne.
Dacoït : bandit de grand chemin.
Dahl : plat à base de légumineuses de type lentilles ou pois cassés.
Dak : service de relais postaux indiens, à pied ou à cheval.
Dak-bungalow : maison construite à proximité des relais postaux, le long des routes principales indiennes, où les Européens en voyage dormaient.
Darwan : portier, gardien.
Dastar : turban sikh.
Deccan : plateau de l'Inde centrale et méridionale, au sud de la chaîne montagneuse des Satpura.
Dhoti : vêtement masculin indien noué à la taille, consistant en une pièce de coton dont l'on remonte un pan entre les jambes.
Dhoti-wallah : homme chargé de laver le linge.
Dirzi : tailleur.
Diwan : Premier ministre.
Gaddi : chaise indienne basse.
Ghat : larges marches descendant au bord d'une rivière ou d'un fleuve, quai.
Ghazal : chanson d'amour poétique.
Gour : sucre de canne cristallisé.
Hakim : guérisseur.
Harkara : courrier, coureur à pied transportant le courrier.
Houka : pipe à eau.
Howdah : palanquin que l'on pose sur le dos d'un éléphant.
Iqbal : chance.
Jemadar : chef d'une bande de thugs.

Kaki : emprunt à l'ourdou *khaki*, signifiant « qui a la couleur de la poussière », désignant à l'origine le tissu dont était fait l'uniforme des soldats indiens puis la couleur, aujourd'hui kaki.

Katar : dague indienne.

Khansaman : majordome.

Khitmatgur : domestique servant à table.

Kurta : ample chemise à manches longues portée par les hommes et les femmes.

Machan : haute plate-forme installée dans les arbres servant à la chasse.

Mahout : cornac.

Marathes : seigneurs de guerre qui régnaient sur une partie de l'Inde centrale, entre Bombay et Calcutta, vaincus par la Compagnie britannique des Indes orientales en 1819. La langue marathi est encore répandue dans cette région aujourd'hui.

Mauvli : religieux musulman en Inde.

Mehtar : balayeur.

Moonshee : quelqu'un qui enseigne la langue indienne, secrétaire ; titre honorifique désignant quelqu'un qui a appris beaucoup de langues.

Multanni mitti : argile smectique ou terre à foulon de type rhassoul.

Nabab : grand officier et gouverneur musulman de l'Inde.

Napi : barbier.

Nujeeb : soldat indien irrégulier.

Paan : mélange à chiquer à base de noix d'arec et de feuille de bétel.

Parda : rideau séparant les hommes et les femmes chez les musulmans indiens, terme dérivé de purdah.

Pugri : petit turban.

Puja : rituel religieux indien.

Punkah-wallah : domestique chargé de faire tourner un ventilateur au plafond.

Quing-hao : armoise annuelle.

Rao : titre donné à un prince ou un roi indien, similaire à rajah.

Roti : pain indien plat sans levain.

Roumal : foulard jaune utilisé par les thugs pour étrangler leurs victimes.

Ryot : paysan, cultivateur.

Sadhou *(sadhû)* **:** saint homme indien, sage vivant dans le dénuement.

Sardar : prince, noble.

Sarpech : bijou de turban, aigrette.

Sati : coutume hindoue selon laquelle une veuve s'immole sur le bûcher funéraire de son époux.

Shikar : partie de chasse.

Shikari : chasseur.

Simkin : champagne.

Sircar : intendant, régisseur.

Soor : porc.

Sowar : soldat indien de la cavalerie dans l'armée de la Compagnie.

Syce : palefrenier.

Talpours : dirigeants du Sindh (aujourd'hui dans le sud-est du Pakistan).

Tawaif : courtisane.

Tulwar : long sabre à lame courbe.

Ullu : chouette.

Zamindar : grand propriétaire terrien, souvent noble, principalement au Bengale.

Zénana : gynécée dans les familles aisées indiennes de religion musulmane.

REMERCIEMENTS

N'étant pas une spécialiste de l'Inde ni de son histoire, je me suis appuyée sur de nombreux ouvrages pour écrire ce roman. Je ne puis tous les citer, mais je tiens à signaler *Thug. The True Story of India's Murderous Religion*, de Mike Dash, la réédition des merveilleux journaux intimes de Fanny Parkes chez Eland Books, *Begums, Thugs and White Mughals*, ainsi que *Memoirs of a Bengal Civilian* de John Beames, *Sahib*, de Richard Holmes, *Lives of the Indian Princes* de Charles Allen, *Empire and Information*, de Christopher Bayly, et *Up the Country* d'Emily Eden. Je remercie mon infaillible agent Bill Hamilton et mon éditrice Juliet Annan de m'avoir suivie en terrain inconnu. Toute ma gratitude à ma correctrice Caroline Pretty, avec qui ce fut un plaisir de travailler grâce à son humour indéfectible. Et surtout, merci à mon époux John, sans qui je n'aurais jamais osé faire cette incursion dans le genre romanesque.

Les vers cités page 110 « L'amour du pouvoir[1]... » sont adaptés de *Don Juan*, de Lord Byron, chant III, vers 54 ; l'original ne peut être amélioré.

1. Traduction française d'Alexis Paulin Pâris, Dondé-Duprey, Paris, 1830. (*N.d.T.*)

MIXTE
Papier issu de
sources responsables
FSC® C003309

10/18, une marque d'Univers Poche,
est un éditeur qui s'engage pour
la préservation de l'environnement
et qui utilise du papier fabriqué à partir
de bois provenant de forêts gérées
de manière responsable.

Imprimé en France par CPI

N° d'impression : 3032984
X07274/01